红十字运动研究评论集

池子华　主编

合肥工业大学出版社

图书在版编目(CIP)数据

红十字运动研究评论集/ 池子华主编 . —合肥:合肥工业大学出版社,2018. 3
(红十字文化丛书)
ISBN 978 - 7 - 5650 - 3852 - 5

Ⅰ. ①红… Ⅱ. ①池… Ⅲ. ①红十字会—评论—文集 Ⅳ. ①C913. 7—53

中国版本图书馆 CIP 数据核字(2018)第 044854 号

红十字运动研究评论集

池子华 主编

责任编辑 章 建 张 燕
出版发行 合肥工业大学出版社
地　　址 (230009)合肥市屯溪路 193 号
网　　址 www. hfutpress. com. cn
电　　话 总　编　室:0551 - 62903038
市场营销中心:0551 - 62903198
开　　本 710 毫米×1010 毫米 1/16
印　　张 21. 5
字　　数 358 千字
版　　次 2018 年 3 月第 1 版
印　　次 2018 年 3 月第 1 次印刷
印　　刷 合肥现代印务有限公司
书　　号 ISBN 978 - 7 - 5650 - 3852 - 5
定　　价 58. 00 元

总　序

150 年前，高举人道主义旗帜，旨在促进人类持久和平的红十字运动在欧洲兴起并迅速走向世界。100 多年来，红十字会为世界和平与发展做出的巨大贡献有目共睹，因而日益受到世界各国、各地区的欢迎，已发展成为与联合国、奥委会并称的世界三大国际组织之一。究其原因，乃其所奉行的七项基本原则——也是红十字文化的内核——涵盖了世界上各种不同文化的共同点，能为文化和制度不同的国家所接受，故而具有强大的生命力。

100 年前，红十字运动东渐登陆中国。在其中国化的发展过程中，红十字会不断吸取中国传统文化的精髓，茁壮成长，逐步形成了“人道、博爱、奉献”的文化内涵，并成为中华文化的瑰宝之一。

百余年来，红十字运动在波澜壮阔的实践中积累了丰富的经验，也留下了许多教训。经验与教训需要上升为理论，也只有理论才能更好地指导红十字事业持续、健康发展。学界、业界对此都进行了持续的关注。

2005 年 12 月 7 日，苏州大学社会学院与苏州市红十字会携手合作，成立全国首家红十字运动研究中心，旨在通过学界和业界的联合，推动和加强红十字运动的理论研究，探究红十字运动中国化的过程与特色，凝练红十字文化价值，探求红十字运动在构建国家软实力和促进中华民族伟大复兴中的地位与作用。同年 12 月 9 日，中国红十字会总会也提出，“确定一批研究课题，组织专家学者开展对国际红十字运动及中国红十字运动的深入研究”[①]。由此，学界、业界共同开展了对红十字运动

① 中国红十字会总会：《关于加强和改进宣传工作的意见》，红总字〔2005〕19 号。

的学术研究与理论探讨。

多年来，红十字运动研究中心除通过专业网站（http：//www.hszyj.net）发布和交流学界、业界动态外，已出版研究成果数十部；帮助一些地方红十字会建立与高校的合作，搭建平台，共同开展研究；举办了首届红十字运动与慈善文化国际学术研讨会；培养了一批专门研究红十字运动的生力军；积累了大量的学术资料。中心主要研究人员还借助在各地讲学的机会，传播重视红十字运动研究的理念。正是在红十字运动研究中心的引领之下，红十字运动研究在中华大地上呈现出生机勃勃的发展态势，并取得了丰硕的成果，“新红学”① 呼之欲出。仅以2011年为例，各地以纪念辛亥革命100周年为契机，纷纷整理、编辑出版了地方红会百年史；有的红会还与高校合作组建相关研究中心；等等②。这些方式有力地推动了红十字运动研究向更深更广的方向发展。

当今世界正处于大发展大变革大调整时期，多极化、经济全球化深入发展，科学技术日新月异，各种思想文化交流交融交锋更加频繁，文化在综合国力竞争中的地位和作用更加凸显。2011年10月18日，党的十七届六中全会通过的《中共中央关于深化文化体制改革　推动社会主义文化大发展大繁荣若干重大问题的决定》，提出要推动社会主义文化大发展大繁荣。11月7日，教育部发布了《高等学校哲学社会科学繁荣计划（2011—2020年）》，大力提升高等学校人才培养、科学研究、社会服务、文化传承创新的能力和水平。12月7日，全国人大常委会副委员长、中国红十字会会长华建敏在中国红十字会九届三次理事会上提出，“要深化理论研究，充分挖掘红十字文化内涵，推进红十字文化中国化，广泛传播人道理念，在全社会推动形成良好的道德风尚”③。红十字“文化工程”已然成为红十字会总体建设目标之一④。进一步加强与

---

① 在2009年4月于苏州大学召开的“红十字运动与慈善文化”国际学术研讨会上，红十字运动研究中心主任、江苏红十字运动研究基地负责人、苏州大学教授池子华指出，经过100多年波澜壮阔的实践发展和学术界呕心沥血的开拓性研究，在人文社科领域构建一门“新红学”——红十字学，条件已经具备，时机已经成熟。见池子华：《创建“红十字学”刍议》，《中国红十字报》2009年4月17日。

② 池子华、郝如一：《2011年红十字理论研究之回顾》，《中国红十字报》2012年1月3日。

③ 《中国红十字会九届三次理事会召开》，《中国红十字报》2011年12月9日。

④ 池子华：《“文化工程”应成为红十字会总体建设目标之一》，《中国红十字报》2009年12月11日。

拓展红十字运动理论研究，尤其是对红十字文化中国化的研究，已成为历史与现实的呼唤。

有鉴于此，红十字运动研究中心继续发挥高等学校与业界合作的优势，汇聚研究队伍，科学选题，出版一套“红十字文化丛书”，弘扬有利于国家富强、民族振兴、人民幸福、社会和谐的思想和精神，凸显红十字文化在中国文化园地中的地位，使红十字文化在神州大地上更加枝繁叶茂，促进中国红十字事业可持续发展，推动红十字文化的国际交流。

“红十字文化丛书”的出版，得到了中国红十字基金会、江苏省红十字会、苏州大学社会学院、上海市嘉定区红十字会、浙江省嘉兴市红十字会、江苏省盐城市盐都区红十字会等单位的鼎力支持，也得到红十字国际委员会东亚代表处及中国红十字会总会的关心和指导，在此谨致衷心感谢。

池子华

2012 年 6 月于苏州大学

目　　录

《百年红十字》序

钱信忠

当我们以满怀喜悦的心情，迎来中国红十字会百年华诞的时候，由中国红十字会原副会长孙柏秋教授主编，池子华、杨国堂等合著的《百年红十字》一书与读者见面了，这是令人欣慰、值得庆贺的。

中国红十字会成立于1904年3月10日，历经清朝、中华民国、中华人民共和国三个历史时期，是近代以来历史最为悠久的社会团体。百年来，中国红十字会抱牺牲志愿，本博爱襟怀，救死扶伤，扶危济困，谱写出一曲曲人道赞歌，在中国近代史和中华人民共和国史上留下了闪光的足迹。然而，应该承认，我们过去对会史的研究是不够充分的。《百年红十字》的出版，弥补了会史研究的不足，实在是难能可贵。

《百年红十字》共11章，洋洋洒洒60余万言，堪称鸿篇巨制。这里面，除了孙柏秋教授的鼎力相助与支持外，更耗费了几位作者大量的心血，是不难想见的。通览全书，我感觉可称道之处甚多，其中以下几个方面尤其值得赞赏。

首先是完整性。本书从杜南精神"东渐"登陆中国切入，把中国红十字会从启蒙宣传，到成立后的起与伏、兴与衰、甘与苦、荣与辱、挫折与人事更迭，和盘托出，尽可能全面、完整地再现历史本来面貌，力求给读者以整体感和"全息"映像。这是本书孜孜以求的，事实上这一目的是达到了的。

其次是系统性。完整性与系统性总是联系在一起的。中国红十字会"发轫于俄日之战（日俄战争），而大彰于武汉之师（辛亥革命）"，战争救护赋予了红会天然本色。但红会业务不止于"救伤葬亡"，诸如在赈灾、济困、扶危、拯弱、国际救援等领域，都有红十字的人道关怀。"服务社会，博爱人群"本是中国红十字会一以贯之的行动指南，其活动范围之广泛，不言而喻。本书对中国红十字运动所及的各个领域，均有深入、细致的考察，凸显出"系统性"的特点。

再次是真实性。真实性是历史研究的生命之源，没有真实性，科学性无从谈起。由于占有资料丰富，加上作者严谨的治学态度，本书信而有征，言必有据，堪称“信史”。但因资料记载歧异，去伪存真，当所必求。在这方面，作者着实下了不少苦功。如中国红十字会首任会长，众所周知是吕海寰，谁都未曾怀疑过，但本书作者之一、苏州大学博士生导师池子华教授，通过对史料的梳理、考证，以无可辩驳的事实证明，首任会长是盛宣怀而非吕海寰，澄清了这一重要史实。类似的例子还有不少。这也启示我们，进行会史的研究，史学工作者的加盟是不可或缺的。“求真”是本书的出发点，而严谨的学风则是到达真理彼岸的先决条件。这是本书留给我们的重要启迪。

第四是凝重性。历史研究贵在尊重历史。而要做到这一点，必须全力做好资料的搜求、积累，只有尽可能全面地占有史料，才能客观、公正地认识历史，诠释历史。从书中不难发现，本书对有关资料，从档案到报刊，从官修正史到稗官野史，广泛收集，不遗余力。据称，仅《申报》一项，复印的资料可达半米之厚。资料丰富、翔实，使本书没有浮漂之感，而显得厚重、扎实。尽管体例所限，没能“博引”，但言必有据。也正因为有丰富、翔实的史料做基础，才使本书写得深沉而凝重，掩卷遐思，可以给人留下无尽的回味。

第五是可读性。本书虽为学术性著作，但丝毫没有艰涩呆滞之感，相反，文笔流畅，清新活泼，引人入胜，加之珍贵历史图片穿插其中，写得的确比较“好看”。这有利于红十字知识的传播。

《百年红十字》的优长之处还有很多，这里就不一一列举了。总之，这是第一部系统研究中国红十字会百年史的力作，值得广大读者尤其是红十字工作者认真研读。

1993 年 10 月 31 日，《中华人民共和国红十字会法》颁布实施，这是中国红十字运动史上新的里程碑。中国红十字事业蓬勃发展，前景广阔，作为一位老红十字会员，我感到由衷的高兴。“前事不忘，后事之师”，只有认真总结、吸取历史经验教训，才能推动中国红十字事业的可持续发展。希望红会同仁以《百年红十字》的出版为契机，强化对会史的研究，以史为鉴，与时俱进，开拓进取，不断创造新的辉煌。

是为序。

2002 年 10 月 8 日

（作者系中国红十字会原会长、中华人民共和国卫生部原部长）

《百年红十字》简评

茅家琦

中国红十字会诞生于1904年3月10日，历经清朝、中华民国、中华人民共和国三个历史时期，堪称近代以来历史最为悠久的民间社团。作为国际性民间慈善组织，中国红十字会以人道主义为宗旨，救死扶伤，扶危济困，把“博爱”甘霖洒满人间。遗憾的是，相关学术研究成果寥寥，微不足道，这与红十字会在中国历史上的地位极不相称。令人欣喜的是，由孙柏秋主编，池子华、杨国堂等合著的《百年红十字》一书，作为安徽省“十五”规划重点图书，由安徽人民出版社隆重推出，为中国红十字会百年华诞献上一份厚礼，值得庆贺。

《百年红十字》一书共11章，60余万言，前卫生部长、中国红十字会原会长钱信忠先生作序。通览全书，可称道之处甚多，尤其以下几个方面。

首先，第一次全面、系统再现了中国红十字会的百年沧桑。该书从红十字“东渐”登陆中国起笔，以时间为经，以重大历史事件为纬，“历时性”与“共时性”纵横交织，完整再现中国红十字会自成立以来跌宕起伏、迂回曲折的演进轨迹，给人一种完整、立体的“全息”映像。

其次，跨学科研究的有益尝试。该书以社会历史学为基础切入视角，同时借鉴社会学、灾害学、经济学、传播学、社会心理学等学科的理论方法，对中国红十字会的历史渊源、组织架构、运作方式、功能实现及其与中国社会的互动关系进行多纬度、跨学科透视，这使得该书视野开阔、视角独特，的确新人耳目，引人入胜。

又次，资料丰富，论据充分。该书资料丰富，诸凡档案、报刊、官修正史、稗官野史等，均有广泛搜罗，许多资料为首次披露，弥足珍贵，使本书显得厚重、扎实，提高了解释水平，如提出中国红会首任会长并非“众所周知”的吕海寰，而是晚清重臣盛宣怀，论据充分，令人信服，澄清了至今仍在流行的一个历史性错误。类似例子还有不少。

复次，深沉的时代价值。全面审视中国红十字会百年历程，总结历史经验教训，以弘扬人道主义精神，推动中国红十字事业的可持续发展，是该书的出发点。这一目的应该说是达到了。如，该书通过对红十字会从事的战地救护、赈济灾民、公益事业、国际援助、社会服务等慈善活动的缕析，揭示“红十字”精神的深刻内涵，颇有启发意义。关注弱势群体，广泛动员民间力量参与社会保障，是中国红十字会丰功伟绩留给我们的另一重要启迪。

总之，作为首部系统研究中国红十字会百年史的著作，出版意义重大，不仅弥补了相关研究的不足，而且对拓宽史学研究的领域，推动中国慈善事业的发展，都有着不可低估的借鉴价值。

（原载《历史教学》2004 年第 3 期；《〈红十字运动研究〉2008 年卷》）

为中国慈善界放一异彩

——《百年红十字》简评

王卫平　王晚英

中国红十字会成立于1904年3月10日，历经清朝、中华民国、中华人民共和国三个历史时期，是近代以来历史最为悠久的社会团体。作为国际性民间社团，中国红十字会以人道、博爱、奉献为怀，救死扶伤，扶危济困，不断创造新的辉煌，在中国近代史和中华人民共和国史上留下了闪光的足迹。然而，对中国红十字会的历史研究，一直没有引起学术界的足够重视，相关论文也仅有寥寥数篇，这与红会在中国历史上的地位是极不相称的。

令人欣慰的是，在中国红十字会喜迎百年华诞之际，由中国红十字会总会原专职副会长孙柏秋教授主编、池子华与杨国堂等合著的《百年红十字》一书，作为安徽省“十五”规划重点图书，由安徽人民出版社隆重推出，弥补了相关研究的不足，着实可喜可贺。

一

《百年红十字》一书共11章，60余万言，篇幅浩大，气势恢宏。前卫生部长、中国红十字会前会长钱信忠先生作序。为使读者对该书有一个大致的了解及便于点评起见，现将各章内容梗概如下：

第一章　“问渠哪得清如许，为有源头活水来”——中国红十字的起源：追本溯源，缕述红十字如何以有识之士为载体，“东渐”登陆中国，并以日俄战争为契机在中国大地上落地生根；

第二章　辛亥战时的“救伤葬亡”：中国红十字会在辛亥革命中因卓有成效的救伤葬亡业绩而名声大彰；

第三章 在纷乱的年代里：考察中国红十字会会内运作机制的变化以及二次革命、护法运动、护国战争、北伐战争等一系列内战中的人道救援行动和自然灾害赈济活动；

第四章 十五年间——抗日战争时期的中国红十字会：着重阐述中国红十字会救护总队的不朽功勋以及国际援华医疗队的光辉业绩；

第五章 “复员时期”的中国红十字：抗战结束，红会工作重心由战时救死扶伤转向社会服务；

第六章 “新的转变、新的开始”：中华人民共和国成立后，中国红十字会经过“改组”走向“新生”，并在医防服务诸方面凸显出独特的优势地位；

第七章 “寒冬过后是春天”：在“文化大革命”这场“红色风暴”冲击下，中国红十字事业遭受灭顶之灾，直到十一届三中全会后才重新焕发青春；

第八章 “四大”以来：1985 年中国红十字会第四次全国会员代表大会召开，拉开了建设有中国特色红十字事业的序幕，中国红十字会依法建会，不断创造精神文明亮点，同时努力打破 40 年“坚冰”，实现海峡两岸沟通；

第九章 “三大工程”：20 世纪 90 年代以来，中国红十字会在“走进新时代”的时代精神感召下，拓展业务范围，创建以“救援”“生命”“爱心”三大工程为主干的“博爱系列工程”，谱写出一曲曲感天动地的新乐章；

第十章 中国红十字文化事业：以报刊、展览、影视、网络等为载体的红十字文化事业，使“人道、博爱、奉献”的理念社会化，红十字精神得以弘扬；

第十一章 在国际舞台上：对新中国成立后中国红十字会的外事活动进行探讨，内容涉及中国红会国际合法地位的恢复及参加国际性的会议、参与国际性救援，以及经常性地开展一些会与会之间的联络交往等活动。

书后附有：“中国红十字会百年大事记”及《中华人民共和国红十字会法》《中华人民共和国红十字标志使用办法》《中国红十字会红十字标志标明性使用规定》《中国红十字会章程》《中国红十字会自然灾害和突发事件救助规则》《中国红十字会募捐和接受捐赠工作条例》《国际红十字与红新月运动章程》等，可为读者了解相关知识提供参考。

二

通览《百年红十字》，我们觉得该书可称述之处甚多，其中以下几个方面尤值得注意。

首先，完整、系统地再现了中国红十字会百年历程。该书从杜南精神“东渐”登陆中国起笔，一直写到2003年春，内容宏富，时间跨度大。要完整、系统地再现百年红十字的嬗递变迁，并非易事，但作者通过11章的架构，达到了这一目的。且从上述各章梗概中不难看出，该书以时间为经，以重大历史事件为纬，“历时性”与“共时性”纵横交织，将中国红十字会成立以来的兴与衰、起与伏、荣与辱、甘与苦、挫折与振起以及人事更迭，和盘托出，给读者以系统、完整、立体的“全息”映像。这是本书的优长之处。

其次，视野开阔，视角独特。本书以历史学、社会学为基本切入视角，同时借鉴统计学、经济学、社会心理学、文化学、传播学、灾害学等相关学科的理论方法，对中国红十字会的博爱之举、慈善懿行及其与中国社会的互动关系进行了多层次、多角度、“跨学科”考察，揭示出“红十字精神”的深刻内涵，视角独特，视野开阔，显示出作者深厚的治学功力。“新的综合”，即学科之间的交叉、渗透，是学术研究的大势所趋，本书的尝试，应该说是难能可贵、富有启发的。

再次，新见迭出。正是由于视角的不断转换，使本书新见迭出，引人入胜。如红十字来自大洋彼岸，何以在中国社会轻而易举找到生长点？孙中山先生在中国红十字启蒙运动中的历史定位怎样？红十字何以成为中国走向世界、世界走进中国的桥梁？等等，都有新人耳目的析论。对一些盖棺定论的问题，作者也进行了重新审视，如池子华在占有大量资料基础上，提出中国红十字会的首任会长并非“众所周知”的吕海寰，而是晚清重臣盛宣怀，澄清了一个至今仍在红会系统内流行的历史性错误。这样的例子还有不少。难怪钱信忠先生在“序”中感慨：“进行会史的研究，史学工作者的加盟是不可或缺的。”由此亦可见作者严谨的学风和求真务实的治学态度。

又次，资料丰富、翔实。本书注释达678处之多，涉及各个历史时期的报刊、档案、官修正史及稗官野史等，搜罗广博。据钱老在“序”中介绍，仅新中国成立前《申报》一项，复印的资料即达半米之厚。对红会公开出版物及内部交流资料，也都有广泛的搜集，许多资料为首次披露，弥足珍贵。资料丰富、翔实、新鲜，使本书没有丝毫浮漂之感，而显得厚重、扎实。当然，由于体例所限，没能广征博引，但言必有据，这就使本书的论述信而有征，堪称“信史”。

又次，本书融学术性与通俗性、科学性与可读性于一体。文笔优美流畅，文字清新活泼，是本书的一个特点。本书虽为学术性著作，但决不堆砌、排比史料，而是将史料所蕴含的信息融入娓娓道来的叙述之中，一改学术著作“板起面孔讲道理”的做法。尤其对一些典型事件及人物，刻画入微，颇为动人。近代中国战乱不断，灾荒连年，中国红十字会身先士卒，留下许多可歌可泣的不朽功绩。这些事迹以本书为载体，为读者展示“即使是在一个被暴力摧残的世界里，所有的人也都是兄弟”的感人场景。对林可胜、云曙碧、王琇瑛、姜健、司堃范等模范的个案剖析，更使人觉得红十字事业所体现的人道博爱精神是那样具体和情真意切。相信每一位读完此书的人，都会被红十字精神深深感染，而这种感染力离不开作者的生花妙笔。

复次，本书图文并茂，也是值得一提的。历史照片与叙事文字互为印证、参照，使读者在阅读美文的同时，也获得视觉享受。本书征引的历史照片200余幅，其中许多老照片为第一次使用，更显珍贵。21世纪的人类正步入信息社会，人们获取信息的方式大大扩展，生活的快节奏以及无处不在的压力使人们对图片的兴趣与日俱增，步入“读图时代”。历史图片具有不可更改性，因而真实性往往高于文字记载，同时图片再现的历史也更为活泼、生动和具体。大量历史图片的插入，为本书增添了新的亮点，同时也为读者提供了一种新的阅读视角。阅读文字，目睹照片，一幕幕真实的历史场景如在眼前，给人以身临其境之感。

三

《百年红十字》一书的优长之处固然不少，但也不无可挑剔之处。

首先，受体例的限制，许多问题不便充分展开，不免留下一丝遗憾，如中国红十字会何以首先诞生于上海而不是其他城市？（北）京会、沪会矛盾的产生、化解及其对中国红十字运动的影响怎样？中国红十字会多边关系如何？云云，虽有涉及，但没有展开充分的论证，给人一种意犹未尽之感。可喜的是，池子华所著《红十字与近代中国》一书，不日出版，相信可以弥补这些缺憾，而一些悬而未决的问题，也将在这本书中“尘埃落定”。

其次，体例方面也有值得进一步完善的地方，如本书专章论述新中国成立后中国红十字会的外事活动，理应如此，但对新中国成立前红会的对外交往，则在有关章节中插叙，虽然不无可取之处，但毕竟不够系统、全面。

再次，毫无疑问，本书资料丰富、翔实，为一大特色，但史料还有进一步挖掘的余地，尤其是档案资料。据悉，中国第一历史档案馆藏有晚清时期的红会档案，中国第二历史档案馆、上海市档案馆藏有大量民国时期的红会档案，贵阳市档案馆馆藏中国红十字会救护总队部档案资料之丰为他处所不及，倘能发掘更多、占有更充分的档案资料，定能为本书增色不少。

尽管《百年红十字》一书尚有不能尽如人意之处，但作为第一部系统研究中国红十字会百年史的力作，它的出版，意义重大，不仅填补了这一领域的学术研究空白，而且为中国红十字事业的可持续发展提供了有益的历史借鉴。我们有理由相信，本书的出版，为中国红十字会百年华诞献上一份厚礼，同时定会为中国慈善界放一异彩。

（原载《〈红十字运动研究〉2007 年卷》）

《红十字与近代中国》序

孙柏秋

中国红十字会是一个国际性的民间社团，1904 年成立，至今已走过一百个春夏秋冬，堪称历史悠久。但对红会史的研究，还相当薄弱。作为一位长期从事红会工作的老红十字会员，我深感责任重大，有义务扶植、推动研究工作的展开。2000 年新年伊始，我们几个志同道合、志趣相投者——池子华教授、杨国堂先生、本人以及安徽人民出版社汪鹏生社长、周子瑞编辑相聚北京，商定出版一套“中国红十字书系”，由我担任主编。我们达成共识，先合力完成《百年红十字》一书的撰写，而后由子华教授担负起《红十字与近代中国》的写作任务。子华教授在《百年红十字》一书定稿后，来不及喘息，立即投入《红十字与近代中国》一书的写作，经过一年多的挑灯夜战（中间几乎累倒），连过年也没舍得休息，终于如期完稿，作为主编，我感到由衷的欣慰，也为他孜孜以求的治学精神而感动。

关于《红十字与近代中国》一书的学术价值，史学界会给出全面、客观的评价。作为“中国红十字书系”主编，我想从红会发展的内在逻辑和演进轨迹的角度，谈几点看法：

首先，1904—1949 年，毫无疑问是中国红会史上的重要历史时期，红会从无到有，从弱到强，业务范围从单一到多元，创造出一个又一个辉煌，但恰恰对这一时期的会史，研究最为薄弱，甚至连基本线索还没理清，空留下许多遗憾。本书的出版，弥补了这一缺憾。

其次，《百年红十字》虽然对这一时期的历史做了较为清晰的梳理，但限于体例，未能充分展开。本书在前期成果的基础上，另起炉灶，探赜索隐，“精耕细作”，蔚成大观。而《百年红十字》中埋下的许多伏笔也在本书中浮出，如中国红十字会为什么诞生于上海而不是其他城市，京会、沪会矛盾的产生、化解及其对中国红十字运动的影响，红会与政府关系的错综复杂，红会会内运作机制的演变等，均有细致的探究，用功之勤，令人赞叹。

再次，本书引入社会学、历史学、社会心理学等学科的理论方法，对红十字与近代中国的互动关系做了多层次、多角度的考察，视角独特，视野开阔，凸显出作者深厚的治学功力。也正是由于视角的不断转换，使本书新见迭出，引人入胜。特别是，本书没有回避红会自身存在的缺陷、工作上的失误等，而是在充分占有资料的基础上给予客观公允的历史定位，这比以往一味的赞美要全面得多，这是难能可贵的，也是具有时代价值的。所谓“前事不忘，后事之师”，在中国红十字会喜迎百年华诞之时，尤其应该总结、吸取历史的经验和教训，只有这样才能推动中国红十字事业的可持续发展。

本书的优点当然还有很多，这里就不一一列举了。

《红十字与近代中国》交付出版，可喜可贺。希望子华教授再接再厉，为“中国红十字书系”再添新葩。是为序。

2003 年 7 月 28 日

于北京寓所

（作者系中国红十字会总会原专职副会长、全国政协原委员、美国世界儿童基金会亚洲区原副主席）

中国近代红会史研究的新突破

——评《红十字与近代中国》

黄妙婉　杨红星

中国红十字会成立于1904年，是一个历史悠久的民间社团。它的产生、发展和流变与中国近代社会息息相关，但有关红会史的研究状况却与丰富饱满、纷纭复杂的红会史本身不相协调，这不能不说是一个遗憾。池子华教授的新著《红十字与近代中国》作为“中国红十字书系”之一种近由安徽人民出版社出版发行，弥补了这一缺憾，同时向中国红十字会百年华诞献上了一份厚礼。

一

《红十字与近代中国》凡7章，洋洋洒洒近40万言，在占有丰富翔实的历史资料基础上对中国红十字会与近代中国的互动关系做了多层次、多角度、跨学科的考察。该书开宗明义，“力图全方位再现中国红十字会在不同历史时期‘博爱人群’风采，特别是通过对红会从事的战地救护、赈济灾民、公益事业、国际援助、社会服务等人道主义活动及其社会影响的研究，揭示‘红十字精神’的深刻内涵，为社会主义精神文明建设提供有益的历史借鉴”。（见该书前言）通观全书，应该说作者的这一目的是达到了的。

中国红十字会自诞生之日起，即与近代中国同呼吸、共命运，经历了一个从无到有、从弱到强、从分散到统一、从幼稚逐步走向成熟的演进轨迹。本书用7章的篇幅，以近代社会为依托，展现了一幅红会在艰难曲折中挺进的历史画面，其中不乏学科交叉的研究方法和新颖别致的鲜活史料的加盟，使作品读来既感厚重又感清新。近代红会史主要经历了晚清和民国两个时期。有关晚清时期，作者用两章研究红会创建及初期的调整与巩固。红会是杜南精神“东渐”的产物，也是日俄战争“催生”的结果，有着一个由“五国合办”走向“独立”

的过程。在接下来的第三章到第七章中，作者分别考察了红会在辛亥革命时期、抗战初期、全面抗战时期和解放战争时期与近代中国同风雨共患难，救伤瘗亡、扶危济困、博爱社会、造福人群的人道壮举，条分缕析，旁征博引，凸显出红十字精神的实质所在，本书的主旨由此得到深刻的揭示。

二

作为第一部系统研究中国近代红会史的学术著作，《红十字与近代中国》自然有不少特色，其中以下几个方面尤其值得注意。

首先，持论客观公允，内容丰富饱满。

近代中国命运多舛，步履蹒跚，身处其中的中国红十字会也历尽坎坷，它有唐突，有逆境，有挫折。要充分展示近代红会的历史，不但要把握那些载入史册、熠熠生辉的史实，还要深入挖掘那些不为常人所熟知或红会处于低谷时期的历史轨迹。如日中天的是红会，幽然潜行的也是红会。换句话说，红会在激荡的历史急流中有顺境亦有逆境，只有全面把握，才是一部客观而公允的红会史。池著无疑在这方面处理得非常得当，如对京沪红会“正统”之争、胶东救援的功利色彩、北伐战争中冷眼旁观的反常之举等进行的评析，都非常到位。难怪“中国红十字书系”主编、中国红十字会原专职副会长孙柏秋教授在该书“序”中称：“本书没有回避红会自身存在的缺陷、工作上的失误等，而是在充分占有资料的基础上给予客观公允的历史定位，这比以往一味的赞美要全面得多，这是难能可贵的，也是具有时代价值的。”

为了系统展现红十字运动的全貌，该书在充分占有文献资料的基础上对红会的历史首次进行了全方位、多层次、多角度的论述。纵向上重点把握红会与近代社会不同时期的互动关系，脉络清晰；横向上对红会博爱恤兵、扶危济困的宗旨及精神实质进行了充分解读，不仅详尽论述红会“战地救护”行动，还涉及和平时期赈济灾民、公益事业、国际援助、社会服务等更加丰富的人道主义活动。这样，一个有血有肉、丰富饱满的近代红会形象顿现眼前。

其次，史料丰富，考订精确。

该书资料来源，涉及各个历史时期的报刊、档案、官修正史及稗官野史等，搜罗广博，丰富翔实。对红会公开出版物及内部交流资料，也都有广泛的搜集，许多资料为首次披露，弥足珍贵。资料丰富、翔实、新鲜，使本书没有丝毫浮漂之感，而显得厚重、扎实。而对资料的去伪存真，作者更是不遗余力。如中国红十字会总会编《中国红十字会历史资料选编》第33页录有这样一段话：“军咨处主稿，会同外务部筹办，海军事务处、陆军部办理，合并声明谨奏。”作者经考订认为这其中有两处错误：一是把“军谘处”误作“军咨处”。军谘处成立于1907年6月7日，归陆军部，1909年7月15日脱离陆军部独立。二因标点错误，把“筹办海军事务处”误为“海军事务处”。筹办海军事务处成立于1909年夏，以贝勒载洵、提督萨镇冰为筹办海军大臣，《清史稿》第119卷中记载甚详。“类似错误，《选编》中所在多有，研究者使用这部资料时，尽可能仔细核对，以免以讹传讹。”（见该书第76页）诸如此类的考订，在池著中随处可见。

又次，新见迭出，引人入胜。

该书以历史学、社会学为基本切入视角，同时借鉴统计学、经济学、社会心理学、文化学、传播学、灾害学等相关学科的理论方法，对中国红十字会的博爱之举、慈善懿行及其与中国社会的互动关系进行了多层次、多角度、“跨学科”考察，视角独特，视野开阔，显示出作者深厚的治学功力。也正是由于视角的不断转换，使本书新见迭出，引人入胜，如来自大洋彼岸的红十字何以能在中国落地生根？中国红十字会为什么首先诞生于上海而不是其他城市？红十字何以成为中国走向世界、世界走进中国的桥梁？等等，都有新人耳目的析论。对一些盖棺定论的问题，作者也进行了重新审视，如著者在占有大量资料的基础上，提出中国红十字会的首任会长并非“众所周知”的吕海寰，而是晚清重臣盛宣怀，澄清了一个至今仍在流行的历史性错误。这样的例子还有不少。作为系统研究红会近代历史的开山之作，池著没有照搬红会史籍的传统观点，而是根据大量翔实资料论而有据地拨开了近代红会史的层层迷雾，从而取得了一系列问题的突破性进展，由此亦可见作者严谨的学风和求真务实的治学态度。

三

《红十字与近代中国》的出版，也是作者对自身研究的新超越。2003年由孙柏秋主编，池子华、杨国堂等合著的《百年红十字》一书由安徽人民出版社出版，这在一定程度上弥补了红会史研究的不足。但由于《百年红十字》遵循“厚今薄古”的编史原则，所以近代红会史部分相对简略，而且，正如作者所说，“由于篇幅的限制，许多问题没有展开，也由于体例的限制，有些问题蜻蜓点水，浮光掠影，一笔带过。换句话说，在此基础上对这一时期中国红会史进行一番深入细致的研究，是必要的。”（该书第532页）为此，作者在前期研究成果的基础上，“另起炉灶，探赜索隐”，精耕细作，苦熬400多个日日夜夜，终于完成《红十字与近代中国》一书的写作，取得了近代红会史研究的新进展，而“《百年红十字》中埋下的许多伏笔也在本书中浮出，如中国红十字会为什么诞生于上海而不是其他城市，京会、沪会矛盾的产生、化解及其对中国红十字运动的影响，红会与政府关系的错综复杂，红会会内运作机制的演变等，均有细致的探究。”（孙柏秋“序”）这无疑是新的超越。

《红十字与近代中国》一书的出版，更具有深沉的时代价值。从本书中人们可以发现，作为民间社团的中国红十字会在参与社会救助——社会保障的主要方面，发挥着极其重要的作用，而这恰恰是我们过去的研究所忽视的。民间社会救助，无疑是构成弱势群体社会支持系统的有机组成部分。官方的与民间的社会支持，如鸟之双翼、车之两轮，互相配合，相得益彰，共同推动中国社会保障事业的繁荣与发展。理论上应该如此。事实上，在民国社会救助活动舞台上，包括红十字会在内的非政府组织较之官方更为活跃，光彩夺目。中国是“仁”的国度，有着乐善好施的光荣传统。动员民间力量参与社会保障事业，具有广泛的现实性、可能性，值得我们去开发这一用之不竭的“资源”。这是本书的历史启示之所在。

当然，作为第一部系统研究近代红会史的著作，该书也有值得进一步完善的地方，如中国红会是国际红会大家庭的一个成员，中国红十字运动也是国际红十字运动的组成部分，相互之间的关系如何，还有待于进一步拓展深化。正如作者所言：“因主题所限，有的问题如中国红十字会的对外交往，未便充分展开，只好留待以后专题探讨了”（该书第532页）；再如抗战时期的后三次征求会员运动和“复员”时期筹募资金运动，效果并不理想，个中缘由揭示得还不够深刻；再者，本书资料丰富、翔实，毫无疑问为一大特色，但史料还有进一步挖掘的余地，尤其是档案资料。据悉，中国第一历史档案馆藏有晚清时期的红会档案，中国第二历史档案馆、上海市档案馆藏有大量民国时期的红会档案，贵阳市档案馆馆藏中国红十字会救护总队部档案资料之丰为他处所不及，倘能发掘更多、占有更充分的档案资料，定能为本书增色不少。

尽管《红十字与近代中国》一书尚有不能尽如人意之处，但作为第一部系统研究中国近代红十字会史的力作，它的出版，意义重大，不仅弥补了相关研究的不足，拓宽了中国社会史研究的领域，推动了中国近代史研究的进一步深入，而且为中国红十字事业的可持续发展提供了有益的历史借鉴。

（原载《〈红十字运动研究〉2007 年卷》）

中国社团史研究的力作

——评《红十字与近代中国》

孙语圣　王　专

中国红十字会成立于1904年，历经清朝、中华民国、中华人民共和国三个历史时期，是近代以来历史最为悠久的民间社团。百年来，中国红十字会抱牺牲志愿，本博爱襟怀，救死扶伤，扶危济困，谱写出一曲曲人道赞歌，在中国近代史和中华人民共和国史上留下了闪光的足迹。然而，红会史的研究一直未引起史学界的足够重视，成果寥寥。1999年以来，池子华教授潜心钻研，历时五载，推出《红十字与近代中国》力作，填补了相关研究的不足，同时向中国红十字会百年庆典献上一份厚礼，可喜可贺。该书于2004年由安徽人民出版社出版发行，共7章，洋洋洒洒近40万言。通览全书，可以称道之处颇多，其中以下几个方面尤值得称述。

首先，第一次全面、系统再现了中国红十字会沧桑的近代历程。该书从红十字"东渐"登陆中国起笔，以时间为经，以重大历史事件为纬，"历时性"与"共时性"纵横交织，将近代中国红会自成立以来的起与伏、兴与衰、甘与苦、荣与辱、挫折与振起、人事更迭等迂回曲折的演进轨迹，和盘托出，给人一种完整、立体的"全息"映像。

其次，资料丰富，新见迭出。该书资料搜罗广泛，来源多样，举凡报刊、档案、官修正史、稗官野史、红会未刊资料，应有尽有，翔实丰富，这就使得该书对相关问题的析论，更为全面、深入、细致、可靠。如对红会分会的创设、日俄战后的赈济、自立之路的选择、辛亥战时的救伤瘗亡、初次亮相国际舞台、北洋时期的拯灾济困、日本关东地震的国际救援、红会与政府的关系、1928年旱灾赈济、长城和绥远抗战救护、征求会员运动、淞沪战场的救护、首都南京救护、救护总队的活动、敌后战场的救护、"内务"与"外交"等，着墨颇多，记述尤为详尽，全面、细致、清晰地展示了红会从无到有，由弱变强，业务范围由单一到多样的复杂过程。该书还充分利用"口述历史"资料，对抗战时期中国红十字会救护总队的组建、组织人员的变动、困苦的工作环境、艰难辛酸的战场救护、“内部风潮”与总队长林可胜的沉浮等进行详细的条分缕析，使近代红会的历史更加丰满真实，有血有肉。

大量第一手材料的充分占有，大大提高了该书的解释水平，新见迭现，尤为难能可贵的是，作者对近代红会的诸多“定论”质疑问难，以史实为根据，周密论证，提出自己独到的见解，还历史以本来面目。如对中国红十字会首任会长的考实，该书提出并非“众口一词”的吕海寰，而是晚清重臣盛宣怀。作者溯本求源，以档案资料、权威报刊、原始函电等为依据，博征推演，澄清讹误，得出新的结论，令人信服。对抗战时期救护总队的“内部风潮”的分析也颇有见地。作者从国共两党关系入手，认为根源在于总队长林可胜的所谓“左倾嫌疑”引起国民党的忌嫌所致。文中引述大量相关资料，包括回忆录，重点围绕林可胜、蒋介石、胡适的三角关系及形成缘由层层析论，史实充分确凿，论证严密细致，展示红会无分敌我、一视同仁的“博爱”宗旨与国共内争相龃龉的历史真实，发出一种无奈的慨叹。这样的例子还有不少。此外，作者对中国红十字会为什么肇造于上海而不是他处、京会与沪会矛盾的产生和化解及其对中国红十字运动的影响、红会与政府错综复杂的关系、红会内部的运作机制等，也做了深层次的新探究，解释合理、中肯。

再次，视野开阔、视角独特，引人入胜。本书以历史学、社会学为基本切入视角，同时借鉴灾害学、传播学、社会心理学、政治学、文化学等相关学科的理论方法，对中国红十字会的历史渊源、组织结构、运作方式、慈行懿德及其与近代中国社会的互动关系，进行多维度、多层次的探析。“跨学科”方法的采用使得本书视角独特多变，新人耳目。如关于中国红会的蜕变，该书即是运用心理学的原理，对首任会长盛宣怀改民办的“中国红十字会”为官办的“大清红十字会”进行细心研探，视角别样，很有新意。作者认为在极其复杂的原因中，有两个方面的因素值得注意：一是红会自“自立”以来，盛宣怀虽一直挂着会长的头衔，但因公务缠身，较少过问会内事务，实际上等于被架空，而把红会由民办改为官办，他这位官派的会长，便可以操纵自如，满足作为晚清重臣特有的权力心理。这是比较合理的解释。二是盛宣怀的确心存红会归官之想。书中列举史实，揭示盛宣怀欲将红会纳入“大清”官僚体制中的心态。这种“大清”情结，终于驱使他做出“易名”之举。再如中国红十字会对“官控”的抗争，该书从政治学的角度进行分析。晚清政府软弱无力，虽欲将没有政治色彩、具有中立、独立品格的民间慈善组织中国红十字会加以控制，但终究力不从心。民国北京政府仍将红会纳入“官办”体制，引起红会的消极对抗。民国南京政府的建立，标志着“强势”国家的形成，该书认为其对红会的控制也是在所难免的，以红会在北伐战场上救护不力进行“彻查”仅是一种借口，因为“国民党从巩固政权合法化的愿望出发，努力树立自己的政治、军事权威，其结果却是使它走上了专治、独裁的道路。其表现形式即加强对社会的全方位控制”。分析精当切要，符合历史实际。类似例子还有不少。由于占有资料丰富，也由于观察视角的不断转换，使该书认识问题全面周到，没有回避红会自身存在的缺陷、工作失误等，评价客观公允，一反过去一味赞美歌颂的做法，这是难能可贵的。如 1914 年胶东救援的“雇佣”性质、1916 年护国战争救护过于逊色、1927 年北伐战争救护消极从事等便是。

又次，具有深沉的时代价值和历史借鉴意义。本书力图全方位再现中国红会在近代不同历史阶段“博爱人群”风采，尤其是通过对红会从事的战地救护、赈济灾民、公益事业、国际援助、社会服务等人道慈善活动及其影响的研究，深刻揭示“红十字精神”的内涵。可以说，该书的目标即是通过审视历史，总结经验教训，弘扬人道主义精神，为当今社会主义精神文明建设提供有益的借鉴，更好地推动中国红十字事业的健康发展。

其实，本书开篇对红十字溯源时，已把红十字精神的内涵从理论上较充分地揭示出来了：博爱恤兵、扶危济困。继之，通过无数次血雨腥风的战场救护、急如星火的救灾救荒、仁爱充溢的社会救助、无私无偏的对外援助等，从实践上将红十字精神的内蕴生动而清晰地示于读者。历史是一面镜子，红会的是与非、兴与衰、成绩与不足、顺利与曲折，在作者秉笔直书之下，尽显无余，今天的红会工作理当获益匪浅。

动员多种社会资源参与社会保障，完善其体系，提高其水平，在现在的中国，尤为任重而道远。揆诸历史，不失为一种良策。关注弱势群体，广泛动员民间力量参与社会保障，是中国红十字会丰功伟绩留给我们的重要启迪。本书深沉的时代价值正在于此。

最后，语言锤炼，文笔流畅，也值得一提。本书虽篇幅浩大，实证性强，但文字精练，清新自然，优美流畅，使原本严肃枯燥的学术著作读起来别具风味，诸多红会人物，如林可胜、沈敦和、张竹君等刻画入微，鲜活如生，其恫瘝在抱的善行慈情令人难以释怀。史实丰厚但不堆砌，墨饱浓情但不矫揉。

《红十字与近代中国》拓宽了中国社会史研究的领域，它的出版，对推动社会史研究的发展，无疑是有裨益的。从这个意义上说，本书可谓是社会史研究的新葩。当然，作为红会近代史研究的开拓之作，本书仍存意犹未尽之处，如中国红会是国际红会大家庭的一个成员，其外交活动想必是丰富多彩的，可进一步拓展深化；抗战时期的后三次征求会员运动和“复员”时期筹募资金运动，效果并不理想，也可进一步挖掘；官控一直是近代中国红会发展中的一个棘手问题，在当时特殊的历史条件下，对红会究竟利弊如何，也值得探究。此外倘能更多地发掘档案资料，定能使本书锦上添花。

(原载《江海学刊》2005年第3期；《〈红十字运动研究〉2008年卷》)

翔实求是　大有裨益

——《中国红十字历史编年，1904—2004》简评

张立明

从事红十字会工作以来，阅读过几本中国红十字会历史资料选编和《中国红十字会的九十年》等书，但见到苏州大学社会学院、苏州市红十字会合编，池子华、郝如一主编的《中国红十字历史编年，1904—2004》一书，还是眼睛为之一亮，因为这本厚达500多页、洋洋洒洒50万字的鸿篇巨制，是我迄今为止所见到的关于中国红十字会最翔实的编年史。忍不住一页页地翻阅，仿佛徜徉在中国红十字会一个世纪的历史长河中，仿佛看到了中国红十字会对国家、对社会、对人民做出不可磨灭贡献的光荣场景，仿佛听到了中国红十字会历经坎坷而不折不挠前进的脚步声，真是受益匪浅、感慨良多。通观全书，以下几点尤值赞赏：

一是时序性。该书采用“编年”体裁，以年、月、日为序，记载中国红十字会的重要活动及其有关的重要历史事件，既再现了中国红十字会一个世纪波澜壮阔的历史画卷，又从时空上为研究中国红十字会历史提供了重要线索。称这本书为我国第一部专门检索红十字运动历史和重大事件的工具书是当之无愧的。

二是翔实性。该书资料来源广泛，从所列“参考文献”即可见一斑，若说是从浩如烟海的报刊资料、书籍中搜寻红十字活动的记载，并不夸张。仅就《申报》而言，就要翻阅多少份？举凡档案、报刊、官修正史、稗官野史，到红十字会公开出版物、到内部资料，无不广泛收集。可能寥寥几句的记载，就需从成百上千的文章资料中寻得。即使对停止所有会务工作的十年动乱期间，也一年不少地搜集记载了中国红十字会对外交流和援助活动。正因为此，该书披露了许多史料钩成，弥足珍贵。作者还借鉴学术界研究的最新成果，资料之丰富、翔实、新鲜，令人信服，从中体现的作者严谨认真、不辞辛劳的刻苦精神，令人感佩。

三是求是性。作者对史料记载的歧异之处，进行认真考证，去伪存真，澄清了不少错误。据作者介绍，即使对历来被视为中国红十字会早期最重要、最权威的文献《中国红十字会二十年大事纲目》，在与其他史料反复对照、比较、佐证、核实之后，纠错达二十余处，可谓廓清迷雾，还其历史面貌。作者对重要活动发生的日期尽可能确定到年、月、日，实在无法考证的，暂付阙如。作者这种对历史和后人负责的实事求是的科学态度，值得肯定。

该书可称道之处还有很多，限于篇幅不可能一一列举。

"我们不能割断历史"，"读史使人明智"。该书出版对深入研究中国红十字运动、扩大红十字会的宣传，以更好地为现实服务、推进中国红十字事业的持续发展将大有裨益。

（原载《〈红十字运动研究〉2007 年卷》）

《近代江苏红十字运动，1904—1949》简评

吴佩华

中国红十字会诞生于1904年3月10日，是近代以来历史最为悠久的民间社团。作为国际性民间慈善组织，中国红十字会本“人道、博爱”胸怀，以救死扶伤、扶危济困为宗旨，在战争救护、救灾救荒、社会援助诸多方面发挥了至关重要的作用，在近代中国历史舞台上扮演了耀眼的积德行善角色。

中国红十字会的产生、发展和流变与中国近代社会息息相关，但“相关学术研究成果寥寥，微不足道，这与红十字会在中国历史上的地位极不相称”①。为积极贯彻落实中国红十字会总会“确定一批研究课题，组织专家学者开展对国际红十字运动及中国红十字运动的深入研究”的精神②，红十字运动研究中心在池子华教授、郝如一教授的共同领导下，在前期研究成果——出版《百年红十字》《红十字与近代中国》和《中国红十字历史编年，1904—2004》等著作的基础上，以红十字运动研究中心为依托，整合人力、智力、史料资源，组织有关专家学者，加强对国际红十字运动及中国红十字运动的专题研究。该中心将《江苏红十字运动研究，1904—2004》作为“红十字书系”重点项目之一，共分三卷：第一卷《近代江苏红十字运动，1904—1949》，第二卷《辉煌十五年，1950—1965》，第三卷《从挫折到振起，1966—2004》，陆续由安徽人民出版社出版发行。《近代江苏红十字运动，1904—1949》就是红十字运动研究中心组织规划的阶段性成果之一。

《近代江苏红十字运动，1904—1949》共5章，近30万字，池子

---

① 茅家琦：《〈百年红十字〉简评》，载《历史教学》2004第3期。

② 中国红十字会总会：《关于加强和改进宣传工作的意见》（红总字〔2005〕19号），2005年12月20日。

华、郝如一等著。

第一章：江苏红十字运动的前奏。追本溯源，缕述红十字如何以有识之士为载体，“东渐”登陆中国，并在江苏大地上落地生根与逐步兴起。

第二章：辛亥战时崭露头角。日俄战争后，红十字会经历五国合办到中国独办的“脱胎换骨”后，努力巩固“初基”。会名经历“中国红十字会”向“大清红十字会”的短暂异变，在辛亥风云中又“回归”中国红十字会。在辛亥革命时期，红十字会大力从事救死扶伤的工作，在近代中国历史上以新的面目崭露头角。

第三章：民国前期的江苏红十字。总会1912年在江苏调整后，迅即在“癸丑之役救护”“江浙战争救护”“奉浙战争救护”“北伐战争救护”中积极从事救伤、恤难、瘗亡等工作。在做好时疫防治的同时，还在水灾救济、火灾救济及其他社会救助中充分做好拯饥援溺、赈灾济困的工作。

第四章：抗战时期的江苏红十字运动。抗战在即，红十字会在组织建设、征求会员、筹集会费、筹组救护网络等方面积极做好抗战救护的准备工作。在全面展开抗战救护工作的同时，还积极做好疫病防治，并从事自然灾害救济，努力关怀弱势群体，尽力做好社会救济工作。

第五章：“复员”时期的江苏红十字运动。抗战胜利后，江苏各地分会纷纷“复员”，从整顿会务入手，积极举办红十字周与征募运动扩大红会的影响，及时制定新时期的新工作任务与目标。本章对南京分会的社会服务做了重点描述，对红十字青少年运动在江苏的起源及其“试验”做了阐述，还对冬令救济与灾变救济、解放战场内外的救济救护做了很好的描述。

作为第一部系统研究中国近代地方红会的学术著作，《近代江苏红十字运动，1904—1949》可称道之处甚多，其中以下几个方面尤其值得注意。

其一，填补空白，推动红会研究的发展。

近代中国命运多舛，步履蹒跚，身处其中的中国红十字会也历尽坎坷，它有唐突，有逆境，有挫折。要充分展示近代红会的历史，不但要从宏观上把握红会在中国的登陆、生根、发芽、成长的过程，还应深入挖掘各地红会发展的历史轨迹。中国红十字会原专职副会长孙柏秋教授在池子华教授所著的《红十字与近代中国》序言中曾说，1904—1949年，毫无疑问是中国红会史上的重要历史时期，红会从无到有，从弱到强，业务范围从单一到多元，创造出一个又一个辉煌，但恰恰对这一时期的会史，研究最为薄弱，空留下许多遗憾。所幸，池子华教授、郝如一教授在前期从整体研究中国红十字会的基础之上，首次以江苏地方红会为研究对象，勾勒近代以来红十字会在江苏的萌芽与成长的过程，生动地展现了红十字会将“博爱”播撒江苏、全国乃至全世界的过程。

本书开篇对红十字溯源时，已把红十字精神的内涵从理论上较充分地揭示出来了：博爱恤兵、扶危济困。继之，通过无数次血雨腥风的战场救护、急如星火的救灾救荒、仁爱充溢的社会救助、无私无偏的对外援助等，从实践上将红十字精神的内蕴生动而清晰地示于读者。历史是一面镜子，红会的是与非、兴与衰、成绩与不足、顺利与曲折，在作者秉笔直书之下，尽显无余，对今天红会工作理当鉴益匪浅。该书的出版发行，对进一步展示红会在近代中国发展的全貌及所做的贡献具有十分重要的意义，有利于推动红会研究的深入发展。

其二，视野开阔，视角独特。

百年红会，历经沧桑。为了系统展现近代江苏红十字运动的全貌，该书从红十字“东渐”在江苏登陆起笔，对江苏红会的历史首次进行了全方位、多层次、多角度的论述。纵向上重点把握不同时期江苏红会与社会的互动关系，脉络清晰；横向上对江苏红会博爱恤兵、扶危济困的宗旨及精神实质进行了充分解读，不仅详尽论述红会“战地救护”行动，还涉及和平时期赈济灾民、公益事业、国际援助、社会服务等更加丰富的人道主义活动。将近代江苏红会自成立以来的起与伏、兴与衰、甘与苦、荣与辱等迂回曲折的演进轨迹，和盘托出，一个有血有肉、丰富饱满的近代江苏红会形象顿现眼前。

本书以历史学、社会学为基本切入视角，同时借鉴统计学、经济学、社会心理学、文化学、传播学、灾害学等相关学科的理论方法，对江苏红十字会的博爱之举、慈善懿行及其与中国社会的互动关系进行了多层次、多角度、“跨学科”考察，揭示出“红十字精神”的深刻内涵，视角独特，视野开阔，显示出作者深厚的治学功力。学科之间的交叉、渗透，是学术研究的大势所趋，本书的尝试，是富有启发的。

其三，资料丰富、论据充分，考订翔实。

该书资料丰富，诸凡档案、报刊、官修正史、稗官野史等，均有广泛搜罗；对红会公开出版物及内部交流资料，也都有广泛的搜集，许多资料为首次披露，弥足珍贵，使本书显得厚重、扎实，提高了解释水平。如对中国红十字会创始人之一吴江施则敬的描述，除引用红会内部资料外，还广引《笠泽施氏支谱》及《吴江文史资料》等文献，言必有据，论据充分，扎实厚重。再如，本书对1904年6月8日《申报》中登载“念中国红十字会创办伊始”句中的“中国红十字会”，作者在注释部分做了详细的考订，表明了作者对资料的充分把握，彰显了作者考订翔实的治学态度。类似例子还有不少。

其四，图文并茂，文笔优美。

本书图文并茂，文字精练，清新自然，优美流畅，使原本严肃枯燥的学术著作读起来别具风味。

历史图片具有不可更改性，其真实性往往高于文字记载；同时，图片再现的历史也更为活泼、生动和具体。历史照片与叙事文字互为印证、参照，使读者在阅读美文的同时，也获得视觉享受。本书征引的历史照片数十幅，其中许多老照片为第一次使用，更显珍贵。大量历史图片的插入，为本书增添了新的亮点，同时也为读者提供了一种新的阅读视角。阅读文字，目睹照片，一幕幕真实的历史场景如在眼前，给人以身临其境之感。

近代中国战乱不断，灾荒连年，江苏各地分会身先士卒，留下许多可歌可泣的不朽功绩。本书虽为学术性著作，但决不堆砌、排比史料，而是将史料所蕴含的信息融入娓娓道来的叙述之中，一改学术著作“板起面孔讲道理”的做法。尤其对一些典型事件及人物，刻画入微，颇为动人，为读者展示“即使是在一个被暴力摧残的世界里，所有的人也都是兄弟”的感人场景。相信每一位读完此书的人，都会被红十字精神深深感染，而这种感染力离不开作者的生花妙笔。

其五，具有深沉的时代价值和历史借鉴意义。

在中国近代社会，作为民间社团的中国红十字会在参与社会救助——社会保障的主要方面时，发挥着极其重要的作用。民间社会救助，无疑是构成弱势群体社会支持系统的有机组成部分，而这恰恰是我们过去的研究所忽视的。官方的与民间的社会支持，如鸟之双翼、车之两轮，互相配合，相得益彰，共同推动中国社会保障事业的繁荣与发展。在近代中国社会救助活动舞台上，包括红十字会在内的非政府组织较之官方更为活跃，光彩夺目。中国是“仁”的国度，有着乐善好施的光荣传统。动员民间力量参与社会保障事业，具有广泛的现实性、可能性，值得我们去借鉴、去开发这一用之不竭的“资源”。

江苏为中国红十字运动的发祥之地，在中国红会史上具有无可替代的特殊地位。“全面研究江苏红十字运动百年史，对弘扬红十字人道主义精神，推进中华博爱事业的发展，加强国际间在人道主义领域中的交流与合作以及江苏的对外开放，多有裨益”①。该书全面审视近代江苏红会的发展历程，通过对红十字会从事的战地救护、赈济灾民、公益事业、国际援助、社会服务等慈善活动的缕析，全方位展示江苏红会的风采，揭示“红十字”精神的深刻内涵；及时总结历史经验教训，以弘扬人道主义精神，推动中国红十字事业的可持续发展，为社会主义精神文明建设提供有益的历史借鉴，为积极推动和谐社会及和谐世界的建构，颇有启发意义。

本书优长之处固然不少，但也不无可挑剔之处，如对近代江苏地方红会的对外交往叙事不够。尽管在有关章节中插叙，虽不无可取之处，但毕竟不够系统、全面。

总之，虽然《近代江苏红十字运动，1904—1949》尚有不能尽如人意之处，但作为首部系统研究中国地方红十字会史的著作，它的出版，意义重大，不仅弥补了相关研究的不足，拓宽了中国社会史研究的领域，推动了中国近代史研究的进一步深入，而且对推动中国红十字事业、中国慈善事业的可持续发展，对促进和谐社会的建构，具有十分重要的意义。

（原载《〈红十字运动研究〉2008 年卷》）

① 池子华、郝如一等:《近代江苏红十字运动，1904—1949》，安徽人民出版社 2007 年版，“前言”。

解析近代江苏的红十字“情缘”

——《近代江苏红十字运动，1904—1949》评介

杨红星

江苏是中国红十字运动的发祥地，是中国红十字运动百年历程的历史基点。尤其在近代，江苏更是紧扣中国红十字运动的历史脉动，与之结下了不解之缘。2007 年岁末，由池子华、郝如一等著《近代江苏红十字运动，1904—1949》一书由安徽人民出版社出版发行，该书对近代江苏的红十字“情缘”进行了全面的剖析和诠释，值得关注。

该书共分 5 章，25 万余字，透过历史的烽烟，客观再现了近代江苏红十字运动从启蒙、兴起到成长、壮大的行进轨迹，揭示了近代江苏在晚清、辛亥战时、民国前期、抗战时期和“复员”时期的红十字“情缘”。同时书后附录《慈善人生——庞京周医师的生平与事业》一文，使全书内容更显丰满。这是国内第一部系统研究近代地方红十字运动的学术著作，对推动国内外红十字运动的研究具有重要意义。本书是作者在对中国红十字运动整体研究取得重大突破的基础上向局域研究的拓展，同时由于地缘和其他因素的影响，苏地分会与总会有着难以割舍的血脉关联，所以这项研究成果同样也可以看作是中国红十字运动整体研究的深入，丰富和充实了整体研究的内涵和生命活力。

通观全书，发现该书除继承作者以前著述的诸多优点外，以下特色尤其引人关注。

一、资料丰富，个案鲜明

历史学研究以史料为基础，史料的数量和质量一定程度上制约着史学研究的深度和广度。中国红十字会已走过百年历程，在近代社会的“风口浪尖”扮演着“博爱恤兵，扶危济困”的重要角色，发挥着不可替代的历史作用。但中国红十字运动研究起步较晚，直到 20 世纪末才

逐渐受到学术界的关注，这除了史学界和治史者的指导思想和研究取向等因素之外，与史料的缺乏、零散和隐性存在也不无关系。有关红十字，史书中的记载不多，尤其是地方红会史的资料，大多散见于地方志书和年鉴的“卫生”“社团”等条目之下，而且一般是无关痛痒的寥寥几笔。现阶段中国红十字运动研究取得了较为丰硕的果实，中国红十字运动的历史轨迹逐渐清晰，但要想使相关研究“更上层楼”，需要深挖资料。当下学术界运用最广泛的史料是《申报》关于中国红十字会的记载，但一家之言毕竟存在着局限性和片面性。尽管中国红十字会总会所编《中国红十字会历史资料选编，1904—1949》（南京大学出版社 1993 年版）和《中国红十字会历史资料选编，1949—2004》（民族出版社 2005 年版）先后出版，为学术研究提供了难得的资料，但随着研究的逐步深入，已不能满足研究的需要。《近代江苏红十字运动，1904—1949》一书作者克服困难，以丰厚而层次鲜明的史料连缀起近代江苏红十字运动的起承转合，让人读后如临其境。该书除广泛运用相关档案、报纸和大量内部刊行资料及资料选编外，还深度挖掘了地方志中的省志、市志、县（区）志、乡镇志以及年鉴资料，并借鉴了台湾地区出版的会史中的资料。正是由于大量珍贵史料的精心采得和巧妙运作，使得著作踏实、深沉而厚重。

近代江苏是中国红十字运动的中心舞台，江苏各地的红十字运动同样引人注目。如何更鲜明地表现江苏近代红十字运动的特色，选取富有代表性的个案、点面结合不失为一个策略选择。作者在这方面的谋篇布局、选材取舍非常精当，让读者全面而不失重点地领略了近代江苏红十字运动的多彩画卷。在民国前期的“时疫防治”一节中，作者推出“治疫之翘楚——江苏上海”；抗战时期“抗战救护的准备”一节中，以救护培训工作的表率常熟红十字分会为个案；“复员”一章中，作者又集中介绍了地方分会的典范——武进与江都。这些“个案”的介绍，给读者留下了深刻的印象。

二、定位准确，架构精妙

该书的研究对象为近代江苏的红十字运动，这是一目了然的。但要知道近代江苏与中国红十字运动有着千丝万缕的联系，如何更好地界定，如何更好地剪裁，如何更鲜明更恰如其分地体现近代“江苏”而不是“中国”红十字运动，是编著该书面临的首要难题，而且是相当重要的。总的说来，该书对“江苏”的定位是准确的，架构是精妙的。

中国红十字运动起源于江苏，在诞生早期与江苏红十字运动是“你中有我、我中有你”的关系，很难作明确的界定。正像作者所言，“实际上，江苏红十字运动与中国红十字运动同构共存，共生共荣，是二合一的关系，毕竟江苏是孕育中国红十字会的母体，又是其生长发育的沃土，更是其释放势能的基地和遂行天职的依托。江苏红十字运动固然是中国红十字运动的组成部分，从上述意义上说，中国红十字运动又何尝不是江苏红十字运动的有机组成部分呢?”（该书第 45 页）这段论述可谓精辟。

随着中国红十字运动的发展，也随着江苏各地分会的建立和逐步壮大，江苏红十字运动逐渐释放出其独特的光彩。在这个过程中，作者注重在总会和江苏分会的动态关系中恰如其分地把握江苏红十字运动的行进轨迹。如奉浙战争中“总会功劳仍不可忽视”，“苏南红十字事业继续向前发展。更重要的是，苏北红会开始兴盛，新成立了许多分会……足以证明‘红十字’意识在苏北有了进一步发展，江苏红十字‘触角’深入到更为广泛的区域”（该书第 124 页）；“总的说来，北伐战争中，总会对江苏的直接救护不是很出色……而地方分会采取一系列措施，为北伐救护做出了不可磨灭的贡献”（该书第 126 页）；再如，“战争救护需要更多的红十字分会充分发挥自身功能，但关键时刻，总会的支持也不能缺失，只有总会、分会协同努力才能推动红十字运动的顺利发展”（该书第 131 页）。正是由于定位准确，统筹得当，作者才能在中国红十字运动的整体进程中有选择性地采撷出一个个历史断面，并按照其发展规律拼接在一起，完成对近代江苏红十字运动的剖析和论述。作者的治史功力由此可见一斑。

近代江苏红十字运动是中国红十字运动的亲支近脉，她的早期足迹对中国红十字运动有着不同寻常的意义。为了全面展示近代江苏红十字运动的本质特征，作者对论著进行了精妙的架构。首先，作者在纷纭复杂的历史轨迹中采集多个具有典型意义的“关节点”，它们一定程度上是近代江苏红十字运动的象征。这些“关节点”主要包括地域和人物两个方面。在地域上包括：江苏上海是红十字“东渐”登陆中国的“桥头堡”，是中国红十字会的摇篮；金陵分会是江苏第一个红十字组织，也是中国红十字会最早建立的分会之一；“复员”时期的南京分会是全国红十字青少年运动的开路先锋。在人物上包括：江苏上海人孙淦是红十字启蒙的先驱；江苏吴江人施则敬是中国红十字会的创始人之一；江苏武进人盛宣怀是产自江苏的中国红十字会首任会长。这些有关“江苏”和“江苏人”的“关节点”是近代江苏红十字运动成就的集大成者，鲜明地架构起近代江苏红十字运动的骨架。在此基础上，为了全面把握红十字运动的发展轨迹和体现红十字运动的阶段性和发展规律，作者对近代江苏红十字运动的成长历程进行了流动性考察。从“辛亥战时救护的崭露头角”（第 44 页），到民国前期“救护形式由总会主导型向分会自主性的转变”（第 131 页），再到机遇与挑战共存的抗战时期的“克服困难、韬光养晦、开拓进取”，又到“复员”时期的“服务社会、博爱人群”，近代江苏红十字运动与时俱进的成长历程清晰可见。这就像一条线，将那些“关节点”贯穿起来。

三、博采众长、高屋建瓴

近年来，有关中国红十字运动的研究成果不断涌现，为广大学者的深入研究提供了更为宽广的平台。该书中多处可见红十字运动最新研究成果的运用，这在很大程度上增强了著作的说服力和学术价值。如周秋光、靳环宇发表在《光明日报》（2006 年 3 月 3 日）上的《早期红十字会在中国的演变》一文，是两位作者在发现了最新史料的基础上对问题的重新阐释，作者及时地将其史料和观点介绍过来；再如，作者还审慎地引用了台湾版《“中华民国”红十字会百年会史，1904—2003》的一些资料和观点，为著作增色不少；除此，相关领域的最新成果和资料在书中也多处显现，足见作者严谨的学风和孜孜以求的态度。

由于作者是在前期研究成果的基础上、在对中国红十字运动有了整体把握的基础上再进一步研究江苏地方红十字运动，一种统筹全局的意识一直贯穿于全文，所以全书既不会迷失于整体也不会脱离整体。由此作者呈现给我们的是一部客观、丰富、生动的近代江苏红十字运动史。

应该说，本书值得称道之处颇多，可能读者诸君都会有自己的独到见解。当然，由于资料的限制，著作对一些地方分会的活动语焉不详，也多少留下了一丝遗憾，只能留到以后去弥补。总之，相信这部近代地方红会史研究的开拓之作，一定会进一步推动中国红十字运动研究的深入开展。

（原载《〈红十字运动研究〉2009 年卷》）

中国地方志万花丛中一点“红”

——《苏州红十字会志》简评

王卫平　张立明

地方志具有存史资政功能，历来受到政府的高度重视，也取得累累硕果，从省志、市志、县志、区志乃至乡镇志，林林总总，更有经贸、教育、公安、财政、劳保、建设、房管、交通、水利、农林、外经贸、文广、卫生、环保、体育、园林绿化、工商、国土资源、海关、银行等等部门专业志汇集，堪称浩如烟海。可是，在中国地方志百花园中，却没有一部红十字会志面世，这不能不说是一件憾事。郝如一、池子华主编的《苏州红十字会志》，作为“红十字书系”之一种，由安徽人民出版社出版发行，弥补了这一缺憾，可喜可贺。

《苏州红十字会志》凡8章，洋洋洒洒40万言。综观全志，我们以为以下几个方面尤其值得称道：

其一，开拓创新，填补空白。红会秉承人道、博爱、奉献的红十字精神，开展了丰富多彩的社会活动，成为社会保障与社会建设中一支重要力量，然而，直到现在全国还没有出版过一部有关红十字会的志书，这与红会的地位是极不相称的。苏州市红十字会与苏州大学社会学院联合发起成立全国首家“红十字运动研究中心”，在取得一系列研究成果的基础上，锐意开拓，推出首部红会志，填补了红十字会有史无志的空白，同时丰富了中国地方志的内容。

其二，体系完整，可为范本。红会向来有史无志，要编纂红会志，首先要根据地方志编纂的一般要求，结合红会的具体史实，架构起一个完整的编修体系。《苏州红十字会志》作为“第一个吃螃蟹”者，在这方面大胆创新，从历史沿革、组织建设、救护、赈济、宣传、青少年、友好往来、台湾事务8个方面进行架构，体系完整，为其他红会组织编修志书提供了参照的范本。

其三，精耕细作，扎实可信。编志的基本要求是尽可能详尽地占有资料。《苏州红十字会志》的编者，不辞辛劳，广为搜求，完成了百余万言的《苏州红十字会志资料长编》及《苏州红十字会大事记》，在此基础上，精耕细作，终成“正果”，其传真性、可信性是毋庸置疑的，为红十字运动研究提供了难得的史志资料。

其四，以史为鉴，继往开来。苏州红十字会成立于1911年。作为全国较早建会的地方社团，苏州红十字运动是中国红十字运动的有机组成部分，编纂出版《苏州红十字会志》，不仅填补了红会无志书的遗憾，再现了苏州红十字运动的风采，而且可为中国红十字运动的研究提供史料，其意义固然不可低估。而其史鉴价值，对红十字事业的可持续发展，同样不可小视。“前事不忘，后事之师”，只有认真总结、吸取历史经验教训，才会有红十字事业发展的广阔前景。

其五，图文并茂，利于传播。《苏州红十字会志》文字精练，文笔优美流畅，加之珍贵历史图片穿插其中，写得的确比较“好看”。这对红十字运动知识的传播显然是有利的。红十字以史志为载体，走向民间，是一种很好的途径。

总之，《苏州红十字会志》作为全国红十字会系统第一部公开出版的志书，它的问世，不仅对推动红十字运动研究和红十字事业的发展功不可没，而且也是中国地方志万花丛中的一枝奇葩。

（原载《〈红十字运动研究〉2009年卷》）

评中国首部红会志书《苏州红十字会志》

阎智海

苏州红十字会始建于 1911 年，历经晚清、民国、中华人民共和国三个历史时期。作为全国较早建立的地方分会，苏州红十字会早在创会伊始，就对辛亥革命期间的伤员进行了积极的救护。百年风雨沧桑，苏州红十字会秉承人道主义精神，以博爱之襟怀扶危济困，于危难之中雪中送炭，为中国红十字运动的发展做出了重大的贡献。

2008 年 10 月，郝如一、池子华教授主编并参与编修的《苏州红十字会志》由安徽人民出版社出版发行，这是现阶段全国第一部公开出版的关于红十字会的志书，也是“红十字书系”的又一重要成果，该书的出版对于理清苏州红十字会在改革开放以来的发展脉络具有重大的史料参考价值，对推动红十字运动研究的深入裨益良多。

一

《苏州红十字会志》共计 8 章，文后附录“大事记”，洋洋洒洒近 40 万字，再现了 1982 年至 2005 年苏州大市范围内红十字会的历史风貌。兹结合其内容评述如下，以飨读者。

第一章“历史沿革”。为厘清苏州红十字运动兴起发展的线索，编者对新中国成立以前苏州红会的史迹做了较为详尽的梳理，不仅把历史和现实有机地衔接了起来，而且有助于完整地把握苏州红会近百年来嬗递变迁的历史轨迹。

第二章到第八章是本书的重心所在，主要通过七大块的内容，完整地再现了苏州红十字会自 1982 年正式复会以来走向蓬勃发展的风采。这七块内容包括：组织建设、救护、赈济、宣传、青少年、友好往来及台湾事务。

在第二章中，编者充分运用表格这一形式并相应做了较灵活的处理，清晰地向读者呈现了苏州红会在新时期的运作机制、制度的不断完善和健全的经过，图、表、文相结合，一目了然。比如：1982 年至 1986 年，苏州红会领导干部变更频繁，而从苏州红会理事名单的表格中能看出 1987 年至 2004 年苏州红会会长人选未再变动，这从侧面反映出苏州红会工作逐渐步入正轨，正是由于复会后机制、制度的不断完善和改进，苏州各级红会组织在 20 世纪 80 年代以来得到了蓬勃发展，推动了红十字事业的欣欣向荣。

第三章“救护”、第四章“赈济”。在这一时期，苏州红十字会组织进行了各种形式的救护培训，积极组织参加灾难救助和赈济，组织推动无偿献血、捐髓、捐遗等有意义的工作，在与一系列自然灾害做斗争的过程中，协助地方政府，为百姓排忧解难。与此同时，苏州红会还开展了日常救助，对弱势群体献爱心、送温暖。不难看出，灾难救助和赈济成为和平时期苏州红会工作的一大重点。

第五章“宣传”。通过新闻报道、报刊征订、各种纪念活动的举办等多形式、多渠道、多层面的舆论运作，苏州红十字走近大众，其人道、博爱、奉献的襟怀为人所熟悉和理解。

第六章“青少年”，记录了红十字青少年工作的开展情况。

第七章“友好往来”，涉及两部分，即苏州红会与国内其他省市红十字会同行的互动，以及与各国红会组织的相互交流学习。

第八章“台湾事务”，反映出苏州红会在对台事务中的积极作用。

二

《苏州红十字会志》是集体智慧的结晶。纵览全书，不难发现其特色和价值。

其一，开山之功不可没。虽然此前对于红十字运动的研究成果卓著，但作为现阶段全国第一部结集出版的关于红十字研究的志书，仍然有其独特的价值。该书不仅填补了中国红会无志书的遗憾，也为其他地区红会志的编写提供了一种参照和范例，无疑将不断深化对中国红十字会历史的研究，其价值和意义不容低估。

其二，资料翔实，图、表、文相互参照，考据确凿，足资佐证。所谓巧妇难为无米之炊，对于志书的编纂，史料搜集整理的前期工作可以说是相当难的，如果史料充足、准备充分，就相当于完成了一大半的工作。而《苏州红十字会志》就是在占有大规模资料的基础上编纂而成的，该志书的资料不仅有来自苏州、上海等地档案馆的相关档案，而且有中国第二历史档案馆的相关档案及报刊资料、回忆录、红会网站的信息等，资料来源广泛。诚如编者在前记中所说，2006年年底就有了编纂该志书的动议，2007年年初就投入到资料的搜集与整理工作中。通过大规模档案资料的搜集与整理，在2007年9月份，编者首先完成了百万余字的《苏州红十字会志资料长编》及《苏州红会大事记》，这成为编写《苏州红十字会志》的坚实基础。正因为有精心的史料准备工作，夯实了基础，言必有据，考证确凿，从而使得《苏州红十字会志》的问世也就具有较大的史料参考价值，足资佐证。该志书在编排上还充分地运用表格这一形式并配有一百多幅插图，尤其是书末所附“大事记”和图、表、文相互参照印证，大大增强了该志书的说服力。

其三，内容完整，详略得当。《苏州红十字会志》编录了苏州大市范围内红十字运动的光辉历程，将重点放在对苏州红十字会的记录上。以苏州红十字会在这一时期的活动为主，辅之以苏州市所属县（市）、区红十字会的活动，详略得当，重点突出，没有因为要面面俱到而忽略重心所在。

该书用7个章节的篇幅编录苏州红十字会自1982年正式恢复建会以来的历史，通过对其在组织建设、救护、赈济、宣传、青少年的组织与管理、与国内国际其他红十字组织之间的友好往来及对台事务的翔实考查中，较完整地再现了新时期苏州红会在人道主义领域多姿多彩的感人风貌。同时，也突出体现了和平时期苏州红会工作、活动的一些特点，从中折射出时代变迁的印迹。该书对这段历史的梳理对于把握中国红会在新时期逐渐步入正轨并走上依法建会之路不无意义。

其四，精心梳理，脉络清晰。通盘考查该志书，我们不难发现，《苏州红十字会志》的编写经过精心的安排。编者首先从历史沿革中钩沉旧迹，挖掘源流，使苏州红十字在历史的起承转合中徐徐拉开帷幕，进而通过7章的篇幅重点展开了苏州红十字会在改革开放以来重新雄起再振的历史。在这7章中，编者又把苏州红会的组织建设放在首位，在对苏州红会的领导决策机制、运作模式、制度的建设等的历史考察中，把苏州红会自身不断发展完善的过程清晰地呈现出来。正是机制制度的不断改进完善为其他工作的开展奠定了基础，在随后的几章中，围绕苏州红会在救护、赈济、宣传、青少年等领域的活动所作出的编排也就显得更加合乎逻辑。

三

中国编史修志的历史源远流长，但志书的修纂并非易事。为历史研究提供史料的高质量志书，不仅要全盘考虑志书的资料来源、规范格式、章节设计、时间断限、表述风格等，也应该考虑到校对编排及出版流程，因为即使是校对印刷的一个小疏忽有时也会影响到志书的可信度。而面对如此悠久的修志传统，如何在统筹策划的时候安排创新，既不违背修志的要求规范，又能体现新时期志书的时代特征，笔者认为，在《苏州红十字会志》中多少看到了编者的这一思想和努力。

中国红十字会创建至今已经104年，其所宣扬的“人道、博爱、奉献”的精神逐渐被人们所了解，苏州红十字会作为创建较早的地方分会，在其近百年的发展历程中为社会的进步也点燃过希望之光，其不平凡的经历有必要被世人所了解，其复会以来光芒四射的奉献精神更需要人们去传承，尤其是在中国正全力构建和谐社会的今天，《苏州红十字会志》的推出有着深刻的现实意义。

当然，正如编者在前记中所说的，作为红会系统第一部公开出版的志书，它不可能完美无缺，但其所昭示的意义却是多重的。《苏州红十字会志》的问世，不仅仅有助于理清苏州红会在新时期的发展脉络，也将进一步推动对中国红十字运动研究的深入。这既是在红会史研究领域不懈求索的重要成果，也是这一领域继续深入研究取得的新突破。

（原载《〈红十字运动研究〉2009年卷》）

红十字运动研究的力作

——《中国红十字运动史散论》简评

徐国普

肇始于1904年的中国红十字运动历经清末、民国和新中国三个时期，其百余年辉煌的历程蕴涵着丰富的文化密码和信息资源，“红十字会本身就是一部近代中国的活历史、可歌可泣的历史诗篇”。自20世纪末以来，中国红十字运动逐渐引起大陆史学工作者的关注，一批有分量的学术成果不断面世。不过，作为新兴的学术领域，红十字运动研究的深度和广度都有待加强，尤其是学界对红十字会的重要历史人物、重大事件的深入研究，以及对颇具异议的重要史实和需待勘误的史料进行细致考订等还相当缺乏。池子华教授所著《中国红十字运动史散论》（以下简称《散论》）近由安徽人民出版社出版，在一定程度上弥补了上述缺憾。

池子华是红十字运动研究的拓荒者之一，著述颇丰，特别是中国红十字会百年诞辰前后，他曾推出《百年红十字》（2003年）、《红十字与近代中国》（2004年）、《中国红十字历史编年，1904—2004》（2005年）等学术著作，并于2005年创建红十字运动研究中心，引起海内外的广泛关注。新著《散论》融部分已发表和多篇首次发表的论文于一体，内容涵盖红会人物、历史事件、史实考订、学术评论等方面，再现了红十字运动的几个侧影。

作为一部红十字运动研究的论文集，《散论》凝聚着作者多年来研究的心血，填补了相关空白，具有鲜明的特色和重要的学术价值，这主要体现在以下几个方面。

其一，视角新颖，注重在“小地方”发现“大历史”。社会史研究强调眼光向下，关注草根群体的生活实态，在“小地方”发现“大历史”，红十字运动的研究亦不例外。作者在研究红十字运动的主角——红会人物时，即有选择性地着重对“小人物”孙淦、施则敬、庞京周、林可胜等进行考察，探讨他们在红十字运动中的作用与贡献。当然，这里的“小人物”是相对而言的，在红十字运动中，上述四位算得上是重要的“大人物”了。如商人孙淦在红十字启蒙运动中，启“官蒙”号呼奔走和启“民蒙”艰苦备尝，双管齐下发挥出特殊的作用，并编《博爱》，开“本会之先河”，为红十字会的创立铺平了道路，是不该被忘却的先驱者。历史事件是红十字运动的构成要素。从“小处”着手，《散论》对中国红十字会在辛亥革命江苏战场及1923年在日本震灾中的救护行动，以及近代苏州红十字运动等特定的历史事件和区域红十字运动进行深入研究，见微知著。从“小地方”（包括“小人物”“小事件”和某个区域）来观照中国红十字运动波澜壮阔的“大历史”，正是作者研究的旨趣所在。

需要指出的是，作者并不只是关注“小地方”，《散论》还对历史伟人孙中山先生对于红十字运动的贡献，以及中国红十字会的创建历程——从红十字会先声（中国救济善会）到红十字会的诞生（上海万国红十字会）进行了探讨。

其二，填补相关学术空白，且有所创见。《散论》中有关红会人物和历史事件的研究，都是对先前两部专著《百年红十字》和《红十字与近代中国》中的相关内容的深化和补充，填补了学术空白。而作者分别对1911年11月刊于《民立报》《申报》的《红十字会第一届分会职员一览表》（以下简称《一览表》）和1933年常熟分会编印的《中国红十字会常熟分会民国廿一年纪念册》（以下简称《纪念册》）作跋和评述，并对1924年中国红十字会编辑出版的《中国红十字会二十年大事纲目》（以下简称《纲目》）进行订误，其填补空白的学术价值不言而喻。

不仅如此，《散论》多有新见，即如孙中山先生在中国红十字运动中的历史贡献怎样、上海为什么是中国红十字会的诞生地、抗战时期中国红十字会救护总队队长林可胜辞职的根源是什么？等等，作者都有精辟的客观论证和新颖的学术观点，引人入胜。

其三，史料丰富翔实，注重新史料的挖掘。史料是史学研究的基础。红十字会是民间慈善组织，其“被存史”的资料相当零散，多见于红会公开出版物及内部交流资料、档案、报刊、地方文史资料等，作者利用多种途径对此加以广泛搜集，并特别注重《笠泽施氏支谱》《民立报》《申报》等新史料的挖掘和运用，弥足珍贵。由于大量第一手资料的引用，《散论》中的著述立论充分，扎实而厚重。尤其是充分利用“口述史”资料，对抗战时期救护总队的组建、组织人员的变动、困苦的工作环境、艰难辛酸的战场救护、“内部风潮”与总队长林可胜的沉浮等进行详细的条分缕析，令人信服。

此外，作者专门对中国红十字会史研究的资料问题进行全面论述，分门别类地介绍了（总会）资料选编、红十字报刊、红十字出版物（报刊除外）、红十字档案、口述资料、其他资料等六大类史料的内容、特点，以及具体运用某类史料时应加以注意的事项，从而为研究者提供了重要参考。作者还对新近发现的重要文献资料《一览表》和《纪念册》进行整理分析，其中《一览表》对考证部分地方分会的创建时间、分析当时分会的地域分布及职员构成等具有极为珍贵的参考价值。

其四，考证严谨，考订精确。作者对重大史实的考证和对重要史料的考订严谨而精确，难能可贵。长期以来，红十字界和学界对中国红十字会首任会长一直存在误解和分歧，作者在充分占有大量档案资料、权威报刊、原始函电等史料的基础上进行梳理，并不断搜集新史料反复进行考证，最终确认首任会长为晚清重臣盛宣怀而非吕海寰，廓清了历史迷雾，也了断了长时间的学术争论。

作者依据可靠资料，分别考订出《纲目》和《中国红十字会历史资料选编，1904—1949》（中国红十字会总会编，南京大学出版社 1993 年版）中多处的错误，其中《纲目》竟达 18 处之多。如《纲目》指出，第一年（光绪三十年，1904 年）“本会成立于上海，初名曰上海万国红十字会”，作者认为此处不够准确。1904 年 3 月 10 日，中、英、法、德、美五国代表在上海集会，发起成立红十字会，初名应为“上海万国红十字支会”，一周后，3 月 17 日中西董事集会，正式定名上海万国红十字会。又如，第十七年（中华民国九年，1920 年）“九月，会长吕海寰辞职，公推吕公为名誉会长。政府令，汪大燮为会长”，实际上，准吕海寰辞职及任命汪大燮任会长的时间均为 10 月 2 日。通过作者的订误，《纲目》真正成为研究中国红十字会早期历史的最重要、最权威的文献资料。

其五，关注最新动态，评述入木三分。关注和了解红十字运动研究的最新动态，是深化其学术研究的必然步骤，作者对近年来红十字运动的研究进行详细综述，全面总结研究的历史、现状及已在焦点问题、战争救护、灾害救济、历史人物、重要时段等方面取得的学术成就，最后客观地指出诸如区域红十字运动、当代红十字运动及国际红十字运动之比较等方面的研究需待进一步加强。

台湾学界对红十字运动亦有研究，需要加强两岸交流，共同繁荣学术。作者对台湾研究的新成果，台湾著名历史学家张玉法院士主编的《中华民国红十字会百年会史，1904—2003》（台湾红十字组织编印，致琦企业有限公司2004年印刷，以下简称《百年会史》）和张建俅所著《中国红十字会初期发展之研究》（中华书局2007年出版，以下简称《研究》）表示极大关注，并及时地进行评述。作者认为台湾地区学界历来重视红十字会史的研究，以及红十字界与学界合作的研究模式，值得我们借鉴和践行。《百年会史》再现了红十字运动波澜壮阔的百年历史场景，资料丰富翔实，但其“缺陷也是显而易见的”，如内容上断然分成两大板块，无“浑然一体”之感，“中华民国红十字会”的百年，存有“名与实的尴尬”等。《研究》确有多处值得称道，但问题同样不少，如中国红十字会成立于1912年之说值得商榷，而分期问题、属性问题、逻辑问题、学风问题及校对问题等“有待进一步推敲或改进”，是一部“问题”之作。如此评述，入木三分。

2009年是中国红十字会成立105周年，也恰逢红十字会与红新月会国际联合会成立90周年和《日内瓦四公约》缔结60周年。百余年来，红十字会抱牺牲志愿，本博爱襟怀，在战地救护、赈济灾民、社会服务、民间外交等诸多领域发挥出至关重要的作用，在人类历史上留下了难以磨灭的印记。研究红十字运动大有作为。《散论》对红十字运动中诸多基础性问题展开了论述，为拓展和深化红十字运动史的研究提供了重要的学术参考，亦为办理当前红十字会事务，推动现代慈善事业的发展提供了重要史鉴。

（原载《〈红十字运动研究〉2010年卷》）

池子华教授和他的红十字运动研究

——写在《中国红十字运动史散论》出版之际

曾桂林

在社会史研究领域中，中国红十字会研究曾被认为是相对薄弱的一环。然而，进入21世纪以来的实况，却不能不令人刮目相看。譬如池子华教授的《百年红十字》《红十字与近代中国》《近代江苏红十字运动》及与之相关的一系列论文，就为学界奉献了许多新鲜的成果，填补了中国红十字会史研究的诸多空白。池子华教授专注于红十字运动研究将近十年，有着深厚的学术积淀，在此基础之上，新近由安徽人民出版社结集出版的《中国红十字运动史散论》（以下简称《散论》），在一定程度上又有所突破、有所创新，值得称道。故此就个人认识所及，作一简要评介。

《散论》一书虽由论文汇集而成，然通观全书，却自成条贯。全书18篇论文，按内容与文章体例釐为4个专题，另有附录1篇，即《红十字志愿服务的“别样”选择——我的志愿服务之路》一文，为读者展示了作者同红十字“结缘”、参与红十字志愿服务辛勤笔耕的心路历程，以及所取得的累累硕果。

第一个专题为“红会人物”，收录《孙淦与中国红十字会的启蒙》《施则敬与中国红十字会的创始》《略论孙中山对中国红十字会运动的贡献》《张竹君与中国赤十字会》《慈善人生——庞京周医师的生平与事业》《中国红十字救护总队部的“林可胜时期”》等6篇文章，集中论述了孙淦、施则敬、孙中山、张竹君、庞京周、林可胜等人在中国红十字会的启蒙、酝酿、创始与发展过程中的作用与影响，从一个侧面揭示出中国红十字运动曲折而又不平凡的历程。

第二个专题“历史事件”，选取了中国红十字会兴起与发展进程中几个关键节点，即从中国救济善会到上海万国红十字会，再从辛亥革命中江苏战场救护到1923年日本关东地震救援，对此进行了细致入微的考察。截取的这三个剖面，论析都极为深刻和到位，不仅缕述了红十字这个西方慈善组织的东渐及其在华酝酿、演变，还再现了中国红十字会成立初期即以救死扶伤为天职、积极参与战地救护的风采，并展示它跨越民族与国家的畛域，竭力开展国际慈善救助行动的一个侧影，从而完美地诠释了“人道、博爱、奉献”是红十字运动的一贯宗旨。此外，该专题另有一文清晰地勾勒出近代苏州红十字运动演进、变迁的轨迹，指出，无论是战事救护，还是社会救济，苏州红十字会均取得值得肯定的成绩，“尤其在江浙战争、抗战初期救护中，绩效骄人，功勋卓著”，“对中国红十字运动在近代的历史发展起到了一定的积极推动作用。”（见该书第 142 页）

第三个专题“史实考订”，则是作者对《中国红十字会二十年大事纲目》《红十字会第一届分会职员一览表》等重要文献的校勘意见总汇与内容剖析，以及关于中国红十字会首任会长的考证，对红十字会研究者极有助益。

第四个专题“学术评论”，有 1 篇研究综述和 2 篇书评，另有 1 篇专文介绍中国红十字会史研究的资料。研究综述梳理了近年来中国红十字运动研究所取得的一系列成果并予以评介，概括出目前学界争议的焦点问题主要集中于中国红十字会的起源问题、成立时间问题、国际红会承认的时间问题，而在红会的战争救护、灾害救济、人物研究、经费问题、国际交往等方面也有相当深入的论析。同时，作者还提出未来研究中需加强的几个方面。这些学术前瞻，与另篇资料介绍性的专文，全面、详尽地罗列了各种有关红十字的资料选编、报刊、出版物、档案、口述史料及其他文献资料并作了恰如其分的评析，为后来者指点了研究门径，有助于推进红十字运动的学术研究朝着纵深方向发展。于此之外，作者对《中华民国红十字会百年史（1904—2003）》《中国红十字会初期发展之研究》两书所作的书评也颇为中肯，有一定的参考价值。

通览池著《散论》所论诸篇，不难发现，作者充分立足于学术前沿，对中国红十字会相关文献首次进行了全面的钩稽和整理，并通过深入研究，提出了一系列富有创新性的结论。比如，关于中国红十字会的源流和创建的问题，史籍记载语焉不详，《散论》作者通过检阅《申报》《中外日报》等报刊当时的新闻报道，理清了中国救济善会、东三省红十字普济善会、上海万国红十字会之间的关联。又如，关于红十字会早期发展进程中一些关键人物等问题，前人涉及甚少，而作者在多种文献详加参证的基础上，对孙淦为在华创兴红十字会而进行的启蒙工作、施则敬在中国红十字会（上海万国红十字会）创建中的业绩、孙中山为推动中国红十字运动兴起和发展所做的贡献、张竹君创设中国赤十字会、庞京周与林可胜抗战期间的战地救护等问题深入探究，给予了透彻的论述，均发前人之所未发，多有新解。这在不少方面具有填补学术空白的意义，深化了人们对中国红十字的源流及其发展的认识，从而使相关问题的研究向前推进了一大步。

《散论》还充分体现出作者实事求是、严谨踏实的治学态度和优良的学风，每一问题的提出和论证都建立在十分坚实的资料基础之上，对学界前辈所倡导的"微中见大"的研究方法有着很好的继承和发扬。如通过《中国红十字会常熟分会民国廿一年纪念册》的分析，不仅揭示出常熟分会的组织架构、经费来源及工作业绩，而且洞悉出红十字传播路径的若干问题。透过《愚斋存稿》和《吕海寰往来电函录稿》等史料，探析出中国红十字会首任会长是盛宣怀而非吕海寰，以及中国红十字会早期创建史上的一些重要问题。其论证细密透彻，复原了许多湮没不彰的历史现象，体现出敏锐的历史洞察力。

通观《散论》，全书于《中国红十字会历史资料选编，1904—1949》等基本史料之外，引用的各种民国报刊以及新中国成立后的文史资料多达百余种，论证过程中脚踏实地，步步为营，条条史证，竟如不召自来，构成了全书寓理论于叙史事之中的朴实风格。驾驭史料之娴熟与自如，令人艳羡不已。附带说一句，作者这种功夫，于该书第三专题"史实考订"及第四专题"学术评论"的《关于中国红会史研究的资料问题》一文中体现得最为淋漓尽致，对《中国红十字会二十年大事纲目》中疏漏、错讹之处，以及《中国红十字会历史资料选编，1904—1949》标点本中误置简化字，衍、漏标点，误字、阙字、衍字，乃至种种校补不当之处一一摘出，并申述当如何标之理由，内证、外证、本证、旁证，无不信手拈来，运用自如。这不仅为学术界进一步准确地利用这些文献提供了极大的便利，而且极有分量地增强了其他专题相关论文中诸种论断的说服力。

总之，《散论》展示了中国红十字运动研究的最新成果，多有建树和发明。作者对中国红十字会的档案、书刊等各种资料广为搜罗，并与已刊文献相比对，以坚实的史学基础和敏锐的学术眼光寻求其内在联系，在近代中国社会、政治、军事的大背景下和细密考察的微观研究的基础上勾勒出中国红十字运动兴起与发展的有机整体，从而取得了红十字资料整理和中国红十字运动研究的新认识和新突破。因此可以认为，

《散论》乃是作者在科学的历史观和方法论的指导下，以娴熟的理论素养和坚实的史料功底对中国红十字运动潜心研究的结晶，具有较高的学术价值，可视为近年来中国红十字运动研究领域内一部优秀的学术论著。

囿于个人学识，全面评价池著《散论》的学术贡献，远非此文力所能及，如上仅就个人认识所见略谈点滴阅读感想，以期引起学术界对池子华教授的红十字运动研究予以更多的关注与重视。我们相信同时也期待着，随着《散论》的问世，随着红十字会史研究的推进以及新资料的不断发现、整理和重新解读，池子华教授必将在以往研究的良好基础上在红十字运动及相关学术研究领域不断取得新的硕果！

（原载《〈红十字运动研究〉2010年卷》）

新中国成立初期省域红十字运动研究的典范

——《辉煌十五年，1950—1965》简评

杨红星

近年来，红十字运动研究逐步成为史学研究的又一新兴领域，特别是20世纪末以来，社会史学界的这朵奇葩逐步绽放出绚烂的光彩，引起众多学者的关注并取得了诸多成果。但同样不可否认，虽然当下中国红十字会的整体性研究取得了重大进展，但地方红十字会史的研究与丰富多彩的地方红十字运动还不相适应，亟待加强。近代的地方分会和新中国成立后的各级地方红十字会都是不同时期中国红十字运动的充满生机与活力的有机组成部分，其活动总体上统一于总会但又具有一定的地方特色。特别是在新中国成立后，各级地方红会和基层组织蓬勃发展，编织出人道事业的多彩画卷。这些红十字运动的地方性实践极大地丰富了中国红十字运动的内容，对之进行研究与考察、总结经验教训是很有必要的。值得庆幸的是，在2009年“红十字运动与慈善文化国际学术研讨会”召开之际，徐国普博士的《辉煌十五年，1950—1965》（该书为《江苏红十字运动研究》第二卷）作为池子华、郝如一主编的“红十字书系”之一种，由安徽人民出版社正式出版，极大地拓展了新中国成立初期省域红十字运动的研究。

该书用浓墨重彩的笔触为我们勾勒出新中国成立初期15年间的江苏红十字运动的历史轨迹及其与社会变迁的互动关系，具有重要的学术价值和现实意义。它首次全方位、多角度地研究了新中国成立初期江苏红十字运动，填补了学术空缺，进而实现了江苏红十字运动新中国成立前与新中国成立后研究之榫接，亦为深化红十字运动的省域研究做出了积极有益的尝试。同时，在一定程度上弥补了新中国成立初期慈善事业及非政府组织研究的严重不足，为全面解读新中国成立初期的中国社会提供了一个独特的思维视角和研究路径，对推动当代社会史（特别是当代社会救助史）研究及中国近现代史的研究向纵深和宽广推进具有重要

意义。综观全书，具有以下几大特色，值得推介。

一、层次清晰，结构合理

新中国成立伊始，改天换地。十五年的江苏红十字运动全面融入波澜壮阔的社会激流当中，要全面客观地再现这一时期研究对象的历史原貌，需要对社会变迁和红十字运动的自身脉络有一个清晰而深刻的解读。作者正是在此基础上，围绕“一个中心”“两个篇章”“三个阶段”对全书进行了精妙的架构。“一个中心”即以红十字事业“走向辉煌”为中心，从整体上看，历经近半个世纪近代风雨洗礼的江苏红十字会在新中国成立后的十五年间充分释放出自身潜能和发挥出社会势能，出现了前所未有的繁荣和辉煌；但从这十五年的内在发展轨迹来看，江苏红十字运动确实也存在着一个不断创造“新的辉煌”的发展态势，而作者正是紧紧抓住这一中心，以恰如其分的节奏延展铺陈，叙说新中国成立初年江苏红十字运动的历史过往。“两个篇章”是指该书以江苏省红十字会的成立为标界，把全书分成上、下两篇，上篇为“江苏红十字运动的新开端”，下篇为“走向辉煌的江苏红十字运动”，这样两相映衬且互为呼应，“走向辉煌”这一中心更加突出和清晰。“三个阶段”是指作者进一步以1956年江苏省红十字会成立、1961年江苏省红十字会“二大”召开为标界，将1950—1965年划分为三个时间段进行研究，从逻辑上和史实上为我们呈现出“走向辉煌”的内在脉动。“三个阶段”蕴涵于“两个篇章”之中，而二者皆为“一个中心”服务。这样，从全篇的架构上来看，层次鲜明，赏心悦目。

有关红十字运动的开展，从大的方面讲主要包括组织自身的演进和人道救助活动的施行，要全面客观地把握红十字运动的发展，二者皆不可偏废，应在行文结构上做适当合理的安排。显然，在这一点上该书做了成功尝试。作者认识到红十字会的组织机构是组织开展社会救助活动的中枢，红十字会的社会救助活动是其联系和服务社会，扩大影响的平台。由此，首先考察红十字会的组织发展（包括机构设置、人员编制、经费来源、会员发展等），厘清红十字会的管理体制及其与政府间独特而微妙的关系，再现红十字会组织生成和发展的制度环境和社会环境；继之梳理红十字会的社会救助活动，把握社会发展和变迁的历史脉络。这种考察和梳理的相统一，使波澜壮阔的红十字运动历史场景跃然纸上。

二、收放自如，张弛有度

针对红十字运动研究的特殊性，省域研究尤其要把握好两层关系。对于本书而言，第一层关系是江苏红十字会与总会的关系，这是前提也是至关重要的。虽然本书的中心着眼点是江苏，但论述自始至终没有脱离中国红十字事业整体发展的大背景和语境。江苏红十字会是中国红十字会的一个地方组织，与总会联系密切，江苏红十字会的实践并非空中楼阁，而是中国红十字事业的一个重要组织部分，对江苏的记述，离不开对总会的关切。另一层关系是江苏红十字会整体与各地方红会的关系，各地方红会是江苏红十字会的重要组成部分，考察江苏红十字运动必须以各地方红会的发展为基础，但同时也不能面面俱到，要在把握整体发展脉络的基础上，有针对性地突出重点。在对这两层关系的把握上，作者做到了收放自如，张弛有度。

具体说来，作者运用宏观研究与微观研究相结合的方法，在共时性与历时性的统一中，考察新中国成立初期江苏红十字运动的历史轨迹。微观研究是宏观研究的基础，宏观研究则是微观研究的升华。就时空而言，宏观与微观具体地对应为长时段与短时段（时间）以及整体与局部（空间）。宏观与微观是相对的，江苏红十字运动是中国乃至世界红十字运动的局部，江苏红十字运动中的1950—1965年又是江苏乃至中国红十字运动百年史的短时段。再细化，江苏省内某地方的红十字运动又是江苏红十字运动的局部，新中国成立初期中的某一年又是新中国成立初期的短时段。总之，作者一方面运用开阔的宏观视野和宏观思维，另一方面使用案例分析与精细解剖的方法，做到宏观研究与微观研究相结合，共时性研究与历时性研究相统一。

三、求证严谨，多有创见

在本书的行文过程中，作者在对相关资料进行精细鉴别和推敲的基础上，通过严谨考证，修正了一些史实和观点。比如，作者通过卫生部网站的确凿证据，澄清了爱国卫生运动的确切起始时间问题（该书129页）。再有，关于江苏省红十字会的成立时间，学界基本锁定为1956年11月7日，几无异议。但作者通过对江苏省档案馆馆藏档案精心梳理和推证，言之有据地提出“11 月 11 日说”，让人信服，令人钦佩（该书 147 页）。特别值得关注的是，由于红十字运动研究起步较晚，一些学者很长时期内对其认识有失偏颇，甚至漠视其存在。显然，这不利于学术研究的健康发展。如田凯先生认为：“在 1949 年以来 40 余年的时间里……国家甚至不允许‘慈善’两个字在中国官方报纸上以正面的形式出现。”作者以《光明日报》对中国红十字会的报道为依据，对此观点提出了质疑（该书 157 页）。

与此同时，在严谨求证的基础上，作者还提出一系列新观点，如指出改组后的中国红十字会是“典型的官方主导型组织”（该书 6 页），“在当代中国的社会环境中，作为非政府组织，中国红十字会的发展甫一开始就于新中国成立之初注入了色彩浓厚的对政府依赖和与政府忠诚合作的因子”（该书 17 页）。在江苏红十字会“双重管理”体制确立后，特别是与卫生部门“合署办公”后，作者指出此举“虽精简了机构，节约了管理成本”，但也“表明中国红十字会类科层化的同时，也开始了单位化，它的独立发展就失去了合适的土壤”。透过“合署办公”现象，作者指出“我们可以认识到红十字会在高度集权的政治经济体制下的成长环境和发展空间。不过不可否认的是，在当时的历史条件下，省红十字会的成立及‘双重管理’体制的确立，极大地推动了红十字会业务的开展，江苏红十字运动逐步走向辉煌”（该书 148 页）。此言客观公允，实乃真知灼见。

四、社会气息浓厚

作为新中国成立初期社会史的研究著作，本书又一鲜明特色在于全书自始至终在文字中都浸润着浓郁的社会生活气息和社会变迁的影迹，以此为手段，作者成功地诠释了新中国成立初期江苏红十字会与社会变迁的互动关系。事实上，“红十字”是解读社会发展的一个独特视角，红十字运动的本身就是一部活的社会史。可以看出，作者通过检视新中国成立初期江苏红十字运动，实际上就是在解读新中国成立初期的中国（江苏）社会。在激荡变迁的新中国成立初期，在中国红十字运动发祥地的江苏，有着优良传统的江苏红会经受着怎样的风雨洗礼？在超强度的政治社会化的岁月里，红十字运动又呈现出什么样的一道道历史景观？这些都是该书所思考和关注的问题。透过该书对新中国成立初期江苏红十字运动的记述，我们也看到了一幅生动的跳跃着的社会历史图景。如在介绍改组后江苏红十字会的社会服务活动时，作者为我们有的放矢地介绍了新中国成立伊始的“公粮政策”的来龙去脉（该书48页）；如在介绍红十字会的国际救援时，从另一侧面为我们呈现了20世纪50年代初年的抗美援朝的波澜壮阔的社会历史场景（该书49—71页）；其他还如书中在恰当位置有针对性地介绍了新中国成立初年的城乡物资交流大会情况（该书120页），爱国卫生运动情况（该书第129页），“大跃进”运动（该书162页），除四害，讲卫生运动（该书193页），新中国成立初年的日侨问题（该书221页），50年代末至60年代初的三年自然灾害（该书229页）等等。

应该说，该书值得称道处颇多，篇幅所限，不能一一列举。当然，由于各种条件的局限，在某些方面还有待于进一步完善和深化，如职工劳保医疗、政治运动中的基层工作、青少年急救训练等项内容，由于资料缺乏只能做个案分析，这在一定程度上影响了对此问题的整体性把握。但总体来说，本书具有不可低估的学术价值，无愧为新中国成立初期省域红十字运动研究的拓荒之作。

（原载《〈红十字运动研究〉2010年卷》）

省域红十字运动研究的力作

——《挫折后的振起，1966—2004》简评

徐国普

1904 年，中国红十字会在上海创立。百余年来，作为红十字运动的发祥地，江苏的红十字运动极富地方特色，是中国红十字运动的一个缩影，其区域意义和学术价值不言而喻。近年来，在池子华教授的带领下，数位学者合力攻关，对江苏红十字运动波澜壮阔的百年历史进行了翔实的研究。北方民族大学杨红星博士所著、近由安徽人民出版社出版的《挫折后的振起，1966—2004》，就是《江苏红十字运动研究》系列成果之一。该书以中国红十字事业因“文革”的发动而开始严重受挫的 1966 年至中国红十字会百年诞辰的 2004 年，特别是 1978 年改革开放以后的中国（江苏）社会作为考察背景，运用跨学科的方法全面梳理了这一时段江苏红十字运动的发展轨迹和内在规律，系统探究了事关红十字运动全局的系列重大理论问题，是一部省域红十字运动研究的力作。

《挫折后的振起，1966—2004》一书凡 5 章，洋洋洒洒 35 万言。通读全书，感觉优点颇多，其中以下几个方面尤值推介。

其一，结构严谨而新颖。该书除结语外分为 5 章。前三章是从纵向上解析 1978 年至 2004 年江苏红十字运动的发展轨迹，后两章是从横向上探讨一系列江苏红十字运动的理论问题。如此架构，纵横有致，严谨而新颖。第一章在简略回顾近代、新中国成立初期和“文革”时期江苏红十字运动的基础上，着重探讨了 1978 年至 1985 年江苏红十字运动的复苏和早期发展。第二章研究 1985 年至 2001 年，以省红十字会“四大”为起点的江苏红十字运动纵深发展时期的状况，首先以组织建设为着眼点，揭示了江苏红十字会从“四大”到“五大”，再到“六大”的重大飞跃，接着从对台工作和青少年运动两个方面展示这一时期的辉煌成就。第三章是对 2002 年至 2004 年新世纪实现转型以后的江苏红十字运动做重点分析，对理顺管理体制和颁行《江苏省实施〈中华人民共和国红十字会法〉实施办法》等重要举措进行了理论评析。第四章是运用

社会学的理论方法对红十字会的三大“博爱工程”进行重点考察，全面分析红十字人道活动的社会效能。第五章将江苏红十字运动置于中国特色红十字事业背景下，阐述和省思江苏红十字会在“特色”道路上的实践和探索及其未来的发展。

其二，进行跨学科研究，视角独特。红十字运动处于变化多端的复杂社会之中，且自身亦处于不断发展和演变的过程，任何单一学科的理论和方法恐怕都难以为洞察和穷尽红十字运动的全貌提供全能的解释。诚如池子华教授所言，红十字运动是新兴的学术领域，所“涉及的学科领域非常广泛，如法学、社会学、历史学、灾害学、伦理学、文化学、社会工作与管理、国际关系学等”，采用多种方法对红十字运动进行跨学科研究，是其“对象化”的客观需要。实际上，红十字运动属于社会史的研究范畴，跨学科研究是社会史的优势所在，也是其重要的学术特征，红十字运动的研究自然离不开多学科方法的综合与交叉。

该书在充分运用史学理论方法的基础上，广泛吸纳和借鉴了组织社会学、管理学等相关学科的知识理论，全面把握红十字运动的内在规律和运行轨迹。为了凸显红十字会在社会变迁中的地位、作用和角色塑造，作者特别以红十字会的“博爱工程”为视角，综合运用社会学的理论方法重点考察了改革开放以后江苏红十字运动的人道活动，并对其进行全方位、多角度的分析，从而深化了对江苏红十字运动的历史、现实和未来的理论思考。

其三，运用比较方法，展示研究对象的鲜明特色。就红十字运动的研究现状而言，存在着广阔的“比较”空间，作者在这一方面进行了一番探索。为充分展示江苏红十字运动的发展态势、成就和个性特征，该书多处从比较的角度进行问题分析。比如在考察江苏红十字运动的纵向发展时，作者以组织建设为中心对三个重要阶段进行有针对性的分析和比较，突出其阶段性特征及历史变迁。此外在横向多层次的考察中，就包含了多重的比较：一是省内各地方红十字会间的比较，以获得对于江苏红十字运动的整体把握；二是与国内同级红十字会组织进行比较，作者在考察江苏红十字会的体制转换和法制建设等时，就引入了兄弟红十字会发展状况、数据分析等，以凸显江苏红十字会在全国的地位以及成绩与差距。在注重比较的同时，作者始终没有脱离中国特色红十字事业的大背景和语境，如作者充分地注意到了江苏红十字运动属于中国特色红十字事业的重要组成部分这一关切；再有，作者也注意到了红十字会所具有的国际性特征，这些在文中不同章节均有所展现。

其四，研究注重点面结合，多有创见。江苏红十字会是个集体名词，包括江苏省、各市县红十字会（红十字会的地方组织）及市县以下的红十字会（红十字会的基层组织），整体把握江苏红十字运动的全貌，使用案例分析与精细解剖的方法，做到点面结合，即宏观研究与微观研究相结合，不失为一种策略选择。作者灵活地运用了点面结合的方法，例如，作者在考察江苏红十字会在“五讲四美三热爱”活动中的行动时，即选择了颇具代表性的南京红十字会为中心做分析；作者以 1991 年和 1998 年江苏红十字会的两次抗洪行动为例，着重考察了红十字会系统中的三大“博爱工程”之一的救援工程；在考察江苏红十字会在农村的工作时，睢宁县邱集镇王林红十字会成了典型的案例等，管斑窥豹，达到了深化整体研究的目的。

在研究过程中，作者首次对红十字的博爱工程进行社会学阐释，指出博爱工程是社会工作的重要内容，揭示博爱工程所折射的社会问题及其社会保障功能，进而全方位阐述了红十字人道活动的社会效能；作者不但翔实地解析了中国特色红十字事业理论，而且指出江苏红十字会的地方实践丰富和发展了这一理论；作者还对中国特色红十字事业理论指导下的江苏乃至全国红十字运动的现实发展和未来方向提出了自己的设想和思考：如“有位・有为”地携手共进；以“5・8”世界红十字日为基点，培育红十字特色文化，等等。诸如此类的观点都是难能可贵的创新之处，在此不一一论述。

其五，史料丰富，图文并茂。众所周知，史料是史学研究的基础。中国红十字运动研究起步较晚，直到 20 世纪末才逐渐受到学界的关注，除史学界及治史者的指导思想、研究取向等因素外，这与史料的缺乏、零散也不无关系。有关红十字，史书的记载并不多，尤其是地方红十字会，大多散见于地方志书中的“卫生”和“社团”等条目之下，内容稀少，简明扼要。要使得研究“更上一层楼”，就需要深挖资料。作者在这方面下了很大的功夫，旁征博引了大量文献资料，如档案、地方志、年鉴、报纸、杂志、专著等，并且通过网络查询系统寻得相关信息资料，尤其是《中国红十字会法律法规汇编》《理顺县级红十字会管理体制座谈会文件汇编》等不少红十字会的内部资料首次被征用，弥足珍贵。资料丰富、翔实和新鲜，该书给人以厚重和扎实之感，充分体现了作者不辞劳苦的治学精神和严谨认真的治学态度。

图文并茂，悄然成为当下“读图时代”的一种审美时尚。作者显然抓住了这一潮流，为该书穿插了大量珍贵的历史照片，历史叙事顿然生色，也为读者提供了一种全新的阅读视角。图片再现了历史发生的瞬间，真实而永恒，其承载的信息更为人信服和动容。照片与文字互为参照，读者除能身临其境般地感知红十字运动的历史场景之外，还获得了视觉上的享受。

细究起来，该书也存在一点小小的缺憾。该书研究的主题是当代的江苏红十字运动，其当事人，包括红十字会的工作人员和志愿者大都还健在，有的甚至还仍在从事红十字工作，作者若能有选择地对重要的红十字当事人进行访谈，做些口述记录，为江苏红十字运动的研究作必要的学术参考，相信本研究一定会更加的丰满和深入。

不过瑕不掩瑜，作为一部当代区域红十字运动研究的力作，该书对于深化红十字运动研究、拓展社会加速转型背景下社团史和慈善史的研究具有重要意义，也为办理当前江苏红十字会事务提供了重要的历史借鉴和理论支持。

（原载《〈红十字运动研究〉2010 年卷》）

一部颇见功力的当代中国红十字运动研究新著

——杨红星著《挫折后的振起，1966—2004》评介

贺永田

红十字会是国际人道主义救援组织，与联合国、奥委会并称三大国际性组织。中国红十字会始建于1904年，至今已有105年的历史，是近代中国社会历史最为悠久的社会团体。尽管中国红十字总会及其各地分会在“文革”十年中曾一度遭到严重破坏，几陷停顿，然而从总体历史进程来看，中国红十字运动前后相续，仍可视为绵延百余年。进入21世纪以来，中国红十字运动研究开始受到学术界的重视，红十字运动研究热潮逐渐兴起，相继出现了一批颇有分量的成果，但总的来说仍处于起步阶段。目前，现有成果的研究时段大多集中于晚清和民国时期，而有关新中国成立后红十字会的学术论著非常有限①。这与新中国成立后特别是改革开放以来中国红十字运动蓬勃发展的情状极不相符。加强当代红十字运动研究迫在眉睫而又任重道远。新近，杨红星博士所著《挫折后的振起，1966—2004》（以下简称《振起》，该书系池子华、郝如一主编的《江苏红十字运动研究》之三，前两部分别为池子华、郝如一等著《近代江苏红十字运动，1904—1949》、徐国普著《辉煌十五年，1949—1965》），由安徽人民出版社出版，为当代中国红十字运动研究献上了一份厚礼。

杨著《振起》正文分5章和结语，后附《江苏红十字运动大事年表（1978—2004）》，计35万字，在占有丰富翔实资料的基础之上，运用跨学科的方法全面梳理了改革开放以来江苏红十字运动的发展轨迹，重现了一些重大事件和活动，系统探究了有关重大理论问题。以下先对该书主要内容做一简单介绍。

---

① 参见杨红星、池子华：《近年来中国红十字运动研究综述》，《河北大学学报》2009年第4期。

该书将改革开放以来江苏红十字运动划分为复苏与初步发展（1978—1985）、深入展开（1985—2001）、体制重塑与法制归依（2002—2004）三个历史阶段，并在前三章分别加以论述。

第一章首先回顾了近代及新中国成立初期江苏红十字运动的历史，认为其“在近代和新中国成立初期的发展轨迹为中国红十字运动写下了浓墨重彩的一笔”（见该书第1页）。然后对江苏红十字会为复会（“文革”时期，中国红十字会组织陷于瘫痪）所做的种种努力进行了探讨，指出其“组织建设先行、宣传工作开路”的复会策略和“五讲四美三热爱”活动的开展尽显其人道特色。最后探讨了江苏红十字会在由中国红十字会所组织开展的“援非募捐活动”中的表现和贡献，认为这次活动的成功证明了江苏各级红十字会组织已经逐渐壮大，能够圆满成功地组织和承办大规模的红十字会活动，也扩大了其在全社会的影响。

第二章对1985—2001年江苏红十字会组织机构的变迁、组织建设和红十字事业所取得的成就进行了梳理。认为其“组织机构和组织建设在与社会变迁互动中逐步健全和完善”，其台事服务活动彰显了政府“人道助手”的红十字内涵，其红十字青少年运动日益规范。

第三章将2002—2004年的江苏红十字运动定位为“体制重塑与法制归依”期。该章指出：管理体制的理顺使得红十字运动的转型得以成功实现；“抗非”工作向时代和社会昭示了红十字人道主义的巨大力量；《江苏省实施〈中华人民共和国红十字会法〉实施办法》的出台，为其全面可持续发展指出了光明的路径。

第四章对江苏红十字会的“三大博爱工程”——“救援工程”“生命工程”“爱心工程”加以梳理，并在此基础上进行了社会学考察。认为改革开放以来，江苏红十字会在实现自身发展的基础上，在构建“博爱”系列工程的同时，注重释放社会势能，关注社会问题，积极参与社会工作和社会保障。

第五章将江苏红十字运动置于建设有中国特色红十字事业理论视野下进行考察。认为其是中国红十字运动的有机组成部分，是推动“特色”理论不断丰富发展的重要力量，在农村工作和志愿服务工作中，江苏以其特色独具的风采彰显了红十字人道主义的力量。在“特色”理论的指引下，江苏红十字运动倚重募捐工作，培育特色文化，打造品牌，“有位、有为”地奔向未来。

如前文所述，中国红十字运动研究成果集中于晚清和民国时期，而当代红十字运动研究虽已引起学界关注，但成果并不多见。江苏省作为中国红十字运动的发祥地和当代红十字运动开展较好的省份之一，其红十字会运动具有典型性。由此而言，1966—2004年江苏省红十字运动研究，无疑是一个具有重要的学术价值和现实意义的重大课题。因此，杨红星博士把这一课题作为他的主要研究目标进行探究，不但填补了当代红十字运动学术研究的空白，推动了中国红十字运动研究的深入，而且有益于总结当代红十字运动的经验和教训，促进江苏省和中国红十字运动的发展。选题具有浓厚的现实关怀，是《振起》一书的第一个特点。

作为一本史学专著，必须要以丰富的史料作支撑，并要求作者具备扎实的史学知识和较好的理论水平来梳理和分析史实。而《振起》一书在史料的搜集和整理方面下了一番很大的工夫，这是该著又一个突出特点。该书征引的资料既有各个历史时期的历史档案、红十字会的内部资料、报刊、年鉴、地方志以及网络资源等，又有社会史方面的相关著作和论文，还有社会学、政治学等方面的理论书籍。一手资料的大量使用增强了该书的论证力度和结论的可靠性，相关理论的合理利用提高了该书的学术水准，对史料的挖掘和整理为后来者搭建了阶梯。尤其值得一提的是，文后附录的《江苏红十字运动大事年表（1978—2004）》对改革开放以来江苏红十字运动相关重大活动史实进行了钩沉和爬梳，为后来的研究者提供了相当的便利。

该书的第三个特点表现在研究方法上，即多种研究方法的综合运用，体现出作者娴熟的史料驾驭能力及较强的分析能力。一是运用了区域史研究方法，这在红十字运动研究领域尚不多见。二是采取了整体与个案、宏观与微观相结合的研究方法。三是注重交叉学科研究方法的运用，突出了历史学、文化学、社会学、政治学、心理学和统计学等研究方法的有机结合，尤其注重了社会学研究方法的运用，把红十字运动与社会变迁紧密结合。四是写作方法多样化，该书采用了理论与史料相结合，图表与实证分析相结合，定量与定性相结合，动态与静态、纵向与横向比较相结合的研究方法，力求多角度、多层次、全面、准确地反映改革开放以来江苏红十字运动的全貌。

社会学相关理论的成功运用，带来了理论上的提升，促进了书中观点的创新，因而理论色彩较浓是该书的一大亮点。在对相关史实进行分析时，作者力求用恰当的社会学理论来指导其行文，在论述中屡有新见。如在论述1985—2001年省红十字会组织机构变迁时运用了社会学中的“权变理论”；在对红十字运动进行省思时运用了社会组织学中的“资源依赖模式”理论，等等。社会学理论的合理利用提升了该书的理论水平，殊觉有益。

当然，该书也有需要完善的地方。江苏红十字会是中国红十字会大家庭的成员之一，其开展的活动也是中国红十字运动的有机组成部分。它们相互之间的关系如何，还有待于进一步拓展和深化。再如，有关史料还有进一步挖掘的余地，尤其是口述史料。本书的研究时段离我们很近，大部分当事人仍然健在，甚至有些还身居原位或从事同样性质的工作，深挖口述史料可以增加本书的深度，更为重要的是可以为来者留下弥足珍贵的史料。再者，从该书书名《挫折后的振起，1966—2004》来看，其研究时段为1966—2004年，但首章标题的时间起点却定为1978年，似乎有所不妥。虽然作者撰述时行文内容也涵盖了1966—1978年这个时段，但相关内容只在江苏红十字运动的历史回顾中简略述及，且仅有短短千余字的一小目，由此观照全书书名，内容也稍显单薄。

尽管杨红星博士的新著尚有不尽如人意之处，但“金无足赤”，瑕不掩瑜，总体而言，仍是一部颇见功力的当代中国红十字运动研究新著。它的出版，不仅弥补了相关研究的不足，拓宽了中国社会史研究的领域，而且为江苏红十字事业乃至中国红十字事业的可持续发展提供了有益的历史借鉴。

（原载《〈红十字运动研究〉2011年卷》）

红十字资料建设的一朵奇葩

——《苏州红十字会志资料长编》评介

郭进萍

苏州红十字会诞生于1911年，历经晚清、民国、中华人民共和国三个历史时期，迄今已有近百年的历史。作为全国较早建会的地方社团，苏州红十字会以人道主义为宗旨，救死扶伤，扶危济困，不断创造新的辉煌，在中国近代史和中华人民共和国史上留下了闪光的足迹。遗憾的是，现有的研究成果大多集中于晚清和民国时期，而有关新中国成立后苏州红十字会的学术论著非常有限。这与新中国成立后特别是改革开放以来苏州红十字运动蓬勃发展的情状极不相符。资料建设的相对滞后严重制约着红十字理论研究的深入发展。令人欣喜的是，2010年7月，由严晓凤、池子华、郝如一主编的《苏州红十字会志资料长编》由安徽人民出版社出版发行。该书是"红十字书系"的又一重要成果，为当代中国红十字运动研究献上了一份厚礼。

一

《苏州红十字会志资料长编》一书分为上、下两册，90余万字，堪称鸿篇巨制。这本书的出版，是集体力量的结晶。在搜集资料的过程中，投入了大量的人力和物力。2007年年初，红十字运动中心研究生杨红星、王慧敏、沈燕燕就全心投入档案资料的收集整理中，市红会也安排值班人员，提供复印设备，全面参与。至当年9月，完成了百余万言的《苏州红十字会志资料长编》。本书即在此基础上由红十字运动研究中心研究生邓通整理而成，经严晓凤、池子华、郝如一最后修改定稿。

该书最大的特色是以苏州红十字会档案为第一手资料，再现了1982年至2005年自恢复建会以来苏州红十字运动的历史概况以及取得的诸多成就；同时，作为全国地市级红会的第一部资料长编，具有重要的学术价值和开拓意义。它完全体现了资料长编的4个特点，即资料性、可信性、系统性和全面性。通览全书，可称道之处甚多，以下几个方面或可谓是这本书的贡献和特色。

其一，在体例上，统一而不失灵活。

该书分为正文和附录两个部分，中国红十字总会、江苏省红会以及兄弟红会的资料以及各类批复、请示、函电等均附录于后，使得附录分量十分厚重，占全书将近三分之一的篇幅，而且附录具有资料索引的性质，方便查询，这是本书在体例方面的一大特色。同时，该书采用“编年”体裁，以年为序，以档案存档的类型“长期”为主，记载苏州红十字会自1982年以来的重要活动及其有关的重要历史事件，从时空上为研究苏州红十字会复会以来的历史提供了重要线索。为达到体例的统一，该书在时间表述、名称、称谓、计量单位、标点符号等方面都做了规范处理。此外，该书在编撰上也做了灵活处理，由于资料存档方式的变化，2003—2005年的资料以专题的形式呈现，在统一的前提下又不失灵活。作为现阶段全国地市级红会的第一部资料长编，该书具有开拓之功，为其他地区红会资料长编的编写提供了一种参照和范例。

其二，在资料上，丰富翔实，实事求是。

该书最大的特色是以苏州红十字会档案为第一手资料，最大限度地做到了客观真实。郑天挺先生就高度重视档案，认为“离开档案无法研究历史”，“历史档案是原始资料的原始资料，应该占最高地位”，强调“以整理历史档案带动历史研究”。在尊重历史的基础上，本书在处理地名时保留了不同时期的不同称谓。

本书作为一本资料书，还有一个鲜明的特色就是收录了大量的表格资料，含各县（市）、区红会理事名单、红会基层单位名单、先进集体和先进个人名单、新闻媒体对红会报道的汇总表、各类机构红会会员名单以及各类自然灾害募捐、赈灾款物统计表等多个方面，给读者强烈的直观感。表格资料与文字资料交相辉映，涵盖苏州红会、下辖各县（市）、区红会、中国红十字总会、江苏省红会以及兄弟红会等各个红会系统，包括组织建设、卫生救护、救灾赈济、社会服务、血液管理工作、宣传工作、红十字青少年工作、兴办实体以及台事外事工作等多个方面，资料丰富翔实，包罗万象，全面再现了这一时期苏州红十字会的历史风貌。

傅斯年先生非常重视史料学建设，提出了“史学便是史料学”的观点，历史学研究离不开史料，史料是历史主体对历史客体进行研究的中介。可见史料对于历史研究的价值之大。此书作为我国第一部专门检索苏州自1982年复会以来的红十字运动历史和重大事件的工具书是当之无愧的，它对理清苏州红十字会在改革开放新时期的发展脉络，以及深化当代红十字运动的研究具有重要的史料参考价值。

其三，在内容上，取削有度又不失全面，具有深沉的时代价值。

该书以时间为经，史事为纬，全面呈现了1982至2005年苏州红会的发展历程。该书以苏州市及所属各县（市)、区红十字会的年度总结(摘要)、各时期的重要活动为主，辅之以中国红十字总会、江苏省红会以及兄弟红会的资料以及各类批复、请示、函电、通知等。为突出重点，将这些资料一律附录于后，取削有度，重点突出。在处理相同内容有交叉重复的情况时，编者进行了必要的删减和整合，避免了冗繁拖沓。

其四，在文风上，采用规范的语体文和记述体进行叙述，述而不论，言简意赅。文风朴实、简洁、流畅，具有高度的概括力，避免了繁杂冗长，符合修资料长编的一般规范。

二

这一时期的资料全方位再现了苏州红十字会在改革开放新时期“博爱人群”的风采，揭示了“红十字精神”的深刻内涵。纵览内容，苏州红十字会在和平年代的时代特色可窥之一斑，突出体现在红十字会在新时期的职能转型，已由战争年代的恤兵瘗亡转向红会自身的组织建设和社会福利以及对外交往活动。

仅从资料长编所汇编的目录看，苏州红会在新时期的工作可以说渗透到了社会生活的各个角落，遍及了各类弱势群体，更遑论原始档案资料内容之丰赡。从本书中每年所收录的资料篇目以及从1991年起档案汇编方式的转变就可看出新时期苏州红十字会经历了一个从弱到强、从幼稚到成熟的不断完善的发展历程。它紧随时代的步伐，积极吸纳各种新鲜血液，不断向纵深推进。新时期苏州红十字会的活动主要体现在以下几个方面：

（1）组织建设向制度化、规范化迈进。从复会起，各级红会就高度重视年度工作计划和总结，重视理事成员和基层红会领导的选举，重视考核机制与激励机制，红会对先进集体和先进个人的评奖评优活动是非常引人注目的。随着1993年《中华人民共和国红十字会法》的出台，对这项法律的学习和贯彻成了红会的一项重要活动。

（2）“三大工程”稳步推进。“三大工程”包括“生命工程”“救援工程”“爱心工程”三大板块，它由初期的卫生救护、救灾赈济、社会服务、血液管理（1993 年之后转变为无偿献血）等工作拓展而来，集中凸显了新时期的社会发展需要。如生命工程涉及了无偿献血、捐献造血干细胞、进行各类救护培训等方面，救援工程的主要对象是各类自然灾害，这是对时代要求的回应和反馈。爱心工程不仅包括传统的社区医疗、敬老服务，还延伸到农民工子女爱心助学等新的领域。

（3）宣传工作与时俱进。宣传手段被注入了新的时代气息，由广播、黑板报、画廊宣传等传统手段到新的网络宣传的使用，不仅大力宣传“5·8”世界红十字日和红十字运动基本知识，而且宣传国际人道主义法、《献血法》、艾滋病预防等内容。

（4）红十字青少年工作蓬勃发展。除常规的计划、总结外，还开展了丰富多彩的活动，如创办“无吸烟学校”，举行夏令营、智力竞赛、征文比赛、绘画比赛以及开展社会调查和社会公益活动等。在红十字青少年工作有声有色进行的同时，还增加了对贫困大学生的爱心资助。

此外，兴办实体不断推进，如博爱医药发展公司、苏州市红十字会老年康复医院、苏州市红十字会博爱发展公司等。外事、台事工作也全面展开。

综上，不难得出这样一个结论，新时期苏州红十字会的活动内容是无限丰富而又变动不居的，它的发展与社会的变迁之间存在着一种微妙的互动关系。20 多年来，苏州红十字会的发展历程始终承载着时代的使命，折射着时代变迁的印迹，它以不同时期社会发展和人们生活的需要为转移，不断调整自己与之相适应。但它所不变的是，始终高擎着人道主义的大旗，秉承人道、博爱、奉献的红十字精神，在社会广播甘霖和阳光。它如一波震颤的弦音，一种花香的弥散，持久而热烈，它所散发出来的始终是人性的芬芳。红十字的时代价值为当代红十字运动的深化改革和社会主义精神文明建设提供了有益的历史借鉴。

三

在我国，编修资料长编具有悠久的历史。资料长编，又直称长编，《中国历史大辞典》解释为：“长编，详细汇集编排历史资料，以备删定成书之用的底稿。”即编者以一定的顺序和框架，把所搜集到的有用资料按成书的体系初步编纂起来。资料长编是由资料到书的一个桥梁，早在北宋司马光撰写《资治通鉴》之时就已经采用这种方法了，即“先立丛目，后修长编，再笔削成书”。南宋史学家李焘继承了这种传统，仿司马光著《资治通鉴》的体例，编撰了《续资治通鉴长编》，它是中国古代私家著述中卷帙最大的断代编年史。作者本着“宁失于繁，无失于略”的原则，使该书记述详赡，史料丰富。近代治宋史者对该书史料价值评价甚高。可见，修资料长编的历史在我国源远流长，它为史学工作者研究历史提供了丰富的史料。传承史学优良传统，《苏州红十字会志资料长编》的出版具有深沉的历史意义和时代价值。

当然，作为全国地市级红会的第一部资料长编，该书也存在着一定的缺憾。

首先，受体例的限制，一些重要的内容（如领导讲话、工作总结、活动简报等）不便展开，只好以附录的形式呈现，不免留下一丝遗憾。

其次，书中没有收录历史图片，显得有失生动形象。所列若干表格也不大完整，与档案资料不符，如“苏州市机动车驾驶员卫生救护培训花名册”（上册第439—440页）与档案资料相比不但删减了很多，而且顺序也多有打乱，出入较大。

再次，有个别错误之处。其中有错别字、人名错误、时间错误等，如把“协作”误作“协做”（下册第223页），“汪雪麟”误作“汪雪鳞”（上册第160页），“扬晓军”误作“杨晓军”（上册第411页）。另外，个别资料来源所标明的页码与档案也有出入。

尽管《苏州红十字会志资料长编》一书尚有不尽如人意之处，但总的来说，瑕不掩瑜，开山之功不可没。该书在林林总总的各类史书中无疑是一朵奇葩。作为全国地市级红会的第一部资料长编，它的出版，意义重大，不仅填补了这一领域的学术研究空白，而且为深化中国红十字事业的可持续发展提供了有益的历史借鉴。我们有理由相信，本书的出版，为即将到来的苏州红十字会百年华诞献上了一份厚礼。

（原载《〈红十字运动研究〉2011年卷》）

《昆山红十字运动发展史》简评

袁灿兴

由刘超英主编的《昆山红十字运动发展史》一书，作为“红十字书系”系列丛书（池子华、郝如一主编）之一种，近日由安徽人民出版社出版发行。这是红十字运动研究中心昆山研究基地自2009年挂牌以来取得的标志性成果。作为县级红会，能公开出版如此厚重的理论著作，这在全国红十字系统，应该说是不多见的。本文简要述评如下，以飨读者。

一

昆山人历来热衷慈善，乐善好施，顾炎武所云“以善俗而作人”，在昆山是家喻户晓，直入人心。近代以降，红十字会在昆山的慈善事业中扮演了重要角色。早在1912年，中华民国初创之际，昆山有识之士便倡议建立红十字会。经多方奔走，于1924年9月1日组建中国红十字会昆山分会。昆山红会成立后，便出入于炮火之间，救人于危难之中，积极参与救助伤兵、掩埋尸骸、救济难民的工作，至1937年日本发动全面侵华战争，昆山红十字会方停止活动。新中国成立后，1958年，经积极筹备，昆山红会重新成立，并在农村医疗、防治血吸虫、促进农村卫生等方面起了积极作用。但遗憾的是，蓬勃发展、生机盎然的昆山红会，在“文革”开始后被全面停止。

1987年，昆山红十字会再次恢复后，秉持人道主义精神，以“改善易受损害群体境况”为目标，积极履行“救援、生命、爱心”的工作职责，在备灾救灾、卫生救护、扶助弱者、社区服务、走进“三资”企业、推动无偿献血、捐献造血干细胞等方面，均取得显著成绩，开创了红十字会事业的“昆山之路”。昆山红会的工作，为促进昆山社会经济的发展与社会和谐做出了积极贡献，得到了社会各界的广泛认同和赞誉。2008年，中国红十字会会长彭珮云在视察昆山红会时，欣然为昆山红会题词“凝聚人道力量，构建和谐昆山”。彭会长的题词，正是昆山红十字会功绩的写照。

为纪念昆山红十字会恢复建会20周年，2006年昆山红十字会便酝酿编撰《昆山红十字运动发展史》一书。2007年，本书纲目设计完毕后，便开始着手进行资料收集工作。本书的编者不畏辛劳，积极投入，其所收集的资料累积达50余万字，并在同年10月完成初稿。初稿完成后，经过不断修改、补充，一部全面记载昆山红十字历史与光辉业绩的《昆山红十字运动发展史》正式出版。

从2006年确定编纂本书，至2010年正式出版，此书凝结着昆山市红十字会常务副会长刘超英与昆山红会全体工作人员三年多的心血。一个县级市红十字会，能出版一部如此厚重的著作，这在全国红十字系统中乃是巨大突破。作为中国第一部县级红十字运动研究的专门著作，它的出版，既填补了县级红十字会运动研究的空缺，也拓宽了中国社会史的研究领域。

二

全书共20万言，运用大量史实，整合相当资料，再现了昆山红十字运动发展演进的轨迹。纵观全书，可以看出本书纲目设置合理。全书共分10章，可分为三大板块。第一板块为第一、二章。第一章对昆山红会进行历史的回眸，分三阶段，即早期红十字活动（1912—1916），在战火中建立红十字会（1924—1937），新中国建立后重建红十字会（1949—1966）。第二章从组织建设上，对昆山红十字会加以回顾。昆山红会恢复后，先后召开三次会员大会，每次大会都把握时代脉搏，提出工作重点，凝聚人道力量，积极服务社会。对制度建设与规范管理，昆山红会也予以极大重视。1987年迄今，昆山红会建立了一系列规章制度，在“会费收缴工作、红会标志使用、基层组织考核、干部培训管理、抗震救灾管理”等方面，均建有严格的管理制度，将红会各项工作纳入到考核、监督程序，保证并提高了昆山红会的工作质量与效率。

本书第三、四、五、六、七章，为第二大板块，分别展示了昆山红会在救援工程、生命工程、爱心工程、青少年工作、社区服务工作上的成就。在救援工程上，昆山地处江南，常为水患所困。在昆山所遭遇的

1991年特大洪涝灾害、1993年雨灾、1994年水灾及1999年暴雨中，昆山红会积极开展抗灾防病防疫工作，分发救灾药品、进行医疗救护、开展防疫杀毒，确保大灾之后的社会稳定与民众的身体健康。昆山红会还积极伸出援助之手，为兄弟地区的抗灾救援工作，伸出援助之手。全国各地，每逢灾情，均可看到昆山红会所募捐的急灾民所需之衣物、药品、食物、文具以及大量善款。

在生命工程上，昆山红会自恢复建会以来，一直将人的生命与健康作为工作中心，依靠社会力量，动员组织群众，开展“群众卫生救护培训、建设红十字救护网络、推动无偿献血、捐献造血干细胞”等工作，推动了生命工程的建设。

在爱心工程上，昆山红会组织基层红会和广大会员，积极开展爱心事业，扶贫帮困、敬老助老、助残济困、捐资助学，为需要帮助的人们送去关怀和爱心。2007年6月，昆山红会还建设了捐献救助网站，在爱心市民与被帮助人群之间搭起沟通平台，使爱心工程得到拓展和延伸。

昆山红会对青少年工作也予以极大关注，成立了红十字青少年工作委员会，积极开展红十字青少年工作，发展青少年会员。昆山红会还通过举办红十字青少年夏令营，组织红十字青少年参加社会活动，以及红十字会青少年知识技能竞赛等活动，培养学生人道、奉献、博爱的高尚情操。

在社区服务工作上，昆山红会于多个社区建立红十字服务工作站，以红会会员与志愿者为主体，将社区居民特别是弱势群体作为服务对象，开展宣传培训、募捐救助、社会服务等“红十字关爱进社区”活动，获得社区居民的欢迎与称赞。

本书第三板块为第八、九、十章，主要是对昆山红会日常系列工作的展示，分别为宣传工作、友好交往、领导关怀。昆山红会的蓬勃发展，得力于红会之有力宣传。昆山红会各级组织，通过“开展纪念活动、发放宣传资料、举行演讲比赛、举办征文、编辑红十字通讯、利用新闻媒体”等多种形式，宣扬红十字精神，扩大红会的知名度与影响力。同时，积极开展与国内外红十字会的友好交往，交流彼此经验，使红会工作向深度、广度拓展。昆山红会恢复建会20余年来，取得的显著成绩，与上级红十字会领导的指导关心是分不开的。各级红会领导先后多次亲临昆山，考察和指导昆山红会工作，鼓舞了昆山红会和广大会员，使昆山红会各项工作不断开拓创新。所有这些，本书都有翔实的呈现。

三

作为一部展现地方红会历史发展的著作，本书在诸多方面有值得称道之处。首先，本书所用资料翔实，既充分利用红会自身所拥有的大量档案，如1988—2009年间的《昆山市红十字会档案》，也参考本地文史资料，如《昆山县志》《周庄镇志》《千灯镇志》《昆山文史》等。还借鉴了当代红十字研究的最新成果，如《百年红十字》《红十字与近代中国》等专著。书后附有1912至2009年间，昆山红会所经历的诸般重要事件，并列出历次红会重要活动中的准确数据。原始档案的大量使用，使本书厚重而扎实，也为研究者提供了可宝贵的参考资料。

其次，本书不但是对昆山红会过去历史的展示，也是对昆山红会最近20年工作所做的一次总结，具有一定的现实意义。昆山红会在自身建设、红十字精神传播、服务地方经济上，都有着诸多成功经验。以红会开展工作所必需的会费为例，昆山红会制定了《会员会费缴纳暂行规定》，将会费收缴作为基层组织考核的一项内容。自1995年起，将每年5月与12月作为缴纳会费和资助红会事业资金月，此后昆山红会会费收缴率达100%。对会费及其他费用，昆山红会每年均接受市财政局、审计局等单位的审计检查，结果全部合格。充实的会费、严格的监督，既使红会正常工作得以开展，又保证了红会的公信力。

在红十字精神传播上，昆山红会充分利用新闻媒体、各类纪念日、先进模范等，宣传红十字知识，弘扬红十字精神。“5·8”世界红十字日是红十字会一年一度的世界性纪念活动日，每年的5月8日，昆山各级红会围绕当年纪念活动的主题，运用多种形式进行宣传。如2002年，昆山红会围绕“捐献骨髓，关爱生命”这一主题，开展形式多样的宣传活动，使得昆山的造血干细胞捐献者登记数走在全省前列。在服务地方经济上，针对昆山的大批“三资”企业与外来打工人员，从20世纪90年代起就将“三资”企业的救护培训作为重点。昆山红会主动为“三企”员工进行“心肺复苏、外伤”救护培训，并针对企业特点，增加“火灾救护、化学烧伤、化学中毒、触电”等项目的救护培训，受到企业广泛欢迎。本书对昆山红会的成功经验进行全面总结，对中国红十字事业的发展具有重要的借鉴价值。

第三，本书弘扬了人道主义精神，对热衷于慈善的感人事迹予以记载，以示褒扬，并鼓励后来者。如2005年，昆山红会在支援隆昌县贫困儿童的项目中，杭伟东夫妇资助了 31 名贫困儿童，张丽萍女士在自己的亲生女儿白血病去世后，忍住悲痛，坚持资助贫困儿童读书。2008 年汶川地震后，昆山 92 岁的许佩珍老人，在 70 岁女儿的陪同下，将自己从养老保险中省下的 300 元捐出。而一位不愿透露姓名的无名人士，个人捐献 150 万元，创昆山捐献之最。昆山籍台胞罗邦达先生，捐资设立“昆山红十字会罗氏助学基金会”，在患直肠癌接受化疗时，仍不忘资助孩童读书。2007 年，罗邦达先生停止化疗，从台湾飞至上海，亲手将捐助资金汇到昆山市红十字会，使资助款如期到账。类似感人事迹，书中随处可见。榜样的力量无穷，可以激励更多的爱心人士投身于红十字事业。

第四，本书整体结构严谨，文字通俗流畅，具有一定的可读性。本书虽引用大量资料，却不是单纯的资料汇编，书中所点缀的一些典故，让人读来颇有感触。如昆山取得新中国成立以来首个公民无偿献血超千人的好成绩，也是实现从有偿卖血向无偿献血转化的城市。又如 2005 年印尼海啸，昆山红会所募得的第一笔善款来自于昆山市委书记、红会名誉会长曹新平等市委领导。书中亦配有大量图片，生动展示昆山红会的历次重要活动。

当然，本书中也有少许不足，如对民国时期昆山红会的历史，论述不够充分；对昆山红会的成功经验，未做进一步升华。但作为第一部县级市红十字会公开出版的著述，它不可能完美无缺。总体说来，本书的出版展示了昆山红会的历史风貌，对推动中国红十字运动研究的进一步深入，促进红十字事业的发展，具有积极作用。相信本书的出版可望激发更多的爱心人士关心、支持红十字事业，从而将昆山红十字运动推上一个新的台阶。

（原载《〈红十字运动研究〉2011 年卷》）

红十字资料建设的新探索

——评《〈申报〉上的红十字》

郭进萍

近年来，国内学术界日益重视对红十字运动的研究，并出版了“红十字书系”等一系列相关的研究成果。但资料建设的相对滞后严重制约着红十字研究的深入发展。可喜的是，2011年4月，由池子华、严晓凤和郝如一主编的230万言的鸿篇巨制《〈申报〉上的红十字》由安徽人民出版社出版发行。该书是“红十字书系”的又一重要成果，为近代中国红十字运动研究献上了一份厚礼。

一

本书采用编年体，共计4卷，以时间为经、史事为纬，紧扣中国红十字运动的主要线索，比较全面地再现了自1897至1949年中国红十字运动波澜壮阔的史实。体例统一，浑然一体。纵览全书，可称道之处甚多，以下几个方面或可谓是这本书的贡献和特色。

其一，红十字资料建设的新范式。

红十字运动研究属于后起之秀，现成的资料较少。资料建设的相对滞后已然成为制约研究工作进一步开展的瓶颈，而红十字资料本身所具有的分布零散的特点，也制约了资料建设的开展。因此，如何探索一种有益的范式进行基本资料的整理和出版就成了迫切的需要。《〈申报〉上的红十字》一书即是一种成功的尝试。

《申报》是旧中国出版时间最久、发行量最大的报纸之一，它包罗万象，“凡国家之政治，风俗之变迁，中外交涉之要务，商贾贸易之利弊，与夫一切可惊、可愕、可喜之事，足以新人听闻者，靡不毕载，务求其真实无妄”。《申报》中有关红十字活动的报道可谓连篇累牍，是研究近代红十字运动的一座“资料库”。本书开创了以近代最为风行的媒介——报纸作为载体，开展资料建设的新范式，为红十字资料建设做出了可贵的探索。

他山之石，可以攻玉。新范式的探索不仅可以拓宽红十字资料建设的新路径，而且可以为其他史学研究领域提供一种有益的借鉴。比如可以深化《申报》《大公报》等各种报纸上的保险、铁路、教育、儿童等方面的资料建设，以拓宽历史研究的新领域。

其二，资料丰富翔实，史料价值突出。

丰富翔实的资料是史学研究的前提，而史学的根本原则就是求真，真实是史学的生命力所在。原始的第一手资料为史学研究所推崇。诸如信函、电文之类的资料就是特定时代下的产物，对研究历史具有举足轻重的价值。该书在资料上的一大特色即全方位辑录《申报》上有关红十字报道的大量资料，包括各类电文、信函、广告、日记等，林林总总，靡不包揽，生动再现了近代红十字运动丰富多彩的历史画卷。值得称道的是，《申报》刊登了大量的致谢函，包括红会自身和受益个人及团体所发的鸣谢函件。这不仅起到了表彰激励的作用，而且在无形中扩大了红会的影响力和公信力，起到了很好的宣传作用。透视这些致谢函，可以窥见当时中国红十字会在宣传上所采取的具有导向性的策略，如“本会以慈善为宗旨，凡有所求，异常灵应”，“红十字会捐款济人，有求必应”等，而一些仁人善士踊跃义捐虽不乏爱心慈善本性，但也含有相当大的功利色彩，如“祈病速愈”，“为亲友造福”，“求家宅平安”等，显然积善求福的传统观念发挥了不小的作用，这对探讨红十字会的宣传策略及时人的捐款动机具有很大的参考意义。对于有危害红会形象的事件，《申报》也进行了如实的报道，如冒用红十字会旗帜和袖章，假冒红会名义募捐诈骗，冒充红会职员为非作歹，出售红会旗帜等现象。中国红十字会对此类事件严肃处理，一方面及时登报申明，另一方面派人实地调查。一经查实，严加处罚，如及时取缔违用、滥用红十字旗帜和袖章，拘捕冒充红会职员的匪党，严格处分犯事的红会人员等等。这些举措大大维护了红会自身的信誉，这对解决当前中国红十字会所出现的一些不良现象以及由此导致的信任危机具有借鉴意义。

这一时期，中国红十字会从无到有，从弱到强，以人道主义为宗旨，救死扶伤，扶危济困，创造出一个又一个辉煌。然而恰恰是这一时期的会史研究最为薄弱，一些基本线索尚未廓清，所以本书的出版将大大弥补这一缺憾，对研究近代红十字运动具有重要的史料价值。该书不仅有助于近代红十字运动的长时段研究和宏观研究，而且对研究某些具有重大意义的具体事件和具体年份也是大有裨益的，比如可以集中研究红会的京沪派之争、二次战争、南京大屠杀等重要事件和水旱灾害比较集中的1910、1920、1921、1931等年份。采取微观研究的取向，可以重点洞察红十字的理念和举措，促进研究的深入发展。

值得一提的是，本书为便利研究者的运用，对所辑录的资料按原意分段并按现行规范加上了标点符号。同时在资料的处理上严格本着求真的原则，有明显的错字在“（ ）”中纠正，无法辨认的字则用“□”表示，大大增强了可信度。

其三，内容丰赡，具有深沉的时代价值。

本书涵盖的内容横跨晚清、民国两大时段，内容极为丰赡。红十字会所办的会务也可谓多彩纷呈，如战地救护队、伤兵医院、时疫医院、总医院护士学校、救济妇孺收容所、掩埋队，等等。从本书所汇编的资料看，红十字运动在战争年代的时代特色可窥之一斑，突出体现在组织建设、战争救护、灾荒救助和国际交往等方面。

组织建设方面，中国红十字会经孙淦等人启蒙倡导，在日俄战争的催化作用下发轫，自创立起就积极同国际接轨，制定章程，发展分会组织，定期开会员大会，招考医学生培养医护人员，发起征求会员运动，多次召开修改会章委员会等，积极开展组织建设。在此过程中，红十字会不仅面临赤十字会、红卍字会、黄卍字会等慈善组织的激烈挑战和官方的巨大压力，同时还要应对层出不穷的自身危机，如前文提到的各种严重损害红会自身形象的事件，这就迫使中国红十字会不断在应战中求生存和发展。组织建设是最根本的保障，为此红十字会保持着高度警惕，对危害红会信誉的现象严格执法，坚决取缔，如多次登报刊明《勿用红十字标志募捐》《取缔红十字商标》《红会内部除弊近讯》等，努力维护红十字会的纯洁性，使红十字会不断向制度化、规范化迈进。

战争救护方面，在战争频仍的时代环境下，红十字的天职得到了淋漓尽致的展示，红十字运动也得到了前所未有的推进。中国红十字会积极投入各项战争的救护行动，无论是辛亥革命、二次战争、护国战争，还是抗日战争等都可以看到红十字恤兵瘗亡的活跃身影。尤为引人注目的是，抗日战争期间，国内各种慈善团体如救济会、慰劳会、慈联会、红卍字会、华洋救灾义赈会等等也和红十字会一样热火朝天地投入战争救护和难民救济的活动中，呈现出全民族抗战的极大热情。中国的慈善事业在战争中得到大彰。

需要指出的是，红十字会在战争救护中并非总是一帆风顺的，经常要冒巨大的风险。很多会员或因积劳而卒，或为军民误会强加阻挠，或为败兵绑去，或为刻意枪杀。总之，红十字会员为战争救护做出了巨大的贡献，也付出了沉重的生命代价。这正昭示了红十字人道、博爱和奉献的可贵精神。

灾荒救助方面，在灾荒连绵的近代中国，红十字会义不容辞地组织了一系列赈灾活动，如对1917年京直大水灾、1928—1930年的大旱灾、1931年和1935年长江水灾的救济，以及一年一度的时疫救治等，都鲜明地体现了红十字会作为政府在人道领域的助手作用。在救灾的过程中，中国红十字会积累了丰富的实战经验，不仅开创了一系列诸如灯会、游园会、募捐箱、“宝塔捐”之类的筹资募捐形式，而且设平粜局，开办妇孺留养院、灾童留养院等，尽其所能开展救援行动，在救恤灾民中发挥了巨大作用。

国际交往方面，自1912年中国红十字会首次亮相国际红会舞台以来，就积极开展国际交往活动。一方面关注国际红十字运动的实况动态，如介绍日本赤十字社、英国红十字会事业、法国战后提倡婴儿卫生等国际红十字会所开展的业务活动；另一方面开展力所能及的援外活动。1918年，美国在中国发起征募会员活动，得到了华人的热烈赞助和响应。这一时期，最为突出的援外事件即中国红会对1923年日本关东大地震的援助，充分发扬了国际人道主义精神。与之相随的则是国际红十字组织对中国的救援活动，突出表现在抗日战争时期，英、美、加、德、菲、印、瑞典等国纷纷伸出援手，国际援华医疗队如印度救护队、英美加合组的救护队等纷纷来华，参与中国红十字会抗战救护行动。尤其是美国红十字会大量捐赠钱款、米麦和药品，并派救护队赴华救援，在1940—1941年间最为引人注目，甚至成了《申报》报道的主角。与之相反，中国国内的救助活动却似乎淡出了报界的视线，直到抗战结束也未能恢复先前的红火之势。中国红十字会副会长刘鸿生在战后曾说：“中国红十字会之经费大部靠友邦捐助，小部由政府补助。”可见国际力量的参与为中国抗击日本侵略做出了巨大贡献，这对深化红十字外交研究大有裨益。

令人称道的是，红十字会的职能不仅仅体现在恤兵赈灾等方面，它的触角甚至延伸到了社会服务的领域，如救济日常火灾难民、将被难女工资遣回籍、参与拒毒会、普及医疗卫生知识等。尤其是在抗战胜利后的“复员”时期，中国红十字会逐渐将工作重心转移到社会服务方面：设置医院免费病床，救济贫病、施诊给药；设立儿童营养服务站，预防传染病；训练失学青年；开办女子职业培训，训练妇女家事，办贫妇免费助产，设立托儿所，等等。可以说，社会服务也是中国红十字会职能的有机组成部分。

二

晚清至民国的这一时期，中国社会剧烈变动，日俄战争、辛亥革命、晚清覆亡、军阀混战、抗日战争等一系列事件加剧了社会动荡，加之天灾频发，中国人民生活在水深火热之中。中国红十字会在这样的历史环境下应运而生，并责无旁贷地担当了恤难赈灾等义务，谱写了一曲曲可歌可泣的华彩乐章，充分诠释了红十字人道、博爱和奉献的精神。

透过丰富翔实的资料，我们可以略窥红十字与近代中国变迁以及各种慈善团体之间的互动关系。中国红十字会的创建既是历史发展的必然，也是时代呼唤的产物，它顺应了时代发展的潮流，在枪林弹雨、天灾横行的社会环境中成长和壮大。它的发展历程始终承载着时代的使命，折射着时代变迁的印迹。同时，在近代中国，由于国情使然，各种慈善组织如雨后春笋般涌现，它们同红十字会一起戮力同心，相互协作，为近代中国的拯灾恤难做出了巨大贡献；尽管它们之间有矛盾和冲突，如红十字会与赤十字会、黄卍字会等慈善组织间的摩擦等，这对我们研究民间组织间的复杂关系，整合民间力量具有重要参考价值。中国红十字会在其曲折发展的历程中，当然也有抗争与适应，我们可以从一个侧面透视出近代中国“强社会、弱国家”的现实，透视出国家与民间团体的互动关系，至少民间力量是政府力量的一个有益的补充，甚至起着调节社会矛盾的缓冲器的作用。

纵览本书，发觉某些资料颇具有启发和思考意义。如中国红十字会虽经学界承认创建于 1904 年，前身即为上海万国红十字会，而时人在 1907 年尚呼吁要创设红十字会。在“创设红十字会之理由”一节资料中，《申报》作者对中国应创设红十字会的理由进行了洋洋洒洒的叙说，从中国不设红十字会则耻与危的角度立论，认为红十字会可以救天灾人祸、疾病痛楚、瘟疫流行，改良收生法、看护术，提倡卫生，禁鸦片之毒，除吗啡之害等，“系体天地好生之德最大之慈善事业也”，为此还提出了红十字会应办事件的入手方略和办事秩序，兹列于下：（一）暂设红十字会事务所；（二）组织会员；（三）求请行政官之允许及其保护提倡；（四）禁绝害人毒物；（五）设立戒烟会；（六）设立红十字医院；

（七）设立红十字军医学堂；（八）设立收生学堂及看护妇学堂；（九）设立寄生院；（十）设立娼妓检查所；（十一）设立卫生演说会及劝戒洋烟会。这些事项均为当时社会所急需，作者还指出，“以上数端皆目下所必当办而不可一日缓者，但办理之迟速，要皆以经济之范围定之，若得经济之活泼，不难一年而办齐，经济艰难，惟有次第举行之一法也。至若捐款问题，捐款归经何人承收，揭于初次开会之时酌定之”。但令人疑惑的是，此事没有了后文，结果不了了之。而文中所列举之事项，红十字会实际开办的甚少，这或许与红会的主要职能在于恤兵瘗亡和灾害救济等方面有关。但从另一个角度审视，这种观点至少体现了时人对红十字会业务活动的一个期待。

红会的发展理应与时代的要求相适应，即使因经济状况所限，但其他诸如设立戒烟会及娼妓检查所等未能次第举行，这在以后的红会职能中也丝毫未涉及，这是值得思考的。关于时人对红会职能的认知与红会现实职能之间的差距有待深入探讨。此外，当时热心提倡红十字会事业者多属绅商，如孙淦、施则敬等，沈敦和也一再强调自己是“绅”。值得思考的是，在近代传播西学的过程中，知识分子一直处于先锋地位，而在红十字的传播过程中，虽有诸如鲰生、汪康年等报人的鼎力支持和报道，但却鲜有知识分子群体倡导的身影，那么当时的知识分子是如何看待红十字登陆中国这一现象的？是否红十字主要关注救人身体和生命，难以起到启蒙中国人心智的作用，故而在一定程度上影响了知识分子的参与热情？在近代中国政局更迭的浪潮中，多少民间组织无奈地破产，而红十字会作为与政治紧密相关的舶来品，它非中国本土化的产物却能顽强存活下来，几经风雨，如一棵常青树屹立不倒。这些问题都给了我们深沉思考的余地，值得深入研究。

三

当然，该书作为一本资料书，难免存在某些缺漏。资料整理功在便利学界，重在完备。但由于《申报》具有总揽性的特点，它并非红十字的专业报纸，在其展示客观性一面的同时也显示了其局限性。《申报》不可能将红十字的活动资料搜罗殆尽，加之其时效性和舆论的引导性，难免使所登载的红十字资料显得相对不足和零散，如对抗战时期红十字活动的主力军——救护总队就鲜少报道，这使研究者在利用史料时必须配合其他资料，相互补充和佐证，否则难以全面了解红十字运动在近代的光辉图景。另一方面，本书限于篇幅，有一部分珍贵的资料没有选录，比如捐款清单、资遣难民回籍清单、征信广告等，致使该书稍有缺憾。在资料的标题方面，有一些标题与目录不相吻合，存在漏字现象。如目录为“中国红十字会谨谢吴伯勤大善士”，标题为“中国红十字会谨谢吴伯勤大善”（第2卷第147页）；目录为“红会筹备二十周年纪念近讯”，标题为“红会筹备二十周纪念近讯”（第3卷第9页）；目录为“中国红十字会二十周年纪念册招登广告”，标题为“中国红十字会二十周纪念册招登广告”（第3卷第12页）。有些标题则与资料不是很符合，或不能覆盖资料的主体内容，或标题太过笼统，使读者不能明了资料的中心议题。如标题为“中国红十字会敬谢永益寿险公司”，而内容则是有关永隆寿险公司的。此外，书中也存在着不少错别字以及多字、漏字现象，或是《申报》本身登载时所犯的错误，或与编者的疏漏有关，如“苦心孤诣”误作“若心孤诣”（第1卷第2页），“提倡者亦二三大善事之力”（第1卷第123页）应为“提倡者亦二三大善士之力”，“出席国联大会顾维”（第4卷第284页）应为“出席国联大会顾维钧”，等等。

尽管本书有其不足之处，但瑕不掩瑜。作为红十字资料建设的一种有益尝试和探索，本书的出版将拓宽资料建设这一战略性工作的新渠道，并大大推动近代红十字运动研究的深入。

（原载《〈红十字运动研究〉2012年卷》）

评《中国红十字会百年往事》

袁 玲

自1904年中国红十字会在上海成立，至今已有107年的历史。在百余年的时间里，中国红十字会承担起了救伤瘗亡、灾害救济、纾危解难、社会服务等一系列工作，在中国近代史和共和国史上留下了不可磨灭的功绩。2011年10月，由池子华、郝如一主编，合肥工业大学出版社出版发行的《中国红十字会百年往事》（以下简称《百年往事》），正是对中国红十字会百年业绩的呈现。该书由87篇文章组成，虽为文集，但自成条贯。本书采用编年体裁，以时间为经，以史实为纬，紧扣中国社会变迁，用浓墨重彩的笔触为我们再现了1904—2004年间中国红十字运动波澜壮阔的史实。通览全书，以下几个方面或可谓该书的贡献与特色。

一、层次清晰，结构合理

《百年往事》记录的是中国红十字会自1904年成立至2004年间的史实，要全面客观地再现这一时期中国红会的历史全貌，就要对整个社会的变迁及红十字运动自身脉络有一个清晰而深刻的解读。编者正是基于此点，将本书分成三大板块："清末民国早期的红十字会""抗日战争时期的红十字会""新中国时期的红十字会"。虽然本书并未特地将三大板块列出，但通览全书却界限分明。第一部分编者以《孙中山与〈红十字救伤第一法〉》为开篇，由此展开了清末至抗日战争前夕红会的诸项工作，例如中国红会成立前的启蒙宣传、组织建设、人才培养、战争救护等，全面展现了红会早期的活动风貌。第二部分则以《1937年中国红十字会淞沪抗战救护略记》为始，主要介绍了红会在抗日战争和解放战争时期的工作情况。"战争救护是红十字会工作的重心"，此时红十字会涌现出了许多可歌可泣的人物与团体，如林可胜、庞京周、史沫莱特、上海红十字煤业救护队、第23医疗队等等，他们医术高超，扶危济困，在那个血与火的年代，为人们带去生的希望。本书最后一部分以《伟大的历史性转折——回望新中国红十字大会“一大”》一文为开端介绍了新时期的红十字会，但相比于第一、二部分，红会在新时期的工作重心已经从战时的救护转向了和平时期的社会服务，同时该部分对红会的对台事务、重返国际舞台等也多有论述。

纵览全书，本书三个板块以时间为经，界限分明，条理清晰，而各板块内的文章类型也趋于统一，第一、二部分多为战争救护、人物小传，如《1914年豫皖兵灾救助》《南京大屠杀与红十字会的人道救援》《第九大队与四次长沙会战》《孙淦：一个不该被遗忘的先驱者》《慈善人生——抗战时期红会秘书长庞周京医师二三事》《英国医生高宜田与援华医疗队》等，而第三部分则统一于该板块主旨，多集中于抗震救灾、社会服务，如《“人道——团结起来共御灾害”——1991年抗洪救灾行动》《“灾重情更浓，暖我坝上人”——1998年张北地震救援》《生命之河永不息——积极推动无偿献血》《爱的奉献——红十字“博爱送万家”》等。通览全篇，主旨鲜明，层次清晰，可谓赏心悦目。

二、史料丰富，图文并茂

众所周知，史料是史学研究的基础，史学的根本原则是求真。真实是史学的生命力所在。而在众多历史史料中，第一手史料如广告、信函、报刊就显得尤为珍贵。作为一本文集，本书在此方面还是值得称道的。例如，《“为支援中国抗战”——国际援华医疗队的中国之旅》一文就列出了根据中国人民对外友好协会提供的资料而整理的国际援华医疗队队员的名单，弥足珍贵；《“一·二八事变”与沪战救护》一文，摘录了《申报》在1932年2月4日的一篇报道，“第六救护支队，由俞松筠、蒋益生两队长率领，于昨晨七时出发，直赴宝兴路一带，在猛烈火线内救出伤兵陈高仲，腿部炸伤；陈春生，眼角炸伤；难民关九棠，头部炸伤；张杨氏，产妇；刘清泉，腿弹伤，弹未取出；王阿根，感冒；朱阿四，感冒；吉阿银；感冒；朱懋平轻伤，卢光和轻伤，均在第五救护医院治疗。”摘录的第一手史料真实生动地再现了当时红会人员救死扶伤的无畏精神。又如《1922年中国红十字会对“八二风灾”的救援》一文，大量引用《申报》所载的《中国红十字会总办事处拯救潮汕风灾乞赈启事》《中国红十字会敬谢黎集云大善士捐助潮汕风灾洋五百元》

《中国红十字会敬谢谢存心子经募慰记大善士捐助潮汕风灾洋一百元》等新闻稿，以证其观点。本书资料翔实丰富，且大量运用第一手资料，给人以厚重扎实之感。

“图文并茂，悄然成为当下‘读图时代’的一种审美时尚”。本书每篇文章都会穿插一两幅珍贵的历史照片，平添一份独特的吸引力。图片再现了历史发生的瞬间，真实而永恒。而在图片的周围无一例外地都会附上详尽的说明，图片与文字互为参照，读者除身临其境地感知红十字运动的历史场景外，还获得了视觉上的享受，大大增强了本书的可读性。

三、取削有度，重点突出

取削有度，重点突出是本书的又一大特色。《百年往事》并不着眼于全面叙写，而是关注在中国红会发展史上具有突出贡献和重要意义的人物和事件，如孙淦、林可胜、庞周京、史沫莱特；1923 年中国红十字会救援日本关东地震、1942 年中国红十字会救护总队的域外救护、1990 年两岸红十字会会长会晤、红会协助政府安置印支难民，等等。历史人物是历史研究的主体，本书所叙写的人物形象饱满，有血有肉。如林可胜作为抗战时期中国红十字会救护总队的总队长，其在接手医疗队后立即进行改编，使医疗队具有了“便于移动，经济而易于举办，男女分工合作，前后方配合适当”的特点，从而大大提高了救护的效率，挽救了更多人的性命。林可胜在战时倡导于前，运筹帷幄，使救护总队虽有毁损却不断壮大，他的功绩鲜明地体现了红十字会“救死扶伤，博爱恤兵”的人道主义精神。历史事件是红十字运动的构成要素，本书对红十字会救济 1917 年京直水灾、抗战时期第九大队四次救援长沙会战将士、新中国时期红会参与治淮工程以及救援张北地震等也多有记述，重点凸显，见微知著，从一个侧面展现了中国红十字会百年来波澜壮阔的历史风貌。

四、紧扣时代主题，社会气息浓厚

中国红十字会自 1904 年成立后百余年来，经历了清末、民国和新中国三个历史时期，见证了从大乱到大治的巨大转变。其百余年辉煌的历程就像是一部中国近现代史，“红十字会本身就是一部近代中国的活历史，可歌可泣的历史诗篇”。而本书87篇文章则成功地将中国近现代的历史寓于中国红十字百年会史之中，社会生活的气息、社会变迁的影迹我们都可以到书中去寻找、去发现。

“事实上，红十字运动是解读社会发展的一个独特的视角，红十字运动本身就是一部活的社会史。”本书按时间顺序再现红十字运动历史事实的同时，也在娓娓诉说着百年来中国的社会变迁。在清末政局动荡的时代，红十字会这个民间社团是怎样生存并且发展壮大的？1912年红十字会的组织成员大换血，有着什么样的特殊背景？北洋时期，是怎样的社会状况使得红会成员奔走于大江南北呼号呐喊罢兵息战、救治伤员？抗日时期，日寇的铁蹄蹂躏中华大地，中国红十字会成员如何不顾生命危险于枪林弹雨之中救人于危难？这些都是本书关注和思考的问题，并且最终给出了答案。

新中国成立后，红十字会紧跟时代发展潮流，积极参与社会建设。本书的第三部分为我们描绘了一幅幅生动鲜活的画卷。如《大爱无疆——国际医防服务队第一大队救援行动纪略》一文在介绍红十字国际救援时，从另一个侧面为我们呈现了20世纪50年代初抗美援朝的历史场景；又如《揭开中日关系史上的新篇章——中国红十字会首次访日纪实》一文，详略得当地揭示了中日关系的演进脉络，“日本人民殷切地希望中国红十字代表团的访问，能成为将来中日友好的出发点”。进入新时期，两岸关系成为引人关注的热点，本书介绍两岸红十字会的交流互访活动时，也展现了几十年来两岸从相互敌对排斥到“渡尽劫波兄弟在，相逢一笑泯恩仇”不平凡的一页。此外，“中山慈善万人行”“云曙碧精神”“博爱送万家”等活动，帮扶弱势群体，紧扣时代主题“你我一份力，温暖全社会”，体现的都是红十字会深沉浓郁的人文情怀。

当然，《百年往事》的特色不止于上述几个方面。然细究起来还是有小小的缺憾。整本书的大体结构是按时间编排，若是在大板块内能将有联系的几篇文章整合在一起，这样能便于读者的阅读和理解。另一方面该书所辑录的文章多是战争纪实、社会服务和人物小传，若是能再辑入理论思想类的文章，相信会增色不少。不过瑕不掩瑜，作为一部介绍中国红十字运动百年历史的重要作品，此书的出版必将有助于普及中国红会的历史知识，传播红十字文化，推动红十字运动研究向更深更广的方向发展。

（原载《〈红十字运动研究〉2012年卷》）

《苏州红十字会百年纪事》评介

徐　璐

2011年11月，苏州市红十字会迎来了百年华诞。百年来，苏州红会在战火、灾害和政局变动中不断成长与壮大，以其坚韧不拔的精神和实际行动诠释了“人道、博爱、奉献”的红十字精神与人性之美，并已成为社会保障与社会建设中的一支重要力量。为庆祝苏州红十字会百年诞辰，苏州市红会与苏州大学社会学院、安徽人民出版社共同合作，出版了由严晓凤、池子华、郝如一主编的《苏州红十字会百年纪事》（以下简称《百年纪事》）一书，借以铭记这段已然成为我们共同财富的百年历史。该书作为“红十字书系”的又一重要成果和一部展现地方红会历史发展的著作，它的出版对于厘清苏州红十字会百年来的发展脉络和推动红十字运动理论的深入研究，无疑具有重要的学术价值和现实意义。现就笔者认识所及，对此书作简要评介。

一

《百年纪事》全书洋洋近30万言，采用“编年”体裁，运用与整合大量丰富翔实的历史资料，向我们清晰地再现了自1911年以来苏州大市红十字运动发展演进的轨迹。它不仅以时间为线索尽可能完整地展现苏州红十字会从无到有、从弱到强的历史变迁，而且用数字全方位地反映了苏州红十字会在救护救助、组织建设、青少年红十字活动、对台事务、友好往来以及血液事业等各方面的成就，特别是对红十字百年历程中的突出历史事件与人物、红十字会事业发展的规划和方针以及重大成果着力进行了描述。

该书分为正文和附录两个部分。正文部分主要着墨于苏州市红十字会各时期的重要事件，同时又兼顾下辖各县（市）红会的一些重要而颇具特色的活动，不仅生动地勾勒出了苏州红十字会在战争期间积极投身战地救护的风采，同时也展示了和平时期苏州红会努力参与社会保障、社会工作的成效。从中我们不难发现，百年来苏州红十字会社会职能的重大转型以及红会活动内容的不断丰富与深化。正文之后的附录则以大事记的形式呈现，成为该书的有机组成部分，内容上以复会后苏州市下辖各县（市）、区红十字会的活动为主，作为资料索引与正文互相参照、补充，相得益彰。

百载沧桑、物换星移，苏州红十字会经历了辛亥革命、江浙战争、抗日战争、新中国成立和改革开放，并仍以继往开来、与时俱进的精神面貌昂首阔步地向前迈进。苏州红会的百年成长史，也从侧面反映了中国红十字会百年沉浮的历程，事实上就是中国红十字会百年辉煌的一个缩影。同时，我们从本书编录的资料中又可体味出苏州红会自身发展进程中的特色之处。譬如早在北洋军阀时期，吴江城区红十字分会便已将业务范围的触角拓展至环境保护的领域，“通函警所，请设法取缔”，“抛弃瓜皮秽物于河中”，“雇清道夫”，“每日扫除两次”。这些措施都被细细地编入了书中；再如书中还详细载入了起于苏州工业园区救助尿毒症病人的“德善”计划是如何逐步兴办，并发展为由“德善”“义善”“明善”“诚善”“吉善”“仁善”等构成的“善”字系列这一品牌的过程。而苏州红会的这项“善”字系列救助计划，不仅使救助工作找到了新的突破口，而且又为苏州红会注入了新的活力。

二

纵览全书，《百年纪事》可称道之处颇多，以下几个方面尤其值得注意：

其一，本书是在详尽地占有大量资料的基础上钩沉、爬梳、编纂而成。编者不仅充分利用来自苏州市红十字会所藏历年工作档案，同时还查阅了苏州市档案馆馆藏的相关档案，对报刊资料、红会网站发布的信息等，也进行了广泛的搜集。而早在2008年，编者已首先完成了百余万字的《苏州红十字会志资料长编》《苏州红十字会志》等书，这无疑为《百年纪事》的编写打下了坚实基础。原始档案的大量使用，既增强了该书的可信度与真实性，给人以厚重扎实之感，也为后来的研究者提供了宝贵的参考资料。要之，《百年纪事》堪称是一本检索苏州红十字运动百年历史发展和重大事件的工具书。

其二，本书处处体现出编者严谨踏实的治学态度与实事求是的工作作风。正如编者在序言中所述，“为求历史与现实的无缝对接，达到体例的统一”，本书在时间表述、名称、称谓、计量单位、标点符号等方面都做了规范处理。如在地名上就保留了不同时期的不同称谓，并且对“吴县”“苏州地区”以及1983年后市管县体制及其调整情况做了充分的解释。而因苏州市红十字会、常熟市红十字会建会时间存在迷雾，为了保存历史原貌，本书又将原来使用的时间（1924年）提前到1911年，而苏州市红十字会举办的建会70周年、75周年、80周年的时间一仍其旧。在附录中，鉴于红十字会复会前的历史资料有限，本书则谨慎地从复会后的活动加以录入，以避免造成资料碎片化。

其三，本书内容全面、详略得当、语言精练，具有一定的可读性。《百年纪事》记载了自1911年至2011年百年间苏州大市范围内红十字运动的光辉历程，以苏州本级红会在各个时期的活动为主，辅之以所属县（市）、区红十字会的活动，并没有为追求面面俱到而忽略重心所在。在处理内容重复交叉的部分时也进行了合理的删减与整合，可以说做到了详略得当，重点突出。而作为一本工具书门类的著作，本书的文字符合言简意赅的要求，述而不作、引而不论，具有高度概括性，文风朴实，通俗流畅。

其四，本书不仅仅展现苏州红十字会的百年光辉历史，还深深蕴含着人道主义的时代情怀。无论是抗战时期常熟救护队冒着枪林弹雨实施战地救护，抑或是2008年汶川地震中全姑苏城的慷慨解囊，大到苏州企业慈善不落人后积极回馈社会，小至每一位苏州市民的点滴捐助、加入捐献的志愿者人数逐年增加，这些无不让我们感受到一种大爱的力量与人道精神的激励。书中的文字平淡朴实，却在字里行间流露出对热衷于公益事业的感人事迹的褒扬之意，宣扬了人道主义的精神，并激励更多的爱心人士投身于当代红十字事业中去。

三

我们知道，一本著作绝不可能是完美无缺的，加之编纂工作量大、苏州红会复会前一些史料的尚不完备，在有限时间内尤难周全缜密，因此本书不免存在一些错误与疏漏。其一，存在个别错误之处，如出现了错字“突然”作“突破”（第177页），再如资料中关于《苏州市红十字募捐箱管理暂行办法》的部分内容有些交叉重复（第69—70页）；其二，未能穿插相关历史图片以增其“可看性”，还是不免有些许遗憾。

尽管本书还有尚待完善的地方，但瑕不掩瑜，它成功地展示出苏州红十字会的历史风貌，对于促进新时期苏州红十字事业的进一步发展与深入，推动红十字运动理论的研究都具有重要的积极意义。

历史是储存智慧的宝库。《百年纪事》试图记录的就是红十字会在苏州这片土地上的奠基与成长、从慢跑至跃起的过程。而在苏州红会百年华诞之际，编写和出版这本书，事实上也不仅仅是为了回顾苏州红会的百年历程，更是为了传承苏州红会在这不平凡的百年历程中所凝聚起来的红十字精神。相信本书的出版，将为苏州红会的百年华诞献上一份厚礼。

（原载《〈红十字运动研究〉2012 年卷》）

《中国红十字外交，1949—2009》述评

袁灿兴

吴佩华博士所著《中国红十字外交，1949—2009》一书，作为“红十字文化丛书”（池子华总主编）之一种，近期由合肥工业大学出版社出版发行。本书是吴佩华博士潜心研究的成果，也是苏州大学红十字运动研究中心的阶段性成果之一。本文简要述评如下，以飨读者。

一

外交是国家间的政治，是一个国家或一个国家集团同外界打交道时的政治，外交的实质是国家的主权行为。就红十字外交而言，吴佩华博士在书中给出定义：“红十字外交是在人道主义指引下，以红十字会的名义努力改善国际间最容易受损人群的境遇，维护人类尊严，推动国际合作和友好往来，共同促进世界和平的各项活动。”

作为国际性民间组织，红十字会超越了意识形态、政治和国界的隔阂，对世界各国和平共处、友好往来起着积极作用。对于国际上的各类特殊情况和突发事件，红十字会能发挥政府助手的作用，办理政府不便出面的有关事宜，以“亦官亦民”的身份为官方外交的开展创造良好的条件。

自1904年3月10日成立后，百余年间，中国红十字会秉持“人道、博爱”立场，以救死扶伤、扶危济困为宗旨，在战争救护、救灾救荒、社会援助等方面发挥着重要作用，推动了中国慈善公益事业的发展。

在国内积极进行各类人道活动的同时，中国红十字会也走出国门，参与了近代一系列红十字外交活动。如1923年，日本关东大地震之后，中国红十字会本着救灾恤邻的情怀，不仅多方筹措善款，而且派出救援队开赴日本，救治伤病灾民、遣送受灾华人归国。在抗战时期，中国红十字会积极开展“民间外交”，争取各国人民的同情和支持，为反法西

斯战争的胜利做出了贡献。

新中国成立以后，经过改组的中国红十字会将“爱国主义、国际主义和革命人道主义”作为其对外交往的思想基础，这与国际红十字运动“促进持久和平”的宗旨是一致的，也吻合中国政府“坚持国际主义”“坚持爱国主义”的外交指导思想。在国际舞台上，改组后的新中国红十字会积极发展与其他国家的友好关系，展示了新中国的良好形象。

2012 年 9 月 20 日，中国网发布的《中国红十字会 2013 年起全面启动综合改革》一文中再次指出：红十字运动在国际合作中拥有崇高的声誉，扮演着越来越重要的角色。面对全球范围内各种非传统人道主义挑战日益严峻的客观现实，中国红十字会更需要通过改革发展，借助国际红十字大家庭的力量，积极通过参加国际救援、加强国际交流合作等方式，凸显民间外交、人道外交的影响和作用，增强中国国际影响力。

令人欣喜的是，吴佩华博士首开先河，对新中国成立 60 年来红十字外交进行了梳理与研究，并试图从国际统一战线的视角来探析中国红十字外交的地位与功用，以揭示红十字外交在中国政府总体外交中的地位与作用。无疑，该著作的出版，开辟了红十字运动研究的新领域，必将引起学界和业界的关注。

二

《中国红十字外交，1949—2009》全书近 30 万言，运用大量史实，整合相当资料，再现了新中国红十字外交发展演进的历史轨迹。

本书正文分 5 章和余论。第一章介绍了中国红十字外交的历程。本章对新中国红十字外交做全景式回顾，分三个阶段论述：重返国际舞台（1949—1979 年）、迈向国际舞台（1979—1993 年）和融入国际社会（1993—2009 年）。新中国成立之后，本应根据国际法继承前政权在一切国际组织中的地位，但西方一些国家却对此加以阻碍，这就决定了此一时期中国红十字会的首要任务是恢复和巩固中国在国际红十字会中的合法席位。在 1979 年改革春风的吹拂下，中国红会也迎来了新的机遇，开始更加积极地走向国际舞台，通过积极支持各国反对霸权主义，在世界范围内广交朋友，成为国际红十字运动中“大而有影响”的成员。至美苏两极格局解体后，中国红十字外交的作用日益彰显，成为构建和谐世界的重要推手之一。

第二章为战争时期的红十字外交。本章对朝鲜战争、中印边境自卫反击战、越南战争、对越自卫反击战时期中国红十字外交的过程、内容及发挥的作用进行了梳理，揭示了红十字外交在战争时期的特殊作用。在朝鲜战争中，中国红十字会揭露并积极制止美国侵略朝鲜、配合肃清美国在华影响、派遣红十字国际医疗服务队、促使战俘问题合理解决，成为“推开铁幕的手”。在中印边境自卫反击战中，中国协助遣返印度战俘、主动送还印军阵亡将士尸骨，成为“团结与友谊的桥梁”。在对越自卫反击战中，中国红十字会帮助遣返战俘、协助政府安置印支难民，成为促进和平稳定的重要因素。

第三章为和平状态下的红十字外交。在和平时期，红十字会在促进中国与世界各国的友好关系上也发挥着重要作用。在新中国外交史上，中国红十字会对恢复、促进、深化中国同日本、美国、苏联之间的友好关系发挥着独特作用。中国红会先后协助日侨及获得宽赦的日本战犯归国，架起了中日友谊的桥梁。在中美建交过程中，中国红会还助推了中美大使级会谈顺利进行，成为跨越冷战鸿沟的桥梁。

第四章为红十字援外外交。本章对新中国成立以来中国红十字会对外援助工作做了检视，认为中国红十字会对外援助是中国政府整体外交的有机组成部分，由此能反映出中国红十字外交所关注的重点。本章还以援助非洲，以及 21 世纪初援助印度洋海啸受灾诸国为例，深化对中国红十字外交的认识与理解。

第五章为祖国统一中的红十字外交。根据国际红十字运动的“统一”原则，一个国家只有一个红十字会，而红十字运动中的“统一”原则常遭到人为破坏，成为一些势力干涉他国内政的借口。本章主要通过中国红十字会在恢复、巩固新中国在国际红十字运动中的合法地位，挫败台湾红十字组织“合法化”的图谋，以及中国红十字会在香港、澳门回归祖国中的特殊作用等内容，揭示红十字外交对维护国家统一的积极作用。

书后还附有 1949 至 2009 年间，中国红会对外援（捐）助统计表，列出了新中国红会历次对外援（捐）助中的接受国家、灾害类别、捐赠日期、捐款捐物等详尽数据，具有一定参考价值。书后也附有中国红十字外交大事记，对 1949 年至 2009 年间中国红十字外交的重要事件做了梳理。

三

作为一部新中国红十字外交研究的开山之作，本书在诸多方面有值得称道之处，尤其是以下几个方面值得注意。

其一，本书所用资料翔实可靠。吴佩华博士在写作中查阅了大量的红会内部资料，如中国红十字会历年年报、中国红十字会历届会议文件汇编、中国红十字会总会重要出访活动资料汇编等。除了红会内部资料外，作者还旁征博引了各个时期的报刊、年鉴、文献汇编等。这些资料的运用，增强了本书的论证力度，提高了该书的学术水准，也为研究者提供了可供参考的资料。作者在注释部分做了详细考订，既表明作者对资料的充分运用，也显示了作者严谨的治学态度。

其二，本书展示了诸多鲜为人知的内容。如在中印边境自卫反击战中，中国本着人道主义精神对被俘的印度伤兵予以救助，将二十余名因伤势过重、医治无效死亡伤兵遗留下来的钱财、手表等个人物品一一加以登记，交印度红十字会转送家属。对中方这些举动，印度战俘颇为感动，称赞中国是“最为人道的国家”。又如新中国成立后，美国以反对共产主义为由，拒不承认新中国，不愿意同中国接触，并派遣间谍在华进行各类情报活动。1954 年，11 名美国间谍被中国抓获审判，在确凿的证据面前，这些间谍对罪行均供认不讳，中国政府根据这些间谍的罪行相应予以惩罚。此后，为了解决这些美国间谍问题，中美双方进行了大使级会谈。在此过程中，受中国政府之托，中国红十字会帮助囚犯家属来华探亲，协助被宽大释放的在华美囚归国，为中美大使级谈判营造了良好氛围。吴佩华博士文笔精炼，行文流畅，书中再点缀以此类鲜为人知的红十字外交事件，读来别具风味，不觉枯燥。

其三，本书注重跨学科综合研究。书中广泛涉及外交学、军事学、法学、公共卫生学等各个领域的内容，希望借此充实并拓宽新中国红十字外交的研究领域。如在论述推动祖国统一中的红十字外交时，从国际法的角度切入，对新中国挫败“两个中国”“一中一台”的图谋，使国际红十字组织承认新中国红十字会是唯一能代表中国的红十字会进行了论析。又如从公共卫生的角度，对中国红十字会参与国际艾滋病预防与控制等一系列活动进行了探讨。

其四，本书在写作中将宏观与微观结合。作者既对长时段的红十字外交进行了梳理，又通过具体个案对不同时期、不同场合红十字会在外交活动中所扮演的角色、参与的行动、发挥的作用加以探析。以红十字对外援助为例，在行文中，作者对援外外交从“援外的动因、援助的地域、援助物的转交方式、援助的金额、外援的时段、给予国际红十字会的资助”等角度切入，对几十年间中国红十字会对外援助的特征做了归纳论述。宏观归纳论述之外，作者又选取援助 21 世纪印度洋大海啸受灾各国等具体个案，从微观上生动展示了中国红会对外援助的具体操作及国际反响。

当然，该著也有一些不足之处。如受多种原因限制，一些中国红十字外交的一手档案资料迄今未能公布，作者只能通过权威的二手资料进行历史重构，需要在后续研究中进一步丰富完善。也因为资料原因，使得一些章节结构不甚合理，如能对参与红十字外交的工作人员进行访谈，深入挖掘口述史料，则令人更加信服。此外，在红十字外交的理论层面上，在进行跨学科研究方面，尚需进一步努力。

总之，瑕不掩瑜，作为第一部研究中国红十字外交的力作，它的出版一定会吸引更多的“后来者”从不同的角度对中国红十字外交进行更广泛、更深入的研究，也一定会更加有益于中国红十字外交的实践。

（原载《〈红十字运动研究〉2013 年卷》）

红十字报刊资料建设更上层楼

——评《〈大公报〉上的红十字》

丁泽丽

近些年来，红十字运动研究逐渐受到重视，然而资料建设的相对滞后则成为制约研究进一步深入的瓶颈。2011 年，由池子华、严晓凤、郝如一主编的 4 卷本《〈申报〉上的红十字》出版发行，开创了红十字资料建设的新范式——报刊资料汇编。之后，以池子华为首的研究团队，将这一范式的触角深入迄今中国发行时间最长的中文报纸——《大公报》。由池子华、傅亮、张丽萍、汪丽萍主编的《〈大公报〉上的红十字》，作为“红十字文化丛书”之一种，于 2012 年 8 月由合肥工业大学出版社出版发行，就是资料建设上的最新成果。

《大公报》由英敛之创办，1902 年于天津出版，之后因时局之故先后转至汉口、重庆出版。该报在近代的发展历程中，大量记录红会史实，是红十字运动研究的资料宝库。《〈大公报〉上的红十字》采用编年体，以时间为经、史事为纬，对该报记录的红会史实进行汇编，为研究者提供了难得的参考资料。本文简介一二，以飨读者。

一、纵横交错，史料丰赡

该书编纂人员不避繁难，爬梳剔抉，从卷帙浩繁的《大公报》中梳理红会资料，辑录了洋洋洒洒 60 余万言的资料集。该书收录资料全面，纵横交错，再现了红会组织建设、战争救护、筹募善款、灾荒救助、卫生防疫、对外交往等历史场景。

组织建设上，因该报创于 1902 年，此时中国红十字会尚未诞生，该报则收录瑞士、日本等国红十字会消息，虽然较为零星，但具有一定的启蒙作用。1904 年，上海万国红十字会——中国红十字会的前身——在日俄战争中成立之后，《大公报》大量刊载建会消息，诸如《纪万国红十字》《再纪万国红十字》《续志万国红十字》《万国红十字续志》等等，可谓连篇累牍。之后，红会建章立制方面的消息如《万国红十字会章程》《美国红十字会现行章程》《陆军救护病伤条约》《陆军新订红十字条约解释》《中国红十字会条例》等，陆续发布，反映出红会组织建设的制度化。各级红会在日俄战争、辛亥革命、军阀混战、抗日战争等中间的救护工作，以及自身组织的不断发展壮大，也多有报道。

战争救护上，“日俄开衅，战地华绅商民被罹难悽惨，亟宜救护，限于两国禁令，惟泰西红十字会救护最得实际”（以下引文均出自该书），上海万国红十字会由此诞生。战争救护成为红十字会义不容辞的责任，无论是辛亥革命、军阀混战还是抗日战争，都可看到红十字会员救死扶伤的忙碌身影。这方面的资料丰富而翔实。

筹募善款上，晚清、民国时期天灾人祸接踵而至，救灾救难物资入不敷出。红十字会通过媒体向社会各界发出“筹赈种种”，号召各界伸出援手。从该书中可知，红会的呼吁得到社会各界广泛响应，如百代公司发出多次《启事》为红会募捐；书画慈善会多次组织义卖活动，将出售书画所得资金用于捐助红会，等等。值得一提的是，《七龄童演说输捐》，声明“鄙人现有点心钱积蓄大洋一元，愿助贵会以维持进行云”，令人感动。

灾荒救助上，红会亦不遗余力。1917 年顺直大水，“沿津浦车路逃难灾民蝼伏如蚁，上有火车碰轧之虞，下有沉溺洪荒之险，日熏露濡，饥渴呼号，惨不忍言”，红会派员奔赴灾区“散放急赈，以救灾黎”，中国红十字会天津分会《查放灾区日记》连载 12 篇，另有《关于筹赈之种种》《大水灾近事汇志》等，淋漓尽致地呈现此次红会赈灾情形。1931 年、1935 年长江大水，“全球红会为水灾募赈”，无不彰显红十字人道主义精神。

卫生防疫上，从该书可以看出红会组织十分重视防疫工作的开展。如 1917 年顺直大水，天津市红十字会专设防疫科，“预备石炭酸、药粉、车辆，带同防疫员、苑国弼、张文敬分路出发，以防疫病云”。1918 年，瘟疫流行，汉口红十字会为祛除毒害，“特在汉各大药房配置防疫疗疫药品五百六十件”。有关灾害时期红会防疫活动该书都有收录，且标题明确，查阅便捷。

对外交往上，中国红十字会自 1912 年首次亮相国际红十字舞台以来，时刻关注各国红十字动态，如日本赤十字社、美国红十字会等。其中，中国红会与美国红会交往较为密切。1917 年顺直大水，美国红会捐款“五万金元为赈济之用，并委任中华医药部部长葛林为代表组织委员会，建筑房屋千间，收容难民为度冬之计”。抗日战争时期，截止到1938年4月，美国红十字会助款已达“美金三十六万四千元”，美国红会会长还发出呼吁，“望美国人民能踊跃捐助”，救济中国难民。

总之，该书将《大公报》中有关红十字资料汇编成册，用一条条新闻为读者勾勒出红十字会从无到有、由弱到强的发展历程，以及红会秉持“人道、博爱、奉献”宗旨，体恤伤兵，救灾救难的嘉言懿行。该书的出版实为研究红十字运动又增添一宝贵“资料库”。

二、翔实摘录，价值突出

历史学即史料学。“上穷碧落下黄泉，动手动脚找资料”，资料是从事史学研究的基础，第一手资料诸如电文、日记、报告等于史学研究而言至为重要。该书翔实录入此类资料，其中不少为《〈申报〉上的红十字》所不载，颇有价值。

首先，刊载大量妇女从事红十字活动消息。随着社会史在史学界的灿兴，妇女史研究备受关注，但有关此类资料零乱不整，《〈申报〉上的红十字》亦辑录不多，而该书高频次报道妇女从事红十字运动之史实，弥足珍贵。

女性与红十字会实有不解之缘，克里米亚战争时，“英国一慈善之女子发恻隐之心，约集多数之女子奔赴克里米亚地方，拯救难民，收殓战亡兵丁。英、法、俄三国人无不同声感激，及至该女士回国后，各处争送赀财使之得以糊口。岂知该女士有爱群爱国之诚，无自私自利之念。凡有送以赀财者，自己概不享用，即以此款建一病院以普济同胞，此即为红十字会之发端也”。可见，妇女在国际红十字运动发展史中所扮演的重要角色。而在中国，妇女参与红十字运动也不鲜见，中国妇人红十字会的组建就是一个例子。

中国妇人会发起于1906年，为京师女学卫生医院院长创办。事实上，中国妇人会成立之前，已有妇女从事红十字救护活动，1904年女医士张星佩“赴上海红十字总会吕、盛大臣投纳，以备验收，察酌派遣云”。辛亥革命爆发后，天津妇女红十字会正式成立，并组织协济会开办售品会，将所得资金用于赈济灾民。之后，妇女红十字会组织不断扩大，北京等地都有建立，该书辑录大量妇女发起募捐赈济灾民消息。特别是1920年，直皖战争爆发，北京、天津妇女红十字会设立妇孺救济所救济难民；此外，北京女界红十字分会组织了4个救护队，开赴灾区救护伤兵、难民。有关各救护队之报告，该书多有辑录，如《北京女界红十字分会第一救护队第三次报告书》《北京女界红十字分会第一救护队第四次报告书》《北京女界红十字分会第二救护队第一次报告书》《北京女界红十字分会附设妇孺救济会汇报》等等。抗日战争时期，《汉妇女抗敌援会慰劳受伤战士》之类的报道，也屡见不鲜。这些第一手资料为研究红十字妇女运动奠定了基础。

其次，该书辑录民国时期大总统之于红会活动的支持。据了解，目前研究国家元首支持红十字事业，除孙中山外，其他尚不多见，尤其是北洋政府时期，像袁世凯等北洋政府的总统，何以有慈善怜悯之心？但事实并非如此。1912年《中国北京红十字协会幼幼会第一次报告》中指出，“本协会北京幼幼会，专一救济战地灾区孤贫男女小儿，蒙袁大总统及黎副总统提倡，已募集常年教养费，可收儿二百名”；1913年，袁世凯“特捐银二万元，饬财政部汇交上海中国红十字会兑取，分拨江西、徐州两处，作为该会捐款，即由该会赶派医队、救护队，分别前往战地妥为救济，以恤生命而重人道”；1916年，“熊秉三创办红十字会，施行救济事宜。大总统殊深赞许，刻已认捐十万元作为该会救济经费”；1918年，“冯大总统昨奖中国红十字会天津分会匾额一方，文曰风宏胞与云”。北洋统治时期，诸如此类大总统支持红会的活动，且不论其出于彰显名誉，抑或其他目的，可以说都对红十字事业发展关系重大，研究者不应漠然视之。

再次，该书载有大量政府公文，可弥补《〈申报〉上的红十字》一书之不足。从这些政府公文中，不仅可窥视红十字会与政府之间的密切关系：灾害严重时，政府发文请求红会救灾；红会赈款不足，政府官员助赈；红会救灾功绩卓越，政府发奖表彰。同时也可从中获知中国红会自成立以来与各国红会之间的往来，尤其在抗日战争爆发后，这种往来极为广泛。

此外，该书中载有大量鸣谢捐款广告，具体数额列举较为翔实，不论是个人捐赠款物，还是各国红会予以中国红会之款物，都如实登载，甚至一些数据表格也被辑录。这些数据可与《〈申报〉上的红十字》互相补充，有助于研究者进行量化分析，推进红会史研究的深入。而大量鸣谢广告的发布，亦可见红十字会在信息公开方面所做出的努力，这是提升公信力的重要途径。

三、可为他山之石

该书虽为“红十字文化丛书”之一种，刊载的每条消息都与红会有关，但史学研究具有交叉性，其部分资料对于史学其他领域的研究大有裨益。分述如下。

（一）灾荒史

20 世纪 80 年代以来，社会史研究异军突起，其中灾荒史研究引人注目。该书辑录相关资料，为灾荒史研究添砖加瓦。如 1917 年顺直大水，天灾人祸并行。该书载有大量红会赈灾消息，含有许多灾情信息，如当年 10 月连载 12 篇《中国红十字会天津分会查放灾区日记》，每篇日记中对救灾地域、救灾人员、受灾情况、灾民状态都有记录，且大多数日记有本次赈灾情况的如实记载，如 10 月 13 日的日记记载，此次“共救灾民三百余人，散放大饼一百二十五斤，又赠馒首大约二千三百零五个”。10 月 14 日的日记记载，此次“共救灾民三千余人，共散放大饼一百斤又一百三十二张，又馒首四千三百六十五个”，等等。这些报道，丰富了 1917 年灾荒史研究的资料，也为定量研究奠定了基础。另外，该年其他赈灾消息如《大水灾近事汇志》《关于赈灾之种种》的报道，也很有价值。类似资料不少，拓宽了灾荒史研究的资料来源。

（二）疾病医疗社会史

随着社会史研究的兴起，特别是 2003 年“非典”的流行，疾病医疗社会史研究成为社会史研究的一大“亮点”。而近代中国战乱频仍，疫病流行，红十字会广泛参与疫病救治，留下了不少疾病医疗社会史的资料。该书辑录了一些疫病资料，特别是 1911 年、1917 年、1920 年、1931 年等年份，相关资料相对丰富。从红会开展疫病防治活动中，也可窥探出民国时期疫病流行的原因、波及的范围、造成的灾难影响等重要信息。此外，当时红会采取的疫病防治措施颇为有效，这些对于近代疾病医疗社会史研究亦颇为重要。

此外，该书所载资料对于一些交叉学科的研究也有一定价值。如资料中多次提及百代公司不仅积极响应红会呼吁，捐赠款物，还“开演义务电影，所得票资尽数捐助红十字会”。部分医院的慈善救护活动资料亦有收录。这类资料，对于慈善史的个案研究不无小补。

当然，该书也有些许不足之处，如错字、漏字、多字现象就有存在，这或因《大公报》自身登载时所犯错误，抑或与编者疏漏有关。错字方面，如“三十”（第238页）应为“三千”，“膜视”（第238页）应为“漠视”，“下下”（第272页）应为“下午”，“红十字娇分会”（第312页）应为“红十字女界分会”；漏字方面，“王医”（第162页）应为“王医士”，“延年医”（第211页）应为“延年医院”；多字方面，“唐宋五代宋元明清”（第259页）多“宋”字，“张国体君为为议事”（第300页）多“为”字。如此等等。尽管该书尚有不尽如人意之处，但瑕不掩瑜，该书使红十字报刊资料建设更上一层楼，与《〈申报〉上的红十字》一起合为红十字报刊资料姊妹篇，其史料价值不容置疑。

（原载《〈红十字运动研究〉2013年卷》）

《中国红十字历史编年，2005—2009》简评

徐　璐

近些年来，红十字运动研究越来越受到国内学界的关注，“红十字书系”等一系列学术著作也纷纷问世。而有关中国红十字会的资料整理与汇编工作尽管相对滞后，但先后已有池子华、郝如一主编的《中国红十字历史编年，1904—2004》（安徽人民出版社 2005 年版）和池子华、严晓凤、郝如一主编的《〈申报〉上的红十字》（4 卷，安徽人民出版社 2011 年版）等相继出版。这些书籍资料翔实，已经成为红十字运动研究者的必备书目，其推动研究、裨益学者，功莫大焉。最近 10 年来，中国红十字会经历了前所未有的挑战与发展机遇，在灾害救援工作、人道救助领域、理顺管理体制工作和社会知晓率、公信力等方面都取得了前所未有的突出成绩。显然学者们对既有资料集似不能有完全的满足，于是续编《中国红十字历史编年》便成为水到渠成之事。

检阅合肥工业大学出版社新近出版的池子华、张丽萍、汪丽萍主编的《中国红十字历史编年，2005—2009》（以下称《历史编年》）一书，依然沿用“编年”体例，以年月日为序，保证了与《中国红十字历史编年，1904—2004》的延续性和统一性。对于该书，笔者认为有不少地方值得称道。

一、资料全面，客观公允

《历史编年》是一本时序性的资料书，记载了 2005 年至 2009 年中国红十字会重大活动和与红十字会相关的历史事件，全书共 30 万字。虽然很难说该书已将中国红十字会 5 年来的活动资料“一网打尽”，但基本、主要和较为突出的事件，相信是少有遗漏了。同时这也是集体劳动的结晶，编者们花了很大工夫，广泛收录了散落于红十字会报刊、年

鉴、书籍和网站上关于中国红十字事业5年来发展情况的资料，重要者移录原文，不吝篇幅，力求囊括无余，而即使寥寥几句也是从浩瀚如烟的资料中搜寻概括得来。一页页地翻阅，文字与照片相辅相成，将翔实的资料整合在整部书中，生动可观，使读者能够深切体察到中国红十字会在国家应急体系、改善民生、促进和谐中的重要作用，感受到人道的力量。

一般认为，资料书不同于史学著作，后者对历史事件可以有鲜明的个人价值判断，而资料书则必须客观、真实、公正。可往往资料书虽不会出现评价性的字句，却或隐或现地总会表达与体现出编纂者的倾向和意图；并且由于该书中所记录的这段中国红十字会历史距离现实时代近、社会关注度高、借鉴意义最为直接，因此在编纂过程中编者一直十分注意立场的客观公正，始终以科学严谨的学术态度实事求是地去梳理汇编。以“边缘者”的身份去思考“中心性的问题”，才能使笔下的资料更具深度和价值。

二、条目精练，重点突出

《历史编年》虽名为“编年”，但并不是“流水账式”的平铺直叙，在资料铺排的基础上，主线明晰，重点突出，重视选取重大的历史事件。该书以系年的形式来记录中国红十字会的年轮，每一个年轮的主轴都是一年当中的重大事件。全书围绕着一年当中的重大事件，遵循历史发展的内在逻辑来编纂。这些大事，不仅有事关全局的重大事件，如每年的工作会议、发展规划等，其他如组织建设、“三大工程”（生命工程、博爱工程、救助工程）、青少年活动、新闻传播、灾害救援、国际交流、农村工作等红十字主要会务的大事也均有所反映，基本做到了“大事突出，要事不漏”。此外，针对红会活动密集的信息容量与丰富的内容，《历史编年》在资料的取舍上与文字的表述方面，尽可能地准确系统、精益求精。对于每一具体条目的表述，基本做到规范、浅显、易懂，言简意赅、凸显重点，不做过多的铺陈及纵深阐释。行文长短以内容之轻重而定，风格统一又相对灵活，这一点表现在对于某些持续时间长的事件如“红十字天使计划”等一系列红十字品牌的表述上，酌情地进行补充说明，概述事件原委，介绍正文事件的具体内容及其相关背景，这样简要的综合记述使读者一下就能看到事件的全貌及前因后果，避免同一事件前后割裂、首尾相稽的弊端。

三、贴近现实，促进工作

研究社会团体历史的著作很多，但是以编年体的方式记录如此近期的内容，以笔者之愚陋，该书却是首次见到。《历史编年》最大的特色恐怕就是贴近现实，立足当下，以学术编年的方式来呈现中国红十字事业自2005年至2009年发展的历史脉动，并以之展望未来。

该书回顾的这5年可以说是中国红十字会发展史上最不平凡的5年。从书中我们可以看到，这5年间，中国红十字会成功组织了印度洋海啸、南方冰冻雪灾、汶川特大地震等重大灾害救援，出色完成了服务北京奥运的工作任务，形成“中华骨髓库（中国造血干细胞捐献者资料库）”、“红十字博爱送万家”、“红十字天使计划”、北京“999”紧急救援中心、青岛“微尘”等一大批具有较大影响力的红十字品牌，社会知晓率和公信力空前提高；5年内募集了人道救助款物价值约290亿元人民币，受益人数达1.2亿人次，其中汶川特大地震救助募集款物价值191亿元（第229页），超过60年募捐的总和，灾害救援工作成绩显著，凝聚人道力量的能力不断提高，已成为国家应急体系的重要组成部分；努力改善最易受损人群的生存状况，积极参与公共服务、医疗救助、新型农村合作医疗、少儿住院互助金等工作，人道救助领域亮点凸显，建设博爱卫生院（站）、博爱新村、博爱学校，培养乡村医生，实施大病医疗救助，受益人近10万；理顺管理体制工作取得重大进展，使中国红十字会逐渐成为组织体系完善、桥梁纽带作用充分发挥的社会团体；国际交流与合作成绩斐然，不但积极参与国际红十字运动，国际影响力显著提升，还加强了国际人道救援，与多个国际组织和大多数国家红会广泛建立合作伙伴关系，成为我国民间外交的重要渠道；红十字理论研究也展开了新篇章，国内首个红十字运动研究中心在苏州大学社会学院成立，并形成了一批比较有影响的研究红十字运动的学术成果，不断推动红十字理论研究朝更深更广的方向发展。

正如“读史”是为了“明智”，回顾过去也正是为了开创未来。该书的出版不仅有利于活跃中国红十字运动的研究、扩大红十字会的宣传，更为中国红十字会事业今后的持续健康发展提供了现实性的服务，对于促进红会的未来工作大有裨益。

简言之，该书作为新时期研究中国红十字会运动的资料汇编、工具书及指南书，现实意义与学术价值不言而喻。当然，与任何编年性著作一样，它也不可能穷尽所有的资料、面面俱到，而翻遍全书没有任何索引不能不令人遗憾，缺乏检索手段和途径对于读者查找使用是会造成不小的困难。另外限于篇幅和资料的相对有限、不易搜集，不可避免地存在一些缺漏，而有些重大事件还突出得不够。尽管如此，读者仍可在该书的指引下，按图索骥，对这一时期的中国红十字运动进行深入研究。对于广大研究者和有关领导部门而言，《历史编年》无疑又是一个可资参考与借鉴的较为完备的编年史资料库。

（原载《〈红十字运动研究〉2013 年卷》）

《中国红十字运动的区域研究》评介

袁　玲

近年来，红十字运动研究逐渐成为史学研究的新领域，自20世纪末以来，一批有分量的学术著作相继面世。然而在红十字运动整体性研究取得巨大成果的情况下，红十字运动的区域研究却仍显薄弱，这与丰富多彩的地方红十字运动现状是不相适应的。可喜的是，由池子华、张丽萍、汪丽萍主编的《中国红十字运动的区域研究》，作为池子华教授总主编的“红十字文化丛书”之一种，由合肥工业大学出版社出版发行，为中国红十字运动的区域研究又添新成果，无疑有助于红十字运动区域研究的深入。

一

《中国红十字运动的区域研究》一书除导论外凡7章，近40万言，再现了民国至新世纪特定历史区域内各红十字会活动的风貌。现结合内容，缕述如下。

第一章“北洋政府时期长三角地区社会救助的民间参与”，论述了北洋时期红十字会在长三角地区的战争救护、灾害救助、突发事件的紧急处理等工作，再现了北洋时期红会在该地区的活动风采。

第二章“民国前期中国红十字会在华东的疫病防治”，探讨了中国红十字会参与华东地区疫病防治的详情，揭示出红会“研制药物、注射疫苗、开设医院”等防治措施的成效，展示出红会工作人员无私奉献的人道情怀。

第三章至第五章为分省研究，以江西、安徽、山东红十字会为切入点，具体考察了三省红会成立的背景、组织发展过程、战争救护活动等，向读者清晰地呈现了三省红会从无到有、从弱到强的发展过程。

第六章“江苏红十字青少年运动”，对1949年至2005年江苏红十字青少年运动的源流及历史发展进行探究，揭示了江苏红会在红十字青少年工作方面的成就、存在的问题以及未来发展的动向。

第七章“苏州红十字会的‘生命工程’”，对1982年至2011年苏州红会在“三大工程”（生命工程、救援工程、爱心工程）之一的“生命工程”建设方面的成就，如积极组织各种形式的救护培训，参加灾难救助和赈济，组织推动无偿献血、捐髓、捐遗等，进行多角度、多层面的考量，展示了“生命工程”的魅力和在推动地方红十字事业发展中的作用。

二

《区域研究》是集体智慧的结晶，通读全书，有如下几点值得关注。

其一，结构合理，内容完整。该书共分7章25节，以时间为经，以史实为纬，展现了民国至新中国百年间具有代表性的地方红十字活动。导论中就区域史研究的“区域”一词进行了界定，即“大多数情况下可以按照行政区划来确定红十字运动的区域”（本书第12页）。而该书的第三、四、五章就分别考察了民国时期江西、安徽、山东红十字会的立会、恤兵、救亡等事迹，全面再现了三省红十字会在民国时期的历史风貌。继而第六、七两章则分别探讨新中国成立后江苏红十字青少年活动及苏州红会的“生命工程”，为读者展现了新时期江苏丰富多彩的红十字活动。与此同时，区域史研究的另一层定义，“不能忽略无法以行政区划来划分的区域红十字组织，甚至有时候要突破以行政管理区划来研究红十字运动的局限”（第12页），即不完全以一行政区域加以划分，该书的第一、二两章就是以长三角地区和华东这两个地域为研究对象，来探讨民国时期红十字会在这两地区的社会救助和疫病防治工作。由此可见，该书在内容的编排上既照应了导论的“区域”定义，同时又将红十字运动研究的具体内容，有序地排列其中。在这样的梳理与安排下，波澜壮阔而又不失地方特色的红十字运动场景跃然纸上。

其二，史料丰富，表文相互参照。史料是史学研究的基础，而原始的第一手史料历来备受史学工作者的推崇。关于红十字运动，尤其是地方红十字运动，史书记载并不多，大多散见于地方志“卫生”和“团体”条目下，内容稀少，而该书近40万字，引证资料注释就多达1448处，可见作者在资料收集上着实下了一番苦功。该书史料多为地方档案馆文献以及红会内部资料、民国时期报刊、地方志等一手史料，如《中国红十字会募捐广告》《红十字会纪事录》《红十字会月刊》《苏州红十字会档案》等。该书资料翔实、新鲜，给人以厚重和扎实之感，充分体现了作者严谨认真的治学态度。

同时该书在编排上还充分运用表格这一形式，如《江西红十字分会分布情况表（1912—1949）》《民国前期山东红十字分会的成立时间表》《民国时期安徽省若干年水灾损失统计表》等，这些图表直观地向读者再现了当时地方红会活动的具体情况，大大加强了该书的可信度。

其三，研究方法多样，注重点面结合。该书摆脱了传统史学方法的束缚，丰富和发展了历史学的研究方法。作者较多地采用计量学方法去探讨问题，大量数据的统计分析，也使该书具有了较强的说服力。例如对1936年、1937年和1940年山东各分会统计，以及此时期的征求会员运动的奖励情况统计分析，我们大体可以知道这一时期山东各红十字分会的规模大小、发展情况如何。然而该书并未囿于一种研究方法，“比较”方法也有较多的采用。如在考察山东红十字运动纵向发展时，作者以时间为线索分别就民国前期、抗战时期、复员时期的山东红会在战争救护、社会救济等方面进行对比，突出其阶段性特征及历史变迁。横向的地方红会研究也包含了对彼此间的比较，例如江西、安徽、山东红十字运动在整个民国时期在救伤葬亡、拯饥救难等方面的情况对比；又如在考察民国时期江西红十字会的人道救助情况时，就江苏、安徽红会的社会服务活动进行比较，以揭示江西红会社会救助薄弱的原因，等等。

该书在研究方法上还采用了整体与个案、宏观与微观相结合的研究方法，即以具体案例描绘地方红十字运动的详细状况，同时又以此为基础折射出全国红十字运动在地方的基本概貌，此不失为一种写作上的策略。例如，第一章中作者在考察红十字会对战争难民的救助时就选择了颇具代表性的“二次革命”进行分析；第四章中作者以“1923年山东临城劫案”为例，着重叙述了民国时期山东地区红会的匪患救护；在考察兵灾救助时，以山东胶州兵变中的黄县、招远分会为典型案例等，管窥见豹，达到了以小见大的整体效果。

其四，求证严谨，考订精确。在该书的行文过程中，作者在对相关资料进行精细鉴别和推敲的基础上，提出了自己的一些看法。比如，第三章在考察南昌、九江分会成立时间时，作者经过对资料的梳理和推证，言之有据地提出“南昌分会成立时间应在10月31日到11月12日之间”，“九江分会的成立时间定为11月9日可能比较切合历史史实，也可以说成立于11月初。综上所述，先前九江分会成立于12月的定论肯定是不确切的”（第 86 页）。

特别值得提出的是作者在对历史人物进行评价时并未偏信史料，而是经过自己的考订，进而给出了较为准确的评价。如在对石美玉等人进行评价时，虽有当事人（蔡蕙）的回忆录，但作者经过详细的考订提出，“蔡蕙在九江分会的创办中发挥了重要作用，但是也不能一味拔高，并全然相信其事后的回忆。民国成立后，蔡蕙也逐渐脱离九江分会事务，转而投身女权运动，与红十字会关系不大”（第 84 页）。可见，作者是经过具体考察后提出自己的看法，并非人云亦云。

其五，选题关照现实，注重人文关怀。作为红十字运动区域史研究的著作，该书选题较为广泛，从民国时期亟待解决的救死扶伤、疫病防治、匪患救助，到新中国红十字青少年运动，再到新世纪建立应急救护网络、无偿献血、捐献遗体等活动，可以说涵盖了红十字会工作的主要内容，既展现了红会活动的历史沿革，又体现了红十字会工作的重点和成就。

同时，作者在细致描绘区域红十字运动整体画卷的同时也不忘提出一些自己的建议或构想，其中某些观点颇具现实指导意义。例如第五章“安徽红十字会与政府、军队的关系”一节中，作者提出“安徽红会与当地政府、军队相互依存、互为所用，并使国家、社会达到利益的最大化，实现三者的‘平衡’”这一观点，对当代红会的工作是具有借鉴意义的。又如第七章第四节作者就苏州红会在如何制定相关法律、完善组织建设、加强干部队伍建设和人才培养等方面提出了许多建议；在探讨如何提高无偿献血工作质量时，作者强调要改善献血环境和服务态度，提高职工业务水平，提供爱心服务，实事求是做好回报工作，开展献血心理咨询等工作，这样才能使工作落到实处；对于“生命工程”一向薄弱的农村地区，作者更是提出了“大力发展‘农村生命工程’”的设想，即健全农村红十字会组织，完善红十字会网络，开展广泛、深入的宣传，树立先进典型等。

另一方面，该书的又一鲜明特色在于全书自始至终都浸润在浓郁的人文关怀之中，尤其是第七章“苏州红十字会的‘生命工程’（1982—2011）”更为典型。作者在介绍苏州无偿献血工作时，就捐献人数、捐献范围、累计献血量及受表彰人数进行统计，从中反映出苏州地区献血工作的骄人成绩，也折射出该地区的人道关怀；又如在介绍苏州对台湾同胞骨髓捐赠情况时，作者笔下那一幕幕感人画面之中无不体现着浓浓的人道关怀之情，“虽隔海相望，仍不泯骨肉情深”。

三

中国红十字会自日俄战争中诞生至今已逾百年，其间经历了晚晴覆亡、北洋混战、抗日战争、国共内战等一系列重大事件，承担着战争救护、灾害救助等义务，充分展现了红十字会的人道精神。迈入21世纪，中国红十字会的工作重点随着时代的变迁由战争救护转向社会服务，60多年间其救灾助难、帮贫扶困的成就，真切诠释了红十字会博爱、奉献的办会宗旨。

《中国红十字运动的区域研究》作为一本区域史研究的著作，虽不能涵盖中国红十字运动的全部，但却真正做到了“研究区域史，发掘区域特色，是为了更好地说明整体特征，最终目标是努力实现构建整体史的诉求”（第18页）。应该说，该书值得称道之处颇多，篇幅所限，这里不一一列举。

诚然，该书还存在着一些缺憾。譬如，在谈到江西红会社会服务薄弱原因时以“与红十字会职员的认识有一定关系”一笔带过，若能进行具体分析，当更具说服力。又如，在论及江西、安徽、山东红会工作时常以江苏红会来加以对比，但读者只知江苏红会工作较为突出，但具体情况不甚明了，若能在之前将江苏红会情况作大致介绍的话，对比起来效果会更明显。

当然瑕不掩瑜，作为区域史研究的著作，该书的出版弥补了相关研究的不足，拓宽了红十字运动区域史研究的广度，并且为区域史研究提供一种有益的借鉴。

（原载《〈红十字运动研究〉2013年卷》）

《中国红十字会救护总队与抗战救护研究》述评

梁 旻

抗日战争是中国近代史上的重大事件，具有十分重要的意义和地位。有关抗日战争历史的研究历来受到高度重视，相关著述可说是浩如烟海、汗牛充栋，且研究涉及抗战的各个方面。以往，研究重点主要集中在抗战时期的国共合作、正面战场与敌后战场的关系、抗战时期的中日关系以及日军侵华罪行等方面。近年来研究逐渐细化和专门化，拓展了许多原先未受重视的新领域，开始着重进行有关抗战时期政治、经济、思想文化和社会生活等方面的专题研究。但其中，对抗战时期的战地救护活动的关注则相对较少。

中国红十字会为全国最大的人道救助团体，而战地救护是其基本职责。因此，在抗战时期的救护活动中发挥了至关重要的作用，成为抗战时期整个救护体系的核心。关于这一时期红十字会的救护活动研究，主要见于池子华教授等学者的相关论述。而中国红十字会救护总队则是顺应战争形势的需要，由中国红十字会主导的专事战地救护领率机关，为抗战救护中最为重要的力量，在抗战中取得的救护业绩毋庸置疑。同时，救护总队的成立，也标志着红十字会的救护方式由伤兵医院向流动救护方式的转变，这也具有重要意义。对于救护总队在抗战时期救护活动的研究，无疑具有重要的学术价值和现实意义。通过对这一课题的研究，能够使我们更好地了解当时战地伤亡救护和疾病救治的实际情况，认清救护总队在其中所起的重要作用。同时，也便于我们总结其战场救护的经验教训，以为借鉴。

戴斌武博士是救护总队研究方面的专家，他在继出版《抗战时期中国红十字会救护总队研究》（天津古籍出版社 2012 年版）之后，又推出了《中国红十字会救护总队与抗战救护研究》一书，为救护总队研究再添新葩，可喜可贺。

一

《中国红十字会救护总队与抗战救护研究》作为池子华教授总主编的“红十字文化丛书”之一种，由合肥工业大学出版社出版发行。全书30余万字，正文分5章，对中国红十字会救护总队的成立背景、组建和变迁、救护总队的组织结构与运作、救护总队与政府及总会的关系，以及救护总队在抗战的各个阶段所开展的救护活动等都做了较为深入详尽的考察。

第一章首先简要叙述了抗战初期中国红十字会在各个战场开展战地救护工作的基本情况，尤以淞沪会战时期救护工作的各项举措及工作状况和创办南京伤兵医院的情况最为详尽。随着战局的变化，总会调整救护策略，救护总队应时而生，对其组建和变迁的过程也有详细论述。

第二章则首先分别从组织结构和组织运作的角度对救护总队的组织体系加以具体论述。指出：这一组织结构全面贯彻了流动救护的理念，各方面实现有机的配合与协调，有利于整合医疗资源，提高救护效率，构成了比较完善的救护体系，为实现其战地救护功能提供了组织保障。抗战期间，国民政府推行“战时三合一”政策，对全国的医疗救护力量加以整合。通过推行这一政策，逐步加强对红会的控制，并最终将其完全纳入军管体系。而通过对救护总队在其中所起作用的考察，可以更好地把握这一过程，并从中揭示救护总队与国民政府、与红十字会总会间的关系。

第三、四、五章则是根据抗战的三个阶段划分，对救护总队在抗战各阶段、各个战场、各条战线上的救护工作进行了较为全面、详尽的考察，并对救护总队第九大队在四次湘北会战中的战地救护活动进行了个案研究。此外，对救护总队在境外滇缅战场的救护活动也有专门论述，比较完整地再现了救护总队在整个抗战过程中进行救护活动的实际情况。

二

《中国红十字会救护总队与抗战救护研究》是以中国红十字会救护总队为研究对象的学术专著，进一步深化了抗战救护研究，有助于中国红十字运动研究的深入。本书多有新意，主要有以下几个特点。

第一，史料翔实，论述严密。丰富翔实的史料是进行历史研究的前提条件和必要基础，利用史料的深度和广度，是评判研究水平的重要依据之一。作者搜集了大量史料，范围广泛，内容详尽，包括各类报纸、杂志、史料汇编、档案、地方文史资料等等，尤其值得一提的是作者对原始档案的利用。作者掌握了贵阳市档案馆和贵州省档案馆所藏的一大批抗战时期红十字会救护总队的原始档案，这也是本书的基础史料。这些材料中的大部分在此前均未被披露，而本书则在可能情况下对其进行了较为充分的利用，为本书的完成打下了坚实的基础。这体现了作者在材料使用上的独到之处。正是这些第一手的史料文献，保证了本书内容丰富具体，数据翔实可靠，做到了论从史出、言之有据，体现了作者严肃踏实的学术作风和较好地驾驭材料的能力。

第二，角度多样，内容丰富。在占有大量第一手文献资料的基础上，本书以史学实证为基础，同时借鉴军事学、统计学、社会学等相关学科的理论方法，对中国红十字会抗战初期的战地救护工作、战时救护策略的调整、救护总队的组建与变迁，以及救护总队的组织体系及战时救护工作与贡献等问题进行了跨学科、全方位、多角度的研究，并且对救护总队在构建战时救护体系中发挥的作用进行了系统论述。

第三，善于开拓，裨补阙漏。作者充分利用档案资料，对救护总队的组织结构、资金来源与使用、材料供应、运输补给、人事管理、人员的身份与待遇等相关问题进行了研究，填补了学术界在这一领域研究的空白。对于救护总队的战地救护及伤病医疗的具体措施，此前关注不多，作者从战地救护、外科手术、医护工作、环境卫生、卫生防疫以及防护生化武器等几个方面入手，全面系统地再现了救护总队处理战时伤病及应对公共卫生突发事件等问题的基本情况，弥补了学术界在这一领域研究的不足。对“战时三合一”政策问题，本书对这一政策从提出、推动、贯彻到最终实现的全过程进行了考察，研究了红十字会救护总队在其中所扮演的重要角色，以及在此过程中与国民政府及总会间的互动关系，颇有新意。

三

本书当然也存在一些不足之处。救护总队作为隶属于中国红十字会总会的机构，其与总会的关系无疑是一个十分重要的问题。而本书更多的是着眼于救护总队在积极贯彻“战时三合一”政策过程中与国民政府的互动，对救护总队与总会的关系着墨较少，仍有进一步探讨的空间。由于资料搜集等方面的原因，部分章节内容十分充实，而另一些如“战局变化与战地救护工作的开展”等章节则略显单薄，如有可能，可进行适当的补充。此外，对救护总队在敌后战场对八路军、新四军等共产党武装的救护活动的论述显得较为零散，散布于对各个战场、各条战线的救护行动的叙述之中，整体性不强，单辟一节进行论述似乎更好些。

尽管本书还存在一些不足，但瑕不掩瑜，作为一部系统研究红十字会救护总队的学术专著，其积极意义是毋庸置疑的，它不仅拓展了抗战救护研究的领域，丰富了相关研究的内容，而且具有重要的历史借鉴价值。

（原载《〈红十字运动研究〉2013 年卷》）

源于积累和思考的红十字文集

——《红十字文化传播：实务与理论》述评

池子华　李欣栩

2012 年 10 月 31 日，为红十字事业奋斗了 22 年的苏州市红十字会前专职副会长兼秘书长郝如一从工作岗位上告退。但退而不休，他将长期以来对红十字实务及理论所做的探索进行整理，结集为《红十字文化传播：实务与理论》一书，作为池子华教授总主编的“红十字文化丛书”之一，由合肥工业大学出版社出版发行。此举使他成为全国地方红会干部出版个人文集的第一人。全国人大常委会前副委员长、中国红十字会前任会长彭珮云对该书厚爱有加，欣然亲笔题词；江苏省红十字会吴瑞林会长对本书颇为青睐，专门作序，均给予高度评价。通读该书，受益匪浅，谨此将读后感触笔述数端，与读者分享。

一

全书 37 万字，凡 7 章（不包括序言和后记），收录了作者 22 年来，尤其是近 10 年来已发表的作品，既是作者红十字工作经验的结晶，又是其工作勤奋、笔耕不辍的生动体现。该书根据内容，析分为“高端访谈篇”“工作研讨篇”“新闻报道篇”“理论研究篇”“杂谈随笔篇”“出访考察篇”及“附录”等专题。

在“高端访谈篇”中，通过对彭珮云、吴瑞林、吴锡军、谭颖、王鸿声等各级领导视察、访谈活动的回顾，从当时工作情况、过去工作业绩的总结，到未来的发展目标、在政府工作中的角色定位等角度，对苏州红十字事业予以阐述。例如，2006 年年底彭珮云会长视察苏州红十字会工作期间，先后考察了市红十字中心血站、红十字老年康复医院、工业园区的红十字博爱学校、外企飞索半导体有限公司等。考察后，彭会长又听取了苏州市红十字会的工作汇报，她对苏州红十字会的对台工作、“一老一小”、“善”字系列救助计划、与外企合作、宣传与理论研究等给予了高度评价并做出重要指示，勉励苏州要做得更好。而彭会长的行程及讲话，为苏州红十字事业指明了未来的努力方向和发展前景。

在“工作研讨篇”中，作者对苏州红十字会的内外宣传、国际人道法的传播培训、救助工作的创新与实施、志愿服务的标准化和人性化、参与艾滋病预防和反歧视宣传等工作进行了总结和研讨，从而对苏州红十字会工作的可持续发展建言献策。以苏州红十字会2012年的宣传工作为例，作者遵循吴瑞林会长提出“体内循环”与“体外循环”并举的宣传策略，加大宣传力度。首先，红十字会自身要强化宣传意识、明确宣传重点、抢抓宣传时机，以此拓宽正面的社会影响。其次，红十字会要通过与媒体沟通、与部门协作、与社会交流等方式争取多方合作，营造积极的舆论氛围。最后，红十字会还要通过扩大报刊征订、积极组织比赛、建立新闻发言人制度、编印工作简报、制作公益广告、开通网站、设置轨道交通宣传点等活动，拓展传播渠道，树立良好的人道形象。

“榜样的力量”是巨大的，发挥红十字事业中一批杰出人物及其感人事迹的表率作用，有助于红十字文化的传播。为此，在“新闻报道篇”中，作者精选了部分已发表的人物新闻作品，诸如王美德、阮长耿、池子华、马姚娥、杭彬等；还有诸如“两岸三地”造血干细胞捐受者“生命相髓”大型见面活动的纪实等。在《用我的爱心为你帮忙》一文中，作者追溯了苏州广电总台主持人朝晖与苏州红会的结缘之旅：作为苏州红十字会形象大使的朝晖在“郭美美事件”后依然对红会坚信不疑的形象跃然纸上，同时记述了朝晖爱心基金在红会事业中的卓越贡献。再如《患难“最”见姑苏情》一文，作者以“最大、最好、最快、最多……”这样的独特视角，再现了2008年四川抗震救灾活动中苏州人民捐款捐物的感人场景，让读者感受到姑苏人民浓浓的人道情，从而带给读者心灵的震撼。此外，作为全国红会系统资深的兼职记者，作者不忘对红十字会自身建设的关注。例如，对内蒙古鄂尔多斯市红十字会的人才战略、对托克托县红十字会探索农村建会等，不但进行报道还专门配发了短评。

理论与实践是驱动红十字事业发展的“双轮”。在“理论研究篇”中，作者将视角从前述的红十字人物及实践活动转向红十字事业发展的理论探索。内容包括对红十字事业理论研究的模式、手段和内容的探讨，对苏州红十字事业理论研究基地——红十字运动研究中心工作进行的回顾和前瞻，对红十字事业建设“国际接轨”与“中国特色”的辩证思考，对“人道”理念变革与进步的认识，对近代历史上的一些重要的红十字人物及事件的论述，对苏州红十字运动历史轨迹的考察，等等，其中与池子华的合作更是不乏两人独到的理论创见。例如在《提高研究理论做学问的能力》一文中，提出了研究红十字相关学问和理论应成为红会干部具备的较高层次的能力，同时还要培养研究人员的“问题意识”，采用“新的综合”的研究方法，构建利于理论研究的保障机制。

作者勤于思考的品质不仅体现在对红十字文化传播的理论研究中，还体现在对实际问题的评论中。在“杂谈随笔篇”，作者针对红十字宣传、筹资、街头募捐信任缺失、对捐髓抱有疑虑、社会上存在不人道行为、当今学校红会的新功能等问题进行思考和评述。以红会街头募捐中遇到的不信任问题为例，作者指出这是社会诚信缺失在募捐上的具体体现。尽管如此，作者相信，“随着诚信制度的建立健全，随着社会主义荣辱观教育的深入人心，随着‘八荣八耻’逐渐成为广大市民的行为规范，街头募捐将会被市民广泛接受”。再如针对社会中的贫富差距问题，作者撰文《构造公平》，从人道主义的角度提出红十字会要构造的公平是一种以缩小贫富差距，让弱势群体的生命权和生存权得以延续、得到保障的公平。

除了对我国大陆红十字事业的关注，作者还另设“出访考察篇”，报告了作者在荷兰、德国、日本、韩国、美国、法国等国及我国台湾地区的考察过程，向读者介绍了这些国家和地区红十字事业发展状况，并对中国当今红十字事业建设提出宝贵意见。例如早在 1997 年，作者在关于荷兰和德国红十字事业的考察报告中介绍了两国红会在“组织机构和工作内容”“资金筹集和志愿服务”“无偿献血和血液管理”“现场救护和医疗急救”“老年服务和助残培训”五个方面的考察见闻，并对中国红十字事业进行反思，认为中国政府应更多关注红十字事业发展，不必过多包揽在国际上普遍由红十字会经办的事务；国内红十字会尚需加强宣传、多办实事、扩大影响；红会本身应加强对志愿者队伍的组织和指导，进一步做好红十字志愿服务工作；大力推进无偿献血事业，对血液质量进行严格把关；政府在急救事业上应加大投入，加快设备更新步伐；红十字会应创造条件积极参与老年事业和助残事业等。

在最后的“附录”部分，作者援引其他媒体对自己的报道，对奋斗了 22 年的红十字人生做了事迹记载和评述。这一专题虽只收录了三篇文章，却比较全面地展现了作者在红十字事业第一线是如何勤奋敬业尽职、帮扶弱势群体、解囊救助灾民、节俭廉洁奉公的故事，同时也展现了苏州人关爱同胞、博爱大众的精神风貌，这从《口述人生：我是一个爱心中介》一文可见一斑。文中，作者叙述了四川地震后苏州红会接受社会各界、不同年龄群体、外籍人士排队捐款捐物等场面，回顾了自己到江西九江、黑龙江大庆救灾的实况和历险。简而言之，附录是对作者本人以“第三人称”口吻来写的红十字工作的回顾及其人生感悟。

二

本书作为郝如一所发表作品的集萃，将实务与理论结合，既对我国红十字文化传播进行了纵向的历史维度和横向的现实维度的介绍，又对海外红十字文化传播的实践经验进行学习总结，并对国内红十字事业的未来发展提出了自己的看法。本书的出版，恰逢其时地反映了红十字文化的发展要求。总体而言，本书特色鲜明，以下几方面尤为值得称道。

其一，本书具有鲜明的时代性与启迪性。随着我国改革开放和社会主义市场经济的深入发展，各种思想文化相互碰撞和交融，不可避免地给人们的世界观、人生观、价值观带来影响，也给我们在新的历史时期加强红十字文化传播特别是红十字品牌的打造带来挑战和机遇。本书顺应时代需求，重视对实务的反思，将近年来红十字文化传播的实践以及部分理论研究成果进行归纳、总结和提炼，形成了较有特色的红十字文化传播和建设的独特理论观点。例如在论述宣传与筹资的部门设置问题时，作者认为：宣传与筹资不宜整合到一个部门，否则容易导致歧义和误解。一方面，红会机关各部门都应承担各自的宣传工作，形成人人都会做宣传的局面；另一方面，筹资也不该只是筹资部门的事情。作者的理论探讨是对我国尤其是苏州地区红十字事业发展实践的总结和贡献，既对当前红十字运动研究有“添砖加瓦”的作用，又对中国特色红十字事业发展具有借鉴意义。

其二，本书具有显著的创新性与系统性。较为突出的是对“红十字文化”内涵的参考界定：从精神理念文化层面讲，是指人道主义宗旨、博爱与奉献精神；从法律制度文化层面讲，是指人道救助所遵循的国际人道法、“七项基本原则”、我国1993年实施的《中华人民共和国红十字会法》及其后颁布的《中华人民共和国红十字标志使用办法》和《中国红十字会章程》；从标志形象文化层面讲，是指全球公认的人道主义标志——红十字旗帜及其保护性和标明性用途；从理论研究文化层面讲，是指对国际、国内、地方红十字运动的历史、实践、经验、创新、制度、人物等方面进行系统深入的研究，以期将欧洲传入的红十字文化“中国化”，并形成指导我国人道主义实践的红十字运动理论。这不但为全书内容确立编纂体系奠定了基础，而且有助于读者系统地认识红十字事业，也更利于红十字文化的传播。

其三，本书具有社会性和可读性。字里行间凸显了人道博爱精神，贴近作者的工作实际、贴近群众的社会生活，具有鲜明的社会性特征。以“新闻报道篇”为例，作者所报道的人物既有专家学者，又有普通百姓，将红十字文化真正与普通群众生活相联系，有利于实现红十字文化的大众化。在表现手法上，作者扬其擅长总结归纳的特点，尽量运用形象、直观、通俗、顺口的语言记述人物或事件，使之更易于被阅读理解。例如，为便于社会人群更好地理解中国红十字事业，作者归纳并首创出好懂好记的“一二三四五”，即：一百历史（红十字会成立100多年）、两大特点（红十字会法、国家主席出任名誉会长）、三人理念（人道、人权、人文关怀）、四救职能（救护、救灾、救济、救助）、五捐业务（捐款物、捐血液、捐骨髓、捐器官、捐遗体）。如此“创新”的理论观点和宣传方式，既有利于认识红会，又便于读者记忆，更有利于红十字文化的广泛传播。

其四，本书结构清晰，语言严谨。作者是一位心思缜密的红十字会人，善于观察思考，勤于动手写作。而身为苏州市红十字会主持工作的前专职副会长兼秘书长的经历，更给了他“我手写我心”的良机。长期的写作使作者积累了多种文稿，正如他在本书《后记》中所说：“我有别人不一定具备的优势。”为此，作者采用专题介绍的结构形式收录多种文稿，包括人物访谈、工作研讨、新闻报道、学术论文、杂谈随笔、考察报告等，全书结构一目了然。专题的不同，带来本书语言风格的差异。记录人物访谈内容时据实书写，报道社会救助新闻时也遵循“秉笔直书”原则，而在抒发个人见解的随笔中，作者则用诙谐讽刺的语言妥善地表达个人观点。例如为了劝告世人约束自己的不人道行为，作者以果子狸的口吻规劝人类吸取教训，幽默通俗之余发人深省。但不管文章归属于哪一专题，思维逻辑、文章布局的严谨性是作者一贯的写作风格，反映出作者踏实认真的态度。

其五，本书体现了作者的人文关怀，彰显了姑苏人的红十字精神。作者从事红十字工作20余年，红十字运动中的人道、博爱、奉献精神对其产生耳濡目染的影响。作为红十字人，作者说：“红十字会的工作和服务对象大都是弱势群体，我们要代表他们的根本利益，多帮助他们解决一些困难，就是我的愿望。”他的话虽然朴实，却体现了作者关注现实问题的人文关怀。而本书文章多以实务为切入点，对工作中存在的问题进行审视并提出自己的想法，体现了作者从事红十字工作的使命感和责任感。另外，全书大部分篇幅的记录和论述以苏州红十字事业发展中的人或事为例，使苏州市民的人道精神得以彰显，反映了红十字文化传播在苏州文明城市建设中的实践及成效。

三

阅读该书可以感觉到，作者正是以高度的社会责任感关注现实问题、关注弱势群体。这启示我们，落实华建敏会长不久前提出的“两论一动”（舆论、理论、行动）重要指示，既要对历史上的红十字运动多加研讨，还要密切关注当今红十字事业发展中的现实问题；在研究红十字运动中的人物时，既要重视名声显赫、功绩卓著的人士，又要关注普通大众中默默为红十字事业做贡献的群体和个人；在关注当今红十字文化传播时，既要注重文化内容的丰富，又要追求传播形式的多样，使红十字文化日益大众化。

不可否认，这本书还有值得商榷的地方，比如理论研究不够宽深，红十字救护培训、学校红十字活动等方面涉及较少。但是，瑕不掩瑜，该书紧紧围绕“红十字文化传播”的主题，介绍红十字文化传播中的实际问题与理论研究成果，叙事论理，述评兼备，既具现实性又具思想性，给读者以力透纸背之感。该书的出版，对于增强人们对红十字的了解，弘扬“人道、博爱、奉献”的精神，对于今后红十字事业发展，无疑具有积极作用。

江苏省红十字会会长吴瑞林在该书序言中指出：“本书既可供同行交流阅览，更可为后来者捧读研习。”郝如一虽然离开了他无比热爱的红十字会工作岗位，但该书是其为红十字事业不懈奋斗的写照，向读者诠释了其割舍不断的红十字情缘。在22年的工作生涯中，他以新闻记者的社会洞察力、社会学家的问题分析法、专家学者的认真钻研态度、红十字工作者的敬业奉献精神，向读者展示了红十字文化的内涵、传播的途径、存在的问题、发展的目标等。作者对红十字事业的理论研究和实践经验将成为中国红十字文化传播的宝贵财富。

（原载《〈红十字运动研究〉2014年卷》）

《红十字：近代战争灾难中的人道主义》述评

崔龙健

由池子华、曹金国、薛丽蓉、阎智海合著的《红十字：近代战争灾难中的人道主义》（以下简称《红十字》，文中引用该书内容只注明页码）一书，作为“红十字文化丛书”（池子华总主编）之一种，近期由合肥工业大学出版社出版发行。现结合该书内容作一简要述评，以与读者共飨。

一

1863 年 2 月 9 日，瑞士银行家亨利·杜南（Henry Dunant）高举人道主义旗帜，与日内瓦知名家族中的四位主要人物古斯塔·莫尼（Gustave Moynier）、吉勒姆-亨利·达福（Guillaume-Henri Dufour）、路易斯·阿皮亚（Louis Appai）和西奥多·莫诺（Theodore Maunoir）共同创建“五人委员会”，随之更名为“伤兵救护国际委员会”（1880 年改名为红十字国际委员会，即 International Committee of the Red Cross），旨在促进人类持久和平的红十字运动由此兴起。

亨利·杜南发起红十字运动并非是一时所兴，而是源于一场战争对他的巨大触动。1859 年 6 月 25 日，法—撒丁联军与奥地利军队在意大利小镇索尔弗利诺（Solferino）发生冲突，仅仅一天之内，交战双方 4 万余名士兵或伤亡或失踪；由于没有健全的军队护理体系，这些受伤将士没有得到及时救治，哀鸿遍野的惨状让途经此地的亨利·杜南感到震惊，在其后的几年里，他无法忘却这次沉重的经历，遂写成《索尔弗利诺回忆录》于 1862 年出版，并呼吁成立一个中立的国际性的伤兵救护组织。故而可以这样认为，国际红十字组织肇始于战争。无独有偶，“中国红十字会的诞生，同样得自于战争的强力推动，这场战争，就是发生在中国领土上的日俄战争。正因为如此，战争与红十字结下了‘不解之缘’，战争救护于是成为红十字的神圣职责”（第 257 页）。

近代中国历史某种程度上就是一部战争史，每一次战争留下的必然是满目疮痍的战场、流离失所的百姓和生灵涂炭的局面，伤亡的将士如何救治和掩埋、妻离子散的难民如何救济和安置等等许多因战争而产生的问题如何解决，历史上没有一个中立的组织来进行这一工作，直到红十字会的出现。不管是国际红十字会，还是中国红十字会，都是发轫于战争，所以自其诞生之日起，就注定红十字会要担负起战争救护的神圣职责。无怪乎前人亦曾感叹："讲起今日的红十字会就要说到战争，当战争的时候，却可算是红十字会出力的时候。"（第 80 页）

战争救护是红十字会的主要职能之一，理应成为红十字运动研究的一个主要方面。随着红十字运动研究的深入，战争救护问题得到进一步挖掘和探讨，红十字会战地救护和人道主义救援的场景愈来愈具体地呈现出来，红十字人穿梭在枪林弹雨中将生死置之度外的大无畏精神给人以精神洗涤。作为一部专门论述红十字会在近代战争灾难中进行人道主义救护的著作，该书的出版因而更具学术价值和历史意义。

二

《红十字》凡 29 万言，通过对中国红十字会在日俄战争、辛亥革命、两次江浙战争、抗日战争四个历史时期人道主义救护的梳理和研究，以及对国际红十字组织在全面抗战时期对华人道主义援助的概述和评析，呈现了红十字会在近代中国历史上的战争救护行动，生动再现了红十字的人道主义博爱情怀。全书共分 5 章，分别是"上海万国红十字会对日俄战争的救护与赈济""红十字会辛亥战时的救护行动""江浙战争与中国红十字会的人道救援""红十字会在江苏的抗战救护"和"全面抗战时期国际红十字组织对华人道援助"。兹分述如下：

第一章全面考察了上海万国红十字会对日俄战争的救护和赈济行动，其中包括上海万国红十字会的组建、救护行动的准备和次第展开以及兵灾之后的赈济等内容。1904 年至 1905 年，日本与沙俄为侵占中国东北和朝鲜而进行了一场帝国主义战争，由于在中国土地上作战，东北人民深受其害。为了给他们提供救助，1904 年 3 月 10 日，中、英、法、德、美五国在上海联手组建"上海万国红十字会"，中国红十字会也由此诞生。作者在此不仅考察了上海万国红十字会组建的过程，还深刻剖析了其成功组建的历史渊源。"上海万国红十字会成立后，即着手日俄之战的救护"（第 11 页）。通过著者的研究，可以看出万国红十字会对救护工作的展开有着充分的准备，可分为三步：首先是争取国际和交战双方的承认，为进入战地救护铺平道路；其次是建章立制，以保证救援行动的开展有章可循；最后是筹款募捐，为救护提供后援支持和物资保障。而整个救援又分为战地救护和灾后赈济，其中战地救护是通过设立牛庄等分会进行的。

第二章通过对红十字会四大救护主力——中国红十字会“沪会”与“京会”、红十字会旁系中国赤十字会、中国红十字会麾下的留日医药界红十字团和中国红十字会地方分会在辛亥革命爆发后开展人道主义救援行动的分述，以及对战事惨烈的武汉战场、南京战场和其他战场救护行动的考察，从救护力量和战地救护两个方面生动再现了红十字会在辛亥战时的战地救护实况，认为“在辛亥革命的腥风血雨中，作为民间社团，红十字会组织的人道救援是积极的、富有成效的，而对其自身发展的影响也是深远的”（第66页）。不仅赢得了官方和民间的广泛认可，还为事业发展和走上国际大舞台打下了厚实的基础。

第三章详细阐述和全面评析了中国红十字会在两次江浙战争中的人道主义救援行动。作者具体介绍了两次江浙战争发生的历史背景和过程以及战争损失问题，“两次战争中，江浙两地遭受严重损失，尤以江苏为甚”（第75页）。并从预筹救护、战地救援、医院救伤、资遣与赈济工作四个方面全景再现了红十字会在第一次江浙战争中的救护行动，然后以江阴分会为个例呈现了红十字会在第二次江浙战争中的救援过程，认为“从实际救护情形来看，江阴红十字分会基本承担了地方救护的重任，为分会救援树立了典范”（第114页）。此外，还进行了详细的战争救护绩效分析和救护成功的原因分析，认为红十字会早期的救护经验、充分的实地救护准备与积极努力和社会各界的支援是此次战争救护成功的主要原因。最后从总会和江苏红会、浙江红会三个角度总结了两次江浙战争救护与红十字会自身发展的相互影响和作用。

第四章是关于红十字会在抗战时期江苏战场救护的区域研究，“从抗战救护的准备、人道救援活动的开展、战时的评价等方面，对红十字会在江苏的抗日战争救护行动进行探究。从总体上看，抗日战争期间，江苏境内的红十字会组织以战争救护为首要任务，积极开展组织建设、会员征求、会费筹集、救护培训等准备工作，特别是组织了1932年、1937年两次淞沪抗战救护活动，以及南京大屠杀时期的人道救护活动”（第136页）。由于抗日战争爆发以后，江苏多数县市相继沦陷，江苏红十字各地分会大多停止活动，有的甚至被迫解散，所以作者在抗战救护的准备方面详尽考察了中国红十字会江苏各地分会在抗战时期的数量变化和建设情况。又详述了 1932 年、1937 年淞沪抗战和南京大屠杀期间的救护工作，以及在开展救援过程中遇到的困难、阻碍和救援行动的不足之处。

第五章旨在系统梳理全面抗战时期国际红十字组织对华援助的主要经过，在全面论述其在财力、物力、人力以及其他道义方面对中国援助之前，详细追溯了国际红十字组织援华的历史渊源和国际背景，以及中国积极争取外援的情况。全面抗战爆发后，在中国红十字会艰难救护的情形下，“国际红十字组织高扬人道主义旗帜，或对华援以捐款，或助以医药等物资，或直接派员来华协助战时救护”（第 205 页），成为抗战时期一支独特的国际援华力量。但是国际援助并非一路顺畅，而是充满各种制约因素，故而作者又进一步探析了“国际红十字组织在援华期间与各种政治势力进行的沟通和交涉，以及其为改善援华困境而作的种种努力”（第 225 页）。国际红十字组织对华援助可谓不遗余力，呈现出援华主体的国际性、援助对象的特定性、援华内容的丰富性、援华形式的多样性、援华时间的持久性等特点，“作为独特的援华力量，为救治伤兵和难民做出了贡献，其人道行动跨越国界，红十字成为战争年代和平的象征”（第 247 页）。

三

目前学界关于战争救护的论著并不多见，但近年来从红十字角度研究近代中国战争救护问题则多有收获，前有戴斌武博士的《抗战时期中国红十字会救护总队研究》（天津古籍出版社 2012 年版）和《中国红十字会救护总队与抗战救护研究》（合肥工业大学出版社 2012 年版）两本研究专著，就中国红十字会救护总队的救护行动展开研究，但时空仅限定在抗战时期；而今《红十字》一书的推出，则以发生在近代中国历史上的几次战争为“典型”，探讨了红十字组织在这几次战争中的救护行动，著者“希望通过几次大战，再现红十字会人道救援风采，在丰富近代史研究内容的同时，也为社会史研究提供别样的视角”（第 257 页）。毫无疑问，本书达成了这一目标。遍览全书，还有诸多独到之处，在此仅述一二。

其一，结构合理，风格统一。该书内容从日俄战争开始到全面抗战结束，时间跨度近半个世纪，这是一个战争频仍的时期，不易从整体上去把握，本书选取日俄战争、辛亥革命、江浙战争和抗日战争四次战争为例架构体系，在结构上极力呈现均衡之感，各个章节内又有简单的变化，可见作者在结构安排上颇费心思。全书始终紧扣历史本位，基本以追溯历史背景为开头，然后进行救护行动准备和展开的阐述，最后做出自己的评述，这种三段式看似简单，却起到了统一风格的作用。《红十字》是一部集体之作，“第一章、第二章由池子华撰写，第三章由曹金国撰写，第四章由薛丽蓉撰写，第五章由阎智海撰写”（第257页）。集体著作优势明显，缺陷也难以避免，由于作者思维方式和写作风格的差异，在结构架设和写作风格上殊难统一，而本书却成功地避免了这一缺点，可以想见池子华教授在最后的统稿中必定下了一番大功夫。

其二，史料翔实，运用得当。《红十字》一书所参考文献即达163种之多，其中包括档案资料40种、报刊和文史资料24种、方志17种、专著75部、论文26篇，征引资料之翔实可见一斑，尤其是大量档案等第一手资料的发掘，无疑为研究增加了足够的厚度，为“典型性”地呈现红十字会在近代中国战争中的救护行动打造了坚实的基础。然而丰富的史料并不一定能产生优秀的作品，史料运用极考验研究者的功力。从本书所引用的文献来看，作者在文献整理和爬梳方面倾注了大量心血，前期工作做得相当扎实，如文章中引用最多的是池子华等主编的《〈申报〉上的红十字》（安徽人民出版社2011年版，共4卷）。正是因为作者有极强的史料意识，所以在史料的运用上才能自如，而本书在史料运用上也自有其独到之处，大段大段堆砌史料的情况极为少见，更多的是将史料进行了高度的概括和提炼，采取了直接引用与间接引用间用的方式，这不仅达到了引用的效果，还增强了文章的可读性。

其三，视角多维，新见迭出。前已述及，各章节在结构安排上相对统一，却没有出现千篇一律的情况，除阐述的内容不同之外，最主要的原因还在于研究视角的多维性，譬如在追溯战争救护的历史背景和准备情况时，第一章详细考察了上海万国红十字会的组建背景和过程，第二章则直接分述了中国红十字会“沪会”与“京会”等四支救护力量，第三章阐述了江浙战争及其损失问题，第四章对救护准备工作的研究也很详备，第五章不仅考察了国际红十字组织援华的历史渊源，还分析了全面抗战爆发前夕的世界形势。多层视角的考察，才使得战争救护这一问题在四次战争中有着不同的呈现面，避免了研究落入重复的俗套之中，也才使得新见迭出。比如在分析上海万国红十字会成功组建的原因时，一般认为“上海万国红十字会，乃为应对日俄战争救护而设”（第1

页），自然其成功组建是日俄战争的推动，但作者通过研究认为不仅仅是日俄战争的强力推动，战前红十字启蒙运动的“铺垫”也至关重要。中日甲午战争后，红十字启蒙运动在中国兴起，“中国施医局”“中国救济善会”“对俄同志女会”等具有红十字会性质的慈善组织在上海出现，这些都是上海万国红十字会成功组建的重要原因。凡此种种，不再赘述。

其四，选材有致，研究老到。在力避“重复性”的问题上，除了研究视角的多维，选材也同样能起到避免的效果。该书并非是单纯地论述历次战争中红十字会的救护过程，而是常常结合个案分析，例如在阐述红十字会第二次江浙战争救护时，以江阴分会作为地方救护的典范来重点考察；又如论述江苏分会在1937年淞沪抗战中的救护时，选择吴县分会为例。一般与个案研究相结合，定性与定量分析亦相得益彰。文中引用了大量的数字和表格，以定量分析的方法向读者尽显红十字会在战争中的救护努力和功绩，基于红十字会的人道主义精神，作者也毫不吝惜赞美之词，给予了红十字会极高的评价。多种研究方法的运用也显示出作者史学研究功底的深厚。

尽管《红十字》有诸多称道之处，但也有一些不尽如人意的地方：第一，作为一部史学论著，该书在述的方面相当丰富，但在论的方面尚显不足。第二，仍有个别细节问题没有处理到位，比如“推定孙逸仙医院院长□云为正会长”（第219页），此处院长名字不清楚，作者既未作进一步考证，也未做任何说明，但在“美国□（字迹模糊）荣华医士”（第50页）处同样的情况却做了说明，这就显得前后不一致了。第三，基于红十字会救护功绩，作者在阐述救护行动和做出评价时基本都是正面的、积极的，但作为一部学术著作是否有失偏颇？第四，本书的5章其实是5个专题的研究，专题之间缺乏必要的联系。显然作者也意识到了这些问题，故而池子华教授在后记中谦虚地表示：“毫无疑问，本书并非系统的学术论著，只是呈现了近代战争灾难中红十字会人道主义行动的几个侧影，不妥之处，敬请读者批评指正。”（第257页）但瑕不掩瑜，总体而言，《红十字》一书饱满而厚重，不失为一部关于红十字战地救护研究的优秀作品。

（原载《〈红十字运动研究〉2014年卷》）

《红十字运动：历史与发展研究》简评

丁泽丽

《红十字运动：历史与发展研究》是池子华教授多年来研究红十字运动的论文结集，作为“红十字文化丛书”之一种，2013年2月由合肥工业大学出版社出版发行。全书近40万字。通读全书，以下几方面具有特色。

一是内容较为广泛，涉及“古今中外”。首先，从时间上看，该书的时间跨度为150余年，从1863年红十字运动之父亨利·杜南组建“伤兵救护国际委员会”标志着红十字会运动的诞生，到2011年国际红十字运动研究新动向之观察，从1904年日俄战争中中国红十字会的前身上海万国红十字会的成立，到目前中国红十字会的发展状况，“古今中外”均有涉及。其次，从空间上看，该书分为文化建设、能力建设、理论探索、历史研究、国际视野五部分。从这五个专题题目不难看出，该书不仅为读者勾勒了红十字会从事人道主义救助事业波澜壮阔的历史画面，包括战争救护、灾害救助、社会服务等等，使红十字会百余年之盛业一目了然；同时红十字运动研究已步入新世纪新阶段，文化建设、能力建设、理论研究随之应运而生。再次，从学术上看，该书内容有研究、有考证、有分析，也有学术信息，资料翔实，微观与宏观相结合，相得益彰。最后，该书丰富了“红十字文化丛书”的内容。“红十字文化丛书”已出版者有《〈大公报〉上的红十字》《中国红十字历史编年，2005—2009》《中国红十字外交，1949—2009》《中国红十字救护总队与抗战救护研究》《红十字文化传播：实务与理论》《中国红十字运动的区域研究》《〈红十字运动研究〉2013年卷》。该书的出版，为“红十字文化丛书”的新成果。

二是历史与现实结合，求真致用。史学的基本任务在于还历史之本来面目，其最高境界莫过于经世致用、服务社会。该书历史感、现实感十分浓厚。首先，“文化建设”“能力建设”“理论探索”部分汇集16篇论文，从专题题目不难看出其现实性所在。中共十七大以来，“文化”一词成为社会各界的关注焦点，红十字文化建设对提升红十字会“软实力”而言，至关重要。作者提出建设“红十字文化工程”——编纂出版《中国红十字志》《中国红十字运动资料长编》、筹建中国红十字历史博物馆、建立继续教育基地、构建红十字文化传播的“多媒体”等，都是不可忽视的系统工程。同时，当前红十字事业要取得可持续发展，能力建设势在必行。近年来，中国红十字会负面新闻不断，如“微博风波”“万元餐费”“募捐箱发霉事件”，等等，公信力严重滑坡，如何提高危机应对能力、筹资能力、执行能力、监管能力，至关重要，对此，作者都有专文探讨。理论是实践的“向导”，红十字会理论研究较为滞后，近年来红会的“祸不单行”与此不无关联。如“募捐箱发霉事件”，红十字会无法用法律手段维护红十字标志，因1993年《红会法》出台以来，一直未修订，20年来世情、国情、民情已发生重大变化，作者指出修订《红会法》刻不容缓并提出若干建议。其次，“历史研究”部分亦汇集16篇学术性论文，按照时间顺序论述红十字会的起源及其在中国的传播、中国红十字会的创建、辛亥革命中的战争救护、“二次革命”中的人道救援、军阀混战时期的救灾与救助、抗战时期的救护与救助、新中国成立后的国际交往及历史发展等，向读者呈现出红十字会百年嬗变的历史场景，使人感受到中国红十字运动的波澜壮阔。最后，“国际视野”部分，对2006年、2007年、2008年、2009年、2010年、2011年国际红十字会运动最新动向，进行“扫描”，有助于与国际接轨。中国红十字运动毕竟是国际红十字运动的有机组成部分。作者强调，各国红十字会应注重交流，以合作应对挑战，同时，中国红会也应放开国际视野，学习借鉴一些国家红会的成功经验，如加拿大红十字会、肯尼亚红十字会、塞尔维亚红十字会重建公信力的措施（保持和捐赠者的联系、明确红会成员职责与义务、修订红会法律文件等）。历史与现实结合，以史鉴今，对推进红十字事业发展不无裨益。

三是恪守史学本位，融合多元研究。如今社会史逐渐成为史学舞台上耀眼的明星，对于研究方法，跨学科研究受到众多学者青睐。但追根溯源，社会史为历史学之细胞，坚守历史学学科本位特征是理所当然的。对此，王先明教授指出：“在‘多元化’和‘跨学科’研究潮流中，我们更应该关注把握历史学的本位特征，这是社会史‘胜利浮出水面，登上彼岸’的不二选择。”① 霍布斯鲍姆亦指出：“社会的历史不能

① 王先明：《中国近代社会史理论研究再反思》，《过去的经验与未来的可能走向：中国近代史研究三十年（1979—2009）》，社会科学文献出版社2010年版，第207页。

依靠运用其他学科内容（社会学）贫乏的现成模式来写，它需要构架恰当的新的模式——或者起码需要把现有的框架发展成模式。"① 该书的写作方法是在"传承"的基础上构架"新的模式"，如该书"国际视野"部分，作者从社会学视角聚焦国际红十字运动发展现状及态势，运用历史学方法进行实证研究，勾勒出国际红十字运动的运行动向，既有历史学的"味"，亦不乏社会学的"鲜"。

四是定性、定量结合，相得益彰。王爱云、李荣田先生指出："国内史学研究较多运用的是定性分析，也就是通过逻辑分析、相互比较和基本推理来认识事物固有的本质特性，而定量分析是通过对数据的研究来表征事物的特征。国外通常认为，在某种程度上讲，认识事物的本质特性，定量分析比定性分析更具有客观性和可操作性。"② 定量分析纵然可取，定性分析亦不可或缺。事实上，近年来计量史学已逐渐被众多学者应用于史学研究中。本书作者也一直注重二者的结合，即计量史学的应用，该书亦不例外。全书通过数据分析论证较为普遍，特别是"历史研究"部分，摭拾皆是，如辛亥革命时期中国红十字分会新建数量的考证将定量分析与定性分析结合，得出结论为"新建分会分布于17省市（按当时行政区划），共计57处，其中1904年设立、1911年重建的分会有6处，新设分会51处，有待确认者26处"，如此等等。"用数字说话"，不仅直观反映了红十字运动的风雨历程，而且提高了论据的可信度。

五是专题谋篇，布局合理。该书将内容分为"文化建设""能力建设""理论探索""历史研究""国际视野"5个专题，每个专题之下以论文展开论述，这样整体上以时间为纵、以专题为横，构成了一张清晰明了的网络图。这种体例应用不能谓新颖，但用于红十字会研究，特别是对红十字运动的宏观研究，极为合适。因为红十字运动兴起至今已有150余年，有关红十字运动的资料庞杂，散见于档案、报纸杂志、政府公文等各类史料之中，以专题归纳总结较为适宜，此亦为深入社会史研究行之有效之策。另外，学者常谓"问题意识乃治史之先导"，以专题谋篇布局，正是问题意识牵引的结果。这种布局安排使得全书结构合理，脉络清晰。

---

① 霍布斯鲍姆：《从社会史到社会的历史》，《代达罗斯》（*From Social History to History of Society*, *Daedalus*）1971年冬季号，第26页，转引自《史学理论丛书》编辑部：《八十年代的西方史学》，中国社会科学出版社1990年版，第261页

② 王爱云、李荣田：《2008年以来国外的中国当代社会史研究》2011年第5期，第118页。

六是治史严谨，观点新颖。“史学、史识、史才、史德”是每位史学家应有之“四长”，其中“史学、史识、史才”为史学家治史能力，“史德”为治史态度。作者秉持严谨的治史态度，分析得出不少新人耳目的观点。如以往人们对南京红十字会创立时间模糊，存在三种不同说法，即1904年、1911年、1913年，作者不断搜集新资料，对纷繁芜杂的资料爬罗剔抉、钩沉索隐，经过严谨考订得出结论，“1904年、1911年、1913年是南京红十字运动史上三个重要的时间点。1904年为创始，1911年为重建，1913年为补办《申愿》手续并得到总会的正式批准”。又如对辛亥革命时期新建中国红十字会分会数量考订时，根据已有的资料得出明确结论，尚未能确认的26处分会暂存疑，不妄作决断。这种“辨章学术，考镜源流”的学术梳理，其价值不言而喻。

七是史料翔实，来源广泛。丰富翔实的史料是史学研究的基础和前提，也是决定学术研究根基是否稳定之关键。作为红十字运动研究领域的先行者之一，作者积累了大量有关红十字运动的资料。本书中不仅有档案资料、文献资料的广征博引，而且有口述资料及网络资源的充分利用。这就表明本书的研究是建立在扎实的资料基础之上的。

当然，该书也存在一些美中不足。其一，可能因该书为个人自选集之故，个别文章难免有重复之处，如“红十字运动与慈善文化”学术研讨会多次提及，倘能进行必要的精简，会显得更为紧凑。其二，历史研究部分汇集16篇文章，其中新中国成立前达13篇，新中国成立后仅3篇，有关新中国成立后中国红会运动的发展状况笔墨较少，仅一篇以《中国红十字会章程》为路径的考察，不免有种“厚古薄今”之感。

《红十字运动：历史与发展研究》尽管不够完美，但反映了作者从事红十字运动研究的学术历程，是作者在这一领域的阶段性研究成果，其中不乏真知灼见，这对红十字事业发展不无参考价值。

（原载《〈红十字运动研究〉2014年卷》）

推陈出新，老树著新芽

——《〈红十字会救伤第一法〉——孙中山唯一译著的整理与研究》述评

崔龙健

众所周知，孙中山先生是中国近代民主主义革命的先行者和开拓者，在其引领下终结帝制而倡导共和，可以说他为近代中国革命事业耗尽了一生。然而鲜有人知晓孙中山先生在推动中国红十字运动史上也曾留下浓墨重彩的一笔，那便是他翻译了时为英国伦敦红十字会总医员柯士宾先生的《红十字会救伤第一法》。这部译著作为救护教材，尤其在北伐战争时期，为培养红十字救护员起到了重要作用。

作为对孙中山先生人生中唯一一部译著的解读著作，简海燕、池子华主编的《〈红十字会救伤第一法〉——孙中山唯一译著的整理与研究》(以下简称《孙译研究》）由合肥工业大学出版社推出，这才使得这部近乎被世人遗忘的译著重新焕发出绚丽夺目的光彩。

一

《孙译研究》是一部专门就孙中山先生所译中文本《红十字会救伤第一法》进行整理和解读的著作。全书23万余言，既收录了原始文本，又囊括了编者的解读文字，其主体内容分为上、中、下三篇，即“孙中山译著原文及白话文”“孙中山译著解读”“孙中山博爱思想：理论与实践”三个部分。

上篇包括原文和白话文两个部分，原文部分主要是按照现行标准加以分段和标点，白话文部分是编者基于原文的直译，较原文更加通俗易读，符合当前的语言习惯。《红十字会救伤第一法》包括“形体功用、血脉之属、受伤（上编）、受伤（下编）、移病各法、女人侍病法”6章，另有附录“裹扎须知”和“课题要略”。第一章“形体功用”介绍了人体的基本知识，大致讲述了骨、肌、脑的性质和类属；第二章“血脉之属”论及的是流血和止血法，除阐释血的性质、分类和机理外，还就体外和体内两种流血形式分别讲述了止血的方法；第三章“受伤（上篇）”介绍了割伤、刺伤、破伤、撞伤和毒伤5种不同情形的受伤及其救护方法，值得指出的是不同的伤情所使用的救治方法也不一样；第四章“受伤（下篇）”则专讲意外重伤时的救护方法，系统阐述了脑受伤、中毒、醉酒等不同的症状及其救治之法，在此章中著者强调“助呼吸之法”是救护人员必须掌握的基本技能；第五章“移病各法”讲述如何运送伤者至医院救治，根据伤者的伤情、路程的远近、搬运工具等情况分别介绍了不同的搬运方法；第六章“女人侍病法”即护理方法，著者以“割治之症”为例进行了具体介绍。附录中“裹扎须知”介绍三角带的用途和用法，“课题要略”则以5章各15个问题的形式复习、巩固以上各章所教授的内容。书中还对应各“知识点”的插图41幅，以帮助理解。

中篇是译著的解读部分，编者从5个方面分别予以阐释，主要考察了孙中山先生翻译《红十字会救伤第一法》的历史缘起，阐述了译著的性质和内容，并论证了译著对中国红十字运动和孙中山“博爱”思想的作用和影响。孙中山先生之所以翻译《红十字会救伤第一法》，编者认为“既有偶然性，但同时也具有一定的必然性。这与孙中山的人生经历颇有关系”（第129页）。编者从孙中山的人生履历说起，孙中山幼小随母赴檀香山生活，并在长兄孙眉资助下进入当地教会学校完成中小学学业，后赴香港求学，1887年又进入香港西医学院学习医术，正是在这里，他结识了詹姆斯·康德黎（红十字会英国伦敦支队、香港红十字会创始人）。由于有了这一层关系，1896年孙中山英国之行便结识了伦敦红十字会总医员柯士宾医生，在其邀约之下，孙中山将《红十字会救伤第一法》翻译成了中文，1897年由伦敦红十字会出版。关于译著的性质，编者在文中剖析得相当清楚，作为一本救护培训教材，它具有实用性强、应用性广的特点。此外编者还特意强调，柯士宾托付孙中山翻译的原因，“不仅仅因为孙中山是伦敦红十字会的先驱康德黎的得意门生，对红十字会有很深的感情，还在于孙中山有深厚的医学背景，能够对该书的内容有精准的把握，毕竟该书具有较强的专业性，并非一般人都能胜任此项翻译工作”（第140页）。孙中山忠于原著的翻译，也的确没有辜负柯士宾的重托。在论及译著产生的影响时，编者认为作为“华文的第一部关于红十字会的书籍”，在中国翻译史上和中国红十字运动史上都有着值得肯定的地位，其对于中国红十字运动的影响主要在于它的启蒙意义和实用价值两个方面；同时翻译这样一部承载红十字博爱精神的著作，对孙中山的思想和行为也都产生了一定的影响，编者从孙中山把“博爱”理念发扬光大、给予中国红十字事业鼎力支持、推动红十字运动的国际交流三个方面进行了论述。编者指出，“翻译《红十字会救伤第一法》，可以说是孙中山对红十字博爱文化认知、认同不断深化的过程，同时也是孙中山博爱思想不断丰富的过程”（第153页）。

下篇则进一步阐述孙中山博爱思想的理论和实践，通过对该问题学术研究现状的爬梳，编者认为目前对孙中山博爱思想的研究还存在研究方法单一等问题，因而提出应创新思想研究的理论与方法，推进研究深度，拓宽研究领域，加大资料建设力度，加强相关资料的整理和挖掘；此外还应扩大学术研究的规模，以期推动对孙中山博爱思想的研究。作为博爱思想的实践，编者在“孙中山与社会救助”这一节中详细分析了孙中山社会救助思想的形成和发展，这与其生活的时代和履历都大有关联。从孙中山对贫民、灾民、女子、儿童等特殊群体的救助活动中，编者认为孙中山社会救助思想有着鲜明的特点，即以政府为主、民间为辅；社会救助制度化与法制化；普及教育与社会救助相结合；以民为本的博爱观；借鉴西方先进经验。在剖析孙中山社会救助思想，尤其是以民为本的博爱观形成的原因时，编者认为主要有两个方面的因素：一方面是源自于对劳动人民的同情，另一方面是孙中山社会救助思想与民生主义是一致的。最后编者还阐述了宋庆龄对孙中山博爱思想的继承与弘扬，主要体现在：建立红十字会组织，以《红十字会救伤第一法》培训救护人员；阐发红十字会人道博爱理念；筹款募捐，组织救护行动；争取国际人道援助等。

二

《红十字会救伤第一法》言简意赅，简便实用，在翻译成中文之前，就已经翻译成法、德、意、日四国文字，广为流传。在翻译成中文以后，虽然在海外发行，但也传入国内，正如编者所考订的那样，在当时最具影响力的报纸《申报》的推介下，这部译著在国内的流传对启蒙中的中国红十字运动产生了显而易见的影响。作为救护培训教材，尤其是在北伐战争中用于训练卫生员，其实用价值得到了充分的体现。时至今日，这部译著对于救护培训仍有重要的借鉴意义。随着国务院《关于促进红十字事业发展的意见》的出台，红十字会系统内目前正掀起一波应急救护培训的浪潮，所以对孙译《红十字会救伤第一法》的整理和解读，正是现实所需。综观《孙译研究》，可以说该书特色鲜明，主要表现在如下几个方面：

第一，资料整理力求推陈出新。史料是史学研究的根基所在，无史料作为基础，即使巧妇犹难为无米之炊。现时对于史料的整理无非归类、断句、标点，像《孙译研究》这种史料整理方式的著作并不多见，其中至少有三点值得借鉴：一是参照多个版本悉心核对，“以伦敦红十字会的初版版本为蓝本，同时参照了1907年《民报》社再版版本以及中华书局1981年出版的《孙中山全集》第1卷整理本”（第208页）。所以，该书所收录的版本应该说是比较全面和最为贴近原著的一个版本。二是在收录原文的同时，还将其翻译成白话文。尽管孙中山先生所处的时代，语言习惯已经发生改变，但仍然保留着诸多古文的表述方式，对于现时的读者而言，存在一些不便之处，译成白话文则很好地解决了这一问题，使得阅读更为顺畅，并且可以满足读者的不同需求，这在其他近现代史料整理书籍中是不常见到的。三是史料整理与史料解读为一体。如前所述，上篇为原文和白话文，中、下篇分别为解读和孙中山博爱思想的阐述，于是便有了这23万余字的著作。《红十字会救伤第一法》孙译中文本仅有4万余言，如此可以想见，编者在处理史料时是花了许多心思的，同时也为学界处理简短史料提供了范本。

第二，图文并茂讲究直观印象。《红十字会救伤第一法》在讲述救护知识的同时，附图41幅予以辅助，为了避免重复，白话文中不再重复插入。这些附图都是初版中的插图，画质清晰，形象生动，与文中各知识点相对应，一目了然的同时有助于理解，这也是译著简便实用的一个重要因素。编者显然注意到了这一点，又或许是为了追求全书的协调性，在解读文字中延续了插图的做法，增强了直观性，且使得全书在观感上保持了一致性。编者在图片上的细节处理，也恰好从侧面说明其对于原文的理解和忠于原文的原则。

第三，译著解读意在析理入微。作为一部讲解救护知识的教材，史学界显然无法对其进行专业上的考究，也无法做出文本上的释读，那么究竟如何解读这部译著？编者在这里的解读为我们打开了思路。编者在解读之初连续抛出4个问题：孙中山为何翻译这部书，是机缘还是巧合？《红十字会救伤第一法》是一部什么样的书？这部书的翻译，在孙中山的思想深处激起了怎样的“心灵感应”？这部书在中国红十字运动史上具有怎样的地位与影响？正是带着这4个问题，编者从孙中山与红十字会结缘说起，站在史学的角度，利用其老到的文字一步步给出答案，条理清晰，旁征博引，剖析入微，既有广度又有深度，加上语言通俗易懂，颇具可读性。通过编者的解读，不难理解孙中山翻译《红十字会救伤第一法》的缘由和译著对中国红十字运动、孙中山博爱思想的形成所产生的影响。毫无疑问，红十字精神是孙中山博爱思想的重要来源，孙中山对博爱文化的认知和对博爱思想的丰富都得益于这一次既偶然又必然的翻译活动。

三

如上所述，《孙译研究》并不是一部单纯的史料整理类书籍，而《红十字会救伤第一法》能否看作史料也存在疑问，在如此“贫瘠”的条件下做出这样一部“饕餮盛宴”着实不易。之所以能够将4万余字解读成23万余字的史学学术著作，除了编者独树一帜地挖掘和解读，还在于《孙译研究》是孙中山研究和红十字运动研究相结合的产物，跨领域的激情碰撞不仅拓宽了编者的研究视野，也丰富了孙中山研究和红十字运动研究的内容。

《孙译研究》的推出，揭示和捋顺了孙中山先生与红十字会这段不易为后人所察觉的结缘，尤其是完善了孙中山博爱思想的来源，并探究了孙中山博爱思想的理论与实践，其中宋庆龄对孙中山博爱思想的继承与发扬，也佐证了孙中山与红十字会的渊源。博爱是红十字精神的基本原则之一，吸收了红十字博爱精神的孙中山博爱思想是孙中山伦理思想的精华所在，故而对孙中山唯一译著的整理与解读，不仅弄清了孙中山博爱思想的来龙去脉，还进一步丰富了孙中山思想研究。与此同时，对中国红十字运动研究也多有裨益，作为“华文的第一部关于红十字会的书籍”，《红十字会救伤第一法》在中国红十字运动史上曾发挥过重要的作用，且“对现今各级红十字会正大力推动、普及的‘自救互救群众性应急知识与技术’而言，该书无疑亦具有现实的指导意义”（第1页）。

近年来，各地政府部门和各级红十字会开展了一系列应急救护知识“进社区、进农村、进学校、进企业、进机关”的培训和普及活动，中国红十字会与百度联合推出了“红十字掌上学堂”手机软件供公众免费下载使用，该款手机软件依据《2011年国际急救与复苏指南》设计内容，涵盖了出血、骨折、中风、心脏病发作等21种常见伤病的紧急处置方法，以及地震、火灾、洪水等20种常见灾害和突发事件的预防应急知识。中国红十字会此举旨在倡导“人人学急救，急救为人人”的理念，这与孙中山在译序中所说的“使人人通晓，遇事知所措施”的观点不谋而合。然而目前救护培训并没有权威、统一的教材，各地主要依赖教师的经验传授。统一教材是救护培训的必然趋势，中国红十字会在撰写、编辑此类教材时或可从《红十字会救伤第一法》中获得些许启示。

由此可见，《孙译研究》是一部历史感与现实性很强的著作，虽然难免存在这样那样的不足，譬如忽略了对于原文文本的解读，虽然不易从文本本身去探究出问题，但也不是不可以尝试。尽管如此，它的出版和在更广泛范围内的传播，“于弘扬中山先生的博爱精神、繁荣红十字文化建设、推进中国红十字事业发展”（第208页），无疑都具有十分重要的意义。

（原载《〈红十字运动研究〉2015年卷》）

《嘉定红十字历史编年实录（1918—2013）》评介

丁泽丽

由上海市嘉定区红十字会编，张丽萍主编的《嘉定红十字历史编年实录（1918—2013）》（以下简称《实录》），作为"红十字文化丛书"（池子华总主编）之一种，2014年3月由合肥工业大学出版社出版发行。该书的出版，为嘉定红十字会建会90周年献上一份厚礼。全书分上、下两卷，70余万言，以翔实的史实再现了嘉定红十字运动近百年的风雨历程。本文简评一二，以飨读者。

一、纵横交错　内容全面

《实录》上迄1918年，下至2013年，以"编年体"的叙事方式，即以时间为经、以事件为纬，全面展示嘉定红十字运动近百年的实况，内容丰富。

首先，将《实录》年限向前推移5年。嘉定县红十字会——中国红十字会嘉定分会，诞生于1924年"江浙战争"，本应以此为《实录》上限。然而为追溯嘉定红十字事业发展的源头，本书将嘉定人参与红十字活动作为《实录》编订的起始年份。1918年5月，嘉定人朱吟江、牛惠霖、项如松、沈信卿、王引才等在上海参与由美国红十字会为救助一战中欧洲难民而发起的征求赞成员活动。虽然不是嘉定红十字会建会的直接动因，但他们热衷于红十字事业，并在中国红十字会初期发展中扮演了重要角色，为嘉定人引以为豪，也为嘉定红十字会的诞生奠定了基础。追根溯源，《实录》以1918年为起点，并非无源之水。

其次，《实录》覆盖嘉定红十字事业的方方面面。在组织建设上，1924年嘉定红十字会成立；之后，其所属区域内南翔、娄塘、黄渡、安亭等乡镇分会诞生；至1937年嘉定沦陷，嘉定分会被迫停止业务。1946

年，嘉定分会于疫病救治的呼唤中复会。新中国成立前夕，因时局动荡再次“沉默”。在业务开展上，嘉定红会以战事救护为核心业务，并于时疫肆虐之际开设防疫医院救治民众。新中国成立之初，百废待兴，嘉定红十字事业历经坎坷，尽管在上海市红十字会的帮助下，1962 年南翔红十字会首先恢复工作，但在接踵而至的“十年动乱”中遭受冲击，组织解散。直到改革开放后，嘉定地区红会先后恢复成立，嘉定红十字会事业才走上稳步发展的轨道，会务、业务蒸蒸日上。

《实录》全面而有重点地收录相关资料，展现嘉定红十字运动的全貌。如社会救助方面，改革开放之初，以助老、助残为主。为更好开展人道救助工作，1999 年，嘉定区红十字会向区政府请示建立了人道救助基金，先后设立“雪中送炭火灾救助”“大病重病帮扶”“妇科重症救助”“助学成才”“造血干细胞移植救助”“格尔爱心”“情暖童心”“千万人帮千万家”“光彩长者关怀”“爱心牵手”“关爱生命”“健康园丁”等项目，合称“人道救助项目库”，资助众多弱势群体。

最后，除收录嘉定地区所属分会的活动情况外，《实录》亦将中国红十字总会、各地分会在嘉定的活动囊括在内。如战乱年代，特别是江浙战争期间，总会派救护队多次赴南翔、黄渡、马陆、嘉定救治伤兵，昆山分会、沪城分会等亦赴该地开展救护行动等，使得嘉定红十字运动多姿多彩。

二、资料翔实　价值突出

“实录”亦称“信史”，指翔实可靠的历史纪录，如班固《汉书·司马迁赞》云：“其文直，其事核，不虚美，不隐恶，故谓之实录。”《实录》本着这一原则，多方搜求报刊、文献、档案资料，去伪存真，精挑细选，因而史料价值突出。

其一，资料来源多样。民国时期的资料，编者主要从《申报》《嘉定旅外学生联合会报》《嘉定新声》《练水春秋》《嘉定县第一区区政府公报》《嘉定民众》《嘉定县第二区区政府公报》《塔钟》《太嘉宝日报》《嘉定民报》《微音》等报刊中爬梳剔抉，梳理相关内容。新中国成立后的资料为嘉定红会内部保留下来的公文等，是原始性档案资料，如嘉定县红十字会印发的《关于发动会员投入“全民文明礼貌月”活动的通知》（嘉红会办〔84〕字第 1 号）、嘉定县人民政府印发的《关于调整嘉定县红十字会理事成员的通知》（嘉府〔1985〕185

号），等等。档案、民国报刊、政府公报等无不涉猎，不少资料为首次披露，弥足珍贵。

其二，信息量大。编者从卷帙浩繁的史料中淘洗嘉定红会相关资料较为不易，特别是民国时期红十字资料较为分散，收集地方性资料更是难上加难，其艰辛可想而知。正因为如此，该书资料珍贵，信息量大。尤其改革开放后，所录资料颇具系统性，如每年的“5·8”世界红十字日，嘉定红会的筹划方案、工作开展情况、取得成果等均有详细载录；每年的工作总结及次年的工作计划，该书尽可能全面呈现。这些工作总结详细报告历年嘉定红会在组织建设、宣传工作、救护培训、人道救助、救灾救援、骨髓捐献移植等方面所取得的成就。据不完全统计，这种工作总结自1983年开始收录，共计23篇；人道救助基金从1999年向区政府申请设立至正式运行，之后每年的收支情况、审核情况，依次录入。如此等等。这些史料完整且数据统计详细，从中可以清晰地看到嘉定红十字会的发展历程，如1986年“新建红十字卫生站15个，发展会员424人，新建团体会员单位26个，会员909人。目前，全县已有9个乡镇建立了红十字组织，共有卫生站96个。青少年会员2054人，成人会员1798人，有团体会员单位40个，团体会员2860人。总计全县会员6712人，比1985年增加了24.78%”（见该书167页）。系统性的资料全面且具有连续性，这些信息对红十字运动研究极具参考价值。

其三，为研究开辟新路径。《实录》为资料性载籍，是原始资料汇编，因此，不仅为研究者提供素材，而且也开辟了不少研究路径，研究者可从多个视角展开研究。例如，（1）考证研究。该书在嘉定分会成立时间上收录两份资料，一份说明嘉定分会成立于1924年9月2日，一份显示成立时间为1924年9月1日。究竟成立于何时？编者不做任何陈述，而忠于史实，将不同记载的两份资料一并收录，为研究者提供考证、研究的方向。（2）计量研究。该书收录诸多统计数据，如基层组织数量、征集会员数量、红十字卫生站数量、人道救助基金收支详情、采购办公物品所用具体费用等等，这些数据清晰且连续性强，开展计量研究较为便利。（3）专题研究。如每年的“5·8”世界红十字日，嘉定红会活动情况均有详细记录，从接到市红会的通知，因地制宜制定活动主题（每年的主题均有变化，如2008年的主题为“携手人道，服务奥运”；2009年的主题为“凝聚人道力量，重建美好家园”；2010年的主题为“携手人道，参与世博”；2011年的主题为“携手人道促和谐，志愿服务为民生"，等等）、行动方案，到最后活动取得的成效，均完整收录。其他如人道救助项目库、春蚕之家、志愿者队伍建设、千万人帮千万家（该活动并非仅仅为春节、元旦两节期间开展的"博爱送万家"，在嘉定地区则为广义上的助困活动，不受时间限制），等等，都可以成为专题研究的课题。（4）个案研究。如嘉定红会重视红十字青少年工作，特设立浏河红十字青少年营地，可对此进行个案分析，从其红十字青少年工作的发展历程中，探究其发展特征及示范意义。

三、以史为鉴　服务现实

全书内容主要集中于改革开放后，特别是21世纪以来的资料较为全面，因而立足当下、贴近现实，并以之展望未来是该书的一大特色。

该书以史料的形式向世人展示近年来嘉定红十字会的发展历程。嘉定红会积极理顺管理体制，2005年嘉定区被中国红十字会、民政部命名为"全国社区红十字服务示范区"；同年，正式建制单列，为嘉定红十字事业发展提供了组织保障。至2013年，有红十字团体会员单位426家，会员47846人；有红十字服务站158家，其中标准化红十字服务站101家；积极救援东南亚地震海啸灾区、云南地震、汶川地震、"莫拉克"台风灾害、西南旱灾、雅安地震等，多次获得抗震救灾最佳组织奖；全面完成市政府和区政府救护培训实事项目、免费向社区群众发放《常见意外伤害及现场急救技能》知识手册、举办现场急救知识竞赛、筹划世界急救日咨询活动，等等；设立人道救助项目库，救助1.94万人，救助资金达1723.76余万元；注重志愿者队伍建设，成立"嘉定区红十字会志愿者服务总队"，建立"嘉定区红十字志愿者服务基地"；积极推进"生命"工程，成立遗体（角膜）捐献登记者联谊会——"春蚕之家"；重视红十字理念的传播和理论研究，开办红十字知识培训班，建立"嘉定区红十字文化传播基地""红十字运动研究中心嘉定研究基地"；注重红十字文化教育，成立教育系统行业红十字会，建立"嘉定区红十字青少年培训实践基地"，等等。

"以史为鉴"，嘉定红十字会可以从客观史料中感受过去的荣誉，激励自己不断前行，亦可从中查缺补漏，推进红十字事业持续发展。对其他地方红十字会而言，也可以从中学习经验。近年来，嘉定红会开拓创新，有许多"亮点"，如"春蚕之家""嘉定区红十字青少年培训实践基地"等，其中不乏可借鉴的成功经验。

四、条目清晰　易于理解

该书虽为“实录”，然并非资料堆砌，而是进行了“技术处理”，为资料的使用带来便利。

首先，全书条目清晰，重点突出。在辑录史料的基础上，为便于获取信息，编者以“纲目”的形式记录嘉定红十字会的年轮，每一年轮的主轴均是当年的重大事件，基本做到“大事突出，要事不漏”。每一条目的“纲”，力求用浅显易懂的文字，言简意赅，不做过多的铺叙及纵深阐述。这种形式对于来源于民国时期报刊的史料尤显必要，因为这一时期史料为半文言形式，难免给阅读带来一定的不便。而提纲挈领，则使读者一目了然。

其次，因政区变动，嘉定在名称上略有变化，为保证资料衔接得当，便于理解，编者酌情添加内容。如 1992 年国务院批准“撤销嘉定县，设立嘉定区，以原嘉定县的行政区域为嘉定区的行政区域”（该书 198 页）。这样简要的补充，避免了史料前后割裂、首尾相稽的弊端。

最后，2000 年以后的资料现存较多，若全部录入略显冗杂，编者进行必要的精简，行文长短视内容之轻重而定，当然在精炼的过程中不添加任何感情色彩，仅陈述一般史实。这样使全书轮廓清晰，风格相对统一而不失灵活。

五、些许不足　瑕不掩瑜

《实录》工程较大，难免存在不足之处：

其一，文字错误。如第 343 页的“第二次会员大会”应为“第三次会员大会”，因为第二次会员大会 1999 年已经召开，而此时为 2004 年，显然是“迎接区第三次会员代表大会”，这样也与第 346 页的内容一致。

其二，部分内容无关。如误将江苏省战区救济委员会嘉定分会理解为中国红十字会嘉定分会（该书第 61—68 页、第 70 页、第 72—73 页），以致大量收录该会内容。类似情况不少。

其三，内容删减不当。《实录》中收录嘉定红十字会历年的工作总结，然或因资料遗失，1989 年、1991 年、1993 年、1995 年、1996 年、1997 年工作总结没有辑录。自 2000 年以后，工作总结具有连续性，但 2011 年的工作总结却为“略”。可能因部分年份工作总结与工作概况先后出现，二者内容一致，为避免内容重复，故“略”。然2011年的工作总结前文、后文均未出现，“略”有些不当。

其四，不够完整。首先，从资料来源上看，尽管编者已经搜集不少资料，但仍难免有些遗漏，如《新闻报》《民立报》《中国红十字会月刊》等报刊亦有一些关于民国时期嘉定分会的救护消息，倘能尽量收录，民国时期的资料会更加饱满。其次，从内容上看，该书涉及嘉定红会在本地的活动及总会、其他地方分会在嘉定的活动，然有关嘉定红会赴外地的活动却较为少见，尤其是民国时期，几乎阙如。最后，可能限于篇幅，《实录》仅陈述嘉定红会的募捐成果及救助成效，而将救灾过程全部省略，似乎有些不妥。

尽管《实录》有些许不足之处，但瑕不掩瑜，作为第一部全面再现近百年来嘉定红十字运动的史料汇编，其价值不可低估。读者可从史料中了解真实的红十字会，不失为传播红十字文化的好媒介，对于研究者而言，则更是受益匪浅。

（原载《〈红十字运动研究〉2015年卷》）

在“纸”间追寻红十字运动的足迹

——《〈新闻报〉上的红十字》述评

李欣栩

由池子华、丁泽丽、傅亮主编的《〈新闻报〉上的红十字》一书，于2014年3月由合肥工业大学出版社出版发行。该书编纂人员不避繁难地查阅《新闻报》，从中梳理出红会资料并对照《〈申报〉上的红十字》《〈大公报〉上的红十字》，辑录成近60万字的资料集。

《新闻报》创刊于1893年2月17日，初由中外商人合资兴办，至1929年福开森将部分股权转让给史量才后，报纸产权逐步转为中国人完全所有。1949年5月上海解放，该报由中国人民解放军上海市军事管制委员会接管，报纸停刊；后在上海复刊，由《解放日报》主管。《新闻报》是近代上海三大报纸之一，是全国第一家发行突破10万份以上的报纸。该报中红会资料丰富，成为研究红十字运动的重要参考史料。

一

该书收录资料内容翔实，再现了近代中国红十字会发展过程中在组织建设、战争救护、灾荒救济、募集善款、卫生防疫、国际交流等方面的活动。

组织建设上，首先，详录总会和地方分会的筹建过程，使红十字运动在中国的推广过程跃然纸上。日俄战争后，东北地区生灵涂炭。从江宁司道会详督宪请暂缓仿办红十字会的“文牍照录”，到沪上绅商“创办善会”和成立万国红十字会，该书详录了上海万国红十字会建会过程。而《镇江组织红十字分会》《红十字会分会近讯》等内容则揭示了地方分会的成立背景、救助活动等。其次，关注各级红会的组织管理，有关人事任免、建章立制的消息屡见报端，如《湖州红十字会开会选举》《红会国际会订定难民收容所设备标准》《红会委托潘序伦查账》

等消息反映出近代中国红十字会组织管理的民主化、规范化及公开化。

战争救护上，近代以来中国战事迭起，伤兵载道，难民遍野。《新闻报》通过对战争形势及红会活动的跟踪报道，记述了红会的救护过程，展现了红会人的奉献精神。如1924年的《关于苏浙时局之上海影响》《江浙风云中各方杂讯》《秋雨连绵中之沪人苦战声》等消息刊载了在江浙战争波及地区，总会及分会救护人员为救助伤兵难民而穿梭于枪林弹雨的情形。对于红会战地救护人员的培训，《新闻报》亦有记录。如《中国红十字会救护训练班招收学员》《红十字会扩大救护训练》等消息，报道了抗战爆发后红会为"在短时间造就多量救护人才"而订定招收学员标准、开展救护培训的事宜。

灾荒救助也是近代中国红会的重要职责。中国红会在从事战争救护的同时，还要为遭遇水灾、风灾等自然灾害及火灾、匪患等人为灾害的地区人民提供援助。对此，《新闻报》及时发布灾情，淋漓尽致地呈现红十字会的赈灾活动。如1912年"顺直、温处等处水灾奇重，灾区数千百里，灾民数百万人，生者啼饥号寒，死者尸骸飘露"，红会"悯斯浩劫，对于放赈、掩埋、防疫力任其难"。1926年河南安阳"土匪猖獗，扰害良民，劫抢无所不至"；在收到该县县长函请救护后，安阳分会"派西医长康献廷、西医生赵景云、救护队长张献荣等十余人，随县长赴城东瓦店白璧集一带救护"。

募集善款上，为克服救灾物资不足的困难，红会不得不通过开展各种募捐活动，吁请绅商各界慷慨解囊。1937年抗日战争爆发后，上海国际红十字会为救护难民灾童，"除电请世界慈善团体及热心人士慷慨捐输予以赞助外，在本市复推行广大之募捐活动"，"特于十二月一日起举行一周募捐运动"；又成立"每月三元救命会"，为给养难民筹备物资。从该书中可知，红会的呼吁得到了社会各界的广泛响应，据悉劝募第二日"成绩极为可观，达一万余元"。1938年"先后接到旧金山旅美华侨统一义灾救济会续助捐款四万元，澳洲红十字会国币二千八百余元"。以募捐形式所得善款成为近代红十字运动得以推进的坚强后盾。

卫生防疫上，因"瘟疫之祸甚于水火刀兵"，红会对防治疫疠格外重视，成立卫生防疫机构，定期开办临时时疫医院并采取赠送药品、施种牛痘、注射预防针等措施。如1938年中国红十字会上海国际委员会、中华医学会及工部局卫生处等合办租界内难民卫生事宜，成立上海联合防疫会、难民卫生合作委员会、医务委员会。其中，"上海联合防疫会由红十字会委由中华医学会负责办理，并派定张信培医师为难民收容所附设诊所及巡回诊疗车主任，苏德隆医师为巡回清洁队主任，按日为各收容所难民诊疗及除虱洗浴等”。中国红会还在万国红十字会联盟会的呼吁下，遣派人员赴英国留学，“研究公共卫生，造就高等护士人才”。

国际交流上，中国红十字会成立以后，一方面聘用外国杰出人士担任主要职务，与其他国家红会合力救灾。1911 年“武汉风云战务日紧”，红会“延英人柯师医生为领队及丹医峨利生、英医班纳德、林冬、日医勋七盐谷铁綱等”出发武汉，后又因“伤兵过众，中国红十字会理事总长沈仲礼君除发医队并联合英美法各教员医院为分会外，并商驻沪日本总领事介绍日本赤十字社救护团来华协助”。另一方面，关注国际红十字动态，参加国际性会议及国际救灾，这从《红十字会代表启程赴瑞》《红会之救济日灾讯》等消息中可见一斑。这些交流活动既提升了中国红会的救护能力，同时又加强了中国红会与其他国家红会的联系。

二

该书作为集体劳动的结晶，内容翔实，特色明显，以下几点尤为值得关注。

其一，时代特征明显。该书在资料编排上以时间为序，辑录了从 1895 年至 1948 年的红会史事。这种以时间为经、以史事为纬的排列方法，缕述了 19 世纪末以来的国内外重大历史事件，遵循了历史发展的内在逻辑，勾勒出中国红会产生、发展、成熟的过程。此外，该书内容较多涉及战争、灾荒、瘟疫中的红会救助活动，凸显了近代中国社会战争迭起、灾害频仍、疫病流行的特征。以战争为例，该书中与红会相关的消息涉及近代以来的甲午战争、日俄战争、辛亥革命、军阀混战、抗日战争、解放战争。贯穿于各场战争之间的，还有各种天灾，如 1912 年的顺直、温处水灾，1915 年浙江水灾，1922 年汕头风灾，1931 年江淮水灾等。这既反映了近代中国红会主要的人道救助活动，又反映了近代灾祸频繁的时代特征。

其二，内容较为广泛。该书既有总会信息，也有分会信息；既介绍国内红会，也介绍国外红会；既关注战争救护、灾荒救助，又关注时疫救治；既有对内组织建设，也有对外交流等，从而较为全面地展示了中国红会的发展概况。而且，在具体救助活动中又详录了对伤兵、灾童等不同群体的救护措施，如 1924 年为“体恤伤兵”，松江红会“除每日三次由医生疗治伤痕外，午晚两膳，又供给荤菜一碗”。另外，《沪上各团体对临城劫车案进行（节录)》《江浙战事中各方杂讯（节录)》《救护协进会决议分期筹办救护培训班并协助各方推行救护训练工作》等篇幅，记录了红会与其他社会团体相互合作的消息。总之，这些消息从不同视角考察红会，生动而全面地展示了中国红十字运动的历程。

其三，资料文体多样。该书内容虽均来自《新闻报》，但其资料文体多样。见之较多的当属函电，如 1924 年 6 月《红会致广西之两要电》，记录桂林一带战事兴起后中国红会总办事处分电桂林军事长官及梧州分会的内容。除了函电，还有其他类型的文体：日记，如《代收红十字会捐款日记》；报告，如《红会组织救护队报告》《豫匪鼠窜陕之红会报告》；个人感想，如《庞京周述个人观感》；广播信息，如《阿犹双方口头同意红十字会暂管圣城》；报刊新闻稿，如摘引自《字林报》《大陆报》《英文沪报》等报刊的《创办善会》《西报据红会之报告》《美红会之最近电音》等；会议记录，如《红十字会全国大会纪（节录)》；此外还有红会自己所发布的各种募捐启事、鸣谢广告等。

其四，注重学术规范。历史研究中，史料丰富程度及其准确性影响着史实的可信度、史学研究的范围以及史家论说的力度。对于资料集而言，其内容越是接近历史原貌、越是具体，其价值越大。作为一本资料集，该书辑录的每条资料之后均注明原载《新闻报》的年、月、日。资料的标题按照原标题照录，尽可能不做改动。资料内容按原意分段，并按现行规范加上标点，纠正错字，标明多字或少字及无法辨别的字。辑录过程中编者对重大史实的考证和对相关人名、地名的考订严谨而精确，难能可贵。这一精益求精、讲究学术规范的品质，既体现了编者严谨踏实的治学态度，又提高了该书资料的准确性，增强了其学术意义。

其五，彰显人道博爱精神。“人道、博爱、奉献”是红十字精神的精髓，强调对人价值的肯定和对生命的尊重，以及对弱势群体的关怀和扶助。中国红十字会创始于“寓沪中国绅商因悯北方华民遭兵燹之苦”，从该书的《红十字会施送教养院棉衣》《中国红十字会为数千万灾民乞赈启》《红十字会议救俄灾》等消息可知，近代红会救护人员不仅积极奔赴战云密布的前线，而且还活跃于遭遇灾荒之地、疫病流行之域，关注各地贫寒饥馑之人，显示出其不分民族和种族、跨越地域的博爱精神。而《沈会长躬亲查灾》《慈善可风》等消息对沈仲礼、唐露园、王培元等人事迹的颂扬，也显示出了红会人员无私奉献的博爱精神。

三

从“红十字”的角度解读历史是一种独特的视角，作为与近代中国红十字运动相关的资料集，该书对于认识历史、审视当下均有积极作用。

首先，丰富了红十字运动研究史料。近年来，随着红十字运动研究的发展，与其相关的资料建设日益得到重视。作为社会史领域的一朵奇葩，红十字运动研究资料相当零散，多见于红会公开出版物及内部交流资料、档案、报刊、地方文史资料等。其中，作为社会变迁的重要产物，近代报纸杂志从各个方面、各个领域展示中国社会各个层面，为近代社会史研究储备了丰富的资源，见证了中国红会的产生、发展和成熟过程。在开创红十字资料建设的新范式——“报刊资料汇编”后，以池子华为首的研究团队相继出版了《〈申报〉上的红十字》《〈大公报〉上的红十字》，如今又出版《〈新闻报〉上的红十字》。该书标明了《新闻报》与《申报》《大公报》重复的资料，并以“附录”形式详列于后，标明时间，大大方便了读者查找。更为重要的是，由于主要收录《申报》《大公报》所未报道的内容，因而该书内容补充了红十字运动研究史料，为红十字运动研究的资料建设添砖加瓦，弥足珍贵。

其次，提供了认识历史的新视角。该书所收录的每一条信息都与红会相关，如上所述，该书所辑资料内容较为广泛、全面，丰富了红十字运动研究资料，这对于推动学术研究视角的转换亦颇有意义。红十字会作为“舶来品”，在适应中国社会环境的过程中，影响着中国近代社会的方方面面。仅以近代报刊为例，除《申报》《大公报》《新闻报》等大报收藏着丰富的红十字信息外，还有无数小报也含有红十字信息，如苏州地区的《吴语》。这些报刊中红十字信息既是红十字研究的宝贵资料，同时又提供了新的研究视角。例如，通过比较报刊中红十字信息数量的多少、时间段的分布、内容性质的差异、消息所涉及地区等因素，可以分析红会与大众媒体关系的亲疏远近、信息公开程度、不同地区红会发展水平的差异等。除了报刊，还有广播、电视等其他大众媒体，广泛搜集大众媒体中与红会相关的信息，从大众传媒的角度审视中国红会在近代的发展历程，可让学者对近代红十字运动有更深入的认识。

再次，可促进其他史学领域研究的发展。该书收录的内容涉及中国红会发展的诸多方面，对红十字运动研究颇有价值。而同时，史学研究具有交叉性，资料内容涉及面的广泛对史学其他领域的研究亦大有裨益，如外交史、妇女史、灾荒史、疾病史等。以外交史为例，前已有学者述及晚清及民国北京政府时期、新中国成立后至今的红十字外交，对于南京国民政府时期的红十字外交，尤其是抗战时期海内外红会对中国的人道救助活动论述较少。值得一提的是，本书中《暹罗捐振米七百包，红会请发免税护照》《救济美水灾购办物品尚待讨论》《美大宗药品食物运沪救济中国难民》《万国红会代表调查救护事宜》《德国红十字会济助我国药品》《中国红十字会赠港当局药物》《英拨款六万镑交华红十字会》等文稿，记载了抗战期间其他国家和地区红会在中国的人道救助活动。这既是中国人民加深同世界其他国家和地区人民之间友谊的写照，也是中国政府与其他国家和地区政府交涉的外交史。

最后，可启发对现实问题的思考。“郭美美事件”引发中国慈善公益领域的信任危机，同时揭开了中国慈善公益体制中“行政化”和“政府主导”的积弊。中国红会与政府关系问题、红会的公信力问题、“去行政化”问题以及《红会法》的修订等成为舆论的焦点。该书中，《政府修改红会章程》《内政部颁发红十字会征求会员章则》《红十字会函请各省市长官任征求委长》《红会委托潘序伦查账》等篇幅，可为当今红会的改革与发展提供参考。如在红会性质方面，国民政府时期，根据司法院的解释，“红十字会当然为民众团体，应受党部指导，红十字会分会设省、市、县，以各省、市、县区域为其组织区域”。1933 年进行红会章程修改时，指出“由国民政府外交部、内政部、交通部、军政部、海军部、铁道部等会同修改，红十字会亦派有代表参加。其大纲已将订定，除根据万国红会章程外，并参照现行组织改为委员制……俟全部修正后，尚须开会员大会审议三读通过，然后由政府明令公布”。这些内容可启发我们从历史的维度看待现实问题。

不可否认，纵然著者百般严谨，仍会有不足之处。如有些地方标点漏加，如《红十字会函请各省市长官任征求委长》（第 396 页）这则消息中，“中华民国红十字会管理条例施行细则”应加书名号。还有部分地方有错字，如《陈部溃兵扰民未已（节录）》（第 269 页）这则消息中，“又亲自各难民前一一慰问”一句中的“各”应予以纠正。虽不是尽善尽美，但瑕不掩瑜，该书再现了中国红十字运动的历史，使人道主义精神溢于字里行间，既为研究红十字运动提供了史料，同时又启发读者对现实问题的审视和思考。

（原载《〈红十字运动研究〉2015 年卷》）

评《江西红十字运动百年回眸》

庞向南

2013年11月，合肥工业大学出版社出版了近40万字的《江西红十字运动百年回眸》（以下简称《江西红十字运动》）。作为“红十字文化丛书”（池子华总主编）之一种，此书是苏州大学红十字运动研究中心与江西省红十字会精诚合作打造的鸿篇巨作，意在全面研究百年来江西红十字运动的历史发展，总结经验教训。作为第一部全面再现江西红十字运动百年历程的学术著作，它的出版无疑是一件很有意义之事。

一

迄今为止，关于江西慈善史的研究，从时间上看，学界关注最多的是明清时期，对民国关注不够①。从对象上看，对江西红十字会关注得很少②。江西省红十字会、苏州大学红十字运动研究中心编著的《江西红十字运动百年回眸》则力图填补这一学术空白，向我们呈现了江西红十字运动在中国跨越百年的历史进程，极具开创性。

全书由正文和附录组成。正文分为“民国时期的江西红十字会（1911—1949）”和“新中国成立以来的江西红十字会（1949—2011）”两大部分。其中，“民国时期的江西红十字会（1911—1949）”共分3章，分别探究江西红十字会的起源、组织建设和人道活动；“新中国成立以来的江西红十字会（1949—2011）”分上篇和下篇，上篇为“新中

① 参见涂蕴漪：《明清时期江西慈善事业研究综述》，《湖北广播电视大学学报》2009年第1期。

② 如刘秀君：《清后期至民国前期九江地区慈善公益事业研究》，江西师范大学2009年硕士学位论文，只涉及九江红十字分会的历史。廖武振：《民国时期（1931—1935年）江西灾荒救济研究》，南昌大学2008年硕士学位论文；涂蕴漪：《清代江西慈善组织研究》，江西师范大学2009年硕士学位论文，两篇论文虽是研究近代江西慈善史，但对红会历史并没有触及。

国成立初期的江西红十字会（1949—1978）”，下篇为“改革开放以来的江西红十字会（1978—2011）”，共分 9 章，分别从组织建设、备灾救灾、救护工作、人道救助、“三献”工作、志愿服务、红十字青少年、宣传传播、对外交流等方面展开论述。

在“民国时期的江西红十字会（1911—1949）”部分，该书主要回答的问题为：江西红十字运动是怎样开端的？江西红十字会是怎样进行资金募集、招募会员的？怎样开展战地救护、灾害救济等活动的？第一章，探讨江西红十字会的起源，主要包括三部分，首先是介绍江西红十字运动的背景，其次是江西红十字运动开端的标志，重点分析南昌、九江分会成立的基础、过程及时间考证，最后探讨江西红十字运动开端的意义；第二章，全面展现江西红十字会的组织建设，从分会组织的扩展、资金的募集及资金短缺问题、会员的招募、会长选任及职员奖惩问题 4 个方面，再现江西红十字运动的历史进程；第三章，重点论述江西红十字会的业务活动，第一部分是江西红十字会历次战地救护的活动，第二部分是江西红十字会在灾害救济、医疗服务等方面的善举。

在“新中国成立以来的江西红十字会（1949—2011）”部分，上篇主要介绍了新中国成立初期（1949—1978）的江西红十字会。新中国成立，为红十字事业的发展提供了新的历史机遇。到 1951 年，南昌分会与赣州分会相继完成改组工作，为江西红十字事业的发展奠定了基础。随着江西省红十字会的成立，江西红十字运动的组织管理机构确立。“文革”时期，江西红十字会业务停顿。下篇主要介绍 1978—2011 年江西红十字会的发展情况。第五章展现了十一届三中全会召开后，江西红十字会在组织建设方面的恢复与发展。江西红十字会恢复和重建了地方组织及基层组织，依法理顺各级管理体制，并解决了专职干部的编制问题，召开了三大、四大、五大、六大，实现了跨越式发展。第六章论述了江西各级红十字会充分发挥自身力量，主动参与江西省内外的重大自然灾害救援、救助工作，不断完善防灾减灾的应急救助体系，凸显了作为政府人道领域助手的作用。第七章详细阐述了江西省红十字会的救护工作，1984 年江西省红十字会复会以后依据传统做法，继续把卫生救护训练工作作为红十字会的中心任务之一，2003 年把群众性卫生救护工作列为全省各级红十字会重点工作任务之一。第八章论述了江西省红十字会积极开展“博爱送万家、博爱助困、博爱助医、博爱助学”等人道救助活动。第九章从献血、捐献造血干细胞和遗体器官捐献三方面论述了江西省红十字会的“三献”工作。第十章阐述和评析了江西省红十字会的志愿服务工作，江西省探索出了红十字志愿服务发展的长效机制，并逐渐形成了鲜明的特色。第十一章是关于江西红十字青少年工作的研究。第十二章从《红十字会法》宣传、国际人道法与红十字运动基本知识传播、“5·8”世界红十字日宣传、媒体及自身阵地宣传4个方面阐述了江西省红十字会的宣传传播工作。第十三章旨在突出作为国际性的人道救援组织，江西省红十字会积极主动开展民间外交，深化国际合作及与港澳台地区红十字会（组织）的民间交流，取得了可喜的成绩。

二

这部专著的贡献和价值主要体现在以下几个方面：

其一，史料翔实。《江西红十字运动》展示了江西红十字运动自1911年至2011年跨越百年的历史进程。由于时间跨度大，面临的史料梳理工作必然异常繁重。作者不避繁难，尽可能全面搜集。档案、报纸杂志是该书选用的主要资料。首先，江西省档案馆关于江西红会的档案，为梳理江西红十字运动的历史提供了重要依据。其次，中国红十字会在各个历史阶段出版了一系列会刊，汇集了大量资料，其中有许多关于江西红十字会的记录。最后，中国近代出版了许多颇具影响力的报纸，如《申报》《大公报》《民国日报》等，这些报纸对江西红十字会的活动也有一些报道。资料翔实、丰富，为本书的写作奠定了坚实的基础。

其二，多学科交叉方法的综合运用。该书以历史文献法为主，通过多种史料的搜集，综合再现江西红十字运动的历史。茅海建先生曾讲到中国近现代史研究中，在不可靠的“史实”之上，其结论也只能是不可靠的①。由于目前没有关于江西红十字会的专门研究，诸多史实尚未理清，史实重建的功夫特别重要。因此，该书重点即在于爬梳史料，钩沉历史。另外，社会史历来强调多学科的交叉，红十字运动研究更是如此。池子华先生曾提出创建“红十字学”的构想，他认为“红十字学”由一系列分支学科组成②。具体到区域红十字运动研究，吸收社会学的方法至关重要，如社会调查、社会统计等。《江西红十字运动》作为一部区域社会史的研究专著，实现了多学科方法的交叉综合。该书在历史

① 茅海建：《戊戌变法史事考·自序》，生活·读书·新知三联书店2005年版，第1页。

② “红十字学”应包括红十字灾害学、红十字法学、红十字管理学、红十字历史学、红十字伦理学、红十字外交学、红十字文化学等。参见池子华：《创建“红十字学”刍议》，池子华、郝如一主编：《红十字运动与慈善文化》，广西师范大学出版社2010年版，第3页。

文献法之外，借鉴了社会学、灾害学、管理学、法学、外交学等学科的方法。如在本书第 105 页阐述新中国建立以来依法理顺管理体制问题时，就借鉴了管理学研究方法中的历史研究法和案例研究法。历史研究法即对前人的管理实践、管理思想和管理理论予以总结概括，案例研究法即通过对现实中发生的典型管理事例进行整理并展开系统分析。1993 年《中华人民共和国红十字会法》颁布实施，为理顺红十字会管理体制提供了法律依据。2001 年，江西省红十字会开始了理顺管理体制的努力，最终，关于内设机构和人员编制有了具体而明确的规定，并按照红十字会章程设专职副会长一名。到 2011 年 9 月，江西省县级红十字会管理体制理顺率达 77%。又如第六章改革开放以来的“备灾救灾”，借鉴了灾害学的研究方法。灾害学的研究方法大致有 4 种：一是历史资料探索、总结法和当代灾害事件记录、分析法；二是内在规律、发生机制探索法；三是迹象观察、观测，结合预报法；四是各种不确定性数学预测法。《江西红十字运动》一书在阐述“备灾救灾”时显然运用了第一种方法。关于省内救援，记录了 1998 年特大洪水救援、2005 年九江地震救援、2008 年冰冻雨雪灾害救援、2010 年抚州水灾救援；关于对外救援，记录了 2004 年印度洋海啸救援、2008 年汶川地震救援、2010 年玉树地震救援、2010 年舟曲泥石流救援等。

其三，研究区域红十字运动，探讨国家与社会的关系，是一个比较好的方法。以往在研究民间慈善事业的时候，人们往往很容易将国家与社会这组概念对立起来。近来有许多研究者对此提出不同观点。梁其姿就认为清代善堂的发展变化，说明了中央政府与地方社会力量有了新的关系，两者之间关系基本上和谐而互赖，这种关系并不说明孰强孰弱。清代善堂在政府的支持下，逐渐得以壮大，但是并不能视为政权的延伸，且善堂对现存体制不存在威胁性[①]。余新忠与夫马进先生在研究明清慈善事业时也表现出类似观点[②]。这三位先生的观点，虽然不尽相同，但是都注意到了虽然明清慈善组织是私人领域力量的发展，却不能套用西方哈贝马斯的“公共社会”理论来解释国家与社会之间的关系。红十字会并不是普通的社团组织，作为国际性的人道主义组织，它以战地救

---

① 梁其姿：《施善与教化——明清的慈善组织》，河北教育出版社 2001 年版，第 319—326 页。

② 余新忠：《清代江南的瘟疫与社会：一项医疗社会史的研究》，中国人民大学出版社 2003 年版，第 286—287 页；［日］夫马进：《中国善会善堂史研究》（伍跃、杨文信、张学锋译），商务印书馆 2005 年版，第 447 页。

护为主要任务，必然要注意保持一定的中立性，但红十字会又不可能完全不食人间烟火，与政治无涉。那么到底两者之间的关系如何呢？在红会通史性著作当中，张建俅的《中国红十字会初期发展之研究》虽然有其一定问题①，但是其将中国红十字会的初期发展放在国家与社会的关系这一宏大理论框架下进行解读，具有很高的学术价值。该书认为，首先相对于此前研究公共领域大都集中探讨的是地方公共领域（如上海）而言，中国红十字会作为全国性的慈善组织，其工作范围涵盖全国许多地方。其次，在不同时期，中国红十字会的领导精英与代表国家权力的政府，为了官办、民办的立场曾有不同程度的矛盾和冲突。而且这些精英虽以上海为主，但是却借助全国代表大会，试图以民主的形式，诉诸全国会员、分会的民意，以便赋予他们继续管理红十字会的权力。张建俅关注的对象主要是中国红十字会总会，对地方分会与国家（以地方政府为代表）之间的关系并没有过多涉及。而江西红十字运动的发展，也时刻面临着怎样处理与国家（地方政府）的关系？只有将分会与政府的关系搞清楚，才能对红十字运动当中的“国家与社会”这一组关系有更为透彻的理解。

虽然《江西红十字运动》一书，没有用专门的篇章在国家与社会视阈下探讨红十字会与政府的关系，但却将国家与社会理论内化在本书内容当中。不同时期，江西红十字会与政府间的互动程度不同。如在“二次革命”的战地救护中，九江分会、南昌分会、吴城分会相继组织救护、掩埋各队，成就颇著，中华民国副总统兼鄂省都督黎元洪欣闻九江分会开展救护掩埋行动后，拨款支援。新中国成立后，在卫生部和中国红十字会总会的号召下，江西省红十字会成立，并且初创草案由江西省卫生厅呈送江西省人民委员会文教办公室批示。“文革”期间，江西省红十字会被撤销，1984 年经江西省政府批准恢复工作。2001 年 10 月 29 日，中共江西省委办公厅、省政府办公厅下发《关于印发〈江西省红十字会机关内设机构和人员编制规定〉的通知》，就内设机构和人员编制问题给予了明确指导意见。这些都表示作为社会组织，江西省红十字会具有一定的中立性，但是其角色会发生转变。

上述这些优点显示，《江西红十字运动》是一部值得关注的区域红十字运动研究方面的力作。

① 池子华：《一部中国红会史研究的“问题”之作——评〈中国红十字会初期发展之研究〉》，《民国档案》2007 年第 4 期。

三

《江西红十字运动》一书虽然取得了很大成功，但这并不表示该书无可挑剔。实际上，任何作品和研究都不可避免地存在这样那样的问题和不足，此书也不例外。

首先，任何理论和方法都有其局限性。虽然《江西红十字运动》一书采用了多学科的交叉方法，但需要指出的是，区域比较的方法还是比较欠缺的。研究区域性的红十字运动，并不是就区域言区域，还应将各区域的红十字运动进行对比研究，以此来构建整体史。对此，唐力行、徐茂明先生有过见解①。只有通过区域之间的比较，才能揭示区域红十字运动的特色。例如，1949年以前的江西与安徽的红十字运动，都曾开展过战地救护、灾害救济等人道活动，貌似相差不大。但是，通过简单的比较我们就会发现，与安徽相比，江西在战地救护方面的成绩更为突出，但社会服务方面的业绩明显不如安徽。同时，我们也会发现同一历史时期的区域红十字运动也各有其特点：解放战争时期，江西没有组织战地救护活动，而安徽、山东的红十字会则在战地救护方面较为活跃。这些差别的形成，是各区域政治、经济、文化等因素共同影响的结果。因此，通过比较研究，我们更能深刻地认识区域红十字运动的特点，更能凸显区域红十字运动在中国红十字运动中的地位，也才能发掘红十字运动背后深刻的政治、经济、文化等背景，以及对社会各方面的影响。要对红十字运动进行比较，范围的界定非常重要。具体到区域红十字运动的比较，从横向来说，可以进行区域之间的总体比较、业务活动比较、省际的比较、县际的比较；从纵向来说，可以进行同一区域在不同历史阶段的比较。只有进行多层次、多途径的比较，才能揭示区域红十字运动的轨迹及特点。

其次，可能是因该书为集体工程，所以个别细节难免有不统一之处。如题目问题，在“民国时期的江西红十字会（1911—1949）”部分，三章的题目分别为“江西红十字会的起源”“江西红十字会的组织建设”

① 唐力行、徐茂明先生认为：“在将区域研究引向整体史研究的努力中，除了纵向关注国家在地域社会中的角色地位外，另一条途径就是对不同的地域进行横向的比较研究，将各个既互相独立又彼此联系的区域联结起来加以考察，超越区域的疆界来认识区域发展的特征，以揭示区域间的整合所披露的整体史特质。”见于唐力行、徐茂明：《从区域研究到区域比较研究的理论与实践》，《社会科学》2008年第4期。

“江西红十字会的人道活动”。而在“新中国成立以来的江西红十字会(1949—2011)”部分，各章的题目直接变成了“组织建设”“备灾救灾”“救护工作”，等等。

第三，由于江西红十字会所存资料有限，未能详细阐述某些分会的历史。我们希望并且也相信，后来的研究者会在深入发掘利用档案资料的基础上，进行更为细致深入的研究。

虽然该书存在一些遗憾和不足，但是瑕不掩瑜，作为一部史料丰富、时间跨度为百年的学术著作，同时也是第一部着眼于江西红十字运动的著作，其严谨性、开创性值得称赞，而且对于江西省的文化建设必定大有裨益。相信《江西红十字运动》的问世，一定会引发更多的学人对区域红十字运动史的兴趣和探究，并随着资料的进一步丰富和研究理念的创新而不断产生更加深入而丰硕的研究成果。

（原载《〈红十字运动研究〉2015 年卷》）

《新中国成立初期中国红十字会研究，1949—1956》评介

池子华

中国红十字会是从事人道主义工作的社会救助团体，是国际红十字运动的重要成员。十余年来，学界从历史学、管理学、教育学等不同角度对中国红十字会展开了广泛而深入的研究，并逐步形成了相对独立的学术领域。其中，史学成果较为丰富，而且主要是集中对晚清和民国时期红十字会的研究。相比之下，新中国红十字会史的研究属于薄弱环节，成果寥寥。徐国普博士新著《新中国成立初期中国红十字会研究，1949—1956》（下文简称《红十字会》）已由人民出版社出版，这是他主持的教育部人文社会科学研究课题（10YJC770103）的最终成果，在一定程度上弥补了上述缺憾。实际上，新中国成立初期是中国社会，同样是红十字会发生深刻变革的重要转折期，它影响此后中国社会的走向，同样也影响此后红十字会的走向。因此，研究新中国成立初期的中国红十字会，意义重大。

《红十字会》作为第一部以新中国成立初期中国红十字会为专门研究对象的学术著作，具有诸多创新之处和学术特色。现择其要者，概述如下。

第一，选题新颖，结构严整

灾荒和战乱一直是困扰人类的两大严重社会问题。人们为规避和减少因天灾人祸而带来的损害和痛苦所进行的种种努力，一刻也没有停止过，红十字运动即是其中的一种。红十字运动起源于 19 世纪 60 年代欧洲的战场救护，在人道力量和法制保障的双重驱动下，其发展历程波澜壮阔，生生不息。

1904 年日俄战争爆发，为救死扶伤、拯难济危，上海万国红十字会

应运而生，这标志着中国红十字会正式创建。近代以来，弘扬“人道、博爱、奉献”精神的中国红十字会在战争救护、灾难救济、公益事业、民间外交等领域，以及对于我国医疗卫生事业的发展发挥出积极作用。新中国成立以来，尤其是改革开放以来，中国红十字会在和平时期，作为我国最具影响力的人道救援组织，是党和政府在人道领域的得力助手，是建设社会主义和谐社会的重要力量、精神文明建设的生力军和民间外交的重要渠道。红十字事业已经成为中国特色社会主义的重要组成部分。

历史是割不断的，历史是逝去的现实，现实是历史的自然延续。在百余年的发展史上，中国红十字会每一个历史时期，其宗旨、性质都有所不同，红十字会的组织发展有其演变过程，红十字会的人道主义行动也因时代的不同，在内涵、侧重点方面都有所变化。可见，红十字运动蕴涵着丰富的文化“密码”和信息资源，是考察和洞悉社会变迁的独特“中轴”，是一座名副其实的学术“富矿”。

基于红十字运动的自身特点及其研究状况，作者大胆地选择了新中国成立初期的中国红十字会这样一个既有研究价值和学术难度，又能从历史迷雾中收获有益启示，为当前中国特色红十字事业提供经验教训的课题。通阅全书，感受到整个著述充满了浓郁的人文关怀和强烈的历史责任感，体现出作者对于现代公益事业的深度关切。

《红十字会》凡 5 章，21 万言。全书结构严整，脉络清晰，每一章即是一个专题，每个专题自成逻辑，环环相扣。作者主要围绕新中国成立初期中国红十字会组织和事业两个部分展开多角度、多层次研究。首先，从外部环境入手，解析红十字会生存的社会环境，涉及新中国成立后政治、经济和社会秩序的重建，以及思想观念的深刻嬗变。其次，考察红十字会的组织演变和内部关系，内容有红十字会的两次组织整顿、机构设置、经费来源、人员编制、会员发展、社会动员等，并剖析红十字会的管理体制与运行机制。再次，全面梳理红十字会国内救助活动，包括卫生救护训练、医疗预防服务、参与爱国卫生运动等内容。复次，研究红十字会的民间外交，考察红十字会恢复国际合法席位的历程，以及在朝鲜战争期间施行的国际救援，在增进中苏友谊、融洽中日关系等方面的人道之举。最后，总结新中国成立初期红十字运动的重要特征、历史经验及其与社会变迁的互动关系等。

不难发现，在深入思考和研究的基础上，作者回答了新中国成立初期，已在近代完全本土化的中国红十字会出现了什么样的新变化，这种变化对新中国红十字运动产生了什么样的影响；新中国成立初期，中国红十字会是如何维系自身的存在和发展的，红十字会究竟发挥了怎样的作用，取得了哪些可资借鉴的历史经验，等等学界亟待解答的问题。

第二，资料丰富，观点鲜明

资料是学术研究的前提和基础，也是决定学术研究是否扎实的关键。因此，史学工作者向来重视资料的积累。中国红十字会的研究直到20世纪末，才引起学界的关注，之所以研究起步晚，其原因除研究者的指导思想、学术取向之外，与史料的缺乏、零散也不无关系，毕竟红十字会是社团组织，不同于党政机关。作者在《红十字会》前言中指出，“缺少第一手档案资料作重要依据，已有研究难以真实再现历史场景，因而缺乏应有的厚重感和可信度”。可以看出，作者不仅十分了解已有的相关成果，而且对红十字会研究所需史料也非常重视。

相对而言，有关新中国成立初期中国红十字会的资料，既集中又分散。“集中”的是红十字会档案部分，主要收藏于北京中国红十字会总会和南京中国第二历史档案馆；而“分散”的，主要是散见于地方志、报刊、资料集、著作、译著中的资料部分，如此状况就给搜集这方面的资料增加了不少难度。多年来，为了本课题的论证和研究，作者不辞劳苦曾多次赴北京、南京、杭州等地档案馆、图书馆，查找和收罗大量资料，并对纷繁芜杂的资料进行爬罗剔抉，钩沉索隐。正是在充分占有大量第一手材料的基础上，通过缜密分析和逻辑论证，《红十字会》才得以真实地再现新中国成立初期中国红十字运动的历史场景，所得出的历史结论也才令人信服。

比如，作者溯本求源，以档案资料、权威报刊、原始函电等为依据，博征推演，首次还原了1950年中国红十字会协商改组的真实情况，并以史实为依据，周密论证，提出自己独到的见解，从而提高了历史阐释力。又比如，作者通过史料的深挖掘，对中国红十字会在朝鲜战争期间的抗议侵略行径、国际医防服务、捐献“救护机”和协助战俘遣返等人道主义活动进行了较为全面的梳理，弥补了已有成果的不足，因而丰富了中国红十字外交研究。

此外，作者从历史唯物主义出发，提出了新中国成立初期中国红十字会先后两次组织整顿，是国家政策、社会意愿、自身发展以及苏联经验等国内外诸多因素共同影响的结果；红十字会医防队不仅具有业务功能，而且承担了一定的政治功能；红十字外交是政府外交的有益补充；新中国成立初期红十字运动呈现转折性、过渡性和革命性的重要特征，在一定程度上反映出一个时代的变迁，并与社会运行呈正相关关系等一系列观点，令人耳目一新。

与此同时，作者并没有刻意回避新中国成立初期中国红十字会存在的问题，如所需经费、办公设备等过于依赖政府，其独立性和自主性大为减弱。不过，作者也实事求是地分析了个中原因，主要是因为新中国成立后为巩固新生政权，以及在高度集中的计划经济体制下，社团组织生存空间极为狭小所致。如此观点及分析，鲜明而客观公允，填补了已有研究的诸多缺陷。

值得一提的是，书中不少资料属首次征引，弥足珍贵。作者还多次赴中国红十字会总会、浙江省红十字会调研，了解红十字实务，增强了实证研究。可以看出，《红十字会》资料丰富，新意迭出，是一部扎实的学术专著。

第三，视野开阔，方法多样

诚如作者所言："红十字运动处于变化多端的复杂社会之中，且自身亦处于不断发展和演变的过程，任何单一学科的理论和方法恐怕都难以为洞察和穷尽红十字运动的全貌提供全能的解释。"因此，采用多种方法对红十字运动进行跨学科研究，是其"对象化"的客观需要。

作者理论视野开阔，从大处着眼、小处着手，从新中国成立初期，由巩固新生政权、抗美援朝、社会主义改造等重大事件构成的历史背景出发，并将新中国成立初期的中国红十字会纳入整个20世纪历史，以及百年红十字会史的宏观范畴加以观照，"自上而下"与"自下而上"相结合，清晰地勾勒出新中国成立初期红十字会发展的历史脉络，阐明新中国红十字运动的时代特征，凸显国家与社会的互动与合作。作者在研究红十字外交时，更是具备了广阔的国际视野，因此《红十字会》所展现的是一幅多彩的民间外交画卷。

在著述中，作者站在历史与理论的高度，主要运用了历史学的理论方法，同时借鉴政治学、社会学等理论元素，对新中国成立初期中国红十字会展开跨学科的综合研究。就具体研究方法而言，《红十字会》坚持了"四个相结合"，即文献分析和实证研究相结合、历时性研究与共时性研究相结合、整体把握与个案研究相结合、定性研究与定量研究相结合，从而全方位地再现了新中国成立初期红十字会组织发展及其人道主义活动的“全息”映像。

值得一提的是，作者还适当地采用了比较研究法，首次将新中国成立初期的中国红十字会与民国时期的中国红十字会、苏联红十字会进行比较研究。通过纵、横比较，读者更加清晰地发现新中国成立后中国红十字会的鲜明特性：新中国成立后，红十字会在宗旨、目标、管理模式等方面与苏联红十字会存在相似之处，新中国红十字运动注入了“苏式”元素；而且，中央政府对红十字会的领导，以及红十字会对其内部的控制均较新中国成立前有所强化。这些，当然都是新中国红十字会受到当时国内外环境影响的结果。

著作是不完美的艺术。虽然《红十字会》具有结构合理、视野开阔、史料丰富、观点正确等诸多优点，但同时也存在一些不足。如因资料缺乏，在考察1956年中国红十字会组织整顿时，仅以江苏红十字会为个案，难以把握其全貌。同样是资料因素，对中国红十字会开展的国际救助，除朝鲜外，其他国家尚没有涉及。还有，作者若能对健在的新中国成立初期红十字会当事人进行访谈，做些口述记录，为学术研究提供必要的佐证和参考，则整个著述可能会更加深入和丰满。这些不足，自然有待于今后研究作进一步的完善和补充。

总之，作者在已有成果的基础上，首次对新中国成立初期中国红十字会进行较为全面和系统的研究，难能可贵，其粗陋之处，也在所难免。不过，瑕不掩瑜，本书的出版无疑为深入研究新中国成立后的中国红十字会奠定了基础，同时丰富了当代中国史研究，其学术价值不可低估。

（原载《〈红十字运动研究〉2015年卷》）

读《新中国成立初期中国红十字会研究，1949—1956》

吴佩华

2013 年 6 月，人民出版社出版了浙江科技学院徐国普博士的新著《新中国成立初期中国红十字会研究，1949—1956》。我与徐博士是同门师兄弟，他先入门，都是以中国红十字运动为研究对象，研究时段都集中在新中国成立以后，有很多相通之处。该著作出版时，徐博士立即寄送我一本，并嘱我作文一篇。

在该著的写作过程中，适值本人拙著《中国红十字外交，1949—2009》已成，徐博士遂邀我共同参与该课题研究。由于当时我比较忙，只是向徐博士提供了部分文字稿，故徐博士在其《后记》中说“红十字外交”部分初稿由我提供，实乃徐博士在认真吸收我已有观点的基础上重新撰写而成。正是由于我间接地参与了该著的写作，遂向徐博士提出，主要是谈谈个人读完该著作后的体会与感想。

一

该著系教育部人文社会科学研究青年基金项目“国家与社会的互动：新中国成立初期中国红十字会研究”（编号：10YJC770103）的最终成果。作者从红十字会的外部环境、组织演变与内部关系、国内救助事业、红十字外交等方面，对新中国成立初期的红十字会进行了专题研究，无疑为深入研究新中国成立后的红十字会奠定了基础，也丰富了当代中国史研究。主要体会在于两点。

（一）资料翔实丰富

做历史研究，史料是基础。沈志华教授把它形象地比作“粮食”——“史料就是粮食，没有粮食你怎么做这顿饭？”沈教授说：“我们讲历史研究，都要用第一手的资料。第一手的资料有三大类，第一类是档案文献，就是当时留下来的一些文件、报告、决议等等，然后收入档案里看，这叫档案文献。第二类就是当事人的回忆，当事人经历的事情，不管是采访的也好，还是他写的回忆录，这都是当事人的记忆。第三类就是当时的新闻、报刊，或者现在有影视，将来留下来的历史作为史料。”① 做中国现当代史的同仁可能都有同感，因种种原因，一手资料十分难得，尤其是对我们这些刚入门的“小人物”而言更是难得，研究新中国成立后的中国红十字运动亦然。翻阅徐著，既有大量的来自不同地区的档案资料，也有大量的报刊资料，正是有了丰富材料的支撑，立论才有了坚实的基础。作者在该著《前言》中亦坦言：“缺少第一手档案资料作重要依据，已有研究难以真实再现历史场景，因而缺乏应有的厚重感和可信度。”可见作者对史料是十分重视的，能“信手拈来”这么多一手资料，史料功夫做得确实很扎实，倾注了作者不少心血！

（二）视角新颖开阔

红十字会既是人道主义社会救助组织，也是一个国际性的民间组织，跟政府有着十分密切的联系。红十字会历史悠久，每一个历史时期，它的宗旨、性质都有所不同，红十字会的组织发展有其演变过程，红十字会的人道主义行动也因时代的不同，其内涵、侧重点都有所变化。新中国成立后，面临的国际国内环境十分复杂。中国红十字会作为社会组织，在其应对来自各方面的挑战时，也是波澜起伏、气象万千。如何准确认识新中国成立初期中国红十字会在国家社会发展中的地位与作用？如何正确把握中国红十字会的特点？作者以“国家与社会互动”为理论视点，大处着眼、小处着手，将新中国成立初期红十字会纳入整个20世纪历史，以及中国百年红十字会史的宏观范畴加以考察，“自上而下”与“自下而上”相结合，并对新中国红十字会与民国时期红十字会、苏联红十字会进行了纵、横比较研究，视野十分开阔，清晰地揭示了新中国成立初期红十字会的组织演变和事业发展的脉络，全方位地再现了新中国成立初期中国红十字会的组织发展及其人道主义活动，准确把握了红十字会与政府、社会间的关系，揭示了新中国红十字运动鲜明的时代特征，进一步提升了我们对中国红十字会的认识。

① 沈志华、崔永元等：《朝鲜战争史料论》，原载“凤凰读书”，转引自共识网2013年8月28日。

红十字运动崇尚和弘扬“人道、博爱、奉献”精神，自19世纪60年代兴起以来，红十字会所进行的人道主义救助活动逐渐遍布全球，波澜壮阔，生生不息。红十字运动蕴涵着丰富的文化密码和信息资源，是考察和洞悉社会变迁的独特“中轴”，是一座名副其实的学术“富矿”。2005年，业师苏州大学池子华教授和时任苏州市红十字会郝如一常务副会长携手合作，高举红十字运动研究的旗帜，创刊物、建网站、成立研究中心，培养专门研究红十字运动的人才，积极凝聚社会各界的力量，共同推动对红十字运动的研究。正是由于业师和郝会长的推动，2009年4月，“红十字运动与慈善文化”国际学术研讨会在苏州大学隆重举行。会上，时任中国红十字会总会党组书记、常务副会长的江亦曼发表题为“用理论引领实践”[①] 的热情讲话，希望业界、学界通力合作，加强对红十字运动的理论研究，以更好地引领红十字运动的各项改革与实践。大会亦认为，经过多年的探索、积累，一门专门研究红十字的“新红学”已奠定了较为坚实的理论基础，现条件已经具备，时机已经成熟[②]。2013年9月25日，中国红十字会会长华建敏专程来苏州出席“红十字理论研究座谈会”，并发表重要讲话，强调要加强红十字理论研究[③]。新中国成立初期是中国社会发展的重要转折期，对此后中国发展的走向产生了深刻的影响，此一时期中国红十字会的重组与发展，同样对此后中国红十字运动产生深远的影响。以此时段的中国红十字会为研究对象，其学术价值不言而喻。徐著以宽广的视野，从国家与社会互动的角度对该时段中国红十字会进行专题研究，填补了当前红十字运动研究的一段空白，进一步丰富了“新红学”的内涵。该著作的出版发行，可喜，可贺！

同时，徐著也为我们这些从事红十字运动研究的后学者提供了很好的借鉴：首先，需有“板凳一坐十年冷”的气概，认真搜集有关资料，做好积累的功夫；其次，要认真解读这些资料，能以更宽广的视野来关照这些资料，还要能找准与红十字会研究合适的切入点，做好涵养史识的功夫。

① 江亦曼：《用理论引领实践》，《红十字运动与慈善文化》，广西师范大学出版社2010年版。

② 池子华：《创建“红十字学”刍议》，《红十字运动与慈善文化》，广西师范大学出版社2010年版。

③ 《红十字理论研究座谈会在苏州召开》，见江苏红十字会网站2013年9月29日。

二

由于现代通信事业的发展，本人在阅读的过程中有疑惑的地方常常可以随时跟作者沟通交流，受益匪浅。现就相互交流的问题略举一二，以就教于方家，不到之处，请批评指正。

就治理结构而言，据我所知，新中国成立之前，中国红十字会成立初期主要是常议会制，后改为理事、监事会制；新中国成立后，1950 年 8 月对中国红十字会进行改组，仅保留理事会，没有成立监事会，实行理事会制。理事会是全国会员代表大会闭会期间红十字会的最高领导机关，其领导层的构成是会长、副会长、常务理事、理事。常务理事会主持会务及执行日常工作，一般由常务理事、会长和副会长组成。而徐著引用有关材料，说“1956 年 11 月 7 日，江苏省红十字工作会议在南京市召开，会议协商选举产生了江苏省红十字会第一届执行委员会、常务委员会和监察委员会”[①]。就我目前所见的有关中国红十字会总会的材料而言，没有看到 20 世纪 50 年代总会成立监察委员会的有关材料，而地方红十字会却成立了监察委员会。考虑到当时整个社会环境，个中缘由，估计需认真查阅相关资料，再进行研究，也望方家不吝赐教。

就中国红十字会的监督问题，作者说：“新中国成立初期，中国红十字会在领导人选、经费支持、办公设施、工作规划等方面过于依赖政府，而政府自身监督，特别是社会监督红十字会又严重缺失，这是新中国红十字会治理结构极为欠缺的地方。直至一个甲子之后的 2012 年底，中国红十字会社会监督委员会方才成立，从而弥补了这一缺陷，实现了历史性跨越。”[②] 上文提到，1956 年江苏省红十字会改组时成立了监察委员会，可惜作者没有展开，不知道当时江苏省红十字会的监察委员会的人员构成及其社会运作，以及监察委员会究竟完全是红十字会自身的监督机构，还是广泛聘请社会有关人员、实行社会监察，类如 2012 年中国红十字会社会监督委员会？2012 年成立的中

① 徐国普：《新中国成立初期中国红十字会研究，1949—1956》，人民出版社 2013 年版，第 65 页。

② 徐国普：《新中国成立初期中国红十字会研究，1949—1956》，人民出版社 2013 年版，第 52 页。

国红十字会社会监督委员会不是红十字会自身治理结构的一个有机组成部分，从其运作的社会实践来看，在处理有关问题的时候监督委员会有自身天然的缺陷，难以真正实现其社会监督职能。总之，有关对中国红十字会的社会监督问题，值得认真地探讨。

（原载《〈红十字运动研究〉2015 年卷》）

危机与突破

——读《红十字：文化传播、危机管理与能力建设》随感

王　萍

2012年7月10日，国务院出台《关于促进红十字事业发展的意见》，从中国特色社会主义事业、加强和创新社会管理、社会主义核心价值体系的高度，阐述了发展红十字事业的重要意义。国务院的《意见》第一次正式提出，发展红十字事业有利于建设中国特色社会主义社会管理体系。不仅肯定了红十字事业的人道救助性质，也赋予了红十字会参与社会管理的价值理念和发展定位，从国家战略高度明确了发展红十字事业的社会价值。

红十字事业的改革与发展，必须理论先行。事实上近10年来，苏州大学红十字运动研究中心致力于红十字组织在中国的发展历程、红十字运动发展的过程与特色、红十字文化的精神内涵、新的历史时期红十字运动的发展等多方面的理论探索，形成了一系列高质量的研究成果。由池子华、郭进萍、邓通、李攀合著的《红十字：文化传播、危机管理与能力建设》一书，就是其中的成果之一。作为池子华教授总主编的“红十字文化丛书”之一种，该书由合肥工业大学出版社出版发行。

全书共分三个部分，包括上篇“红十字文化传播”、中篇“改革开放以来中国红十字会的危机管理”、下篇“公益慈善组织能力建设”。上篇主要围绕着1874—1949年间红十字文化在我国的传播，以及传播策略、传播方式、传播效果和制约因素等内容展开论述；中篇针对红十字组织在社会危机管理方面的作用、红十字会参与危机的能力建设与路径选择等方面进行分析；下篇主要论述了我国公益慈善组织能力建设的现状与存在的问题，并通过对安徽省红十字会的个案分析，探讨红十字组织能力建设的优化路径。

通读全书，让我们深刻感受到在当今机遇与挑战并存的时代，红十字运动研究者的社会责任感与历史使命感，针对当前红十字会在舆论宣

传中的被动局面，作者在本书的开篇明确指出：红十字文化传播是红十字事业的有机组成部分，旨在弘扬“人道、博爱、奉献”的红十字精神，对于扩大红十字的社会影响、动员更多的社会资源支持红十字事业有至关重要的作用。

本书特色鲜明，具有很强的时代气息和现实关怀，其中以下几个方面尤为突出，颇有启发和借鉴意义。

一、着眼于历史与现实的结合，加强文化传播能力建设

伴随信息技术的发展，文化传播的方式日趋多样化，传播内容丰富、受众广泛、速度迅捷，电子媒体的传播功能在大众传播媒介中的地位凸显。红十字文化作为一种理念要想深入人心，必须要借助大众媒介的传播功能，顺应社会发展的潮流，回顾历史，启迪未来，总结经验，服务当今。对红十字文化传播的研究一方面可以为推动红十字文化发展提供历史借鉴，另一方面对培育中国特色的红十字文化，顺应网络社会的媒体传播特性，推动红十字事业走出舆论困境也多有裨益。总之，开展对红十字文化传播研究，对于了解和把握文化传播的规律，探索红十字适合中国本土的文化传播路径，以及促进红十字事业的健康和可持续发展，都具有重要的现实镜鉴意义。

上篇的第一章论述了1874—1949年期间，红十字文化在中国的传播，这是作者着墨最多之处。包括红十字文化在华传播的社会背景，作者指出红十字会组织在当时西学东渐、尊西趋新的时代心态推动下，中西会通的慈善文化具有符合当时社会现实需要的特点。因为有了这些现实背景，红十字组织才得以在当时得到了迅速的传播。

在第二章中，作者对1874—1949年期间，红十字文化在华传播的历史轨迹进行了阐述，主要包括起步阶段（1874—1911）、发展阶段（1912—1936）、转型阶段（1937—1949）。

在第三章中，作者对红十字文化在华传播策略进行了总结和归纳，并且指出：红十字文化在华迅速传播的条件在于既附会中国传统文化，同时又迎合国人功利心理、在活动中能够重视信息公开透明、运用名人效应。

第四章对红十字文化在华传播方式进行了梳理和提炼，如创办红十字刊物、刊载专门文章、设立各种专栏，通过纸质媒体开展宣传。另

外，又利用文娱活动、征文比赛、电影、灯会和游园会等各种群众喜闻乐见的方式，开展活动宣传，社会各界对红十字会募捐活动响应积极。

在最后的部分，作者着眼于历史与现实的结合，对红十字文化的传播效果和制约因素进行了论述，指出红十字文化传播的主要制约因素在于当时的生产力发展水平低下，以及损害红十字会信誉的负面事件层出、传播理念淡薄等方面，尤其是负面事件的发生，对红十字组织的社会形象和组织发展产生冲击。由此可见，要想推动红十字会组织的发展壮大，既要用实际行动证明，也要通过舆论说明，非常有必要加强文化传播能力建设。

二、参与危机事件管理，在困境中努力前行

人类文明的发展，可以说是不断应对危机事件的历史，危机事件的处理，伴随人类历史发展的全过程。在社会转型时期，危机事件是社会管理领域中的严峻挑战，破坏性强，呈现常态性的特点。针对近年来公众热门话题之一的“危机管理”，不少学者从不同角度进行理论探索，“危机管理”的研究也不断向各个学科领域渗透。在本书的中篇，作者以此为切入点，通过对改革开放以来中国红十字会参与危机管理的诸多方面进行系统考察，进一步拓展和丰富了红十字运动研究的内容，更好地为红十字运动的实践提供参考和借鉴。

当前，中国红十字会由于受到“郭美美炫富”等负面新闻事件的影响，社会形象一落千丈，陷入了空前的信任危机，媒体、公众等对红十字会的批评之声不绝于耳。在一片质疑声中，红十字组织利用各种方式，如官方微博、官方网站、新闻发布会、媒体通气会等形式，发布相关信息，以寻求社会的认同。然而实际效果并不理想，红十字组织的一系列努力并没有得到广大民众的理解和认可，原因何在？为什么一个有着百余年发展历史的人道组织，在自身遭遇危机事件时，面对各种尖锐的批评和质疑声，却无法实现自我救赎？应该承认，在对于一系列负面事件的处理方面，红十字会有其自身管理制度方面的问题，同时忽略了网络媒体传播的特点，以及忽视人们的心理诉求与社会快速变化也是重要原因。

就红十字会应对危机而言，可以看出存在的问题主要包括以下方面：

（1）在危机事件出现后，没有及时反应，进行系统处理，而是就事

论事。每次澄清之后，总是引来更多的质疑，最后导致事件发展陷入更大危机。

(2) 声明与发布缺乏有力的证据，表述内容逻辑性不强。特别是针对负面事件的说明，陷入了自说自话的状态，无法满足广大网民的心理期望。所谓的“真相”证据不足，证据链不严谨，无法得到广大民众的认可，失望情绪恶化了事态发展。

(3) 网络媒体本身的特点决定了不能按照常规方式进行危机管理。当前，中国的网民人数达到了世界第一，截至 2014 年 6 月达到 6.32 亿之巨，网络媒体成为大多数人获取信息的首选平台。网络传媒本身具有较强的匿名性、虚拟性、海量化信息的特点，突破了传统媒介的基本范式，诚信和准确的严格标准被破坏。有学者指出，网络媒体正在从内容为王的时代，演变到谣言为王，甚至谎言为王的时代。从全球的观点来看，最近 10 年中，媒体的公信度在急速下降。

在有关红十字会的很多言论中，后来有一些被证明是虚假的，但是没有人去考证；即便是考证了，在对红十字会污名化的舆论浪潮中，很少有人再去介意真相如何。这些都加剧了在应对舆论危机中，红十字会的处理难度，导致危机公关失败，教训深刻。

三、搭建制度平台，提升红十字会品牌能力、组织能力与公信力

进入 21 世纪以来，伴随经济的发展和人民生活水平的提高，我国慈善事业也进入了快速发展期，在应对重大灾害和社会危机事件中发挥了关键性的作用。作为慈善事业的主力军，红十字会在社会危机事件中凝心聚力，携手共济，组织本身也得到了迅速的发展。但与此同时，不断涌现的负面新闻事件把红十字会推到了舆论的风口浪尖，红十字组织遭遇了最大的信任危机，被广大网民和媒体“口诛笔伐”，针对红十字会的社会形象和组织能力的质疑声此起彼伏，同时学界和民众更关注的是中国的慈善事业该如何发展，争议与分歧也逐渐凸显。

在本书的下篇部分，作者对我国慈善组织能力建设的现状与问题进行了探讨。一方面，对我国慈善组织发展历史和现状进行了论述：我国慈善组织经历了从无到有、从少到多的急剧发展变化过程；慈善组织种类繁多，涉及的领域宽泛，在慈善组织快速发展的同时，慈善捐赠数量有了显著提高。另一方面，慈善组织的发展也面临很多不容忽视的困

难，包括慈善组织能力建设缺乏外部环境的支持，难以获得法律地位，政府对慈善组织的限制过多，慈善组织自身普遍缺乏筹资能力，品牌建设水平较低及公信力迫切需要提高等。

针对慈善组织发展面临的困难，作者提出，作为建立在自愿和信任基础上的慈善事业，它以善款为来源，善款的来源又以捐助者为基础，这些具有社会责任心的捐助者对慈善组织的信任与信心，是慈善事业发展的支柱。要想维持和稳定这种信任关系，必须加强对慈善组织能力的建设：要明确慈善组织的法律地位，加快包括红十字会在内的公益机构的法律、法规、章程体系的建设；取消注册需要寻找业务主管单位的规定，对于满足条件的慈善组织实行登记许可制度，为慈善组织搭建一个特定登记认可的制度平台；在与政府之间的关系问题上，要建立一种良性的“合作伙伴关系”；积极探索慈善组织的筹资路径，在提升组织品牌能力建设过程中注重开发特色项目，通过一系列的方式方法建立品牌长效机制；慈善组织的建设应从组织运作透明化出发，不断完善信息公开制度、财务披露制度，并通过量化管理、定期考核的方法，将这两项制度落实到每个人和每项具体的工作当中；通过媒体、网络、审计、公报等方式及时向社会发布各种信息，尤其是捐赠信息，这是组织打造公信力的最简洁、最直接的途径。

四、在“三化”中实现红十字事业可持续发展

公信力之于慈善组织犹如阳光之于植物，没有了公信力，慈善组织的生存都会成为问题，更不要谈发展。当前，受到负面事件的影响，民众的参与意识和积极性被弱化，加上我国慈善事业的发展起步较晚，民众的慈善意识较为薄弱，慈善组织在调动社会资源方面的能力也大受影响，以致我国慈善事业下一步的发展让人担忧。

中国目前已经成为世界第二大奢侈品消费市场，2013 年拥有亿万资产的富豪有 243 人，而热心于慈善事业的人却屈指可数。普通老百姓的慈善活动参与率更低，2012 年，我国私人捐赠人均只有 0.92 元人民币，当年中美人均收入比为 1∶38，而人均慈善捐款比为 1∶7300。2013 年，慈善捐赠改变了连续两年下滑的局面，捐赠额回升至千亿元，全国接收的国内外社会各界的款物捐赠总额约 989.42 亿元，居近三年来捐赠规模之最，但主要是以企业捐赠为主。

在当今的社会转型加速期，有学者提出，红十字会等社会组织的职

业化、专业化、民间化是趋势，去行政化是必然；也有学者提出，慈善组织要想获得突破与发展，必须发挥政府在民间组织发展中的作用，加强政府的支持和监督，为民间组织的发展提供良好的发展环境。

其实这两种发展趋势本身并不矛盾，政府作为公共事务的管理者，理应对社会组织的发展提供政策支持，对其行为进行监督，包括为其构建发展的政策环境，提高政府的服务质量；同时，政府也要对慈善组织有适当的控制，加强财务审计和监督。慈善组织本身要想获得发展壮大，必须要有专业化、职业化的人员队伍，明确角色定位，理顺与政府之间的关系迫在眉睫，如本书所说，慈善组织要与政府之间建立一种良性的“合作伙伴关系”。

要想实现红十字事业的可持续发展，必须“软硬兼施”，既要加强管理制度建设、法规建设、人事制度建设，强化自律和自我约束，加强外部监督。同时也要加强文化宣传，打造品牌形象；打破传统思维模式，抢占舆论阵地，加强网络平台建设，增强在舆论风暴眼中的应急能力；更重要的是要加强在低谷时期的社会行动，扩大对行动的宣传力度，利用当前网络媒体的传播优势，走出舆论困境。

作为人类文明的体现，共济思想与慈善事业代表了公平、正义、人道、责任的社会伦理思想，没有了慈善事业的发展，社会归属感和凝聚力就会被削弱，对中华文明的发展不利。正如池子华教授在本书后记中所指出的，红十字会组织的能力建设是一个综合工程，组织建设、文化传播、品牌建设必须齐头并进，理论建设、舆论宣传和实际行动任何方面都不能忽视，在危机中突破，在低谷中迸发，任重道远。

（原载《〈红十字运动研究〉2015 年卷》）

《中国红十字运动史料选编（第一辑）》评介

丁泽丽

史料的整理出版，无疑是中国红十字运动研究的“基本建设”。尽管之前出版了《中国红十字会历史资料选编》《〈申报〉上的红十字》《〈大公报〉上的红十字》《〈新闻报〉上的红十字》等，但对深化红十字运动研究而言仍远远不足。有鉴于此，苏州大学红十字运动研究中心整合人力资源，陆续推出大型资料汇编《中国红十字运动史料选编》。该书为这一系列中的第一辑，由池子华、崔龙健主编，于2014年7月由合肥工业大学出版社出版发行，共计46万字。该书的整理完成是苏州大学红十字运动研究中心工作人员集体劳动的结晶，也是“红十字文化丛书”的新成果。

一、内容概要

《中国红十字运动史料选编（第一辑）》（以下简称《选编》）由《中国红十字会二十周年纪念册》（以下简称《纪念册》）辑录而成。《纪念册》是中国红十字会于1924年为纪念该会成立20周年而编辑的册子，“印成十万部，发行东西各国及本国二十二行省”①，“全书五百余页，有华英文合璧，内容丰富，又□铜版图画一百四十帧，详尽各省前后救灾之事，并各界名人题词，书法精妙，万国红会联约及海陆军条约之注释全载，中国红会及各医院防疫、救护、看护、学校、一切章程及慈善近录，又有名人列传论说，特文小说俱有趣味”②，“分条约、纪事、章程、近录等十六门”③。因篇幅所限，《选编》未

① 《中国红十字会二十周纪念册招登广告》，《申报》1924年6月27日。
② 《中国红十字会二十年纪念册出版征求纪念会员》，《申报》1925年2月23日。
③ 《红十字会印就二十周年纪念册》，《申报》1925年2月28日。

将“题赠”“图画”“题词”等5部分录入，其余基本照录原文，为便于读者阅读方便特添加序号。根据该书辑录的史料性质，可分为史学资料和文学资料两类。

史学资料囊括7部分。第二部分“纲目”，以纲目体的形式，呈现红十字会的组织建设及救灾、救护、救疫的人道活动，包括中国红十字会20年大事纲目及中国红十字会固始分会12年大事纲目两部分。中国红十字会20年大事纲目的录入不可或缺，之所以选择固始分会，或因固始分会成立于中华民国成立之时，选择一分会作为个案，说明民国以来中国红十字会的发展情况。总会与分会“并驾齐驱”，可从中窥视20年间整个红十字系统的发展概貌。第三部分“条约”，包含《万国红十字联合会规约》《日来弗红十字约推行于海战条约》《红十字条约解释》，说明红十字会作为国际性组织于战时救护中应遵循的国际约法。第四部分为“奏折”，辑录吕海寰、盛宣怀、吴重熹上奏清政府，陈述中国须设立红十字会的原因及如何运行的条陈。第五部分“章程”，包括《中国红十字会修正章程》《中国红十字会市医院章程》《上海吴淞两口防护染疫章程》《中国红十字会救护学校暂行简章》《上海中国红十字会出发救护队临时章程》《中国红十字会时疫医院简章》及《上海红十字会总医院护士学校章程》，是中国红十字会制度建设的结晶。第六部分“分会”，涉及《中国红十字会分会通则》及全国22省分会建立情况。第七部分“纪事”，以纪事本末体的形式陈述20年来中国红十字会经历的重大事件。第八部分“近录”，为该书的核心内容，所占篇幅近全书一半，收录20年来总会与各分会的往来函电，如分会请求总会支援救灾、分会报告总会救护中遇到的突发情况、分会函告总会本年的施救情况及总会复分会函电等。

文学资料包括4部分，分别为第一部分“颂词”，由各省市红十字人将20年来中国红十字会从事的救灾、救护等人道活动以诗词的形式描述下来，语言精练，感情真挚。第九部分“列传”，收录红十字会运动史上贡献突出的人物，中外均有涉及，如南丁格尔女士、峨利生医生、唐露园先生、欧灵生先生等，以列传的形式沥陈其奉献红十字事业的突出成就。第十部分“文苑”，收录中国红十字会成员在救护、掩埋、放赈、医院等方面所著诗文，分会描述灾荒、灾民情况的诗文，中国红十字会发布的募捐启事、征信录、刊物发行情况，追悼红会领袖人物的追悼文等。第十一部分“小说”，以此呈现中国红十字会20年间的三大主要活动，即救疫、救灾、救护，通俗易懂。

二、价值突出

首先，史料价值颇高。史料是治史的前提和基础，是推动史学研究深入的基本保障。该书为史料汇编，无疑史料是其最大的贡献。第一，为中国红十字运动研究的“基本建设”添砖添瓦。如前文所述，虽然资料建设颇有建树，但对深入红十字运动研究而言，仍较为薄弱。该书辑录中国红十字会于1924年发行的《纪念册》，弥补了已刊资料的不足。第二，史料珍贵。红十字运动研究早期资料较为缺乏。《纪念册》作为中国红十字会纪念成立20周年编印的书册，载有大量珍贵史料，其发行已有90年，发行之时虽有10万册，然在战祸连绵、硝烟滚滚的社会环境下，幸存较少。《选编》以其为蓝本，将颂词、往来函件、奏折等珍贵的一手资料编辑整理，编印成书，呈现于世，可谓追寻其早期历史足迹的重要依据，其史料价值不言而喻。第三，真实性强。《选编》为史料汇编，在保留《纪念册》原貌基础上进行整理。如此，既保留了史料的完整性，又避免了断章取义之弊，为研究者提供了可靠的史料。

其次，内容全面，拓宽了研究视角。第一，从内容的量上看，该书分“颂词、纲目、条约、奏折、章程、分会、纪事、近录、列传、文苑、小说”11个专题，几乎涵盖红十字运动的方方面面，从建会立章到国际救援的重大活动，救灾、救护、救疫等基本活动，红十字人的颂词，红十字突出贡献人物的列传等无不涉及，内容丰富。第二，从内容类别上看，《选编》载入史学资料的同时，亦将文学性材料纳入，如“列传、文苑、小说”等，可谓该书内容上的一个特色。

丰富的内容，且以专题形式呈现，为研究者提供了新的研究思路。就研究内容而言，以往主要集中于救灾、救护活动两个层面，救疫活动虽有涉及，但不够深入。从《选编》展示的专题中可以启发我们，规章制度、医疗机构、突出人物等不失为可拓展的研究内容。就研究方法而言，该书中辑录大量的诗文、小说等文学材料，值得珍视。张仲民先生指出：“文学材料不‘真实’，只有档案、日记类的材料才‘真实’，才有利用价值，这样的史学观念早已成为陈之刍狗，历史与文学的关系，文学材料的历史用途这样的问题正在被史家重新反省和检讨。”[①] 将文学

① 张仲民：《出版与文化政治：晚清的“卫生”书籍研究》，上海世纪出版集团2009年版，第40页。

材料运用于史学研究中的“以诗证史”，即“以诗文为史料，用所谓历史之眼光，通过发现其中时间、地域、人物等史料成分，分析诗中之古典今典。并与史籍所载相参证，从而更全面地掌握历史真相，对古人之思想、情感及其所处之时代社会达到真正同情及了解”① 的研究方法，早已被史学家运用于其他领域的研究中，红十字运动研究也值得尝试。《选编》所载有关诗文，都是很好的素材。

最后，体例清晰，方便查询。整体上看，该书分 11 个专题，从不同层面展示了中国红十字会前 20 年的丰功伟绩，研究者可根据其研究对象有选择地翻阅资料，方便快捷。从各专题上看，体例虽然多样，但仍便于查询。如第二部分“纲目”，中国红十字会二十年大事纲目，时间跨度大，事件繁杂，无论采用纪事体抑或编年体都略显凌乱，《纪念册》采用纲目体，用“纲”书写严谨的提要，用“目”详其内容，“纲欲谨严而无脱略，目欲详备而不烦冗”②，前后脉络通贯，读者如不欲详读，只需看“纲”便可了解大概。《选编》保留其原有的纲目体，以编年贯穿通篇，每一年下以纲目注明事件，简洁明了。再如，第七部分“纪事”采用纪事本末体的形式，以重大事件为中心，每一事件独立成篇，各篇按时间顺序编写，完整地反映整个事件的全过程。研究者若欲了解会员大会、救济日本地震详情等只需查阅这一事件即可。可见，全篇体例因专题需要而设，极大地便利了研究查询。

三、美中不足

该书作为史料汇编，其史料之珍贵、内容之丰富、体例之独特无疑值得称赞，但亦有不足之处。

第一，史实错误未能纠正。该书几乎完全按照《纪念册》辑录，只是酌意分段添加标点，虽保留史料原貌，然其错误之处一仍其旧。首先，已订误之处尚未修正，该书第二部分“纲目”，可谓研究中国红十字会早期历史的最重要、最权威的文献资料，然囿于资料或限于时间，其中错误之处不少。池子华教授针对 1993 年南京大学出版社出版的《中国红十字会历史资料选编，1904—1949》载录《中国红十字会二十周年纲目》，将其中错误史实考证更正，特著文《〈中国红十字会二十年

① 胡守为主编：《陈寅恪与二十世纪中国学术》，浙江人民出版社 2000 年版，第 167 页。
② 严耕望：《治史三书》，上海人民出版社 2011 年版，第 66 页。

大事纲目〉订误》，指出其中存在 17 处错误[1]。此次辑录时，如能添加注释予以更正，更有利于研究者使用。其次，其他错误，如该书第 67 页，中国红十字会固始分会十二年大事纲目（附录），“第一年：壬子，中华民国九年”，此处显然错误，民国时期壬子年实为 1912 年即民国元年；再则，其后的第二年为中华民国二年，第三年为民国三年，亦可说明“民国九年之误”。

第二，为了保留《纪念册》全貌，《选编》照录，不可避免造成与已出版的资料重复，如“中国红十字会大事纲目”“红十字条约解释”“本会开创时之奏折（一）（二）”“中国红十字会修正章程”“中国红十字会各省分会一览表”“中国红十字会救日本震灾纪事本末”等，就与 1993 年由中国红十字会总会编、南京大学出版社出版的《中国红十字会历史资料选编，1904—1949》重复，虽然情有可原，但不够完美。

第三，英文资料完全省去，似有不妥。《选编》辑录了《纪念册》11 部分的内容，《纪念册》中的赠词、图画因录入不便省去尚可理解，然其英文部分特别是对中国红十字会的简介，有一定的史料价值，且可为外国研究者提供方便，直接略去不录，有些遗憾。

尽管该书尚存在些许不当之处，然瑕不掩瑜，对深化红十字运动研究意义重大，也为后续史料整理出版提供借鉴。

（原载《〈红十字运动研究〉2015 年卷》）

① 池子华：《〈中国红十字会二十年大事纲目〉订误》，见《〈红十字运动研究〉2007 年卷》，安徽人民出版社 2007 年版。

一部翔实叙写日本早期红十字运动史的力作

——《日本红十字运动史（1877—1916）》导读

池子华　郭进萍

红十字运动研究自20世纪末进入学术界视野以来方兴未艾，取得了一系列成果。但遗憾的是，目前红十字运动研究成果主要集中在对中国红十字运动发展轨迹和历史功绩的勾勒与探讨，对国际红十字运动的研究则成果稀少，几乎形成“断层”，严重制约了红十字运动的国际化研究趋向。然而令人叹为观止的是，日本人川俣馨一在近100年前就著作并出版了本国的红十字运动发展史——《日本赤十字社发达史》（日本红十字组织称“赤十字社”），以翔实细腻的笔触描绘了日本红十字运动波澜壮阔的历史画卷。

红十字运动课题的研究具有国际性的特点。放宽视野，我们理应有全球化的多维视角和学术关怀，将考察的目光从国内拓展到国外，以加强国际红十字运动与中国红十字运动的横向对比研究，既可以是宏观上发展机制和组织结构的比较，也可以是微观上业务活动的比较。在知己知彼的基础上，我们方能对红十字运动有一个较为全面客观的认知。有鉴于此，我们重新整理、出版了《日本赤十字社发达史》这本书，虽然它有些“姗姗来迟”，但其在红十字运动史研究中的一席之地却是不容抹杀的。

日本红十字会创建于1877年，历史相当悠久，在中国红十字事业的发轫中也扮演了重要的启蒙和助推角色。1894年中日甲午战争爆发后，成千上万的赤十字社志愿者不辞艰险，远道而来，深入战地，不分畛域，救死扶伤，使国人从直接的“观摩”中受到刺激与启发，认识到红十字之于战争救护的重要性和弥补这一“缺陷”的必要性、紧迫性。中国红十字的启蒙运动就此萌生，并最终在1904年的日俄战争中发轫。《日本赤十字社发达史》虽立足日本红十字会的发展历程，但书中呈现了大量日本红十字会在中国开展红十字事业的活动资料。在这个层面上，重新梳理日本红十字运动的早期历史对于勾勒中国红十字事业的起步轨迹不无裨益。值得一提的是，文末专门附有晚清时期中国红十字会的成绩介绍，对中国红十字会的缘起及救护活动等做了客观翔实的叙述，内容涵盖中国红十字会在日俄战争中的救济难民、放赈，救恤美国旧金山大地震及设立救护机关（筹建红十字会总医院、分医院及医学堂等），救治淮北时疫以及救恤兵灾等方面，尤其是对日俄战争中难民救济和辛亥革命中伤兵救护等史实进行了浓墨重彩的铺陈叙写，分量相当厚重，具有很高的史料价值，在一定程度上弥补了中国红十字运动早期历史研究缺乏外文资料佐证的缺憾。通过重版，我们希冀尽可能全面再现近代日本红十字运动跌宕起伏的发展历程，展示日本红十字事业的多元性和丰富性，揭示日本红十字运动的地域特色及其与中国红十字运动的互动关系，在比较考察中推进中国红十字运动研究的国际化趋势。

《日本赤十字社发达史》于1916年在日本东京内部印行，中文竖排繁体字版。在整理过程中，我们将竖排改为横排，文字改为简体字，句读亦按照《标点符号用法》的通行标准重新校订和标注，并将书名改为《日本红十字运动史（1877—1916）》，书中“赤十字会”一律改为“红十字会”，以符合国人阅读习惯和国际通行称谓。针对原著中目录和正文标题不一致的问题，我们按目录标题来统一正文标题；至于原著中同一人名、地名不一致的问题，我们一律采用国际通行的称谓；容易误解的人名、地名及错误之处，在［ ］号中注明，其他一仍其旧，以尽可能保持原著原貌。要说明的是，日本红十字运动根基深厚，内容丰富，本书只能略窥豹斑，弥补缺憾，为尔后进一步深入研究奠定一些基础。因此，不全、不妥之处，在所难免，欢迎读者批评指正。

日本红十字会的前身为博爱社，明治十年（1877），博爱社创建于西南战役中，后经过扩张，加盟《日内瓦公约》。明治二十年五月二十四日（1887年5月24日），博爱社改称日本红十字会，从此开启了日本红十字运动发展的新时代。兹结合内容评述如下，以飨读者。

一

《日本红十字运动史（1877—1916）》共计五期25章，文后附录日本红十字会年表以及例规摘要并中国红十字会成绩，全面再现了日本红十字会自创立到1916年（大正五年五月六日）召开第二十四回会员总会期间所走过的光辉历程，充分展示了日本红十字会在战地救护和天灾事变救援中所发挥的巨大作用。

第一期“概观及其创业”。作者对日本红十字事业做了一个整体梳理，包括红十字运动的主旨、何谓红十字事业等基本问题，并放宽考察的视野，叙述了国际红十字运动以及亨利·杜南的功业，同时着重叙写了日本红十字会的前身博爱社的创立与发展概况。这是全书的绪论，提纲挈领。

第二期到第五期是本书的重点所在，完整再现了日本红十字事业的发展历程。

第二期“会务初期时代”。在这一时期，日本红十字会一方面积极开展组织建设，参与万国同盟，缔结红十字条约，招募看护妇，设置地方支部，制定会员章则；另一方面进行力所能及的救护活动，如救护磐梯山喷火遭难以及土耳其军舰遭难等。这一时期的活动为红十字会的发展奠定了良好的组织基础并累积了丰富的经验。

第三期“会务普及时代”。主要叙述了日本红十字会在普及会务方面所做的努力，诸如新设病院，开展救护演习，并赈济浓尾震灾及救护1894至1895年中日甲午之战。

第四期“会务扩张时代”。在这一时期，红十字会全面参与各项救护活动，在救护水害、三陆海啸、汽车遭难、火灾及“北清事变”等过程中，积极协助政府，充分彰显了博爱本色。

第五期“会务整理时代”。这一部分占了全书正文部分一半的篇幅，足见其分量之重。由于形势发生了变化，这一时期对资金的蓄积、人员材料的准备、平时的事业、会员的募集以及经费的节减等事务都做了不同于创业时代的规定，召开了13回会员总会，并介绍了在东北及韩国等地的会务发展情况。这一时期发生了一件具有重大历史意义的事件即三十七八年战争（日俄战争），作者事无巨细地叙写了日本红十字会在这场战争救护中的英勇行为，可以说这一事件是日本红十字会会务发展的一个顶峰。

二

《日本红十字运动史》是一部翔实叙写日本红十字运动光辉发展历程的集大成之作。纵览全书，可圈可点之处颇多。

其一，结构严整，脉络分明。该书采用编年体，除附录外，共分为五期25章，以时间为经、史事为纬，紧扣日本红十字会史的主要线索，叙述有条不紊。对日本红十字会的创业、初期时代、普及时代、扩张时代及整理时代等进行了详尽的叙述，脉络分明。文后附有日本红十字运动大事记以及例规摘要，简洁明了，重点突出，可与正文相比照，相得益彰。该书既注重日本红十字会对重大灾情、战争的赈济与救护，又关照红十字会的组织建设和日常发展，将红十字会发展过程中所召开的24回会员总会一一枚举，同时还兼顾红十字会的对外事务，如对美国震灾的救护、派遣赴外国救护班、东北及韩国会务推展等，全面再现了日本红十字运动报国恤兵、博爱人群的风采。值得关注的是，作者采用的时段划分法清晰明了，为中国红十字运动史的研究著述提供了一种可资借鉴的范式。

其二，资料翔实，可信度高。丰富翔实的资料是史学研究的前提和生命力所在。该书在资料的运用上，博采众长，立足本土文献资料，诸如《日本书纪》《续日本纪》《元亨释书》《跨关日记》等，同时还采信中国古籍，如《三朝北盟会编》等。在具体资料的甄选上，作者大量运用原始的第一手资料，诸如信函、奏表之类特定时代下的产物，尽可能重构历史的原貌。如明治二十年一月十九日，博爱社总裁炽仁亲王联合宫内大臣伯爵伊藤博文上奏的《博爱社事业扩张请愿书》，对推动博爱社改称日本红十字会就具有不容忽视的作用。此外，大量图表和统计数字的使用则既直观真实，又大大增强了可信度。

其三，内容丰赡，考证认真。该书资料翔实，内容丰赡，作者在叙写历史时可说是事无巨细，略举一例加以说明。明治三十七年（1904）日俄战争爆发后，日本红十字会展开了全面的救护行动，出动病院船、救护班、患者输送纵列等，开设临时救护部，帮助内地陆海军卫生勤务、战地兵站病院卫生勤务、战地患者输送纵列勤务。日本红十字会的积极举动，充分发挥了其作为政府在人道领域的助手作用。在战争中，日本红十字会忠实履行了中立原则，不仅致力于对战争中负伤的日本军人的救护，还积极开展对敌国伤病兵的救护活动，淋漓尽致地诠释了人道主义的真谛。在这场战役中，笃志看护妇人会以及患者休养所等也发挥了举足轻重的作用。除此之外，作者还对外国人对这场战争的勤务帮助做了客观翔实的叙写，可谓面面俱到。

该书在叙写历史的同时，还兼顾对历史的溯源。作者对日本红十字会看护妇及看护人的由来进行了认真的考察，认为笃志救护起源极古，大概为“圣武天皇之皇后安宿媛（光明皇后）于天平二年，始于皇后宫职创设施药院”，为“贫困之病人或无服药治疗之途者之救疗之事”（原著第79页），后又开设悲田院，从事各项慈善事业为其发端。而在战场，妇人从事伤者救护，则始于明治元年东北战争之时。这些考证体现了作者深厚的史学功力和严谨的治学态度。

其四，立足史实，颇多新见。作者立足于大量史实，打破述而不作的传统治史思维，对日本红十字会的发展抒发了自己的独特观点。在论述日本红十字会所采用的编制与欧美各国不同时，作者敏锐地意识到问题的症结在于红十字会的主旨与欧美各国不同，指出日本红十字会以报国恤兵为主旨，以博爱慈善为事业精神，而欧美各国则只以博爱慈善为主旨，这是形式上的差异。此外，日本红十字会采用集权体制，其业务统一于中央，这些都优于欧美各国。在作者看来，外国的红十字会，由宗教观念而以博爱慈善为主旨，而日本红十字会，则全由忠君爱国之观念而以报国恤兵为主旨。博爱不等于报国，“博爱则非报国，报国则非博爱。”即使欧美诸国，也应当以报国为主旨。“换言之，以报国恤兵为经，博爱慈善为纬也”(原著第6页)。作者还对万国红十字会条约与宗教的关系进行了考察，认为红十字会的徽章与耶稣教的十字架全无因缘，但对于泰西诸邦而言，红十字会的仁义道德观念与宗教是脱不开关系的。

此外，作者还对战争道德做了阐述，指出虽然战争道德施之于实地者，为克里米亚战争，但战争道德并非创于此次战争。公元前551年，孔子即倡导仁义忠孝之道。之后释迦牟尼于印度说慈悲之道，都与红十字事业的精神——仁爱主义如出一辙。日本也以仁义忠孝教人民、治国家。仲哀天皇九年（纪元860年）神功皇后三韩征服之时，“传令将士爱恤敌兵，可谓发挥战争道德者矣。”在中国，古书对战争道德也有记载：“皇后亲用内府币帛……与宫嫔作绵拥顶，分赐军士云云。”这是宋代之慰问战时军队事业也，其时为公元1026年（原著第9—10页）。这些论述都给人耳目一新的感觉。

其五，人物活动始终贯穿其中。该书在叙写历史时，虽以事件为主，但并未忽略事件背后人的作用，而是对在日本红十字事业发展过程中起过重要作用的人物都浓墨重彩地铺陈叙写，如开笃志看护之先河的光明皇后，奠基会务基础的会长佐野常民、总裁小松宫彰仁亲王、副会长小泽武雄等人，为看护妇事业做出巨大贡献的看护妇人会总裁彰仁亲王妃赖子殿下等等。除这些精英人物外，作者对为红十字事业做出贡献的千千万万个会员，也进行了热情洋溢的赞美。日本的红十字事业是一项全民事业，以看护妇人会为例，无论是日本的贵夫人抑或是普通看护妇，她们平等协作，不辞辛劳，共同从事伤病兵的救疗活动，令人称道。

三

红十字组织虽然是国际性组织，但各国红十字事业的开展和普及总是在一定地域环境和文化传统中进行的，不可避免地会打上本国政治的烙印。《日本红十字运动史（1877—1916）》一书中，军国主义及皇权色彩极为浓重，对天皇的溢美之词随处可见，如日本红十字会的会规条例鲜明地体现了它的附庸性质。作者在分析红十字会发展的原因时也主要归功于皇室的庇护。这些均与日本红十字会报国恤兵的主旨息息相关，它受天皇保护的性质也决定了其浓重的皇权色彩。因此，**中国读者在阅读和使用本书时，对于书中行文中从日本方面介绍、评论有关甲午战争、八国联军侵华战争、日俄战争以及第一次世界大战的内容，应持客观公正的立场，特别是对于在军国主义色彩影响下的日本红十字会的业务活动要有全面而正确的认识：既要看到其在战地救护和天灾救济中的人道博爱奉献精神，更要看到这些战争本身的非正义性。**

需要指出的是，由于该书创作于近100年前，加之作者为日本人，且鲜有句读，古文言色彩浓重，书中有大量带有鲜明日本色彩的词汇，如“祈内坡［日内瓦］条约”“出张”“勤务”“整理”等，这在某种层面上加大了读者的理解难度。

虽然作者撰写此书的主观目的在于展示日本红十字会对于国运发展的贡献，宣扬日本红十字会在战争救护中是如何发挥日本文明、宣扬日本国威、增进日本地位、显示日本功绩等，难免有溢美之词，但在客观上为我们展示了日本红十字运动从无到有、从弱到强的点滴蜕变历程。总的来说，瑕不掩瑜。

《日本红十字运动史（1877—1916）》谱写了一曲日本红十字会在战地救护和灾害赈济中可歌可泣的大爱篇章。它对研究日本红十字事业与官方政府的关系，红十字的组织运作机制及对外交流等都大有裨益，为我们重新解读西南战争、甲午战争、八国联军侵华战争、日俄战争等具有重大历史意义的事件提供了一个独特的视角。这部书所昭示的意义也是多重的，不仅有助于理清日本红十字运动的发展脉络，而且对推动中国红十字运动事业的深入开展也是具有借鉴意义的。

（原载《日本红十字运动史（1877—1916）》，合肥工业大学出版社2015年版）

近代上海红十字运动的多元呈现

——《红十字在上海（1904—1949）》简评

刘思瀚

上海是中国红十字运动发源地，也是中国红十字会诞生地。中国红十字运动的发生、发展，与“上海”紧密联系在一起。但多年来，学界针对上海红十字运动的专门研究并没有实质性的进展，成果寥寥，这与上海在中国红十字运动史上的独特地位极不相称。2014年11月，马强、池子华主编的《红十字在上海（1904—1949）》（下文简称《上海》）一书，由东方出版中心出版发行，弥补了这一缺憾。

一

《上海》一书，洋洋洒洒43万言，收录了自红十字运动登陆上海至新中国成立期间，中国红十字会、中国红十字会沪城分会（上海分会）、国际红十字组织、赤十字会等几乎所有在上海区域范围内活动的红十字组织、类红十字组织及其重要人物和历史事件。全书凡15章，分别为：第一章《红十字在上海“登陆”》、第二章《中国红十字会的诞生与上海》、第三章《草创之初的中国红十字事业》、第四章《上海：辛亥革命期间人道救援的枢纽》、第五章《民国肇建与中国红十字会的再次转型》、第六章《“癸丑之役”中的人道救援》、第七章《“二次革命”后的上海红十字运动》、第八章《江浙战争与上海红十字运动的高涨》、第九章《上海特别市设立前后的红十字组织》、第十章《抗战前期的救护行动》、第十一章《“淞沪会战”爆发前的调整与准备》、第十二章《“淞沪会战”与红十字会的人道救援》、第十三章《“战争中的人道”与创新》、第十四章《“复员时期”的上海红十字运动》、第十五章《红十字文化在上海的荟萃》。

全书以时间为经，以重大事件为纬，再现了近代红十字运动的背景、起源、过程和红十字运动在上海地区发展的多元与多样性，内容全面而系统，其中以下几条线索格外突出：

其一，红十字会与政府的关系。中国红十字会创立伊始，经历了由“中外合办”至“国人自办”的过程。值得注意的是，清政府借红会转向“自办”之机，加强了对红十字会的管控，不但红会的成立要奏报朝廷，而且红会会长也由朝廷任命。此后，红会经历了将中国红十字会易名为大清红十字会的风波，由此造成“京会”“沪会”的对立，这一局面直到民国初年才得以解决。民国建立后，红十字会召开首届会员大会与“统一大会”，化解了“京会”“沪会”的矛盾，制定了较为完备的章程，为红十字会不断成长壮大奠定了基础，与此同时，北京政府意图加强对红会的掌控。随着北伐战争的结束，南京国民政府一经成立，即对红十字会进行“彻查”，理由是红会在北伐战争中救护不力，“积弊太深”。其实，这是因为红会在北伐战争期间忙于应付上海疫情，分身乏术，无力展开有效的前线救援。这一方面反映出红十字会的力量还不够强大；另一方面，诚如本书中所说，“即使红十字会没有所谓的置若罔闻，亦在劫难逃，只不过以另一种形式出现罢了”[①]。南京国民政府刚刚完成政权更替，势必要对旧有的社会组织进行“整理”，加强对红会的管控也是题中应有之意。从《上海》一书中，我们可以看到，自红会在上海诞生后，各个政府都没放弃将红会纳入管控的努力。每一次政权更迭，随之而来的都是新政府对红会的重新控制。这固然是乱世政权更迭频繁的伴生现象，但也体现了红会作为一个秉持中立与人道主义原则的社会救助组织的重要性。另一方面，也正是因为红十字会秉持中立，与政府之间的博弈不可避免，如何建构红会与国家及社会的和谐关系，从《上海》一书中或可得到启发。

其二，红十字会组织结构的演变。《上海》一书对红会总会与分会的关系演变做了详细的考察。与国际红十字运动一样，中国红十字会也是因为一场战争——日俄战争而诞生。上海绅商创立红十字会的目的就是进行战争救护。而随着红十字会的不断发展，上海地区在辛亥革命期间成立了中国红十字会历史上的第一个得到总会正式承认的分会——沪城分会。这也是上海市红十字会的前身，“拉开了上海市本地红十字事业有序发展的序幕”[②]。不过，在上海以外的各个地区也都成立了许多打

① 马强、池子华主编：《红十字在上海（1904—1949）》，东方出版中心 2014 年版，第 191 页。

② 马强、池子华主编：《红十字在上海（1904—1949）》，东方出版中心 2014 年版，第 81 页。

着红十字旗号的慈善组织，名目繁多，且与中国红十字会联系不强，可谓“各自为战”，没有形成一个完善的红十字会系统。只有“统一”中国红十字会的内部关系，理清红会的上下级结构，才能推动红十字事业有序发展。有鉴于此，中国红十字会于1912年10月30日在上海召开“统一”大会，明确了分会的权利、义务及其与总会的关系；规定所有分会统一命名为“中国红十字会某处分会”，并且要求地方成立红十字分会必须报备总会，批准后方能成立。《上海》一书认为，中国红十字会至此确立了“一种垂直的关系，总会下设分会，分会就是基层组织”①，向规范化管理迈出了至关重要的一步。而组织建设作为一条重要线索，贯穿于《上海》一书中。

其三，红十字会战争救护水平的不断提高。中国红十字会因战争而生，战地救护可以说是红十字会当时的核心业务。毫无疑问，有关红十字会战地救护之举构成《上海》一书的中心内容。通过对日俄战争、辛亥革命、癸丑之役、二次革命战争、江浙战争、北伐战争、抗战前期、淞沪会战、上海沦陷等时期的战地救护进行详细叙述，重现了红十字会战争救护水平不断提高的过程。从本书中可以看出，红十字会战争救护水平的提高，不仅仅体现在救护规模上，更是救护人员素质、救护体系、救护方法与战前救护准备等各方面的综合提高。

其四，红十字会对社会服务事业的探索。虽说红十字会的主要任务是战争救护，但在20世纪上半叶有限的和平时期里，红十字人还是对如何做好社会服务工作进行了探索。《上海》一书中就多次提到红十字会的社会服务事业。早在1922年，红十字会总办事处就于上海组织了马路救护队，配备多辆自行车，并统一着装，“一闻电话，立即出发施救”②，起到了良好的效果。随着红十字会实力的不断增强，其社会服务形式也变得多种多样，抗战胜利后的“复员”时期，上海红会就开办了诊疗所，方便附近的居民就医。对于不便前往诊疗所的市民，红十字会还组织流动服务站和流动诊疗车，尽可能地扩大其服务范围。

其五，上海之于红十字会的特殊意义。《上海》一书的诞生，其实正从一个侧面印证了上海之于红十字事业在中国发展过程中的重要地位。上海作为近代中国的窗口，是东西文化交融汇聚之地，红十字文化

① 马强、池子华主编：《红十字在上海（1904—1949）》，东方出版中心2014年版，第98页。

② 马强、池子华主编：《红十字在上海（1904—1949）》，东方出版中心2014年版，第147页。

最早便是通过上海登陆中国。据《上海》所述，19 世纪 80 年代，上海的《申报》就对红十字"颇为关注"，连续刊登多篇文章，向国人介绍红十字会及红十字精神。随后诞生的上海万国红十字会及后来的中国红十字会都将上海作为其总部所在地，此时的上海已然成为全国红十字运动的中心。民国成立后，红十字会召开首届会员大会，将总办事处设于上海，更奠定了"上海红十字运动的优势地位"[①]。《上海》一书还对红十字运动首先登陆上海的原因做了探析，认为上海拥有独特的地缘因素，在经济、文化和慈善传统上拥有其他地区所难以企及的优势。上海红十字运动的跌宕起伏，直接影响了中国红十字运动的历史进程，同时也见证了中国社会变迁的风风雨雨。

二

《上海》作为一本区域红十字会史研究的学术专著，颇具特色，以下几个特点值得注意：

其一，以时间为序，条理清晰。本书以时间为线索，全面再现了近代红十字运动的背景、起源、过程和红十字运动在上海地区发生发展的历史脉络，并以历次战争与近代中国的重大历史事件的时间范围划定章节内容，通过中国红十字会在日俄战争、辛亥革命、癸丑之役、二次革命战争、江浙战争、北伐战争、"一·二八"淞沪抗战、"八一三"淞沪会战、上海沦陷等时期的救护行动，勾画出红十字运动在上海的演进历程，让读者对此段历史有一清晰认识。这种谋篇布局，不但契合历史发展的内在逻辑，更能突显出红十字会的命运与战争紧密相连的特点。

其二，资料丰富，广征博引。作为一本叙述时间跨度达近半个世纪的专著，《上海》一书所征引的史料是十分丰富的，这也是本书的一大亮点。本书的作者广泛搜求，整理出大量文献资料，包括档案资料、报刊资料、外文资料等，多达数百万言，为著作的撰写奠定了坚实的基础。本书终成鸿篇巨制，没有丰富翔实的历史资料支撑，是难以想象的。而这些资料被精选汇编为 3 卷本百余万字的《红十字上海资料长编》，必将为红十字运动研究的进一步深入创造条件。

其三，内容全面，重点突出。1904—1949 年，红十字会由草创走向

① 马强、池子华主编：《红十字在上海（1904—1949）》，东方出版中心 2014 年版，第 99 页。

成熟，这一过程中的事件与人物可谓不胜枚举。限于篇幅，《上海》并没有尝试面面俱到的叙述方式，而是点面结合，突出重点。在红会创立的早期，着重阐述红会建立的历史过程及其组织演变；而在战争时期，注重展现红十字会的战地救护工作；在短暂的和平时期，则把重点放在红十字会的社会服务事业上。这样的编裁方式，能够最大限度地体现各个时期红会工作的重点所在，让读者对红十字会的起源、发展、各个时期的工作内容都能有最本质的认识。本书在叙述方式上还有一大特点就是注重个案研究，如对二次革命中的“大通”号救援行动、淞沪会战中上海红十字会煤业救护队等，都有专门探析。这样的个案研究使红会的救援行动更加丰富饱满，同时把对问题的研究引向深入，使《上海》一书不仅有广度，更有深度。

其四，总分兼备，特色鲜明。《上海》所论述的对象是上海地区的红十字会，不仅仅有中国红十字会总会在上海的历史足迹，还有上海本地红十字组织的成长之旅；不仅论述中国红十字会如何通过历次战争不断发展壮大，也对上海地区红十字组织的成立过程，以及如何在总会的关怀下发挥自身的作用做了详细叙述，如本书第六章就专辟一节，论述了二次革命期间刚刚成立不久的沪城分会的救护行动。此外，《上海》一书还对上海地区历史上除中国红十字会以外，曾出现过的特殊的红十字组织做了系统考察，第十三章所论述的上海沦陷后留沪人士（多为外籍人士）组织的上海国际红十字会即为一例。《上海》一书还特别注意在红十字研究中，突出上海红十字组织的特点。这些特点集中体现在上海地区红十字会开展的社会服务事业和红十字文化宣传上，本书第十五章就是对上海地区红十字文化传播特点的系统总结。

三

《上海》一书的出版，填补了红十字历史研究中的诸多空白，更对思考当下有重要的时代意义。

首先，《上海》一书廓清了有关上海红十字会的相关史实。本书不仅为红十字研究提供了一个区域研究的范本，为此后对上海红十字运动的深入研究打下坚实基础，还为城市研究提供了一个新的视角——从对上海红十字会的论述中，窥见 20 世纪上半叶上海城市的多个面相。笔者以为，通过红十字研究来把握某个地区的社会组织特征及其与社会的互动关系，是一条可行之路。而《上海》一书至少可以为此后的研究提供借鉴。

其次，《上海》一书提示我们重视上海在红十字运动发展史上的重要地位。如前文所述，上海之于红十字会，有着特殊的意义。它不仅是红十字会传入中国的窗口，又是中国红十字会诞生之地，更是长期以来红十字会总办事处的所在地。它又不仅仅是红十字会战地救护的后方指挥所，有时还成为战地救护的最前线。由此可见，红十字运动史中的上海是一个复杂的结合体，既是红会活动的中心，又是红会活动的前线，无论是城市史，还是社会史，其研究价值不言而喻。《上海》一书的出版，或能激发更多学者的研究兴趣。

再次，《上海》一书能带动区域红会的比较研究。《上海》已基本完成了对上海红十字运动的梳理分析，在此基础上，结合目前已有的成果，能否进行区域间的红十字运动比较研究呢？值得尝试。在结合社会史研究的方法与理论的基础上，对不同区域之间红十字会的起源、发展与特点进行比较分析，并总结其原因，可以加深对红十字运动在不同区域发展模式的认识。

最后，《上海》一书还能启发我们对红会目前面临的诸多问题产生新的思考。历史经验值得人们借鉴，红十字会史同样不例外。通过了解分析中国红十字会的历史，我们或许对现实问题能有一个新的考虑。例如，晚清、民国时期的红十字会，对于每一笔捐款，都在报刊上刊登鸣谢广告，一方面以示感谢，另一方面也起到昭信社会的作用。这无疑对红会目前提升透明度问题有所启示，做法不一定照搬，但先辈红十字人的精神是值得学习的。又如前文所述，上海市曾出现过一支由红十字会组织的马路救护队，对遭遇事故的人士予以及时救护，甚至有记载表明，这支救护队曾经救助过饿晕在马路边的路人①。这种救助方式，无疑扩大了红十字会的社会影响力。红会秉持的助人为乐、服务大众的精神得以传承并发扬光大，有助于红会进一步提高公信力和美誉度。

《上海》无疑是一本成熟的学术专著，但也有美中不足之处。如，由于是集体成果，各章节之间的衔接稍显拖沓，对某些事件有重复的描述。此外，倘能增加一章对上海地区红十字会的特点加以总结、提炼、概括，当更显系统、全面。总之，瑕不掩瑜，《红十字在上海（1904—1949)》是一本红十字运动研究的力作，值得研究学习。

（原载《〈红十字运动研究〉2016年卷》）

① 马强、池子华主编：《红十字在上海（1904—1949)》，东方出版中心2014年版，第148页。

贝海拾珠：《红十字在上海资料长编（1904—1949）》评介

崔龙健

作为中国红十字会的发源地，上海在中国红十字运动史上具有独特的地位，而且在中国红十字运动走过的110余年波澜壮阔的历程中，上海红十字运动始终扮演着重要的“人道先锋角色”。有鉴于此，上海市红十字会与苏州大学红十字运动研究中心合作开展《红十字在上海（1904—1949）》课题研究，包括学术专著和资料整理两个部分。通过近3年的共同努力，该课题取得丰硕的研究成果，且被评选为上海文化发展基金会2014年第一期出版资助项目。《红十字在上海（1904—1949）》先于2014年11月由东方出版中心出版发行，《红十字在上海资料长编（1904—1949）》（3卷本，以下简称《长编》）则于2015年7月亦由东方出版中心精装推出，这是继《〈申报〉上的红十字》（4卷本）[①]之后又一极具分量的大部头红十字史料类书籍。

一、《长编》及其特色

《长编》共分为四编，以年份先后为编排次序，加以分门别类，计有综合、专题、函件、纪事、杂俎5种，共辑录史料达130余万字之多。第一编为晚清时期（1904—1911），以上海万国红十字会组建和开办的各种函件、章程为主；第二编为民国前期（1912—1930），包括中国红十字会医院、学堂、护士学校和总分会章程、函件、成绩报告等；第三编为抗战时期（1931—1945），主要辑录了中国红十字会总分会和中国红十字会医院章程、管理条例、各项报告，以及会员代表大会和征求会员征信录、理监事会议纪录、抗战救护近讯等；第四编为复员时期（1946—1949），以中国红十字会总会和上海分会为对象，有关会议录、

① 池子华、严晓凤、郝如一主编：《〈申报〉上的红十字》，安徽人民出版社2011年版。

工作近况、医疗卫生服务等内容均有收录。

《长编》资料翔实丰富，编录有序，诚如编者所言，“系将搜集到的资料精挑细选，汇编而成的”，有诸多可称道之处，兹就史料内容对其特色稍作评述。

其一，辑录时间前移，力求内容全面。

《长编》在时间上始于1904年，到1949年为止，然而史料辑录具体操作时，编者有意将时间放宽至1874年，即全书收录的第一份史料——《交战时宜预筹保护人命》，源于1874年9月7日《申报》。据此，全书实际收录时间比名义上提早了30年，编者冠其名为“启蒙时期”，其力求全面呈现中国红十字运动起源的意图十分明显。1904年为中国红十字会在上海诞生的时间，若从1904年开始辑录史料就显得有些突兀，无法将中国红十字运动起源的缘由述说清楚，于是将辑录时间向前追溯也就顺理成章。

中国红十字运动并非没来由的就开始了，也不是日俄战争一催化就诞生了，这其中有着各种千丝万缕的必然因素。编者所择录的史料也颇耐人寻味，辑录的“启蒙时期”史料除善款募捐启示、牛庄、营口等地红十字医院开办及救治伤兵事之外，还有诸多与西医东渐有关的内容。西医东渐看似和红十字运动登陆中国没有必然的联系，其实不然。国际红十字运动肇始于1859年索尔弗利诺战役，战事救护由此成为红十字会的天职，战事救护一般分为两个部分：一是战地救护伤兵、难民出险；二是护送伤者至医院治疗。在这一过程中需要大批医护人员，而中国风气未开，数量本就缺少的中医又无法胜任，所以西医必然先于红十字运动东渐，才能为红十字运动的登陆创造条件。

其二，史料类型多样，来源较为广泛。

中国近代史料庞杂纷呈，远远超出古代经、史、子、集的范畴，一般分为“档案、文集、全集、类书、丛书、方志、报刊、实物、口传、小说。文集类再细分为：论说、信札、日记、笔记、传记、诗词”①。作为浩瀚纷繁的中国近代史料中的沧海一粟，近代中国红十字史料也可划分为以上几种类型。《长编》所录，大抵以档案、报刊、文集为主，有报告、广告、日记、电文、会议录、诗词、函件等多种，类型较为丰富。另外，史料除红十字档案之外，还摘录自《中国红十字月刊》《红

① 张革非、杨益茂、黄名长编著：《中国近代史料学稿》，中国人民大学出版社1990年版，第17页。

十字月刊》《申报》《外交报》《中西教会报》《协和报》《人道指南》《中国红十字会时疫医院征信录》《中国红十字会二十周年纪念册》《临时政府公报》《江苏省公报》《民立报》《兵事杂志》《时事汇报》《慈善近录》《内务公报》《海军公报》《振务月刊》《上海国际红十字会报告》等多种书刊，史料来源相当广泛。

其三，摘录详略有别，避免重复收录。

《长编》旨在揭示近代中国红十字运动在上海和上海地方红十字运动的发生、发展情形，因而与此二者不相关的史料应当予以剔除。这是《长编》中多处出现“节录”“略”等字样的原因，此外还有一个重要的原因是避免重复收录。苏州大学红十字运动研究中心一直重视红十字史料的整理和出版工作，先后推出了《〈申报〉上的红十字》《〈大公报〉上的红十字》[1]《〈新闻报〉上的红十字》[2]《中国红十字运动史料选编（第一辑）》[3]，后续史料整理工作也在进行之中。而上海作为红十字运动的登陆地，是中国红十字运动研究的重要对象，在上述史料书籍中大部分史料与上海有关联，为保证《长编》的内容质量和史料价值，史料的删减是很有必要的。

二、《长编》的史料价值

梁启超有言：“史料者何？过去人类思想行事所留之痕迹，有证据传留至今日者也。”[4] 所以，《长编》辑录的不仅仅是红十字史料，更是红十字运动在上海留下的历史年轮。透过《长编》，近代上海红十字运动45年的风雨征程历历在目，中国红十字运动的发生、发展轨迹也在其中彰显，显示出《长编》极高的史料价值。

中国红十字会自1904年成立后，在上海茁壮成长。上海长期作为中国红十字会总会、中国红十字会总会总办事处所在地，“以其独特的区位优势，成为红十字文化中国化的试验场、传播红十字文化的集散

① 池子华、傅亮、张丽萍、汪丽萍主编：《〈大公报〉上的红十字》，合肥工业大学出版社2012年版。

② 池子华、丁泽丽、傅亮主编：《〈新闻报〉上的红十字》，合肥工业大学出版社2014年版。

③ 池子华、崔龙健主编：《中国红十字运动史料选编（第一辑）》，合肥工业大学出版社2014年版。

④ 梁启超：《中国历史研究法》，河北教育出版社2000年版，第49—50页。

地、全国红十字运动的中心”[①]。毫无疑问，上海在中国红十字运动史上具有重要地位，近代上海红十字运动的发生、发展不单是中国红十字运动发生、发展的缩影，在很大程度上就是中国红十字运动本身。在众多东渐的西方文明中，红十字运动中国化属于一个较为特殊而又鲜明的案例，上海在这一过程中就与中国红十字运动结下了不解之缘。

为何是上海，而不是广州、天津或其他沿海城市？池子华教授在分析上海何以成为红十字进入中国的“窗口”时，归因于上海得天独厚的地缘优势，主要有三点：第一，上海是首批开放的商埠城市。上海对外开放之后迅速崛起，一跃成为全国对外贸易、工商、金融、传播西方文化的中心。第二，上海是中西方文化交融的中心。西方科学技术在此汇聚，发达的传播业和西方先进文化的巨大承载力，为新式慈善理念的传播和消化吸收提供了重要的支撑。第三，上海具有浓郁的慈善文化传统。晚清民国时期，上海民间慈善组织和慈善活动皆发达于其他城市，为红十字运动嫁接提供了良好的土壤[②]。

基于以上三点因素，就不难理解，催生中国红十字会的日俄战争爆发于东北，而它却诞生在千里之外的上海。日俄战争使东三省成为战火纷飞之地，生活在这片土地上的中国人民遂成为殃及的池鱼，生灵涂炭，流离载道，情形极惨，但晚清政府对此却毫无办法。为援救难胞出险，沈敦和等旅沪绅商积极奔走呼号，联络英、法、德、美组建万国红十字会，这就是中国红十字会的前身。万国红十字会在日俄战争中发挥了应有的人道主义救援作用，得到晚清政府的支持和肯定，如光绪三十年四月初十日发北洋大臣袁世凯电称：“本日奉上谕，朕钦奉慈禧端佑康颐昭豫庄诚寿恭钦献崇熹皇太后懿旨，前据外务部奏万国红十字总会请旨画押一折，业经批准，敕谕张德彝画押。此会医治战地受伤军士并拯救被难人民，实称善举。现经中国官绅筹款前往开办，深惬朝廷轸恤之怀者，颁发内帑银十万两以资经费，传旨该员绅等尽心经理，切实筹办，钦此。”[③] 于是，在日俄战争结束之后，万国红十字会在上海成功实现转型，建医院、办学堂，中国红十字运动走上独立发展的道路。

然而，独立发展的道路并不是一帆风顺的。辛亥前夕，盛宣怀奉旨

---

① 马强、池子华主编：《红十字在上海（1904—1949）》，东方出版中心 2014 年版，前言。

② 马强、池子华主编：《红十字在上海（1904—1949）》，东方出版中心 2014 年版，第 6—9 页。

③《开办红十字会着颁内帑银十万两等因钦此》，见马强、池子华主编：《红十字在上海资料长编（1904—1949）》（上卷），东方出版中心 2015 年版，第 63 页。

出任会长，将中国红十字会易名为大清红十字会，易名之举使沈敦和愤而抛开大清红十字会，在上海另行组建中国红十字会万国董事会，并开展辛亥战事救护。也正是在辛亥革命期间，中国红十字会沪城分会成立，开启了上海红十字运动的新时代。民国肇建，中国红十字会面临再一次转型，旋即得到中华民国临时政府“准予立案”。《临时政府公报》第25期公布案文①如下：

兹准黎副总统电开，鄂省自起义以来血战数十日，尸骸枕藉无算，幸赖中国红十字会在武汉设立临时医院，救治被伤兵士并施掩埋。兹查该会已由赤十字社长松元（方）侯爵特派法学博士有贺长雄来沪商榷修改会章，复承介绍，得邀万国红十字联合会公认该会为中华民国正式红十字会。此次民军起义，东西南北各省均设立分会，共五十余处，所费不赀，其功甚巨，如此热心慈善事业似不可不特别表彰，伏恳准予立案，揭诸报章以资提倡而重诚等因。前来查该会热诚毅力，殊堪嘉尚，应予立案，以昭奖励，合就令行该部仰即查照可也，此令。

1912年，中国红十字会正式加入国际联合会。9月29日，中国红十字会在上海召开首届会员大会，由沈敦和主席并报告开会宗旨，推举施则敬等34人为常议员，公举大总统、副总统为名誉总裁，选举吕海寰为会长，沈敦和为副会长兼常议会议长，江绍墀为理事长。“首届会员大会的召开，在中国红十字运动史上具有重要意义，它结束了万国董事会解散后出现的无正副会长、无理事的‘虚脱’状态；通过了《中国红十字会章程》，使中国红十字事业的发展步入了正轨；完成了董事会制向常议会制会内运作体制的转变；特别是通过《京沪合并章程》，化解了京会、沪会之间的隔阂，实现了‘合并’，这有利于红会事业的协调发展”②。

由此，中国红十字会日趋完备，在癸丑之役、二次革命、日本关东大地震、两次江浙战争、抗日战争等天灾人祸中都展开了人道主义救援行动，尤其是在抗日战争中，“中国红十字会是抗战时期整个救护体系的核心”③。同时，国民政府的强力介入，使中国红十字会一再改组，逐

① 《令示：大总统令内务部准予中华民国红十字会立案文》，见马强、池子华主编：《红十字在上海资料长编（1904—1949）》（上卷），东方出版中心2015年版，第94页。

② 池子华：《红十字与近代中国》，安徽人民出版社2004年版，第130页。

③ 李微：《试析抗战时期中国红十字会的救护活动》，《贵州师范大学学报》（社会科学版）2004年第4期。

步失去民间团体的独立性。更为遗憾的是，随着战事的深入和淞沪会战的失败，上海沦陷而成为“孤岛”，中国红十字会总会总办事处不得不辗转香港，继而迁至重庆。至此，上海与中国红十字运动这段不解之缘也随之宣告结束，中国红十字运动和上海红十字运动都迈入了新的发展时期。

上海和中国红十字运动波澜壮阔的45年，通过《长编》中这一篇篇史料展现在世人面前，跌宕起伏的“剧情”令人印象深刻，这就是史料的魅力，也是《长编》的价值所在。

三、《长编》的学术价值

史料价值，是《长编》本身具有的禀赋，有些不易寻获的档案等珍贵史料还有相当的收藏价值。然而，《长编》的意义和价值不仅仅局限于此。《长编》的问世，对于中国红十字运动研究必然会产生深远的影响，因为“史料所直接表现的是历史上错综复杂的社会现象，而不是历史的本质和规律”①。如上所述，《长编》中的文字能够使过去的红十字往事重现一些鲜活的片段，但这些画面仍然是零碎的、不成系统的，若要揭示其内在的发展轨迹，就必须对史料进行学术上的解读。

《红十字在上海（1904—1949）》就是对《长编》解读的结果，该书15章内容，43万余言，从红十字文化进入中国说起，囊括了“中国红十字会、国际红十字组织以及赤十字会等在内的几乎所有在上海区域范围活动的红十字组织、类红十字组织及其重要人物、历史事件……希冀尽可能全面再现近代中国红十字运动的背景、起源、过程和红十字运动在上海地区的多元与多样性，揭示上海市红十字会与中国红十字会以及与中国社会的互动关系”②。正是基于《长编》中丰富翔实的史料，《红十字在上海（1904—1949）》一书才显得如此厚重，所谓“史籍史料是历史研究的基本素材，立论的主要依据，犹如自然科学研究中的实验数据”③。如果没有《长编》的支撑，《红十字在上海（1904—1949）》

---

① 张革非、杨益茂、黄名长编著：《中国近代史料学稿》，中国人民大学出版社1990年版，第11页。

② 马强、池子华主编：《红十字在上海（1904—1949）》，东方出版中心2014年版，前言。

③ 吴剑杰：《近代史籍史料的整理应当务求准确——以三种资料书为例》，《近代史研究》2000年第4期，第242页。

就不可能书写得这般饱满，里面的诸多史实和结论也就失去了成立的依据。

史学研究就是要通过爬梳史料，拨开层层历史迷雾，从中找出历史发展的本质和规律。这一过程也说明，“史料的意义和价值，是由研究历史的人所决定的”①。《红十字在上海（1904—1949）》的率先面世，足以佐证《长编》的学术价值。也正如著者在“前言”中所言，上海红十字运动内容丰富、背景深厚，绝不是一本书所能窥见全貌的。上海红十字运动研究必然不会以该书的完成而结束，或许这仅仅是一个开始。《长编》也必然会在未来研究中发挥巨大的作用，彰显其作为史料在学术研究上的价值。

《长编》还说明，红十字史料学的学科建设也应提上日程。分析《长编》可知，红十字史料是有限的、零碎的、不成体系的，而红十字运动研究的深入和拓展，离不开史料的支持，红十字史料建设关系甚大。目前尽管学界已相当重视红十字史料的搜集、整理和出版，但红十字史料学的学科建设这一项课题尚未提出，笔者也在此呼吁学界予以重视，红十字史料学的构建，对于红十字史料的搜集、整理和运用都将具有指导性意义。

综上所述，《长编》在史料和学术上的双重价值是毋庸置疑的。当然，《长编》也并非是完美无瑕之玉，其在编录方面尚有很多不足之处，譬如错字错词、收录不全之类，于此不再一一指出。总之，推出《长编》的价值和意义是值得肯定的，对中国红十字运动研究和上海区域红十字运动研究都将起到极大的推动作用。

（原载《〈红十字运动研究〉2016 年卷》）

① 张玉法编著：《中国现代史史料指引》，（台北）新文丰出版公司2000年版，第5页。

站在历史与现实的交汇点上

——《红十字运动：历史回顾与现实关怀》简评

郭进萍

池子华教授所著《红十字运动：历史回顾与现实关怀》一书，作为“红十字文化丛书”之一种，于2015年4月由合肥工业大学出版社出版发行。全书近40万字，收录各类论文39篇。该书的出版对推动红十字运动研究的深入裨益良多。

一

20世纪90年代末，伴随社会史的复兴，红十字运动研究异军突起。池子华教授是国内率先研究红十字运动的领军人物，也是红十字运动研究领域的拓荒者。本书是他继《中国红十字运动史散论》《红十字运动：历史与发展研究》之后推出的又一部有关红十字运动研究的专题文集，是作者研究红十字运动的部分成果汇总。根据文章的性质，大致分为理论探索、文化研究、能力建设、历史纵横、国际观察、学术评论等类。附录收录《就修订〈中华人民共和国红十字会法〉答〈瞭望东方周刊〉记者问》，具有鲜明的时代特色和现实价值。

二

本书是作者多年潜心研究红十字运动的结晶。我们不妨通过此书一窥作者投射在文中的研究意识和治学旨趣。纵览全书，可称道之处颇多，在此笔述一二，以飨读者。

（一）浓厚的历史铺陈意识

历史是现实的一面镜子，要了解今日之现实，必须扎根昨日之历史。在此意义上，作者立足史实，着力探源红十字的“前世”。“历史纵横”板块占全书近三分之二篇幅，足见作者用力之深。该板块以时间为序，内容涵盖红十字会在中国的诞生、发展和壮大等史实。在研究视角上，既有宏观研究，如作者系统爬梳了中国红十字会的历史演进轨迹、现状及未来发展；也有微观个案考察，如在中国红十字会的诞生问题上，作者分别从诞生的背景（日俄战争）、建会史上的关键人物（沈敦和与李提摩太）、上海万国红十字会的成立及“幕后”清政府的助推等维度加以解析，并溯源红十字在中国落地生根的原因。红十字会的发展和壮大有赖于业务活动的开展，沈敦和在《人道指南》发刊词中开宗明义地指出：红十字会乃“最纯粹最硕大之慈善法团也”，“凡遇战事，疗伤瘗骼固其天职，而平时济荒振饥，亦其当尽之义务”[①]。值得关注的是，作者在“历史纵横”板块紧紧围绕红十字会的业务活动展开，如在战地救护领域，作者选取辛亥革命、胶东救援、护国战争、淞沪抗战及南京大屠杀等历史场景展开浓墨重彩的叙写；在灾害救济方面，作者重点对1917年的京直特大水灾和1922年的广东“八二”风灾进行集中考察；在社会服务层面，作者则聚焦复员时期红十字会的业务拓展和特色活动，勾勒铺陈；在区域红十字运动方面，作者组织团队成员重点梳理了南京红十字运动的历史轨迹。管中窥豹，一叶知秋。这些断点在作者的笔下无形中被串成了一条线，折射出红十字会的日常业务活动以及不同时期业务活动的重心所在。这些断点也从一个侧面呈现了红十字会这一舶来品在近代中国扎根、破土、萌芽和茁壮成长的鲜活生命画卷。

（二）强烈的现实关怀意识

中国学人周谷城先生有言：“史学成立的经过，当在求真；其存在的理由，则为致用。”[②] 作为一名史学工作者，作者有着强烈的现实关怀意识，以经世致用为己任，在探源红十字运动“前世”的基础上，重点关注红十字运动的“今生”。这主要体现在两个方面：一方面是孜孜不倦的理论探索。面对红十字事业发展所面临的困境，作者致力于寻找应对方案和出路，在多篇文章中大声疾呼要重视红十字运动的理论研究，并积极建言献策。比如倡议理论研究从研究模式、研究手段和研究内容方面入手，在实践中注意五个结合：一是将近期目标与长远目标相结合，二是历史研

① 沈敦和：《〈人道指南〉发刊词》，《人道指南》第1号（1913年3月），第1页。

② 鲍霁主编：《中国当代社会科学名家自选学术精华丛书》第1辑，北京师范学院出版社1988年版，第300页。

究与现实研究相结合，三是基础研究与应用研究相结合，四是“自力”与“借力”相结合，五是“互动”与“联动”相结合。此外，作者呼吁建立理论研究的“保障机制”，可从投入、激励和平台三个方面着手。至于平台构建，作者建议：在有条件的地方建立红十字运动研究基地；建立全国性红十字运动研究中心和研究人才培训机构，开设红十字学院；创立以红十字运动为专门研究对象的综合性学科——“红十字学”。这些建言献策为推动中国红十字事业的健康可持续发展注入了一股新鲜血液。另一方面是重视红十字会的能力建设，倡议各级红十字会强化机遇意识、竞争意识和服务意识，并注重心理救援能力建设。针对红十字会面临的公信力危机，作者积极组织学生进行讨论，并强调要从完善机制、外部监督、制度建设与法律保障等三个方面着手打造公开透明的红十字会。这些方面无不体现了作者强烈的现实关怀意识。

站在历史与现实的交汇点上，作者将目光聚焦于红十字文化，呼吁彰显红十字文化“软实力”的潜在效应。这也是红十字事业应对困境和挑战的必由之路。在“文化研究”板块，作者集中考察红十字会史上的一些杰出人物（如孙中山、宋庆龄）的文化传播活动、宣传刊物（如《人道指南》《中国红十字会杂志》《中国红十字会月刊》《中国红十字会会务通讯》《红十字月刊》《新中国红十字》《中国红十字》《博爱》杂志）跌宕起伏的发展历程。在透析历史的基础上，作者倡导各级红会构建红十字文化传播的“多媒体”及大力推广“微尘”范式，以推动文化传播。

（三）鲜明的国际前瞻意识

红十字会是一个历史悠久的国际性组织，研究红十字运动必然要关注国际红十字运动的新动态。这就要求治史者须摒弃传统的闭门造车的封闭态度，放开视野，“走出去”。“国际观察”板块体现了作者鲜明的国际前瞻意识。“他山之石，可以攻玉。”2012 年、2013 年国际红十字运动新动态对中国红十字运动的深入开展不无裨益。比如，在红十字运动开展中，应逐渐把发展工作与人道援助相结合，越来越重视“向人道投资”，重视科技力量在人道行动中的作用，重视保护危机和战争中一线工作人员和志愿者的安全，等等。

此外，“学术评论”板块体现了作者在治史过程中可贵的问题意识和谨严的考证意识。如作者花了大量的篇幅考订中国红十字会的成立时间以及《中国红十字会历史资料选编，1904—1949》一书中的错漏之处。对于学术界研究的一些热点问题（如红十字会抗战救护研究）和新出成果，作者也积极引介和评析，以推进红十字运动研究的深入开展。

三

当然，该书作为一本论文合集，某些地方或许有值得商榷之处。比如，在体例的划分上，“能力建设”亦隶属于理论探索范畴，单纯列出貌似不妥。在红十字会业务活动的研究方面，或可以尝试转换视角，突破单纯“叙述史”的束缚，重新建构事实和解释历史，进行跨学科综合研究。但总体而言，瑕不掩瑜。

通览全书，作者的治史理念和旨趣尤令笔者获益良多。钱穆先生有言，“如要研究历史，不该不落实到现实社会。诸位如欲了解此现实社会，也不该不追究到以往历史。此两者，总是不可偏废才好”[①]。作者即以此为治学旨趣，经常游走于过去与现在、历史与现实之间。作为一个史学工作者，作者一再强调史学研究理应站在历史与现实的交汇点上，像关心历史那样关心现实。作者于浩如烟海的史料中寻觅、构筑红十字运动的发展脉络，诚可谓筚路蓝缕。该书所汇编之论文凝聚着作者在红十字运动研究道路上摸爬滚打的开拓之功，是作者现实关怀意识和开拓创新精神之写照，对后学者具有良好的启迪、“导游”之效应。诚如清华大学老校长梅贻琦所言：“学校犹水也，师生犹鱼也，其行动犹游泳也，大鱼前导，小鱼尾随，是从游也，从游既见，其濡染观摩之效，自不求而至，不为而成。”[②] 在作者的启迪和引导下，一批后学者通过观摩濡染正在红十字运动研究的道路上不断摸索着，尽可能还原红十字运动波澜壮阔、多姿多彩的光辉历程。红十字运动研究已由星星之火发展为燎原之势。

本书呈现了作者从事红十字运动研究一路走来的心路历程，凝聚了作者辛勤思索的结晶。作者所践履的“站在历史与现实的交汇点上”的治史旨趣和路径，也为我们后学者研究红十字运动打开了一扇窗。该书所昭示的历史铺陈意识、现实关怀意识和国际前瞻意识也是我们后学者研究历史所不可或缺的史观，或许这才是我们汲汲努力的方向吧。

（原载《〈红十字运动研究〉2016 年卷》）

① 钱穆：《中国历史研究法》，生活·读书·新知三联书店 2001 年版，第 53 页。

② 梅贻琦：《大学一解》，原载《清华学报》1941 年第 1 期“清华三十周年纪念号”上册。

宗教慈善的去宗教化生存及当代复兴

——读高鹏程《近代红十字会与红卍字会比较研究》

刘选国

近日读高鹏程的《近代红十字会与红卍字会比较研究》，给我打开了另一扇民国时期中国慈善发展生态的窗口，透过作者对红卍字会与中国红十字会的比较视角，看到了一个具有全球视野、以关怀人类为使命的中国宗教慈善组织：世界红卍字会的一段尘封历史。而其展现的一个史实也非常值得思考：由于对待宗教的不同方式，决定了一个来自西方和一个长自本土的公益组织在中国的不同命运。

高鹏程是苏州大学红十字运动研究中心主任池子华教授的博士生，现在南通大学任教，是国内为数不多研究民国慈善史的专家，他以《红卍字会及其社会救助事业研究（1922—1949）》一书奠定了他研究这个不太为当代中国人所知慈善组织的权威地位。这本《近代红十字会与红卍字会比较研究》从其对红卍字会的深入研究成果中截取了一些史实和数据，与红十字会的同期史料进行横向比较，从两个组织的起源、组织体系、运作机制、社会救助事业及其与政治力量关系等六方面进行分析，从而全方位展示了这两个公益组织的异同。从书中梳理比较的救助事件和数字来看，从20世纪20年代中期直至40年代末，这两大组织在中国的战乱和灾害救援中，募集的资金、救助的对象、发挥的作用不相上下，而且很多时候还联合作战，相互配合，还都参与了少量的国际救助活动，但最终红十字会因其去宗教化和中立成为政府信赖的人道救助组织，得到进一步发展，而红卍字会则因其过浓的宗教色彩，被国民政府存疑，并在新中国成立后于1953年宣告解散，从大陆消失。

一、中国红十字会和世界红卍字会的兴亡原因辨析

高鹏程认为，红卍字会和红十字会都起源于宗教，都是中国绅商应

对社会救助需求而发起的民间救助组织。

红十字会是否起源于宗教，这是一个值得研讨的问题，但红十字运动有深厚的基督教背景毋庸置疑。红十字运动最初创意人和发起人、被誉为“红十字会之父”的亨利·杜南是一个基督徒，青年时期就开始从事基督教青年会的工作，因此基督教的慈善教义对其发起红十字运动肯定有巨大的影响。1863 年 10 月，在有 16 个国家代表参加的第一次伤兵救护国际委员会上，确定以瑞士国旗相反的白底红十字作为标识，基督教的十字架标识烙在了红十字的旗帜上，也隐约宣示着这个运动起源的背景。但“伤兵救护国际委员会”及其后来演变的红十字国际委员会，提出的最重要原则是：人道、中立、公正，“本运动不因国籍、种族、宗教信仰、政治见解而有所歧视，仅根据需要，努力减轻人们的疾苦，优先救济困难最紧迫的人”，“为了继续得到所有人的信任，本运动在冲突双方之间不采取立场，任何时候也不参与涉及政治、种族、宗教或意识形态的争论”。正由于采取了超越宗教，保持中立、公正立场，红十字运动迅速被世界不同种族和信仰的国家接纳，即使是伊斯兰国家最终也采用红新月标志变通成为红十字运动成员国家，接受了红十字运动的人道理念。1904 年，日俄战争在中国东三省爆发，集聚上海的中外士绅为救助战争中的伤兵和流民，将红十字会引进了中国，发起设立了万国红十字会上海支会。此后，经清政府和国民政府的认同并改组，签署《日内瓦公约》，中国红十字会成为具有政府背景的社会救助团体，超越国家、宗教和党派发展，直到今天仍然是中国最具影响力和最大规模的社会救助团体。

而 1922 年成立的世界红卍字会中华总会，这个具有世界眼光的中国本土慈善组织，缘起于 1916 年成立的济南道院。这本是一个地方性倡导佛教、道教、儒教、伊斯兰教和基督教五教合一的宗教组织，因“以提倡道德，实行慈善事业为宗旨，特命名为道院”。1922 年，经一些知名人士的参与发起，世界红卍字会中华总会经北洋政府注册在北京成立。道院和红卍字会是合二为一的组织，红卍字会所有会员均系道院中人。该组织以“促进世界和平、救济灾患”为宗旨，成立后在全国快速发展，设立分会，逐渐构建起遍布全国并远及海外的慈善救济网络，在全国设立分支机构 317 处，并在日本、朝鲜、香港、南洋等地设立分会。初期，其负责人为济南当地士绅，后来一些国家政要名流也加盟担任领导，如钱能训、熊希龄、王正廷都曾任会长。虽其开展的天灾赈济和战时赈济等临时慈业，与红十字会开展的项目类似，救助的数量也少于红十字会；但其永久慈业，建设的卍字医院、施诊所、慈善小学、育婴堂、贫儿习艺所、残废院、恤嫠局、恤产局、平粜局、因利局等，更类似于当代公益组织开展的希望工程、红十字天使计划、生计扶持、小额信贷等“授人以渔”项目。据高鹏程书中统计，到1936年，红卍字会全国社会救助机构发展到484个，其中施诊所89个、施药所87个、小学84所。据此，高鹏程认为：“相比之下，红卍字会的机构社会救助种类更为全面、数量更多。红卍字会的机构社会救助不仅继承了传统机构社会救助，而且融入了近代机构社会救助教养并重的特色。”但是，虽然在救助事业上的创新，一定程度上填补了国家慈善救助的空白，然而其强烈的宗教特色，借慈善扩大宗教影响力的功利目标，使国民政府对其始终保持警惕和抑止。红卍字会虽依靠其慈善的效用在民国时期得以生存，但抗日战争开始后，其在日占区的发展又步入歧途，最终新中国成立后，因将其归类于会道门组织，在大陆宣告解散。其余脉虽在台湾和香港今天还继续存在，但影响逐渐式微。

红十字会因其去宗教化，会员发展平民化，保持中立、独立，得以与政府更好地合作并获得进一步的发展；而道院和红卍字会虽有世界眼光和目标，也有“不涉党派，不谈政治”的中立态度和“促进世界和平为宗旨”的远大抱负，但因过于强调“劝人入教”，坚持“一道一慈，互相表里，而道院仍为红卍字会之灵魂”的理念，决定了其命运的坎坷和最终的泯灭。

当然，红十字运动在中国和世界广泛发展最重要的原因，还在于其创造性地提出了签署国家公约，共同保护人类生存底线、保护人的生命和尊严、维护世界和平的人道主义精神，而公正、中立两条原则使这一运动具有了广泛的兼容性和适应性，也是这一运动能成为持续150多年、进入世界189个国家的重要原因。而红卍字会，这一中国本土的宗教慈善组织，在西风东渐、西方慈善进军中国而中国传统慈善组织善堂、善会趋于衰亡的大背景下，有胸怀世界和人类的眼光，有慈悲济世、道德教化的愿景，其向西方学习和赶超西方的精神值得令人敬仰，但与红十字运动比较起来，尚未提炼出具有全球性价值的理念。今天反观红卍字会这一段过往，其辉煌的救助历史令人赞叹，其灭亡隐迹亦令人唏嘘感叹，而其覆亡的社会逻辑即慈善与宗教过于密切的关系问题，值得我们今天认真反思和探讨。

二、慈善与宗教的渊源关系及去宗教化生存路径

宗教与慈善很难分离，更有人认为慈善起源于宗教。影响西方人慈善理念的最大教义来自于《圣经》，旧约中雅各布承诺把收入的十分之一捐出来成为基督徒遵守的一个基本约定。从美国慈善之父卡耐基和洛克菲勒的传记中，都能看到基督教的这个基本约定对其慈善人生的巨大影响，因此，欧美的宗教传统是慈善的重要来源毫无疑义。伊斯兰教对于慈善捐赠也有类似规定，《古兰经》规定：每个穆斯林都有施舍的义务，当占有财富超过一定限额时，必须按一定比例缴纳天课。虽然中国的儒道佛对慈善没有提出那么明确具体的要求，但同样倡导仁爱、兼爱非攻、慈悲、施舍思想，尤其是佛教因果报应、劝人行善的教义，以及其积德行善、乐善好施等佛教用语已成为中国人的道德行为准则。西方最早的慈善来自于教堂的救济服务，中国寺院的施粥施药、“悲田养病坊”等也有悠久的历史，因此，美国宗教史学家安德鲁斯曾经说“宗教是慈善之母”，的确有一定道理。

而直至今日，在欧美的宗教组织仍然是接受慈善捐赠最大的主体，也是提供社会服务的最大慈善组织。美国宗教组织每年接受捐款量超过任何一家美国公益机构，一批具有宗教背景的慈善组织，如救世军，在美国年度慈善组织接受捐款排名中，几乎每年都在前列，其与美国红十字会的影响力不相伯仲。据赵乐《信仰的魅力与社会资本的实力》一文介绍：“宗教慈善组织是美国所有慈善组织中增长最快的类别，从1999到2003年期间，宗教慈善组织增加了35000家，增幅达140%，每年对宗教组织的捐赠超过400亿美金，占全部慈善捐赠的47%，另外还有约合350亿美元的志愿服务。”近年来，台湾地区的慈济基金会，是当代中华具有佛教背景的慈善组织拓展国际领域最成功的样本。该基金会起源于佛教慈济功德会，1994年才完成财团法人登记，但立足于台湾地区，以宏观天下为目标，致力于慈善、医疗、教育、人文四大志业；加骨髓捐赠、环境保护、小区志工、海外赈灾合八大法印，已在全球数十个国家留下慈善的足迹。在与慈济人接触或合作开展慈善工作过程中，我能感觉到这些具有宗教信仰的志工和职业工作者的内心素养与强大气场，让我们这些专业的慈善工作者自叹弗如。

虽然我们认为红十字会不是一般性的慈善组织，而是一个建立在国家契约《日内瓦公约》基础上的国际性人道救助组织，但“战时行善”

曾是红十字国际运动多年的口号，因此慈善是其核心工作之一。但红十字运动的国际化过程中，其去宗教化，坚持公正、中立、独立等原则，成为其在全世界广泛开展运动的最主要原因，伊斯兰国家则去掉还有点基督教意味的红十字标志而使用红新月标识。在中国，红十字得到清政府、北洋政府、国民政府的认同，利用行政力量促进其发展；新中国成立后，在众多的中国本土慈善机构被改组或解散消失后，红十字会成为众多公益组织中被保留的“孤品”，虽然被改组为卫生部门代管的卫生救护组织，但在改革开放后也得以恢复人道救助组织的本原身份。改革开放后，红十字事业继续得到发展，而慈善组织则完全抛弃了中国明清以来的慈善传统和组织样式，引进的组织样式主体则是基金会。

改革开放以来，国内最早成立的宗教慈善组织是 1985 年在南京成立的爱德基金会。这是一个由中国基督徒发起、社会各界人士共同参与的民间团体。经过 30 多年的发展，该基金会除了办有世界上最大的印刷《圣经》的印刷公司外，也已从一个基督徒参与社会服务的机构转变成为一个基本看不出任何基督教色彩的慈善机构，其标识和宣传品也看不到任何基督教的符号。北京仁爱慈善基金会是近年国内发展较好的具有宗教背景的慈善组织，其有个成文规定：在所有慈善活动中，有宗教信仰的志愿者不能有宗教性语言和行为，不能发放宗教音像制品和书籍，严禁在慈善活动过程中传教。台湾慈济基金会在大陆开展慈善工作时声称：不谈政治、不传教、不搞宣传。而国际性的宗教慈善组织在国内基本难以存活，民国时期曾经在中国很活跃的救世军，目前在大陆还没有获得合法发展的身份，只能以香港救世军的国内办事处模式运作。世界宣明会是一个有宗教背景的慈善组织，其在中国开展慈善工作，但从其网站上看没有显示任何宗教的元素。只有那些完全没有宗教背景，其宗旨申明超越国家、宗教、种族的国际公益组织，如联合国儿基会、乐施会、狮子会等慈善组织得以在中国设立分支机构。

三、宗教慈善或将走出“中国式困境”

中国社科院世界宗教研究所郑筱筠博士将中国宗教慈善事业遇到的这种困窘表述为“中国式困境”：宗教慈善组织与其他慈善组织相比，有一个重要的不同，即它是以宗教信仰为纽带形成的组织；而它的善款来源和服务对象，又超越其信仰，在很多情况下是不分信仰的社会大众（既包括有相同信仰的人，也包括有其他宗教信仰的，或无宗教信仰的人)。这就使宗教慈善组织既与特定宗教的团体有关联，又与之有明显的区别；既有宗教信仰的依托，又不能过分凸显其宗教信仰，甚至要超越其宗教信仰。这就是一种“困境”，而这种“困境”还是“中国式”的。她认为，“如何解决这一问题是宗教慈善组织在现代社会转型时期发展的关键”。

北京大学刘继同教授认为，宗教慈善服务是重构政治与宗教、宗教与社会的关系，是宗教团体适应和服务社会的最佳途径。北师大公益研究院王振耀教授在《宗教与中国现代慈善转型》一文中也提出：在中国慈善事业向现代转型的历史性进程中，如何从中国的实际出发，妥善处理好宗教与慈善的关系，从而促成宗教与慈善事业发展的良性互动，是慈善事业发展所面临的一项重要课题。值得欣喜的是，2012 年 2 月，国家宗教事务局等六部门联合印发了《关于鼓励和规范宗教界从事公益慈善活动的意见》，或许能破解郑筱筠所说的“中国式困境”，让我们看到了中国宗教慈善振兴的希望。该文件指出：“宗教界从事公益慈善活动，有深刻的信仰基础、悠久的历史传统、较高的社会公信度。鼓励和规范宗教界从事公益慈善活动，是新形势下贯彻党的宗教工作基本方针、引导宗教与社会主义社会相适应的必然要求，是发挥宗教界人士和信教群众积极作用的重要途径，也是促进我国公益慈善事业健康发展的有益补充。”该文件表明政府对宗教界从事公益慈善活动采取了前所未有的积极支持和鼓励的态度，要按照“积极支持、平等对待、依法管理、完善机制”的原则，进一步明确相关政策，完善管理协调机制，加大政策执行力度，进一步增强宗教界从事公益慈善活动的主动性、规范性与可持续性，鼓励中国宗教慈善公益事业在逐步实现现代化、专业化和国际化的转型过程中，积极探索宗教慈善公益事业的“中国模式”。虽然这个文件能否贯彻到位、最终对中国宗教慈善的导引力度如何还有待观察，且取决于诸多政治因素，但政府出台这样一个鼓励宗教慈善发展的文件，表现出的是自近代中国以来前所未有的开放态度。

高鹏程在《近代红十字会与红卍字会比较研究》一书中通过比较得出结论：“政府实现了官办红十字会和限制红卍字会信仰的目的。两会不同的命运有力地证明了甚至在社会救助领域，政治力量，主要是政府，仍然主宰了社会救助团体的命运。”诚如其所言，在中国的现行政治体制下，任何一个社会组织、救助团体，都必须与政府合作才能得到发展。

当前，中国正走在实现中华民族伟大复兴中国梦的进程中，随着中国经济30多年的快速增长、经济总量已跻身为世界第二大经济体，在经济跨入大国行列的同时，我们的制度、文化等软实力也要增强。坚定地走中国特色社会主义道路，我们在开放引进西方先进经验和制度的同时，要有中国的理论、制度、道路的自信，而且更要有习近平总书记所强调的中国文化的自信。2014年12月，他在澳门大学谈道："五千多年文明史，源远流长。而且我们是没有断流的文化。建立制度自信、理论自信、道路自信，还有文化自信。文化自信是基础。"而早在2012年12月，习近平总书记在广东考察工作时就讲过："我们决不可抛弃中华民族的优秀文化传统，恰恰相反，我们要很好传承和弘扬，因为这是我们民族的'根'和'魂'，丢了这个'根'和'魂'，就没有根基了。"的确，我们要有中国文化的自信，还应有中华慈善的自信，我们在学习欧美先进慈善经验的同时，还要从中国传统慈善文化里汲取经验和营养，发掘和找回中国传统慈善的"根"和"魂"。

当代台湾地区已经走出了一个具有世界影响的慈济基金会，以大陆的资源和实力，还有大陆源远流长的慈善文化，在习近平总书记文化寻根思想指引下，在政府宗教慈善发展政策的激励下，可以预期中国大陆出现一个具有世界影响的慈善组织为期不远，而具有中国宗教文化背景的慈善组织走向世界，或许才是中国软实力的最好呈现！

（原载《〈红十字运动研究〉2016年卷》）

《近代红十字会与红卍字会比较研究》一书读后

陈明华

辛亥鼎革后，中国社会在不少方面表现出与此前不同的风气，其中之一便是民间结社蔚然成风。这些社团中自然包括大量慈善团体。在各类济贫救灾事务中，除了国家机构的赈济外，还可以看到大量慈善团体的身影。在救济队伍中最常见的就是两面标有红十字和红卍字的旗帜，这两面旗帜代表的分别是民国时期最为重要的两大慈善救济组织红十字会和红卍字会。前者诞生于1904年，后者注册于1922年。两者虽然经历了不同的历史命运，但却依然延续至今。1949年，国民党政权在大陆节节败退，除少数红十字会上层人士随国民党政权赴台外，多数职员还是留在上海和南京等地。1950年，中国红十字会经过改组之后成为“中央政府领导下的人民卫生救护团体”①。世界红卍字会的中华总会也在1953年2月宣布自行解散，大陆各地分会亦因此纷纷解散。但是有不少会员在中国香港、台湾等地，以及新加坡、日本继续活动，时至今日在香港还有红卍字会所建的小学。

这两大慈善团体构成了民国慈善救济史上的重要风景，而且深入梳理两者的历史不仅有助于了解团体本身的情况，也有助于理解民国时期的国家是如何应对灾难的冲击，如何构建社会救济体系等一系列问题。因此，对这两大慈善救济机构进行深入的研究有着相当的必要性。

对于历史研究者来说，幸运的是两者都留下了丰富的资料，不仅有机构运作的档案，还有团体自行发布的期刊、外界大量的报道以及参与者的回忆、年谱，等等。正是基于丰富的材料，学界已经积累了相当的研究成果。不过，无论在国内，还是在海外，目前还没有人把两者置于一书，进行深入的比较研究。高鹏程先生的大作《近代红十字会与红卍字会比较研究》（以下简称《比较研究》）可以说是这方面的嚆矢之作。

① 孙柏秋主编：《百年红十字》，安徽人民出版社2003年版，第274页。

粗览目录，便可感觉到该书浓重的“学院风”。第一部分为绪论，作者交代了研究的缘起和现状，盘点了所能依靠的资料和方法。大量的参考文献和一手资料透露出作者扎实的基本功。其后6章依次从起源、组织、会员、运作机制、社会救助事业及政治力量的影响等方面展开比较。第一章比较了红十字会和红卍字会两会的起源与宗教信仰之间的联系、标识的意义及各自对于当时社会的影响。第二章和第三章比较两会的组织和成员情况，主要讨论组织体系、总分会之间的互动关系以及具体成员的数量、来源及成员发展困境等情况。第四章和第五章主要比较两会救济事务的内容，包括具体运作机制和救济事业内容。第六章着重讨论了政府（尤其是国民政府）对两个机构所采取的不同态度以及两会不同的发展命运。最后，作者通过比较两大慈善机构发展历史的异同，得出了一些颇有见地的结论：第一，两大机构的发展是近代以来，逐渐兴起的绅商阶层积极应对社会救助需要的结果；第二，民国政府对于此类团体的发展并非出于发展民间社会的意旨，而是鉴于官方救济能力不足做出的妥协。因此，官方只是工具性地重视其救济能力，而忽视团体运行的深层价值理念。反而因为官方强调模仿现代国家，在形式上追求去宗教化，从而造成两个机构在社团深层价值理念的塑造上都遭遇困难。

采用比较研究的方法要求研究者熟悉相互比较的双方，这也是比较研究的困难所在。本书作者在博士研究生阶段专攻红卍字会的历史，对于史料和相关研究相当熟稔，这从书中大量的一手材料及注释中就可以深切感受到；而在其博士后阶段又进入红十字会的研究领域，大量吸纳既有研究成果，因此可以说他的比较有着坚实的史实基础，在此基础上作者做出了不少有益的学术思索和考辨。如在红卍字会起源问题上，面对多种来源的史料，作者详细考辨了世界红卍字会成立的时间为1923年，厘清了档案史料中错误之处并解释了其原因（第15—17页）。又如在红卍字会成员数量问题上一直是众说纷纭，高者号称五六百万，低者只有两三万，相差颇为悬殊。之前已有学者曾按照其授经数量估算道院1939年人数在11万左右，而作者则借助上海档案馆藏的1937年红卍字会中华总会东南各会联合会总办事处的统计数据，统计出19个支会会员总共1411人，平均每会74人。同时又借助日本“民政部”厚生司教化科的档案，统计出1938年，东北地区80所红卍字会，共有会员5124人，平均每会64人；至1941年则有102个分会，共14008人，平均每会137人（第89—90页）。通过这些扎实的数据，我们可以重新估算红卍字会的人数。结合之前一些学者提供的数据，其实五六百万不可能，甚至十几万亦值得怀疑。因为即使取以上最高平均值 137，假设分会数为 400（分会数各个统计略有出入，但都未达到 400），总人数也才 54800 人。之所以会产生十几万之数，可能与数据估算存在重复计算有关，因为道院并没有规定一人只能请一次经。以上情况在书中比比皆是，请有心人自己细细品味，此处就不赘述。

更为重要的是，此项研究中作者吸纳了大量红十字会的研究成果，并与红卍字会两相对照，进而在每个部分都可以得出一些颇有意思的论断。如在组织缘起上，作者注意到两会都与宗教信仰有特殊关系。红十字会的提倡者深受基督教信仰影响，而红卍字会与宗教的关系更为直接，它是民国时期所流行的宗教结社道院所设立的慈善机构。在组织运作机制上，两者也在筹资、宣传、征信和奖惩机制上有颇多相似之处，尤其引人注意的是在机构运作各环节广泛利用报纸、期刊等大众传媒。

当然，比较研究除了求同之外还需求异，而相异之处更能激发读者进一步的思考。在两会组织形态上，通过作者的比较，我们发现不仅在层级结构上两会存在差别，红十字会分为总会和分会两层，而红卍字会则拥有总会、主会、省会、县会、支会等多个层级。而且红十字会的"总会与分会的垂直互动更为主要，分会与分会之间的水平互动较为简单，其结果是红十字会形成了以总会为轴心、各地分会围绕的星状组织体系"；而红卍字会"不但总会与分会垂直互动密切，而且分会与分会之间的水平互动频繁。特别是不少分会与分会之间联合起来，组成联合办事处。整个红卍字会呈现网络状的组织体系，各地分会并不依赖总会而生存"（第 68 页）。在会员构成上，两会发展之初都以绅商为主，但是后来发生裂变。随着红十字会逐步被政府主导，其招募方式和招募对象均发生变化，青年会员在基层会员中占主要比例，而管理层多为政府官员；红卍字会基本保持绅商为主的会员格局，而年龄层集中于中老年。

两会虽然同为慈善团体（作者称之为"社会救助团体"），但其实两者在具体救助理念、救助内容、救济模式等方面都存在明显差异。红卍字会的救济理念与宗教信仰关系更为密切，救济活动往往受"化救浩劫"等宗教信念的驱动；而红十字会在起初以人道主义为精神动力，随着国民政府强势介入，政府意志的作用更为明显，救济活动有着更多强制和摊派意味。在具体救助内容上，红卍字会"缺乏像红十字会那样对疫灾的机动社会救助"（第 223 页）。

在与政治力量的关系上，两者选择了截然不同的道路。红十字会成立之初，虽得到清政府的支持，但还是以民间力量为主。虽然历届政府都有谋求官办之心，但直到南京国民政府时期才真正实现。1932 年 12 月，国民政府颁布《中华民国红十字会管理条例》，实际上把红十字会作为政府内部的一个救济机构。此举对于红十字会的领导层、会员构成及机构的性质、职能都产生了深远影响。红卍字会在北洋时期获得立案后成为合法的民间慈善机构，虽然国民政府曾一度打压，但经过复杂的交涉，还是保留了民间社团的性质。

这些因比较而产生的有趣火花如经过适当加工可以提炼成为更富学术含金量的问题，作者虽在书中有零星的讨论，但却很少最终将其作为问题进行贯穿性的回答。比如《比较研究》注意到两会的缘起与宗教有着密切关系，那么宗教色彩对于两个机构各自的发展产生了怎样的影响，这并不是一个简单的问题，而是涉及当时社会整体结构的诸多方面。作者已经注意到在接触红十字会之初，一些中国士人对于红十字背后的宗教意味非常敏感，甚至于驻俄大臣杨儒提出援引土耳其、波斯、暹罗等国成例，声明"中国文教不同，未便沿用十字"，并建议将十字"加两划写成中华之'中'字或加四划成万年之'卐'字，以示区别"(第 20 页)。不过作者稍微叙述了一下国人如何接受红十字标识的情况后，便不再讨论宗教信仰的问题。

其实问题并没有那么简单，杨儒将红十字改成"卐"字的建议恰恰透露出不少深受儒家文化影响的士人对于红十字会的观感，那么他们的这种情感有没有后续影响？这一群体有没有做出应对？为什么后来恰恰组织了红卍字会以及蓝、白、黄卍字会？两者之间仅仅是巧合，还是有一定的思想脉络？问题的答案需要细致的研究，不过从目前世界红卍字会的组织情况可以找到一些线索。首先，道院原为民间宗教，但是其在 1922 年组织世界红卍字会的时候恰恰是大量京津地区官绅加入的时候。这些官绅多是深受儒家文化熏陶并获得科举功名的传统文人，他们在文化思想上与杨儒有相当多的共同点，在红卍字会和道院的一些内部刊物中可以看到他们对于传统文化的提倡。其次，红卍字会和道院的内部资料透露出组织该会也有与红十字会相竞争的味道。作者在本书中所征引的一些原始资料也可以略作旁证（如第 34 页郑婴芝的回忆），此处暂不赘述。

更为重要的是，宗教信仰涉及慈善团体运作的方方面面，因此不少慈善团体都供有神佛。红十字会进入中国之初，不少地方分会也是如此，一些分会甚至还与红卍字会道院一样，设立乩坛。如广利慈善会内附设的红十字会就曾设有乩坛[1]。而洪江红十字分会也是如此，“会内每年募捐所得，多半用于迷信方面。常年聘有扶乩术士”，遇有神佛诞期，信士教徒都齐聚一堂，礼拜神佛，1917 年还举办过一次轰动远近各县的建醮仪式[2]。宗教信仰不仅涉及慈善救济的精神动力，而且也与善款筹集、组织运作有关，这在红卍字会中有着更为明显的表现[3]。

但其后随着政治情势的变化，红十字会和红卍字会都不同程度地采取了去宗教化的措施。1920 年，中国红十字会就由会长吕海寰、蔡廷干等人出面，请求南京地方政府派员彻查取缔广利慈善会内附设的红十字会[4]。呈文表述相当模糊，仅说“红十字会系国际法团，不得随意设立”，而广利慈善会内附设红十字会“有违定章”，不知是该附设红十字会未经许可呢，还是设有乩坛违反规定。但是洪江红十字分会却是经过了正规的审批程序。这就提示我们注意红十字会在发展之初，部分地方分会可能是建立在原有的慈善结社基础上，其中也包含了一些民间信仰，只是此后红十字会领导层不断整肃，使其去宗教化。红十字会所呈现的世俗化面貌其实包含了一个不断整肃的历史过程。无独有偶，红卍字会虽然是道院的直接机构，但是其后道院内部宗教色彩一直被压制整肃，甚至有人一度提出废除扶乩。南京国民政府成立之后，道院无法获得立案，只能打着红卍字会的招牌活动。不过，红卍字会道院最后还是保留了宗教性内容，采取了与红十字会不同的发展策略。

两个机构共同的去宗教化措施及对宗教信仰留存采取的不同策略，其实代表了清末民初以来民间慈善团体所面临的困境：要么追求世俗化的外在形态，同时却缺乏获得民众认同的精神动力；要么寻求民间认可的信仰形式，却难以避免被视为“迷信机构”。正如作者在结论中所注意到的：“中国红十字会及其社会救助事业，可以说是‘形神分离’。这样的分离状态，一方面表明了中国红十字会缺乏坚实的社会基础。在‘差序格局’的中国社会，博爱的人道主义并不被普遍认同，以至于人

---

① 《南京快信》，《申报》1920 年 9 月 24 日。池子华等主编：《〈申报〉上的红十字》（第 2 卷），安徽人民出版社 2011 年版，第 475 页。

② 《洪江旧红十字会史话》，政协洪江文史委：《洪江文史资料》第 2 辑，1987 年编印，第 77—78 页。

③ 参见陈明华：《扶乩的制度化与民国新兴宗教的成长——以世界红卍字会道院为例（1921—1932）》，《历史研究》2009 年第 6 期。

④ 《南京快信》，《申报》1920 年 9 月 24 日。池子华等主编：《〈申报〉上的红十字》（第 2 卷），安徽人民出版社 2011 年版，第 475 页。

道主义被民间的因果报应、官方的革命人生观等话语遮蔽。……相反，红卍字会是民间道院的行慈机构，其社会救助事业充分体现了道院的‘普拯’的救世理念，形神合一。”（第243—244页）红卍字会为了追求“形神合一”的代价就是：随时有可能因为迷信等标签被政府取缔。

如果作者对两者在宗教色彩问题上的选择以及所引发的种种问题进行深入考察，或可以对近代以来政治权力与慈善团体之间互动关系提供更为深入的讨论。同样的例子在不少章节都可以找到，原本可以延展的问题都在段落分隔间戛然而止，从而使本研究在理论层面的讨论上略显单薄。《比较研究》一书所采取的整齐划一的结构似乎限制了对于问题的讨论。以缘起、组织、成员等名目表示的章节，似乎只需要研究者按照题名将相关的信息抽取出来，作一些固定而确切的描述即可，而不需要关注那些潜藏在文字背后的问题脉络。这样的研究看起来规整，但却削弱了历史研究的解释力。比较研究只是手段，其背后贯穿的应该是欲讨论和回答的问题。如王国斌的《转变的中国：历史变迁及欧洲经验的局限》一书，较为成功地比较了欧洲和中国两种历史发展模式，对既有的社科理论提出了有力的挑战。该书背后贯穿的问题就是：中国社会自身的发展特点是什么，书写架构都是围绕此问题而设计，高鹏程先生或许可以作一些借鉴。

（原载《〈红十字运动研究〉2016年卷》）

慈善救助团体“姊妹花”的比较与历史反思

——读高鹏程著《近代红十字会与红卍字会比较研究》有感

王 娟 毛雪卿

中国自古以来就是一个各类自然灾害频发的国家，进入近代后更是纷争不断、战事绵延。广大民众笼罩在天灾人祸的阴霾之下，挣扎于水深火热的绝境当中，苦情无可陈诉。自晚清至民国年间，政府即使被迫举措层出，然因内外交困、财力竭蹶，终究无力胜任救助社会弱困群体的重任，而慈善团体的救助作用在这一时期则格外凸显出来，它们谱写出众多扶弱济贫、拯难济危、救死扶伤的动人历史篇章。

中国红十字会与世界红卍字会中华总会（以下简称红十字会与红卍字会），是近代中国两大社会救助团体，前者诞生于 1904 年，后者于 1922 年注册成立，两者都为近代中国的社会救助事业做出了不可磨灭的重要贡献，堪称慈善救助史上绚丽夺目的“姊妹花”。不过，相较于红十字会的知晓度，人们一般对红卍字会，以及两会（包括两会在各地的分会）之间的异同却了解无多。即使在学界，尽管对红十字会、红卍字会分别进行的学术研究已有相当的成果和探讨，但对两者进行比较性的研究却明显滞后，成果也极为鲜见。倘若能将它们之间的差异进行详细比较，并探究原因，那么对于当代中国各种类型的非政府组织，尤其是公益性非政府组织和慈善救助团体的自身发展以及相应的监管工作，无疑具有不容低估的指导意义与借鉴价值。

2015 年初，合肥工业大学出版社推出学者高鹏程的专著《近代红十字会与红卍字会比较研究》。高鹏程长期致力于中国近代社会救助事业，此前已出版《红卍字会及其社会救助事业研究（1922—1949）》（合肥工业大学出版社 2012 年版），这两部著作均系红十字运动研究中心池子华教授主编的“红十字文化丛书”的重要组成部分和代表性学术成果。

在《近代红十字会与红卍字会比较研究》里，作者基于已有的研究成果，并大量运用档案、民国时期出版刊物、文史资料等历史文献，对红十字会、红卍字会体系进行实证性研究。全书始终贯穿比较研究的方法，同时借鉴社会学、宗教社会学、组织社会学、社会心理学、社会工作学等学科的理论与方法，首次系统地对两大救助团体展开多元视角、多个层面的探析和比较，尤为侧重反思政府对社会救助团体的深刻影响，提出不少令人深思的观点，有力推进了相关研究的进展，并具有突出的现实价值，值得高度关注。

从内容安排上看，作者主要从红十字会与红卍字会的起源、运作机制、组织机构、成员组成、救助方式，以及与政府的关系、发展趋势等方面进行详细剖析，并力图揭示异同，全书新意迭出，观点不乏灼见，足见作者自觉的学术创新意识。该书建立在丰富史料基础之上的论证颇显功力，使我们很容易与作者得出的结论产生共鸣。作者在结论部分指明，同为社会救助团体，由于政府政策导向的差异，两大救助团体的发展亦呈现迥异的结果：作为基督教文明的产物，红十字会东渐入华之后，随着政府力量的逐渐强势介入，最终被官办而成为国家机构，虽获得某种意义上的新生，却由此失去了独立性。而红卍字会作为民国年间本土宗教道院的行慈机构，诞生于民族主义响彻云霄的年代里，虽直言效法红十字会，实则充满难以名状的对抗情绪。区别于红十字会独立性弱化的结局，红卍字会尽管大体上维持了独立性，但其宗教信仰却受到打压与限制，始终为自身存续而苦苦挣扎。究其原因在于，尽管以红十字会和红卍字会为典型代表的近代大型社会救助团体，尚具与政府博弈的资本而暂可容身，但是在近代中国社会，政府和各派政治力量实际主宰着社会救助团体的命运。这是因为，以学习西方为目标、以现代化为导向的民国政府，其实并未真正拥有现代化政府的某些基本核心理念，譬如结社自由、言论自由等。

因此不难看出，该著从表层而言是立足两大救助团体的比较性研究，帮助我们从整体上认识两大救助团体的概貌、异同与联系；但它实则深刻剖析社会组织与政府、慈善事业与社会变迁等多方面关系。这令我们不由得叹服作者立意高深，独有高明之处。

两会尽管存在差异，但它们均为近代中西慈善文化交融的产物，它们事实上曾经开展的救助事业波澜壮阔，历史贡献有目共睹，给后世提供了极为丰富的宝贵经验。前车之鉴，后事之师。历史并不遥远，面对现实，它时刻闪耀着永恒的警示的光芒。该著作启迪我们，要时常审视教训，历史不可漠视，此处简言一二。

其一，近代以来，中国慈善救助事业的发展历程，鲜明地烙刻着政府意志的痕迹，充斥着控制与试图反控制的明暗博弈。而今天，政府完全包办的时代已成为“过去时”，政府与慈善救助团体双方皆有条件、有能力、有愿望达致良性的互动状态。双方应秉持相互尊重、各司其职的态度，多沟通、多商量，努力形成共赢、互利、互促的平等关系，政府部门积极、适度地监督管理，慈善救助团体热情、有序地服务社会，这是全社会都渴盼的美好愿景。具体而言，一方面，社会救助团体应接受来自不同方面的监督和敦促，不断修正失误与错误，切实提高自身的运作能力和管理水平；另一方面，政府应主动放手放权，积极创造条件，尤其要加强政策与法规方面的监管和指导工作，鼓励和扶持社会救助团体在宪法和法律法规允许的范围内自由发展壮大，促使社会救助团体能够最大限度地发挥“润滑剂”“清洁剂”“助推剂”的作用。总之，红十字会与红卍字会的历史明确昭示，政府与社会救助团体的关系不应该是简单的、粗暴的主宰与被控制的关系，双方不可走向极端，合作才是硬道理，唯有如此方可充分发挥现代慈善文化与慈善事业在促进中华民族伟大复兴中应有的积极作用。

其二，红十字会与红卍字会的发展历程还充分显示，在与政府博弈的同时，其实两会之间也存在不容忽视的矛盾。双方在彷徨观望、艳羡模仿，乃至抵触敌视的多重情结旋涡中时有调适行为：红卍字会尽管是本土化社会救助团体，但积极学习红十字会的做法；而红十字会却最终走上了中国本土化的发展道路，双方根据实际情况不断调整服务的内容、方式、对象等。因此，尽管今天国际化交流的趋势无可阻挡，但我们不能一味模仿西方，应把慈善国际化视野与本土化实践紧密结合，必须走中国特色慈善事业发展的道路，尤其应当珍视本土社会救助因子的内生力量，对它们进行合理引导而非处处限制。唯有如此，源远流长的中国慈善传统方能在新时期、新环境里生生不息、绵延赓续，并创造出更为绚烂的光辉业绩。

（原载《〈红十字运动研究〉2017 年卷》）

《峥嵘岁月歌　奋进的 20 年——浦东新区红十字会大事记》简评

欧贺然

由丁超英、池子华主编的《峥嵘岁月歌　奋进的 20 年——浦东新区红十字会大事记》（以下简称《大事记》），于 2014 年 12 月由合肥工业大学出版社出版发行。这是红十字运动研究中心与浦东新区红十字会合作取得的标志性成果。《大事记》采用编年体，完整地记录了 1995 年至 2014 年间，浦东新区红十字会诞生、发展的历史轨迹。本文简要述评如下，以飨读者。

一

上海是中国红十字运动的发祥地。自 1904 年 3 月 10 日上海万国红十字会诞生以来，近代上海长期是中国红十字总会、中国红十字会总办事处所在地。上海以其独特的区域优势，成为红十字文化传播的集散地和全国红十字运动的中心。浦东新区是上海市的一个辖区，因地处黄浦江之东而得名。1992 年 10 月 11 日，国务院（国函〔1992〕145 号）批复：设立上海市浦东新区，撤销川沙县，浦东新区的行政区域包括原川沙县，上海县的三林乡，黄浦区、南市区、杨浦区的浦东部分。2009 年 4 月 24 日，《国务院关于同意上海市调整部分行政区划的批复》，撤销上海市南汇区，将其行政区域并入上海市浦东新区。行政区划调整后的浦东新区面积 1210.41 平方千米，户籍人口 268.60 万人，辖 13 个街道、25 个镇。

1995 年 2 月 8 日，上海市浦东新区管理委员会决定成立浦东新区红十字会，7 月 4 日原浦东新区红十字会召开第一次代表大会。大会整合、理顺了各基层红十字会组织，将包括原黄浦、杨浦、南市和川沙三区一县在内的 373 个红十字基层组织纳入统一、规范化的工作轨道。2009 年

8 月原南汇区撤销，划入浦东新区。原南汇区红十字会并入浦东新区红十字会，9 月 3 日，浦东新区召开全区干部大会，明确浦东新区红十字会作为区政府直属机构，建立新区红十字会党组，实现体制完全单列，同时任命丁超英同志为党组书记并提名为常务副会长人选。因南汇区划入浦东新区，由原浦东新区、原南汇区任命的相关职务自然免除。这标志着浦东新区红十字会从原来隶属于卫生局的二级单位转变为体制完全单列的社会团体。至此，浦东新区红十字会的体制基本建设完成，着手具体工作的开展。

为纪念浦东新区红十字会成立 20 周年，浦东新区红十字会与苏州大学红十字运动研究中心联合编写了《大事记》。该书完整地记录了 20 年间浦东新区红十字运动发展的全貌，展现了浦东新区红十字事业多姿多彩的画卷。

二

《大事记》全书共 33 万字，整合相关资料，采用“编年”体例，以年月日为序，再现了浦东新区红十字会发展演进的轨迹。纵观全书，可称道之处甚多，其特色表现在以下几方面：

其一，体例统一规范，详略得当，文字简洁流畅。

该书由上海市红十字会常务副会长马强作序，主要分为正文和附录两个部分，浦东新区红十字会的荣誉档案、历任领导以及重要文件和规章制度附录于后。《大事记》是一本时序性的资料书，记载了 1995 年至 2014 年期间浦东新区红十字会的重要活动以及相关的重要历史事件，从时空上为研究浦东新区红十字会 20 年的历史提供了重要线索。该书将浦东新区红会这 20 年间的工作开展情况做了详细的论述，少有遗漏。

该书以系年的形式来记录浦东新区红十字会的年轮，全书围绕重要事件来编撰，不仅全面总结过去 20 年里所取得的业绩，而且也反映了红十字事业发展中存在的问题。针对红会活动密集的信息容量和丰富内容，《大事记》在资料的取舍与文字的表述方面，尽可能的准确系统，以求精益求精。对于每一具体条目的表述，力求做到规范，重点突出，不做过多的铺陈，以内容之轻重定行文之长短，风格统一。例如，对“博爱家园”和街镇红十字服务的记录用了相当多的篇幅，因为这是浦东红会的特色项目，因此有相当翔实的记载，而且在附录中也有相关内容，而关于一些日常工作的记录就比较简洁明了。

《大事记》是集体劳动的结晶，编者们广泛收录了报刊、书籍、网络上相关的资料和信息。在编撰的过程中编者一直能够注意客观公正，始终以科学严谨、实事求是的态度去梳理相关信息，进行整理汇编，这是难能可贵的。采用编年体进行叙述，述而不论，言简意赅。文风朴实、简洁、流畅，具有高度的概括力。

其二，所用资料翔实，而且贴近现实，立足当下。

该书充分利用了原南汇区红十字会的档案资料，编者们不辞辛劳地在档案馆搜集整理相关资料。原始档案的深度挖掘，为研究者提供了宝贵的参考资料。该书将浦东新区红十字会1995—2014年这20年来的相关资料汇编成册，去粗取精，用一条条新闻为读者勾勒出浦东新区红十字会从无到有、由弱变强的发展历程，回眸历史，展望未来，再现了浦东新区红十字运动的历史概况以及所取得的诸多成就。从书中我们可以看到，这20年间，浦东新区红十字会成绩斐然，总体来说，备灾救灾工作成效卓著，应急救护工作深入开展，人道救助水平不断提高，红十字文化传播能力显著提高，筹资与财务管理工作取得新进展，组织建设和志愿服务工作稳步推进，红十字青少年活动广泛开展，国际交流及港澳台合作不断深化。

具体而言，浦东新区红十字会率先开通了网站、微博。早在2006年，原南汇区红十字会网站就正式开通，网站信息齐全，分别设有红十字会新闻、基层动态、会长信箱、民问我答、爱心捐赠和会员通道等栏目，有效地拓展了红十字工作的宣传渠道；浦东新区红十字会创新管理模式，夯实“条块结合、全面覆盖、统一管理、分级负责”的红十字组织体系。在体系建设上，继续深化“分类指导、典型引路、阶梯推进、科学管理、全面发展”的基层组织引导模式，进一步理顺街镇红十字会管理体制，完善冠名红十字医疗机构“161”服务体系；坚持依法履行职责，进一步完善“快速及时、从容应对、协调有序、运转高效”的红十字救灾体系。完善应急机制，健全报灾网络，建立协调统一的红十字应急救护和高效联动的救灾管理体系，切实提高应急工作能力；建立健全长效机制，进一步强化“以人为本、网络覆盖、知技合一、群众欢迎”的红十字救护体系。建立应急救护培训机制，实现救护培训规范化、长效化，管理信息化、网络化；优化发展环境，进一步培育“立足基层、面向群众、传播主流、各方配合”的红十字传播体系，等等。该书记录了浦东新区红十字会经历了从无到有、从弱到强、从小到大的发展历程，希望能通过一人、一物、一事，关照历史，洞悉过去的发展轨迹，以更好地面向未来。

其三，该书弘扬人道主义精神，突出人文关怀。

书中不仅记录了红十字组织的爱心行动，对一些热衷慈善的爱心企业和捐赠人也予以记录以示褒扬，传播了人道主义精神。如1997年7月至8月，原南汇县红十字会开展长江中下游、松花江、嫩江流域特大洪涝灾害募捐活动。此次全县参与捐赠的干部、群众达97375人，共募得救灾款304.82万元和价值158万元的衣物，一并交予市红十字会统一发往灾区。2002年4月，原浦东新区红十字医院外科医师郑君华为上海交大一名身患白血病的大学生捐献骨髓，是浦东第一个捐献骨髓的医务工作者。2009年12月1日，浦东新区红十字会特别设立了“博爱阳光”救助通道；同时启动十大救助项目：“千万人帮千万家”浦东博爱行、特困家庭大病补缺救助、特困白血病患儿手术费资助、“东方华润，新心起航”红十字爱心项目、“紫竹献关爱，和谐乐晚年”特困糖尿病老人医疗救助、“携手共享生命绿卡”少儿住院互助基金、建平爱心助学金等，区红十字会通过网站、媒体等公开操作办法，及时公布救助情况并接受捐赠人、爱心企业和社会的监督。2012年8月，两名造血干细胞捐献志愿者实现了“为血液病患者寻找心声”的夙愿，他们分别是来自上海东昌现代4S店的倪俊杰和上海第二工业大学的车小龙；22日上午，丁超英会长亲自前往医院看望他们，授予2012年浦东新区“博爱之星”荣誉称号。类似事迹，书中随处可见，激励更多的爱心人士投身红十字事业。

三

《大事记》将浦东红十字会20年间发展的点点滴滴展现在读者面前，资料翔实，客观公允。新时期浦东新区红十字会的活动内容是不断丰富、发展的，20年来，浦东新区红十字会的发展历程始终承载着时代的使命，以不同时期社会发展和人们需要为转移，不断调整自己，始终高举人道主义的大旗，坚持“人道、博爱、奉献”的红十字精神，散发浓郁的人文主义关怀。红十字的时代价值为当代社会主义精神文明建设提供有益的历史借鉴，该书对浦东新区红会经验的全面总结，对中国基层红十字事业的发展具有重要的借鉴价值。

当然，《大事记》也有一些不足之处，如在两区合并前，原南汇区红十字会的资料相当丰富，但是原浦东红十字会的资料较少，因此关于这一时期的论述相对较少。另一方面，书中没有收录一些相关的历史图片，显得有失生动。尽管该书尚有不尽如人意之处，但是，总的来说，瑕不掩瑜，功不可没。该书的出版具有重要意义，展示了浦东红十字会的历史风貌，对推动红十字运动研究，促进红十字事业的发展具有积极影响，弥补了相关研究的空白。本书的出版，为纪念浦东新区红十字会成立20周年献上了一份厚礼。

（原载《〈红十字运动研究〉2016年卷》）

历史的眼光与现实的视角

——《贵州红十字运动研究（1916—2013）》简评

刘锦涛

复旦大学葛兆光教授曾指出，“评书也是一种‘智力较量’”，“要懂得这个领域的‘行情’”，“是一个‘博学家’”，否则，撰写不出“到位的书评”①。余自我掂量，深感相距甚远。但如尝食好的食品后，在回味之余，总有感官评价的冲动一样，我拜读完罗治雄会长与戴斌武博士后合著的《贵州红十字运动研究（1916—2013）》后，在折服“战地红十字故事”底蕴深厚、内涵丰富，贵州红十字组织建设与工作承袭传统、不断推陈出新之余，亦有评述一番的冲动，大有不吐不快之感，遂为之。该书作为池子华教授总主编的“红十字文化丛书”之一，2015年由合肥工业大学出版社出版发行，40余万言。窃以为，《贵州红十字运动研究（1916—2013）》不仅是纪念中国人民抗日战争暨世界反法西斯战争胜利70周年献礼之作，更是研究红十字运动史的一部力作，完整地梳理了贵州红十字运动史的基本脉络，厘清了贵州红十字运动历史上的许多重大事件和问题，回溯了2013年前贵州红十字会的组建、演进与创新，弥补了贵州红十字运动研究工作中的许多空白。

其一，研究视角新颖。“横看成岭侧成峰，远近高低各不同。”历史犹如一面多棱镜，从不同视角视之，总会有不同的景观。正因为此，“历史是重要的。其重要性不仅在于我们可以从历史中获取知识，还在于种种社会制度的连续性把现在、未来与过去连结在了一起”②。《贵州红十字运动研究（1916—2013）》前篇注重梳理历史脉络，后篇重视汲取历史经验，把贵州红十字运动的过去与现在很好地连在了一起，不仅

① 葛兆光：《从学术书评到研究综述：与博士生的一次讨论》，《杭州师范大学学报》（社会科学版）2012第5期。

② ［美］道格拉斯·C. 诺思：《制度、制度变迁与经济绩效》（杭行译），上海格致出版社2008年版，第1页。

用纪实的手法为我们展现了抗战时期贵州“红十字的光辉”“写真”“实录”与“历史断面”，重现了那段充满血与泪、情与仇的烽火岁月，还用务实的笔触为我们呈现了当代贵州“红运”的发展状况，无论是对贵州红十字组织施行的“救援工程”“生命接力工程”“爱心救助工程”的介绍与凝思，还是对“红十字青少年工作”“绿色家园行动”“红十字文化传播”等的回顾与思忖，皆勾勒了当代贵州人对“红运”精神的传承与创新。从这个角度来说，本研究新颖的视角拓展了红十字运动史研究的视域。

其二，研究内容翔实。《贵州红十字运动研究（1916—2013）》选择研究薄弱的西南一隅——贵州为研究区域，站在中国红十字运动史的高度，以抗战时期与贵州红十字会组建以来为研究时间维度，在占有大量丰富、翔实、原始的地方档案史料的基础上，从历史沉思与现实审视两个视角，系统论述了贵州红十字运动的产生与初步发展，贵州各级红十字组织在扩建分会组织、筹措资金、征求会员、战地救护、灾害救济、医疗服务等方面取得的显著成绩，抗战期间贵州红十字运动的辉煌成就，以及新中国成立后贵州红十字运动历经曲折，在改革开放后取得红十字事业的飞跃发展等内容。创新之处有三：一是站在中国红十字运动史的高度，全面系统地研究了贵州红十字运动创立发展的历史过程及其重大历史事件，客观地再现了历史全貌，反映了历史的真实；二是站在中国人民抗日战争的高度，立足贵州的社会文化历史背景，深入研究了救护总队的演变与发展，科学地说明了其对中国抗战胜利的贡献；三是站在历史传承的高度，深入研究了新中国成立后贵州红十字会的发展与实践，承袭救护总队“救死扶伤，博爱恤兵”的崇高理想，展现贵州红十字会创新“人道，博爱，奉献”的精神、做法与面貌。

其三，占有资料丰富。史家傅斯年先生曰：“史学即史料学。”此观点诚然有偏颇之处，因为“史料毕竟是静止的、沉默的。要让‘史料’说话，还必须有‘史观’的存在”①，但凸显了史料之于历史研究的重要性是不容置疑的。就史学研究而言，史料是研究历史的基础，史学研究最基础性的工作就是对史料的“竭泽而渔”，为要探究和展示过去未曾关注的人与事的真相，势必要尽可能穷尽所能占有的资料。余拜读完《贵州红十字运动研究（1916—2013）》一书后，深感著者在这方面倾注了不少功力，无论是整体性的勾勒轮廓，还是细密的陈述细则，皆有大

① 常利兵：《史料何以成为思想利器》，《读书》2015 年第 5 期。

量档案、报刊、数据、统计表及历史文献等原始资料佐证支持，而且讲求历史学实证方法，注重更深入地讨论史料背后的人物和事件。作者通过时空的回溯，按照时间流动序列，剥丝抽茧、细致入微地梳理，将尘封在历史档案里的中国红十字会救护总队鲜活地呈现在大家眼前，讲述一段应被国人永记的故事。

其四，行文可读性强。鲁迅先生评价司马迁之《史记》时，称其是“史家之绝唱，无韵之离骚”，对《史记》的可读性予以了高度评价。作为一个史学专业的研究者，我以为如果说资料翔实是历史论著的灵魂所在的话，那么可读性则是历史论著能否存续的命脉所在，原因是“言之无文，行之不远”。只有可读性强的历史论著方能使读者品读下去，甚至爱不释卷。读罢罗治雄会长与戴斌武博士后合著的《贵州红十字运动研究（1916—2013）》一书，不难发现，作者在这方面也下了很大功夫。书中人物形象（如林可胜）之论述真切饱满，历史情节之描绘曲折生动（如“救护总队各区域抗战救护实录”“第9大队与四次湘北会战”“抗战时期贵州红十字运动的历史断面”等），谋篇布局合理、逻辑连贯、文笔清新流畅。更可贵的是，作者坚持和贯彻实事求是原则，秉笔直书，有史有论，其中有些内容鲜为人知，值得阅读与深究。

最后，需要指出的是，张玉法先生曾言：“不了解一书的价值而对一书大加褒贬，乃是一种知识上的欺骗。”[①] 也就是说，书评的终极旨归或要义在于挖掘书的特有价值，否则就会有“欺骗”之嫌。对此，我心亦向往之，唯恐不能至。然而，尽管自己对中国红十字运动史研究一直很关注，但终究涉猎有限，有见木不见林的窘态，又非“科班”出身，研究难谈深入，加之自身天资愚钝，品读水平差强人意，因而难免存在“不了解一书的价值”之事实，相应评介可能会存在思想性、科学性、知识性不足等问题。然而，余以为，若拙评能引起读者对《贵州红十字运动研究（1916—2013）》一书予以极大关注，起到知识导航作用，唤起读者的购买欲与品读欲，引起有志于此的研究者的争鸣讨论，活跃学术空气，则足矣。至于挑瑕、纠谬与质疑等事，读者可自便也。

（原载《〈红十字运动研究〉2016 年卷》）

① 张玉法：《历史学的新领域》，（台北）联经出版公司 1994 年版，第 151—153 页。

《中国红十字运动史料选编（第二辑）》评介

侯如晋

继红十字运动研究中心推出《中国红十字运动史料选编（第一辑）》之后，由池子华、丁泽丽主编的《中国红十字运动史料选编（第二辑）》（以下简称《选编二》），已于2015年8月由合肥工业大学出版社出版发行。该书46万言，意在继续对红十字资料进行爬梳整理，为红十字研究的资料建设添砖加瓦。

一

全书内容条理清晰，包括综合、专题、函件、纪事、杂组五个部分。

“综合”部分涉及中国红十字会兴起缘由、中国红十字会总医院内幕、中国红十字会大事记如“甲辰正月二十四日：设红十字支会于上海”、红十字之时事论说、中国红十字会与日来弗（日内瓦）红十字总会、中国红十字会会议报告、中国红十字会总分会一览表等多项内容，使一般读者对中国红十字会有一大致了解。

“专题”部分内容可分以下几类：第一，红十字会条约条款、章程规则及办法等，如国际上通行之《红十字条约》，以及中国红十字分会医院章程、出发组织救护队章程、临时借贷章则、妇婴收养院办法、贫民医院办法、医学校简章等。第二，中国红十字会各地分会成绩录要，涉及南京、常州、武昌、兴化等分会的筹备及成立经过、会务进行、组织管理机制、经费运作方式等。第三，中国红十字会会员善绩录要，如蚌埠分会会长邓愚山热心公益，使皖北受益，重庆分会魏会长救官兵于水火之中等，揭示出了中国红会会员无私奉献的博爱精神。

“函件”部分收录了关于中国红十字会的政府公文、谕旨批令、往来电文、劝书、谢书、通告等，一定程度上揭示出红会与社会各界的关系。如《函复中国红十字总会高密设立分会已电山东巡按使转饬保护并分咨外交陆军海军各部》一文记述中国红会高密分会得到地方政府的保护，《大总统批令（中华民国三年八月十八日）》记述中国红会恳请政府拨款补助之事等，为我们认识红十字会与政府关系提供了材料依据。

“纪事”部分主要收录中国红十字会各项活动情况，涵盖多方面内容，既有关于中国红十字会总会及分会招募会员、积累基金、救灾办法的记述，又有他国红十字会或国际红十字会相关活动的介绍。如《Current Events：日本将派红十字会员赴津奉》记述日本拟派会员救助中国战争中死伤人员，《江苏省立学校第一次联合运动会本校红十字会纪事》旨在突出红会在一次具体体育活动中的作用，《校闻片片录：赞助美国红十字会》则记录了学生对红十字慈善事业的热情之高。

“杂俎”辑录内容最为宽泛，涵盖格言、善行、敬告词、义理散文、颂词、人物传、诗文、对联、日记、祝词、报刊题词诸方面，内容纷繁芜杂，兹不一一举例。

二

《选编二》特点鲜明，可归述为以下几点：

第一，资料丰富，广征博录。以史料出处而言，该书资料来源于“上海图书馆晚清和民国期刊全文数据库、大成老旧刊全文数据库等收藏的报刊资料，以及中国红十字会总会发行的《人道指南》《中国红十字会杂志》《中国红十字会月刊》等”，统计全书所用报刊资料，包括《中西药学报》《医药新报》《中国红十字会杂志》《新民报》等80多种。编者不厌其烦，对于原资料中的表格、英文材料等也是能录即录，如《中国红十字会总分会一览表》《The American Red Cross Parade in Shanghai》等。

第二，内容翔实，体现时代背景。该书不仅辑录中国红十字会相关资料，也辑录与之相关的国外红十字相关资料；不仅辑录中国红十字总会的各项活动，也辑录中国红十字各分会活动；不仅以政府与红会的往来文书来揭示红会与政府关系，还从与红会有关的体育活动、教育事业、医疗服务等方面来再现红会的历史面貌，由此从多个侧面反映出20世纪初中国经济、政治、文化、教育、医疗等方面的概况。例如经济方面，《公牍：赋税：函税务处》提到红会所用“工具及粮袋”过关卡“应准免税厘”，表明当时中国对货物设立关卡、征收税厘的状况；文化方面，《一九一八年菲律宾红十字之嘉年华会第十一周游记》“会场布景”部分提到华人所设“安息园”、中国菜馆、排列中国古董的“鸿泰古董”，一定程度上揭示出中外文化交流情况。

第三，布局合理，编排得当。《选编二》收录资料以时间为经，以专题为纬，既能再现中国红十字会产生、发展的历史过程及与其相关的史事，也能有重点、有层次地勾勒红十字会的各个侧面。一方面保证史料的连续完整，另一方面又对重要的人和事有所突出。这无疑为更好推进整个红十字运动研究提供了便利。研究者既可按时间顺序爬梳中国红十字会之历史发展情形，又可寻之相应专题，对中国红十字会某些具体问题如红十字条约、红十字会募捐情形、红十字会选举职员规则、红十字分会概况进行深入探讨。

第四，遵循严谨的学术规范。其一，全书每条资料均详细注明出处，若某条资料不止一种来源，则将每个来源都注明。如《益智丛录：泰西红十字会之发起》篇在两种报纸内均有记载，则辑录时在文后注明“原载《通问报：耶稣教家庭新闻》1911 年第 482 期，另见《协和报》1911 年第 10 期”。其二，已经收录在《中国红十字会历史资料选编，1904—1949》《〈申报〉上的红十字》《〈大公报〉上的红十字》《〈新闻报〉上的红十字》《红十字在上海资料长编》中的资料，《选编二》都不再收录，避免重复。其三，全书除在必要之处加以句读，对个别明显错处稍作修改以外，并无篡改史料原件的现象，可谓尊重史料，尊重历史。

三

《选编二》作为集体辛勤劳动的结晶，以资料方式呈现中国红十字运动实践，具有较高的价值。

其一，为认识近代历史打开了窗口，有助于深入了解中国社会。全书多方位、多层次地再现中国红十字会的历史，使红十字会的宗旨、组织原则、各项活动、奖惩机制等跃然纸上。同时如前所述，红十字会历史的再现过程，也是中国特定时代背景再现的过程，即所录资料虽冠以红十字会资料之名，却蕴含经济史、外交史、灾荒史、区域史等多方面内容。如《顺直水灾纪事》《温处水灾纪事》《衡山红会之水灾乞赈》等篇反映出全国各地水灾情况；《纪事：震泽：红十字会之活动》《纪事：震泽：红十字分会之经过》《纪事：震泽：红会近讯》《纪事：震泽：红十字分会消息》《纪事：震泽：红会近讯》等篇反映了苏州红十字运动史的一个横断面。

其二，拓展了研究视角，提供了认识红十字运动的新途径。首先，在研究视角上，该书辑录一些红十字会条约条款、章程规则，通过对它们进行文本解读，能够发掘红十字运动的原动力与先天缺陷，理解红十字会的宗旨，从而能对红十字会有更全面的认识。如直隶保定红十字救济医院的“宗旨”，为“本医院凡救济关于战地上之受伤军士及关于战地之受伤非军士，经过保定者，均为调治保养，无政见之歧别”；中国红十字会南昌分会出发赣南救护队“拯救伤痍无分省界，一律待遇，不得偏歧”；中国红十字会西安分会妇婴收养院“不分宗教，中外种族一切界限纯以救灾恤贫为天职”；中国红十字会河阴分会救护队“拯救伤痍不论何方兵民无分畛域，一律待遇，不得偏歧”；万国缔盟中国红十字会贵阳分会附设医疗所“不论中外贫富男女老幼随时医治，一律免费，并无号金等名目”。由此可知，中国红十字会各分会虽在具体章程规则办法上有所区别，但在救济时不分地区、不分省界、不分宗教、不分种族、不分国家、不分男女老幼的博爱精神一致。其次，在研究途径上，该书还收录诗文、歌曲、祝词、对联等，对这些资料的收录和再现，使读者更易融于历史情境中，实现与历史的对话。

其三，为当今红十字事业和社会发展提供经验与方法。该书辑录了中国红十字会成立初期的组织机构、经费收支、会员招募、条约章程、救灾事业、嘉奖办法、国际行动、选举程序等多方面情况，对当今中国红十字会的改革和实践具有借鉴意义。而对社会大众来说，该书部分内容可为民众日常医疗、卫生等提供理论支撑和技术指导，如《专件：预防时疫方法》从微生物角度介绍预防时疫对策。《专件：牛痘学讲义》介绍牛痘的名称、历史、种法、症候、治法。《论说：论红十字会为兵事上之公益》从义理的角度阐发红十字会益处。从社会救济工作看，该书辑录部分分会的赈灾事迹及救灾宗旨、原则与具体办法，可为今日政府救济和社会救济提供合理思路。

四

《选编二》作为一部史料汇编，在文字录入过程中应注意别字、错字的校对及句读的准确性。然观之整本书，仍有错误之处，如《改正红十字条约（译法兰西报）》中“编制或设营人员，报为军装，而其武器，用以防卫一已及病伤兵者”一句，其“一已”显系明显错误，改为“一己”方才说得通。《纪会议改正红十字条约情形》一文里，“故综合四十二国，为红十字条约之地盟国”，其“地”字应是“缔”的别字。《敬告非会员》里“故其宗旨曰：博爱曰恤兵”句明显读不通，是句读上的错误，改为“故其宗旨：曰博爱曰恤兵”或许更为恰当。同种类型的错误不止该处，如《国际法：改正红十字条约之规定（译日本明治四十二年九月国际法杂志）（未完）》一文中有一句表述如下：“故改正之约人，人皆望从速实行。”“人人”为逗号生硬分开显系错误，若改为“故改正之约，人人皆望从速实行”，则不会产生歧义。虽然整理资料是一项浩大的工程，字斟句酌的确需要花费功夫与时日，因而错误在所难免，但倘若这本书能在文字精准方面更加出色，或许就能锦上添花，更加提升自身魅力。

当然，些许瑕疵不能掩盖《选编二》的价值。从学术研究的角度来说，此书为中国红十字运动研究提供不少新鲜资料，有助于促进中国红十字运动研究蒸蒸日上。从现实考量的角度来说，本书汇集中国红十字会的一些历史功绩和经验教训，可为今日该会的发展提供借鉴。总之，该书不失为一部研究和推动中国红十字事业发展的宝贵资料。

（原载《〈红十字运动研究〉2016 年卷》）

民族主义与人道主义的双重变奏

——《民族主义与人道主义：1923 年日本关东大地震的中国响应》述评

赵　婕

代华博士所著《民族主义与人道主义：1923 年日本关东大地震的中国响应》，近日由合肥工业大学出版社出版发行。全书 20 余万言，从中国对 1923 年日本关东大地震的响应入手，探究灾害救护在特定历史时空下蕴含的深沉的政治内涵，透视民族主义与人道主义在救护中的互动关系，为认识关东大地震救援提供了新视角。

一

该书结构清晰，资料翔实，主要由绪论、正文、余论、参考文献、附录等部分组成。绪论部分主要介绍作者选题的缘由、前人的研究成果、该课题的研究方法与基本框架以及作者对该书的自我评价。正文部分则涵盖五章内容：

第一章《“至惨之巨灾”：1923 年日本关东大地震概述》，由《地震的损害分析》《灾况的特征探究》《震灾的救护举措》三节内容构成，主要介绍关东大地震的情况。考察了关东大地震导致的损害状况，探究了此次地震灾况的特征，并对震灾发生后的救护举措做了分析。

第二章《中国报刊舆论的响应：对关东大地震的评析与反思》，由《关东地震后的舆论评析》《关东地震后的舆论反思》《报刊报道的特点考察》三节内容构成，主要阐述了我国报刊舆论对关东大地震的评析与反思。如在分析关东地震后的舆论评析时，作者列举了《申报》《时报》《民国日报》等报纸对日本灾情灾况的评析，它们或刊载日本灾况与救灾的信息，或对震灾本身进行评述。结合这些时评、评论，作者论述了与关东震灾相关的政治、经济、教育与科学等问题。

第三章《中国官方的响应：对关东大地震的援助与“利用”》，包括

《官方对日灾的同情慰问》《官方对日灾的援助》《官方对日灾的“利用”》三节内容，主要论述了官方对日灾的应急举措。如在论述官方对日灾的援助时，作者既分析了中央政府的援助行动，也分析了地方势力如广东革命政权、东三省当局、段祺瑞等对日灾的积极赈救行动。在分析官方对日灾的利用时，通过介绍“开弛米禁”以及“加征海关常关附加税”两项政策出台后的社会反响，揭示北京政府欲借赈济日灾之“名”而行搜刮之“实”。

第四章《中国民间的响应：对关东大地震的赈济》，包括《民间各界赈济日灾活动》《临时性赈务组织的赈济》《常设性赈务组织的赈济》三节内容，此章主要论述了民间对日灾的赈济情况。如在分析民间各界赈济日灾活动时，作者介绍了部分在救灾过程中设立的赈灾组织、救灾款物的筹集方式、赈济日灾的具体内容。此外，作者还具体论述了中国协济日灾义赈会、广东筹赈日灾总会等临时性赈济日灾组织以及红卍字会、华洋义赈会两个常设性赈务组织赈济日灾的具体行动。

第五章《中国红十字会的响应：人道救援行动的个案研究》，主要包括《红十字会援救日灾筹备》《红十字会赴日后的援救行动》《红十字会援救日灾的社会效应》三节内容。此章细致地探究了中国红十字会亲赴日本灾区的救护活动，比如中国红十字会组织救护医疗队赶赴日本，医救伤病灾民，并将筹措的款物送至日本，遣送难侨归籍，取得了良好的社会效应。

余论部分则再次讴歌了赈济日灾过程中所体现出的人道主义精神。从作者对中国各界赈济日本关东大地震过程的详细分析中可以看出：中国人民没有因为尖锐的民族矛盾而放弃赈救行动，也没有因为赈救日灾而放弃合理的民族诉求。民族主义与人道主义在救灾中的互相交织，折射出了中华民族理性、包容的道德情操与扶危济困的人道情怀。

二

该书内容翔实，特色鲜明，主要表现在如下几个方面：

第一，选题视角独特。日本历史上的地震与灾荒问题早已受到世界各地学者的关注，但在较长一段时间内，关于地震灾荒的研究主要是自然科学工作者出于灾害预防与工程建设等问题的现实需要而展开的。民国时期，我国学者对关东大地震的研究主要是灾区实况的介绍，属于浅层次研究。20世纪80年代，许多研究者都是在叙述灾害情形、分析灾害原因及救护情况等，对关东大地震的研究也多集中在社会各界的赈济行动上，其他方面几乎很少涉及。该书从中国对1923年日本关东大地震的响应入手，既分析了1923年关东大地震的灾情，也详细论述了中国民间各界对日灾的反应及行动，以此探究日灾赈济过程中民族主义与人道主义的互动关系，挖掘深层次的政治内涵，可以说视角独特，丰富和拓展了学术界对关东大地震的研究。

第二，史料翔实。作者运用大量报刊、历史文献等原始资料，注重对史料的甄别分析，努力还原历史面貌。首先，该书引用大量近代报刊的时评、社论、论评等，尤其是在该书第二章中，为了论述报刊舆论对关东大地震的看法与态度，作者引用了《申报》《时报》《民国日报》《东方杂志》《中华新报》《新闻报》《苏州晨报》等众多报纸杂志上的内容，这些报刊上的相关社论、时评等内容直观反映了时人对日本震灾的态度。作者不厌其烦，整理分析报刊资料，筛选出代表性资料作为论据，说服力强。其次，该书还引用了大量档案资料，例如在分析山西阎锡山、山东督军田中玉、洛阳吴佩孚等人对日本震灾的态度时，作者引用了中国第二历史档案馆主编的《中国援助1923年日本震灾史料一组》中的资料；在分析红卍字会对日灾的赈济情况时，作者引用了上海档案馆馆藏档案资料中的《红卍字会缘起》。此外，作者还借助《苏州史志资料选辑》《游日同人筹赈会征信录》《中华民国史料》《民国大事日志》《顾维钧回忆录》《段祺瑞年谱》等，为论证提供史料依据。

第三，研究方法多样。作者综合运用多学科研究方法，使内容更具可读性。首先，以历史实证法为主，努力做到论从史出，还原历史本来面貌。比如在论证分析报刊舆论、官方以及民间三方对关东大地震的响应时，引用大量报纸杂志上的社论、时评等文章，作为论证的实例。其次，采用了计量分析法。如在探究关东大地震的灾况时，作者采集了诸多统计数据，如关东地震中一府六县人员伤亡数量、东京府罹灾人数等，并将这些数据绘成简洁明了的表格，以便进行计量研究。此外，还采用了比较、整体把握与个案分析相结合等研究法。如在论述中国对关东大地震的响应时，作者既整体分析了中国各界对震灾的反应与行动，又以中国红十字会为个案分析其响应情况，使该书内容既有“面”的广度，又有“点”的深度，凸显了中国红十字会的代表性与独特之处。

三

该书结构合理，特色鲜明，具有重要的价值，以下几点也是值得称道的：

第一，拓宽了研究视角。该书内容丰富，史料翔实，丰富了对关东大地震的研究。作者从政治视角入手，从报刊舆论、官方、民间三个方面分析中国对1923年日本关东大地震的响应，使研究视角不再局限于灾难本身以及救灾情况的简单再现，而是从不同角度进行深入阐述，拓宽了关东大地震的研究视角。比如在介绍中国报刊舆论对关东大地震的反应时，作者不仅分析了报刊舆论的评析及反思，自己也对报刊舆论的反应做了一个整体评析，首次探究报刊舆论与关东大地震二者之间的独特互动关系。此外，报纸逐日报道社会新闻，记载社会生活的方方面面，保存了大量的社会信息，如同历史资料库，具有重要的史料价值。在分析报刊舆论的评析与反思时，作者不仅梳理了近代具有广泛社会影响力的大报如《申报》《民国日报》等，还整理了一些地方性小报如《苏州晨报》《新周庄报》等，引用了大量的报刊资料以充实自己的论述，一定程度上拓展了研究视角。

第二，启发对现实问题的思考。作者对日本关东大地震的灾况以及造成巨大损害的缘由的分析研究，让我们不禁想到现实问题。近年来，全球进入地震活跃期，各地强震不断，中国汶川8.0级地震、青海玉树7.1级地震，以及所罗门群岛7.2级地震、海地7.3级地震、尼科巴群岛7.6级地震……这些震灾给人类带来了巨大伤害。回顾日本关东大地震，一方面可提醒世人，地震除了会造成房屋倒塌、交通瘫痪、人员伤亡外，还有可能引发火灾、海啸、瘟疫等次生灾害，我们必须增强民众的抗震防灾意识，制定地震灾害的应对措施，进行城市抗震的规划与设计，制定并颁布防灾抗震法规；另一方面，可为当今抗震救灾和国际援助提供经验借鉴和道德示范。日本关东大地震爆发后，中国各界纷纷对日灾表示同情与惋惜，慷慨解囊，解衣节食，踊跃捐助，积极赈济日灾，是对救灾恤邻这一古训的伟大实践。

第三，彰显人道主义精神。本书着重阐述了中国各界对1923年日本关东大地震的反应：或发慰问函电，以及到日本使馆慰问；或发起成立赈济日灾组织，筹募善款；或筹办赈灾物品，及时运往灾区；或派出慰问考察队和医疗救护团。在中日民族矛盾尖锐、关系极度敏感的历史时期，中国各界在坚持合理的民族诉求的同时，秉承救灾恤邻的理念，一致积极、热心地向日本灾区捐款、捐物、助医，充分彰显了人道主义精神。

四

由上述可知，该书有其特色与价值，但并不代表该书无可挑剔：

第一，该书史料翔实，诚为一大特色，但似有继续深挖的空间。如一些日文原始资料、档案与日记资料等，此外还有今人的研究著作等等，若能充分利用，定能锦上添花。比如，我们可以通过深挖日文原始资料，探究当时日本政府及民间对我国积极援助日灾的看法，以及他们对中日关系的新的期待和政策的调整，以体现我国各界积极赈济日灾的影响与意义。

第二，本选题涉及多种学科知识，如能综合运用新闻学、心理学、灾害学、外交学等理论加以考察，无疑会增强论文的学理性。比如，在介绍日灾灾情时，可以结合灾害学理论进行分析；在介绍报刊舆论对日灾的响应时，可以适当增加新闻学理论；在介绍官方对日灾的响应时，可以运用心理学理论分析中央政权及地方军政势力的态度及反应，进行跨学科综合研究。

当然，瑕不掩瑜。该书再现了1923年关东大地震时中国各界的回应情况，使人道主义精神与民族主义精神溢于字里行间，既为研究关东大地震提供了资料与新的视角，同时又启发读者对现实问题进行审视和思考。

（原载《〈红十字运动研究〉2016年卷》）

区域红十字事业的实践审视和理论思考

——《盐都红十字事业》简评

郭进萍

《盐都红十字事业》作为池子华教授总主编的“红十字文化丛书”之一种，2016年由合肥工业大学出版社出版发行，为红十字运动区域史研究再添新葩，值得庆贺。诚如盐城市红十字会会长谷容先在该书序中所指出的，“该书是盐都红十字人对红十字精神的认知、人道理念的感悟和工作实践的总结。她的结集出版，是盐都红十字人理性思考与务实作为的结晶，是区域红十字事业发展的阶段性标志，可喜可贺，令人骄傲”。兹结合其内容，略作评述，以飨读者。

一

全书25万字，集结了盐都红十字人对红十字工作的实践审视和理论思考，分红十字事业与红十字文化、组织建设与红十字工作、红十字青少年与校园文化三大板块，彰显了盐都区红十字会在新时期博爱人群、服务社会的风采。

红十字文化方面，该书提出以价值认同为核心加强博爱文化建设。至于如何推动红十字博爱文化广泛传播，该书将个案考察和宏观研究有机结合，做了有益的探索。微观方面，以“武进甲博爱文化书法作品展”为个案，提出红十字宣传工作要按照“贴近生活、贴近实际、贴近群众”原则，不断提高红十字宣传工作的针对性、时效性和吸引力、感召力，形成充满生机与活力的红十字宣传新格局。宏观方面，该书指出红十字博爱文化的广泛传播可从以下方面入手：一是健全志愿组织网络，加强宣传载体建设；二是完善宣传策划机制，增强新闻传播效应；三是发挥宣传部门职能，强化红会活动协调；四是注重网络舆情引导，塑造红会良好形象。

组织建设是盐都区红十字工作的特色所在。在组织建设与红十字工作方面，该书不吝笔墨，或是建言献策，或是经验分享，多角度多层次地展现了盐都区红十字会的组织建设和工作风貌。该书指出，加强制度建设是促进红十字事业健康良性发展的重中之重，并以基层组织建设最具特色。盐都区红十字会从盐都城乡统筹一体化发展实际出发，逐步建立了覆盖城乡、遍布行业、充满生机与活力的基层红十字组织网络体系，并在全省首家开展基层组织标准化建设，提升了组织建设的质量和层次。募捐筹资方面，盐都区红十字会以建立常态长效筹资主渠道为目标，努力搭建平台，拓展多元化的筹资途径，探索在企业建立“存本用息”冠名基金。社区示范服务方面，以“一对一”帮扶为目标，有效推进示范服务。救灾救护方面，加强备灾救灾体系建设，大力发展红十字应急组织，健全应急网络，创新救护机制，加强全民应急救护培训。生命工程方面，积极组织和开展无偿献血和造血干细胞捐献工作。博爱工程方面，盐都区红十字会充分发挥志愿者的作用，以打造品牌、做优做强项目为目标，从事包括助医、助学、助困、助老、助孤、助残等在内的各项人道救助活动，涉足领域宽，覆盖范围广，获得了较好的社会反响。

红十字青少年方面，该书重点介绍了盐都区教育红十字会的工作经验。该区教育红十字会以博爱文化传承为目标，稳步推进红十字青少年工作，积极组织无偿献血工作，将之打造成教育红会的品牌，并整合各方资源创新贫困学生资助工作，开展红十字示范校创建活动，建成全市唯一的 1 所全国红十字模范小学、6 所省红十字示范校。此外，该书对红十字青少年工作在教育优质均衡发展中的定位与作用做了有益的探讨。

二

纵览全书，可圈可点之处颇多，在此笔述一二。

其一，内容丰富，宏观考察和个案透视有机结合。

该书分三大板块，内容囊括红十字组织建设、筹资募捐、博爱救助、应急反应、救护培训、示范创建、生命工程、共享阳光、志愿服务、红十字青少年工作、人道传播等领域，备极丰赡，比较全面地彰显了盐都区红十字会在新时期开拓创新、务实勤勉的精神风貌。志愿服务是“文明盐都”建设的重头戏和观景台，就像毛细血管一样，渗透在红十字业务活动的各个角落。该书浓墨重彩地宣传了盐都区红十字会的志愿服务工作，除了宏观上对志愿服务理念、作用功能和运行机制进行叙述外，更多的则是对彰显志愿服务精神的平常人物精彩事迹的微观呈现，这在附录中体现得尤为明显。《盐都：红十字志愿者用善行大写奉献》《看志愿者们如何化解捐衣难》《做志愿者成为流行时尚》等一篇篇文章里都涌动着志愿者的善心和热血。他们活跃在无偿献血、捐献造血干细胞、见义勇为、敬老助残等一线，践行着“奉献、友爱、互助、进步”等志愿者精神。除个人积极参与志愿活动外，联手合作的志愿者群体和团队也已出现，以母子档、夫妻档和团队档的形式最为常见，他们常态化开展服务，成为盐都区文明城市建设中一道亮丽的风景线。

其二，源于实践，具有较强的现实价值和推广示范效应。

该书素材来源于盐都区红十字会的工作实践，真实可信。在进行总结和审视时，红十字人不溢美、不隐恶，直面工作中出现的问题和不足，客观理性地将之公之于众，使读者对红十字会工作多了几分理解。文后附录，多采自媒体报道，与正文的理性思考相互映衬，避免了刻板空洞和平面化的说教，使之更为鲜活丰盈。以《温暖春天，我与生命有个约会》报道为例，它以日记体第一人称现身说法的形式，事无巨细地展现了盐都红十字造血干细胞志愿者宋青宁赴南京捐献的历程，极富感染力。新时期，面对新的形势，盐都红十字人与时俱进，迎难而上，积极拓展业务领域，针对社会需要进行服务，不断探索红十字事业发展的新模式和新路径，继而付诸实践，再从实践中总结和探索红十字事业发展的经验，并将其提升到理论层面，以期进一步指导红十字人的实践。在这个过程中，红十字实践与理论有机结合，相得益彰。新时期多彩纷呈的业务工作无不凝结着盐都区红十字人的心血和付出，是他们对不断增长的社会需求的回应和摸索，具有推广示范效应。

其三，蕴含了深沉的人道关怀理念。

新时期，盐都红十字人秉承“人道、博爱、奉献”的红十字精神，积极发挥红十字会在人道救助领域的重要作用，以改善弱势群体的生活境遇为己任，突出“孤、弱、残、老、困”服务主体，以博爱文化为灵魂，深入民众，扶危济困，在服务民生、推进文明进步中发挥了不可或缺的作用。以共享阳光工作站为例，盐都区红十字会针对精神病患者，艾滋病毒携带者，特殊残障人士，有缺陷的新生儿、孤儿、单亲儿童，以及 80 岁以上老人等特定群体需要多方面共同管制和帮扶的社会实际，本着人道关怀理念，聚集各方力量，建立起全国第一家共享阳光工作站，为这些人群提供心理干预、就业培训、家居帮扶、康复指导等专业志愿服务，使他们的生命尊严和身心发展得到进一步慰藉和保障，共享经济发展的阳光雨露。

红十字运动研究中心主任池子华曾在《中国红十字报》发文强调，“文化工程”应成为红十字会总体建设目标之一，与救援工程、生命工程、爱心工程齐头并进，形成“硬实力”“软实力”双管齐下的新格局，推动中国红十字事业的持续发展①。值得一提的是，盐都区红十字会非常注重“文化工程”建设，重视以文化软实力来带动红十字事业发展。在博爱文化传播方面，盐都区红十字会以“有效整合、资源共享、价值认同”为目标，在客观审视传统传播途径、手段和模式滞后的基础上，对新时期博爱文化传播的有效途径做了积极探索，指出要整合资源，加强与政府、企业、公众等多方联系，积极架构核心价值一体化传播的格局，并创新宣传手段和方式，综合运用现代化传播手段。比如，盐都区红十字会积极适应网络发展和形势的变化，改版升级区红十字会网站，与立方科技传媒合作，开通并运行“博爱盐都”公益微信平台。难能可贵的是，盐都区红十字会强调社会人力资源的吸纳，既包括从事媒体传播的人才，也涵盖招募热心公益、熟悉红十字知识的网络传播志愿者。为加强文化传播的理论研究，盐都区红十字会还与红十字运动研究中心合作成立盐都研究基地，构筑理论与实践双轮驱动的传播新气象。这种前瞻意识无疑为盐都区红十字事业的良性可持续发展注入了一剂强心针，颇值得关注。

三

毋庸置疑，该书也有值得商榷的地方，比如实践工作总结有余而理论探索不够深入。在内容编排上，似无统筹规划，稍显杂乱，在“组织建设与红十字工作”部分表现得尤为明显。再者，盐都区红十字事业发展的特色有待于进一步挖掘和提炼，如何凸显品牌效应值得深思。诚如盐都区红十字会备灾救灾中心副主任陆昆山所言，红十字会的博爱工程包容性和覆盖面最广，“但红十字会与众多从事募捐和救济工作的部门、团体，基本上采用了相似的运作模式，没有真正发挥其自身特点和优

① 池子华：《“文化工程”应成为红十字会总体建设目标之一》，《中国红十字报》2009年12月11日。

势，由此造成红十字会在公益项目中虽然涉足领域宽、覆盖范围广，但深入程度低的现状。独特的、有影响力的重点项目少，项目的发展方向不明确”。（第 105 页）这些问题关涉红十字会在社会中的影响力和认可度，亟待红十字人在实践中进一步探索。

他山之石，可以攻玉。《盐都红十字事业》在区域红十字事业的研究方面做出了可贵的探索，是盐都红十字人对 30 余年工作实践的经验总结和理论思考，多有真知灼见，对其他区域红十字事业的发展是有“示范”意义的。该书的出版，为红十字运动研究添砖加瓦，对推进红十字事业的纵深发展也不无裨益。

（原载《〈红十字运动研究〉2017 年卷》）

《国际人道法在华传播与实践研究（1874—1949）》述评

郭进萍

袁灿兴博士所著《国际人道法在华传播与实践研究（1874—1949）》一书，作为“红十字文化丛书”之一种，2015 年由合肥工业大学出版社出版发行。本书是袁灿兴博士潜心研究的学术成果，也是苏州大学红十字运动研究中心的阶段性成果之一。本文就此书做简要述评，以飨读者。

一

国际人道法在中国，迄今已有 100 多年的发展历程。在 1949 年以前，国际人道法由关注战争中伤病者为中心的日内瓦法体系，以及限制杀伤性武器、给予俘虏以人道待遇为中心的海牙法体系构成。至 1949 年，国际社会将这两种体系融合，形成了“日内瓦四公约”。至 1977 年 6 月 8 日形成了两个附加议定书，2005 年 12 月 8 日又订立了第三附加议定书，在此基础上形成了完整的国际人道法。

自国际人道法引入之后，在近代中国历史上，中国红十字会、各大媒体、军队等，均根据自身特点，对国际人道法进行了传播。如 1912 年 12 月 7 日，陆军总长段祺瑞发布陆军部部令，将红十字条约及解释通令全军，“凡我军人军属均应熟读而恪守此令”。1913 年，中国红十字会即大量印刷《人道指南》手册，分送本外埠会员、各巨绅宅第、大公司、大商号，以期传播人道主义，推广慈善事业。1914 年第二期的《中国红十字会杂志》，则以较长篇幅对“人道”进行了阐释，并全面介绍了海牙法体系的《海牙陆战规例》。

自 1904 年日俄战争起，至第二次世界大战，在近代一系列国际武装冲突中，中国政府均较好地实践了国际人道法，予俘虏以优待，审判俘虏，彰显了人道主义，得到了国际社会的普遍认可。而中国红十字会也在各个时期出入于战火，从事于战争救护、赈济难民、医疗事业，实践了国际人道法。

新中国成立后，根据1949年《中国人民政治协商会议共同纲领》第55条规定："对于国民党政府与各国政府所订立的各项条约和协定，中华人民共和国中央政府加以审查，按其内容，分别予以承认，或废除，或修订，或重订。"1952年，中国承认1949年日内瓦四公约。1956年11月5日，中国批准日内瓦四公约。1983年9月5日，中国又批准了两个附加议定书。

作为日内瓦四公约及其附加议定书的缔约国，新中国在传播和实施国际人道法方面享有良好的国际声誉，并一直重视国际人道法的研究、传播。《红十字国际评论》主编葛瑟尔博士曾著文强调："现行的规则必须由国家依照其各自制度规定的程序加以接受，这正是中国政府所做出的。中国是联合国安理会五大常任理事国中在80年代就承认所有现代国际人道法条约的国家。"

近年来，局部地区的武装冲突频繁发生，人道主义灾难加剧，难民潮时常出现，国际人道法一直受到国际社会的高度重视。随着中国综合国力的增强，中国越来越多地参与国际事务，与联合国及国际红十字会合作，参与联合国维和行动及国际人道救援事业。

国际人道法的研究与传播也因此提上议事日程。2007年12月初，中国国际人道法国家委员会获批成立。该委员会由中国红十字会总会牵头，外交部、司法部、教育部、国家文物局等部门参加。该委员会研究涉及国际人道法的各种问题，促进国际人道法的国内传播和实践国际人道法的活动，协调我国参与国际人道法事务的国际交流与合作。中国国际人道法国家委员会的成立，进一步表明了中国对推动国际人道法传播和发展的积极态度。

国际人道法是当今世界比较通行和常用的法律，涉及面广，影响较大。当前对国际人道法的研究中，大多数研究者专注于国际人道法法理本身，而其何时、如何传播到中国，为社会各界所接受并付诸实践，学界则多有忽视。令人欣喜的是，袁灿兴博士在此领域有所突破，对国际人道法在近代中国的实践与传播，进行了系统研究。该书的出版，开启了红十字运动研究的新领域，势必吸引学界与业界的关注。

二

《国际人道法在华传播与实践研究（1874—1949）》全书30余万字，共分5章，对国际人道法在近代中国的实践与传播做了系统研究。

本书第一章，就国际人道法的历史溯源及构成体系，扼要加以介绍。本章第一节就中西方历史上的人道传统，加以回顾。早在古希腊的战争中，就有涉及人道的内容。至西方民族国家形成以后，更形成了一系列关涉战争的国际法规，而国际人道法也从中发展起来。在中国古代，战争中也有较多合于现代国际人道法的内容，可见人道不分古今，不分中外。本章第二节就国际人道法的两大体系，即日内瓦法体系和海牙法体系，加以介绍。日内瓦法体系源自1864年《改善战地武装部队伤者境遇之日内瓦公约》，海牙法体系源自1899年《海牙陆战规约》，二者在二战后得到融合，形成了1949年日内瓦四公约，并在此后得到三个附加议定书的补充，形成了完整的国际人道法体系。

本书第二章，就晚清国际人道法的传入加以研究。近代以降，在内忧外患之中，日内瓦法体系传入中国。通过系列报刊文章的介绍，国际人道法在华渐为人所知晓，并引发了时人创办红十字会的呼吁。在1904年的日俄战争中，经沪上绅商努力，万国红十字会在上海成立，标志着中国红十字会的诞生。就海牙法体系而言，1899年清政府派出代表团参加荷兰海牙举行的第一次保和会，会后清政府决定批准1899年海牙公约中的三个。但由于1900年的八国联军侵华之役，清政府未能完成批准条约的工作。1904年，为了通过红十字会救助日俄战争中的东三省难民，清政府展开外交努力，完成了加入国际红十字会与批准第一次保和会三约的工作。1907年第二次保和会召开，清政府再次参与，并批准了第二次保和会十四约中的八个。晚清时期，中国积极走出国门，参与国际会议，签署并批准了系列国际人道法公约，加入国际红十字会，奠定了国际人道法在华传行的基础。

本书第三章，就北京政府时期国际人道法的传播与实践加以研究。民国成立后，中国红十字会告别“南会”“北会”之争，实现合并，开展了国际人道法的传播工作。民国初创后，北京政府积极准备参加国际会议，签署国际公约，并推动相关国内立法，补签了系列国际公约。在第一次世界大战中，中国红会投身青岛战地进行救护工作，对被困于海外的华侨、华工予以救助。其时，德国、奥匈帝国、瑞典、荷兰等国，经华采购大批物资，援助在西伯利亚的德奥俘虏。中国依照国际人道法，对这些人道主义物资予以方便。一战中，中国也收容了一批德奥等国俘虏，并遵照国际人道法，予俘虏人道待遇，并在战后悉数加以遣返。北京政府时期，国际人道法得到了充分传播，而国际人道法的实践，也在一定程度上改善了中国的外交环境。

本书第四章，就南京国民政府时期国际人道法的传播与实践加以研究。在长期抗战中，国际人道法在华得到了传播与实践。对战地俘获的日军，南京国民政府将其集中至陕西宝鸡第一俘虏收容所与贵州镇远第二俘虏收容所，分别加以收容。在收容过程中，中国根据国际人道法的规定，给予日俘人道待遇，获得红十字国际委员会的高度评价。中国在抗战中成立了中国红十字会总会救护总队部，在前线进行将士医护、防疫卫生等一系列人道主义工作，较好地贯彻了《日内瓦公约》。抗战胜利之后，中国遵循国际人道法，将在华的日本俘虏、侨民集中收容，并在较短的时间内将之遣返回国。对抗战中在华犯下战争罪行的日本乙、丙级战犯，中国也遵照国际人道法中的相关规定，制定系列战犯审判法规，对之加以审判。南京国民政府时期，国际人道法在华的传播与实践，补充了国际人道法的部分不足，为国际人道法的完善发展做出了贡献。

本书第五章为国际人道法在华传行的评析，从理论上对本书加以提升。本章认为，国际人道法在近代中国的传播、实践，对近代中国有诸多积极意义。如带动了近代中国法律体系的建设，在一定程度上改善了近代中国的外交环境，促进了近代中国的人道主义事业等。在国际人道法在华传行的过程中，也有一些值得思考的相关问题。本章从国家视阈下中国红会的地位问题、在处理战俘时内外有别的俘虏政策以及中国传统文化中“杀身成仁”等角度出发，加以探析。

三

作为第一部系统研究国际人道法在近代中国传播与实践的著作，本书填补了该领域的空白，且有颇多可称道之处，在此择要加以评述。

其一，引用资料，翔实可靠。本书大量运用台北“中央研究院”近代史研究所藏外交部档、贵阳市档案馆藏救护总队部档案、上海档案馆藏档、日本外务省外交史料馆档案等。这些档案极为珍贵，如所运用的上海档案馆藏档，系抗战后中国审判日本战犯的第一手卷宗。所运用的日本外务省外交史料馆档，系抗战之中，作为中立国的瑞士所提交的在华日本俘虏生活状况的第一手报告。诸多史料的运用，使得本书相对厚实，更有说服力，体现了作者严谨的治学态度。

其二，逻辑清晰，叙述流畅。本书依照时间顺序展开，分别对清末、北京政府、南京国民政府时期，国际人道法的引入、传播、实践，加以考察。在研究内容上，本书划分清晰，以海牙法体系、日内瓦法体系两大体系为主，进行研究。本书文笔流畅，虽是学术著作，读来却不觉枯燥。

其三，本书展示了较多鲜为人知的历史，如在一战中，中国红会救助海外华侨，使其得以安全归国，并于青岛德日战事中进行战地救护工作。又如一战中，中国收容了一批德奥俘虏，并遵照国际人道法给予这些俘虏人道待遇等。此外，本书澄清了一些以讹传讹的历史事件，如孙立人坑杀日本俘虏、抗战胜利后允许日本携带大量黄金归国等。

其四，本书运用跨学科方法，并在长时段历史中融入微观个案。本书借鉴政治学、法学、军事学、传播学等相关学科理论，开拓了历史研究的视角，同时运用社会学、心理学等方法，探讨在风云变幻的近代中国，国际人道法这一外来法律如何被接受、传播和实践。本书依据真实的历史资料，将宏观研究和微观考察有机结合，如既从宏观上介绍了抗战中在华日本俘虏状况，又以宝鸡俘虏收容所和镇远俘虏收容所作为个案，详细介绍了俘虏的生活情状。

不可否认，本书也存在一些不足。如在理论上，尚有进一步挖掘和提升的空间。在时段上，1949 年之后的国际人道法传播状况，仍有待进一步研究。在内容上，本书稍偏重于国际人道法实践方面的研究，略轻于国际人道法传播方面的考察。在资料上，国际人道法在华传播实践，涉及的资料浩瀚广博，仍有待进一步收集整理。

总体而言，本书瑕不掩瑜。作为第一部研究国际人道法传播与实践的学术著作，本书一定会吸引更多的“后来者”投身其中，并从多角度、全方位研究国际人道法在华传播与实践活动，促进国际人道法在当下的广泛传播。

（原载《〈红十字运动研究〉2017 年卷》）

县域红十字会研究的“示范”之作

——《〈中国红十字会常熟分会民国廿一年纪念册〉整理与研究》简评

刘思瀚

在中国红十字运动的历史上，县域红十字会始终扮演着重要的角色。不过，由于缺少系统、集中的史料，学术界始终无法展开具体研究，令人感到遗憾。不过，随着常熟市红十字会、红十字运动研究中心合作编写，顾丽华、池子华主编的《弥足珍贵的红十字文化遗产——〈中国红十字会常熟分会民国廿一年纪念册〉整理与研究》（下文简称《常熟》）一书出版，县域红十字会研究不足的情况或将得到改变。有鉴于此，本文拟对该书做一简评，以明晰其重要的史料价值及学术影响。

一、《常熟》一书的主要内容

《常熟》一书27万余字，由合肥工业大学出版社2016年出版。该书由上篇“《中国红十字会常熟分会民国廿一年纪念册》整理”、中篇“一部史诗一段传奇——《中国红十字会常熟分会民国廿一年纪念册》研究”、下篇“‘绵延光大’红十字事业——《纪念册》的理想与常熟红十字事业的现实”三部分组成。应当说，各篇的篇名直观地反映了其内容。上篇展示了《常熟》一书编写人员整理《中国红十字会常熟分会民国廿一年纪念册》（以下简称《纪念册》）的成果，其中不仅有经过点校后的文字部分，更有18幅国民党军政要员的题字以及97幅反映常熟红会职员工作的写真图片，可谓图文并茂，栩栩如生。

如果说《常熟》一书的上篇展示了《纪念册》的原貌，那么其中篇则进一步挖掘了《纪念册》的史料价值，以其内容为基础对常熟红会展开了一系列研究。在中篇，池子华教授首先介绍了《纪念册》的概况以及常熟红会修订纪念册的原因。随后，他利用相关史料考证了常熟红十字会的成会时间，修正了以往广为流传的“常熟红十字会成立于民国十三年（1924 年）9 月 26 日”之说，确定了常熟红会成立的确切时间应当为 1911 年 11 月 6 日至 12 日之间。在此基础上，结合《纪念册》的内容以及相关史料，池子华先生还考察了淞沪抗战前后常熟红会在战争救护、难民救助、疫病防治、公信力建设以及文化传播等方面的工作。

下篇的内容则集中论述了常熟红会在淞沪抗战之后的发展历程，着重介绍了常熟红会在淞沪会战结束之后办理救护训练班，以及抗战胜利之后常熟红会组织建制恢复与发展的情况，并介绍了常熟红会 1984 年恢复活动后的一系列工作，包括赈灾济困、救护培训、三献工作、志愿服务等方面。值得一提的是，下篇的附录中收录了《常熟红十字会 1911—2015 年大事记》《常熟红十字会部分在册基层组织成立时间一览表》《常熟红十字会工作剪影》等内容，较为直观地展示了常熟红会自成立以来的工作情况。

二、《常熟》的特点与价值

从前文的介绍可以看出，《常熟》一书的编排设置十分有特色，既有史料的呈现，又有相关的研究，更是历史与现实的结合，将常熟红十字会的发展历程完整地呈现给读者。而这一体例上的特点，也使得《常熟》一书具有多个方面的价值。

其一，史料价值。如前文所述，《常熟》一书上编的内容即为《纪念册》的内容。而值得一提的是，《常熟》一书不仅对《纪念册》的文字部分加以点校重排，还将《纪念册》中的众多图片加以处理，以直观的方式呈现给读者，力求再现《纪念册》的完整面貌。《常熟》一书的编写组之所以不遗余力地将《纪念册》中的图片尽数展现给读者，正是由于其有着极为重要的史料价值。在这些图片中，仅军政要员为常熟红会的题字就多达 18 幅，更为罕见的是，国民政府主席林森、军事委员会委员长蒋介石、行政院院长汪精卫等人的题字赫然在列，其价值不言而喻。数量如此之多的题词，也从一个侧面证明了常熟红十字会在淞沪抗战时期的救援工作得到了社会各界的广泛认同。此外，《纪念册》中还存有当时常熟红会的职员相片，从会长到救护队员无一缺漏，结合《纪念册》中所呈现的数十幅有关常熟红会实际工作的珍贵图像，诚如书中所言，“地方红会的组织结构，一目了然”（第163页）。而在图片之外，《纪念册》的文字部分同样有着重要的史料价值，不仅收录有《中国红十字会分会通则》这一此前未受到足够重视的关键史料，而且收录有常熟红十字分会会员、职员名单等地方红会的资料，更是地方红会研究中难得一见的具体史料。《纪念册》还收录了数篇由常熟红会撰写或转载的普及红十字知识的文章，如《创始红十字会南丁女士传》《红十字会十大利益说》《红十字会白话浅说》等。尽管这些文章对红十字运动的认识有部分偏差，但它们依然是我们了解当时县域红十字会文化传播事业的直接材料，具有重要意义。至于《纪念册》中收录的常熟红会各年度的收支报告、诊治人员名单、收容难民名单、收殓兵民名单等文献，则更为直观地展示了地方基层红会在战火纷飞的年代是如何开展红十字会的各项工作的，“这是《纪念册》中最值得‘纪念’的内容”（第154页）。而包含如此多重要史料的《常熟》一书，其史料价值只能用难以量化来形容。

其二，学术价值。《常熟》一书的价值并非仅限于史料价值。池子华教授在中篇中对《纪念册》及常熟红会展开了相关研究，并在某些问题上取得了新的突破，例如考证《纪念册》编修的前因后果。1932年1月28日，日军向上海发动了大规模的军事进攻，史称“一·二八”事变。当时驻守上海的十九路军与日军展开了激烈的战斗。而在十九路军的背后，是无数红十字人冒着枪林弹雨援救伤兵难民的身影。常熟红会也在中国红十字会的组织下积极投入救援行动之中，据时任常熟红会会长的张鸿回忆，“理事会诸君及热心救济同志，奔走急难，俾红十字之旗帜不至闻军笳而消散。大兵之后继以大疫，又假孝友校舍设立医院，救济兵民，不辞劳瘁，可尽力于社会者矣”。由于要纪念常熟红会此次救援行动，因此才有了常熟红会“爰集成绩编葺纪念册”一事（第3页）。池子华教授就此指出，“显然，编印《纪念册》，不仅仅是为了‘不能忘却的纪念’，更在于‘继承’传承‘尽力于社会’的红十字精神，并使之‘绵延广大’。这是‘纪念’的真正意蕴。”（第154页）随后，池子华教授还考证了常熟红会的建会时间，取得了新的突破。在《纪念册》的序言中，张鸿曾提及“吾邑之红十字分会始于甲子兵祸”。不少史志都以此为根据，认为中国红十字会常熟分会成立于1924年江浙战争爆发之时。池子华教授在分析了《红十字会第一届分会职员一览表》《辛亥革命时中国红十字会暨各分会活动成绩》《统一大会汇刊》等史料后发现，常熟红会史早在辛亥革命时期就得到了中国红十字总会的认可，并且长时间保持着正常运转，而常熟红会的代表也出席了中华民国建立后召开的“统一”大会。据此，池子华教授确认“常熟分会组建的时间在11月6日至12日之间”（第170页），而并非《常熟市志》等文献所称“民国十三年（1924年）9月26日”，将常熟红会可考的成立时间前推了10余年，意义重大。此外，池子华教授还对常熟红会在淞沪战争时期的战争救护、难民救助、疫病防治以及公信力建设、文化传播等方面的工作进行了考察。通过这一系列考察，他认为常熟红会不仅在战事救护、难民救助、疫病防治这三项“近代红十字运动的三大核心功能”上颇有建树，一度得到总会的嘉奖，还在公信力建设与文化传播工作中展现了其“细致入微”的工作态度，非常值得后世借鉴。池子华教授的这一系列研究，不仅是对史实的考证，更是一次研究县域红十字会的示范。从常熟红会成立时间的考证、常熟红会的演变与发展，到战争救护、难民救助、疫病防治、账目公开、文化传播的专项研究，无一不包，可谓“麻雀虽小，五脏俱全”。

其三，现实意义。在展示史料、解析历史之后，《常熟》一书还对常熟红会在当代的发展做了回顾与总结。三者的有机结合，使得《常熟》一书的现实价值，同样不可小觑。在新中国成立后的很长一段时间内，常熟的红十字事业都未能获得足够的发展空间，直到1984年常熟县政府批准恢复红十字会组织，常熟红会才迎来了发展的机遇。而随着2007年管理体制的理顺，常熟市红十字机关“由市卫生局代管改由市政府领导联系”，常熟红会也已经取得了长足的发展，拥有基层组织161家，团体会员单位43个，红十字会员26000余名。常熟市乡镇（区）级、经济板块和学校也于2015年实现了红十字会组织全覆盖。此外，常熟红会还在赈灾济困、救护培训、三献事业、志愿服务等工作上取得了显著的成效，如“1994—2015年总计筹集各类善款1835万元，接受捐赠物资价值9834万元”（第211页）；“2001—2015年末，市民累计报名登记捐献角膜103人……报名登记捐献遗体283人”（第219页）；打造红十字“救”在身边的救护培训品牌；与地方义工团体共同合作，大力开展志愿者服务等。而在回顾常熟红会近30年的辉煌成果时，我们不禁想到了《常熟》上篇、中篇的内容，数十年前活跃在战地之中的常熟红会人的身影，他们的故事，是否在常熟代代相传？他们的工作，是否值得当代红十字会借鉴学习？这种历史与现实结合的体验感，无形中又加深了读者对于现实的思考，提升了《常熟》的现实意义。

三、《常熟》对于红十字运动研究的启示

如上所述,《常熟》一书在体例上的特点，使其拥有了多重价值。事实上,《常熟》一书也在某种程度上对当前的红十字运动研究有所启示。

首先，《常熟》再次提醒了我们挖掘新史料的重要性。如果没有《常熟》一书编写组的努力，或许《纪念册》只能深藏兰台，难有机会与大众见面。常熟红会在淞沪抗战时期救援行动的具体细节，也只能深埋在故纸堆而无人知晓了。要想补足以往研究的缺憾之处、引领新的研究方向，很大程度取决于能否发掘新史料。《常熟》一书的出版也从一个侧面反映出，在红十字运动研究领域，发掘新史料依然有很大的可能性。苏州大学红十字运动研究中心一直致力于史料的发现、整理工作，由其整理出版的《中国红十字运动史料选编》（现已出版至第六辑)、《红十字在上海资料长编（1904—1949)》等资料汇编，极大地丰富了该领域的研究资料。不过，随着研究的不断推进，相关的史实大都得到了廓清，现有资料被使用的频率不断提高。因此，进一步推进红十字运动研究发展，发掘新的史料势在必行。考虑到目前学界获取资料的难度不断提高，希望更多学者能加入发掘红十字运动史料的队伍。

其次,《常熟》一书证实了针对县域红会的研究可行且必要。从上文的论述可知，池子华教授已利用有限的史料，做出了县域红会研究的“示范”，证明在有资料支撑的情况下，开展县域红会研究是完全可行的。而县域红会研究，对于红十字运动研究的全局而言，有着重要意义。以《常熟》一书为例，常熟红会在淞沪抗战中的救援行动，补足了中国红十字会在淞沪抗战期间救援行动的相关细节。同时，针对常熟红会公信力与文化建设的研究，使我们得以了解基层红会是如何落实总会的相关政策，更是为中国红十字总会的相关工作研究提供了一个比较的对象，扩大了研究的取向与范围。

总而言之,《常熟》一书有着重要的史料价值、学术价值与现实意义。同时，它又是红十字运动研究中县域红会研究的“示范”之作。但不无缺憾的是,《常熟》一书未能对常熟红会成立初期的情况做进一步的揭示。希望将来的研究，能够加以弥补，对常熟红十字会的历史展开更为全面、系统的研究。

（原载《〈红十字运动研究〉2017 年卷》)

《红十字青少年理论与实践》简评

欧贺然

由上海市嘉定区红十字会、苏州大学红十字运动研究中心合编，王国忠、池子华主编的《红十字青少年理论与实践》，作为“红十字文化丛书”之一种，于2016年7月由合肥工业大学出版社出版发行。本书虽是一部论文集，但其把历时性与共时性研究有机结合，把宏观研究与区域研究、个案研究有机结合，具有一定的系统性，对推动红十字青少年运动的健康发展不无借鉴价值。

一

全书近30万言，是一部有关红十字青少年运动研究的专题论文集，按照论文的性质，本书分为历史演变、发展现状、理论思考、实践探索、专题研究、政策法规等六大板块，既有对红十字青少年运动的历史回顾，又有对发展现状的客观呈现；既有理论探索，又有实践经验的总结。

历史演变：该板块收录论文3篇，《红十字青少年运动的国际起源及发展概况》《中国红十字青少年运动的起源及发展简况》《新中国成立后红十字青少年运动的发展历程——以江苏为例》，阐明了青少年与红十字运动的历史渊源，介绍了红十字青少年运动发展历程，并详细介绍中国红十字青少年运动的起源及发展简况，指出中国红十字青少年运动具有国际性、时代性、公益性、地域性以及教育性等鲜明特点，认为红十字青少年运动的健康发展离不开政策的支持、政策法规的制定完善，由此逐步构成了有利于中国红十字青少年工作开展的良好局面。此外，该板块以江苏为例，叙述了新中国成立后红十字青少年运动的发展轨迹。历史是割不断的，历史是逝去的现实，现实是历史的自然延续。红十字青少年运动也因时代的不同，在内涵、侧重点方面有所变化。

发展现状：红十字青少年工作是中国红十字事业的重要组成部分，也是构建和谐学校、和谐社会的重要工作平台。该板块收录了开展江苏红十字青少年运动调研的基本概况，对红十字青少年工作现状进行梳理，指出工作中的亮点与不足，并提出一些对策和措施，认为红十字青少年工作是一项长期事业，我们要更新观念，与时俱进，建立健全工作机构，确立完善工作保障机制。同时，要做好宣传工作，充分利用现代化技术，让信息化、数字化的红十字信息面向社会传输。各学校红十字青少年工作与时代齐进步，与祖国共奋进，与世界同发展，坚持以马克思主义中国化最新成果为多彩的青春导航，努力锻造综合素质，不断拓展成才途径，谱写新时期红十字青少年工作的新篇章。

理论思考：所谓红十字青年，实际就是在学校中的红十字会会员①；红十字少年，指未成年的红十字会会员②。在发展会员过程中，学校是重要的活动场所，而红十字青少年则是社会服务的重要力量。学校是青少年红十字会员的集中地，因而学校红十字会工作在推动红十字青少年运动的发展中尤为重要。该板块收录论文 9 篇，分别阐述了对小学、中学以及高校红十字会工作的认识和思考，在学校中传播红十字文化，让红十字精神在学校教育中发扬光大。这些论文的作者大部分都是学校教师或高校学生，结合亲身实践和认知，指出学校红十字工作的不足，提出思考和建议，并阐明在学校开展红十字工作的重要性。强调学校传播红十字文化的重要性，且传播要有继承性、开拓性、创新性，只有不断拓宽传播渠道，才能发挥强大的传播能量，培养青少年“人道、博爱、奉献”的红十字精神。

实践探索：该板块是各地红十字青少年工作实践经验的汇总，是展示各地红十字青少年工作成效和特色的“平台”，可以为他人提供经验和借鉴。南通市红十字会从学校实际出发，将人道理念传播纳入学校德育体系，将红十字主题实践活动与学生的社会实践、红十字志愿服务相结合，走出了一条务实创新、注重效果、逐步规范的学校红十字工作发展路径；浙江省吴兴高级中学坚持“立德树人”理念，把体现红十字精神、促进青少年健康成长的各项活动融入青少年的学习和生活中，红十字工作坚持 10 余年，构建了“吴高博爱四季风”的

① 吴耀麟：《红十字青年运动》，《红十字月刊》第 7 期（1946 年 7 月），第 7 页。

② 《红十字少年的工作与活动》，参见中国红十字会总会编：《中国红十字会历史资料选编，1904—1949》，南京大学出版社 1993 年版，第 373 页。

德育体系；上海嘉定区城中路小学的“晨晓”红十字社团一年四季都开展暖心活动，将红十字文化的理念和精髓融入课堂和校园环境中，让学生耳濡目染，感悟“人道、博爱、奉献”的红十字精神等等。这些基层特色实践工作，为开展红十字青少年工作提供了榜样力量，可以鼓励其他单位积极开展工作，创造更好的实践效果，促进红十字事业的发展。

专题研究：该板块收录论文4篇，介绍了“复员”时期中国红十字青少年运动的发展状况，揭示了这一时期红十字青少年运动的成就以及在中国红十字运动史上的地位。此外，该板块还对民国时期教材中的红十字课文进行了介绍，建议将红十字知识选入现行的中小学课本，同时应集中人力物力，编写一套适合各个年龄段的学生阅读的红十字知识手册，其作用甚大。

政策法规：该板块收录了《国际红十字与红新月运动章程》《中华人民共和国红十字会法》《国务院关于促进红十字事业发展的意见》《中国红十字会章程》《关于加强学校红十字会工作的指导意见》《学校红十字会工作规则》《红十字模范表彰管理办法》《中国红十字会会员管理办法》《中国红十字会会费管理办法》《上海市高等院校开展红十字工作办法》《上海市中、小学校开展红十字工作办法》《关于印发〈上海市学校红十字工作创建活动实施细则（试行）〉及有关创建标准的通知》等有关红十字青少年运动的政策法规，便于参照，具有鲜明的时代特色和现实价值。

二

本书作为一本研究红十字青少年运动的专门性著作，是众多研究红十字青少年运动成果的结晶。纵览全书，可称道之处甚多。

（一）历史回顾和对发展现状客观呈现的有机结合

《红十字青少年理论与实践》一书第一部分，即为“历史演变”，该板块以时间为序，内容涵盖了国际红十字青少年运动的起源、发展和壮大以及主要活动和发展前景，中国红十字青少年运动的起源、发展和新中国成立后的发展历程。“专题研究”板块对“复员”时期中国红十字青少年运动的发展进行了介绍。“发展现状”和“实践探索”板块对中国红十字青少年运动的现状进行了客观呈现，从文章的字里行间可见，当前中国红十字青少年运动的发展虽然有一些缺点和不足，但是组织建设不断加强，机构设置不断健全完备，规章制度不断完善，管理工作更加有序规范，宣传渠道不断拓宽，红会知识广泛传播，培训工作不断深化，会员队伍不断壮大，志愿服务常年开展，红十字青少年工作蓬勃发展。红十字青少年工作是一项长期的、系统的、大众的事业，在加强人与人之间的相互了解、促进精神文明建设、构筑和谐社会中占据重要地位。因而，要做好红十字青少年工作，就要与时俱进，把红十字工作的眼前效益和长远效益相结合，坚持科学发展观，保证可持续发展，进一步实现红十字会工作管理规范化、工作制度化、活动开展具体化。

该书将对红十字青少年运动的历史回顾和对其发展现状的客观呈现相结合，使内容更加丰满，条理更加清晰，将红十字青少年运动在中国扎根、破土、萌芽和成长的过程清晰地展现在读者面前，也体现了强烈的现实关怀意识。

（二）宏观研究与区域研究、个案研究有机结合

在研究视角上，该书既有宏观研究，如“历史演变”板块系统爬梳了国际红十字青少年运动和中国红十字青少年运动的发展轨迹、现状以及未来发展前景；也有区域研究，如对南通市学校红十字工作的特色和经验的研究与介绍，指出其主要特色是：“一、理清工作思路，科学定位学校红十字工作；二、健全组织体系，扎实推进学校红十字实践活动；三、开展达标升级，带动学校红十字工作整体提升；四、推进管理创新，建立学校红十字工作长效机制”，以及对嘉定区各学校红十字青少年活动的观察与思考和对江苏省溧阳市红十字青少年工作的认识；还有微观个案考察，如对浙江省吴兴高级中学红十字青少年工作的研究，对民国教材中红十字课文的考察等等。

本书将宏观研究与区域研究、个案研究有机结合，既有大而广的宏观景象的呈现，又有具体而微的个案的呈现，点面结合，更有学理性。

（三）理论探索与实践经验总结相结合

本书既有红十字青少年理论探索，又有实践经验的总结。“理论思考”板块分别对高校红十字会工作、学校红十字青少年工作以及红十字精神和红十字文化在学校的传播和渗透等方面进行了理论思考。作者认为高校红十字会工作在大学生素质教育中具有重要意义，可以引导大学

生树立正确的世界观、人生观、价值观，培养大学生的社会责任感，养成无私奉献的精神。做好高校红十字会工作，要“加强组织建设，完善工作机制。坚持改革创新，形成特色品牌。整合各种资源，促进交流合作。壮大会员和志愿者队伍，提高学生的参与水平”，进一步促进高校红十字工作的健康发展；红十字青少年是红十字运动的重要力量，红十字青少年工作在学校教育中的地位和性质决定了红十字青少年工作的重要性。红十字运动弘扬“人道、博爱、奉献”的精神，学校传播红十字文化对于培养青少年红十字精神有重大意义。学校可以将人道主义精神融入学校德育教育，加强学科渗透，拓宽传播面；同时也可以举办各种主题活动，如自救互救活动、预防艾滋病宣传活动、观看公益影视作品、开展宣传控烟禁烟教育活动等；此外，还可以利用新媒体，如微信、QQ、微博等平台传播红十字文化。

实践经验的总结主要有：

江苏省溧阳市学校红十字工作的实践：（一）形式求活，强化常规教育。红十字青少年工作网络健全，队伍建设卓有成效，完善培训指导的工作制度。（二）活动求优，强化宣传力度。其主要利用课堂进行宣传教育，还利用各种节日、纪念日以及网络进行宣传教育。（三）科研求深，强化质量内涵。科研是红十字青少年工作获得深层次发展的基石，加强科研刻不容缓。

江苏省南通市通州区学校红十字工作的经验：围绕学校红十字会工作的方向定位、制度机制、长效管理等方面布局，立足长远，创新理念，突出5个“更”（更务实的定位、更有力的抓手、更拓展的活动、更暖心的服务、更长效的机制），扎实推进全区学校红十字会工作新发展。

浙江省吴兴高级中学的主要经验：三个“将”——将红十字精神融入德育教育实践，将红十字精神融入生命教育体系，将红十字精神融入文化校园建设。

上海市嘉定区金鹤中学践行红十字精神的实践探索：（一）以班队主题活动为载体，弘扬红十字精神。（二）以课堂教学为主阵地，浸润红十字精神。（三）构建和谐的校园人际关系，践行红十字精神。

此外，本书还对嘉定区城中路小学、杨柳初级中学、马陆小学、疁城实验学校等中小学校开展红十字青少年活动的实践经验进行了总结。总之，红十字青少年工作应充分考虑当时、当地和学校的工作实际，突出地域特色，为本地区红十字青少年工作服务。

三

纵览全书，作为集体智慧的结晶，该书具有一定的系统性，板块划分明确。作为一本专题性论文集，关注的焦点在红十字青少年运动，特别是中国红十字青少年运动，涉及内容包括国际红十字青少年运动的起源及发展概况、中国红十字青少年运动的起源、民国时期的发展以及新中国成立以后的发展历程、红十字青少年工作的现状、学校红十字青少年工作的开展情况及经验、有关红十字青少年事业发展的政策法规等等。内容较为全面，研究视角多样，既有理论探索，又有实践经验的总结。

大部分论文作者来自各地学校或红十字会基层，他们直接参与红十字青少年工作，既有实践经验又有理论修养，因而其所著论文对红十字青少年运动具有重要的参考价值，值得大家学习和借鉴。因此，该书具有重要的现实价值。

本书作为一本论文集，某些地方还有值得商榷之处。如在体例的划分上，“专题研究”板块或可以划入“历史演变”板块之中，使文章排列更有时序性。

总体而言，瑕不掩瑜。推出《红十字青少年理论与实践》的价值和意义是值得肯定的，对中国红十字运动研究和红十字青少年运动研究都将起到极大的推动作用。

（原载《〈红十字运动研究〉2017 年卷》）

《人道的力量：中国红十字会救援江浙战争研究》简评

侯如晋

梁旻所著《人道的力量：中国红十字会救援江浙战争研究》（以下简称《人道的力量》）一书，以1924—1925年江浙战争为中心，考察了中国红十字会的战地救护情况，以此彰显红十字会的人道精神。该书近30万字，由合肥工业大学出版社出版发行。

一、《人道的力量》基本内容及架构

由于此书是梁旻的博士论文，因此也包含其绪论部分，即选题缘起、研究综述等内容。全书对中国红十字会的救援行动实际上按原因、经过、结果（及评价）三部分展开论述。

第一部分是第一章，讲述江浙兵灾爆发的原因、经过、结果及影响，作为中国红十字会救援行动的背景；第二部分是第二至六章，讲述中国红十字会从战前筹备，到战地救护，到医院救治，到难民收容与救助，再到兵灾善后的全过程，作为中国红十字会救援行动的经过；第三部分是第七章，对中国红十字会的救援行动做出评价，包括其人道救援成效分析、人道救援特点、成功救援江浙之战的原因和人道救援影响。总体而言，该书架构完整，脉络清晰，基本史实交代清楚，是一本了解中国红十字会在江浙战争救护方面所做努力的作品，也再现了江浙战争的大致面貌及当时的社会状况。

不难发现，全书主体上基本按照“先总会后分会”的结构叙述，并且三至六章中均有个案分析（第六章第三节对昆山的介绍并未单列一节，但实际是“兵灾善后”的一个个案研究），且在大多章节最后以“小结”的形式对本章内容做总括。谋篇布局比较清晰，一目了然。

二、《人道的力量》特点概述

（一）运用了丰富的资料

书中运用的资料主要包括以下几类：（1）报纸杂志。如《申报》《新无锡》《吴语》《兴华》等，这其中对《申报》的引用贯穿全书。（2）地方志。市、县、镇级地方志资料均为作者所用，如《苏州史志资料选辑》《镇江市志》《江苏六十一县志》《青浦县志》《兵希镇志》等。（3）资料汇编。其中包括中国红十字会总会编的《中国红十字会历史资料选编，1904—1949》等、各省市红十字会编的本地红十字会历史资料、池子华等编的《〈申报〉上的红十字》系列资料汇编，以及与红十字会相关的其他资料，如《天津商会档案汇编》《江苏通史》等等。一些档案资料规模比较庞大，因此作者在其中发现红十字会相关资料并加以运用就显得难能可贵。如《苏州商会档案丛编》（第3辑）下册，至少有1500页以上。此外，全书参考了多本专著和多篇论文，诸如费正清的《剑桥中华民国史》、来新夏等的《北洋军阀史》，增添了文章的厚重感。

（二）论述上有时间、轻重的不同，且带有褒扬的情感

首先，以战前、战时、战后的时间划分，展现中国红十字会救援行动的阶段性特征。战前，红十字会积极筹备救护物资及人员等，并奔走各方，极力阻止战争；战时，红十字会派遣救护队，设立临时医院及各种收容所，救治伤兵和难民，减轻战争带来的伤害；战后，红十字会进行损失估计，安排伤兵难民遣送事宜等。一系列井井有条的工作，使大量战争受害者得到救助，也使红十字会自身得到发展，还在社会上传播了红十字人道精神。

其次，用“值得注意的是”“需要特别说明的是”等字样来重点论述一些内容，使得作者意图强调的部分能够受到关注。当然，对有些看似枝节的内容，作者也做了必要的说明，例如与昆山分会一道接运难民的“美国红十字会救济队”，作者以注释的方式将这里的上海“美国红十字会”与原来美国红十字会的南京分会做了区别性说明。

第三，全书处处反映出作者对中国红十字会在江浙战争中发挥作用的肯定与颂扬——从地位上加以肯定，说红十字会在战争救援中发挥

“主导”作用；从救援成效上加以肯定，说红十字会“发挥了很好的作用”“为伤兵难民带来生的希望”“成绩显著”“成效显著”“成果显著”“取得了令人瞩目的成绩”“做出了巨大贡献”，等等，还用“家”这个字表现了对红十字会设置收容所的赞扬。

（三）展现出江浙战争期间某些社会状况

作者论述当时的社会状况，典型的是江浙（主要为江苏）“人”的状况。通过《人道的力量》可以知道，战区及周边有些地方经济状况良好，富户不在少数。一方面，存在个人捐助较多财产的情况，如无锡巨绅杨翰西捐助安亭红会的事例（第222页）。另一方面，存在以个人住宅作为各地红十字会救援安置处的现象。比如驻常州的第二救护总队，在城内的谈宅、庄宅设立第二、第三急救所（第124页）；开展收容救助工作时，松江分会陆续开办的妇孺收容所有两处选址私人住宅（第147页）；“昆山分会鉴于已有的妇孺收容所不敷容纳，于是陆续增设收容所，又借东塘俞凤宝宅，添设第五妇孺收容所；借柴王衔毕庆侯宅，添设第六妇孺收容所”（第160页）；苏州更显经济富庶，近代以来出现了费仲深等著名的大善士（第170页），很多善士在战争期间对红十字会给予了力所能及的帮助。

此外，特殊时期的特殊状况也是江浙战争期间社会状况的一个断面，比如拉夫封船。其他像一些地区的交通概况、学校概况、宗祠善堂存在情况等，全书均有所涉及。

三、有待商榷之处

《人道的力量》通过大量材料介绍了中国红十字会江浙战争的救援行动，论述较为清晰，但少许不足也不妨提出。

首先，从整体感观的角度而言，这篇作品“研究”的成分稍显不足，并且缺乏一定的宏观视野。虽然各章与各章之间按照时间顺序交代了中国红十字会战争救护的“功绩”，自始至终突出“人道救援”，但往往戛然而止，对红十字会工作中出现的阻碍和不足仅在最后评价的时候稍有提及，可谓详其一面，略其另一面。

其次，书中存在一些技术处理上的错误。（1）几处错别字虽无伤大雅，但毕竟是小的硬伤，如本书176页处“也巩固和提升了中国红十字会的社会现象”的“现象”二字，改为“形象”或许为作者本想运用之词。(2) 对于原材料的“错误”之处的引用，作者或可采取注释说明或正文说明的方法，不一定要将原材料改动。例如，“第一次江浙战争期间红会沪埠 13 所医院收治伤兵人数统计表”中有一项“每日合计”，作者自己也在表后说明了原报道是“824”，应修改为“834”，但是直接把原表的数据改动以后加以引用的做法似乎稍欠妥当。(3) 文中一些语句可不必重复说明，譬如江浙战争发生在江苏南部及沪埠周边地区，因而对江苏影响较大、对浙江影响较小的类似交代，仅说明一次便可。(4) 对于一个新名词的解释，理应放在一本书中该词最早出现的地方，但是本书对“人道灾难”的注解却放到了第一章开始之处（“人道灾难”一词实际上在绪论部分就已出现）。此外，像“众所周知”这样的词汇，是否可以少用或不用？我认为可以商榷。红十字会是国际性的人道救助组织（第 215 页），这一说法没有问题，但是不是“众所周知”，这就不一定。这个“众所周知”却在书中出现了好几次。

总体而言，该书不失完整性，紧扣主题，讲述了中国红十字会救援江浙战争的大致情形，尤其尽力凸显“人道的力量”，彰显与弘扬了红十字精神，也为今日红十字事业的发展提供了一定的借鉴。

（原载《〈红十字运动研究〉2017 年卷》）

《中国红十字历史编年，2010—2014》简评

赵　婕

为弘扬红十字人道主义精神，全面展现中国红十字会波澜壮阔的历史画卷，推动中国人道事业的发展，加强国际民间的交流与合作，苏州大学红十字运动研究中心组织编写了《中国红十字历史编年，1904—2004》（安徽人民出版社 2005 年版）和其续编《中国红十字历史编年，2004—2009》（合肥工业大学 2012 年版），作为专门检索红十字运动历史和重大事件的工具书。随着时代的发展，为了使这套工具书保持连贯性与统一性，《中国红十字历史编年，2010—2014》（以下简称《历史编年》）应运而生。本书由池子华、邓通主编，2016 年 3 月由合肥工业大学出版社出版。

一

《历史编年》近 30 万字，采用“编年”体例，以年月日为序，再现了中国红十字会 5 年发展演进的轨迹。本书特点主要表现在以下几方面：

（一）以时间为序，条目清晰

《历史编年》以时间为经，以事件为纬，辑录了 2010 年至 2014 年红十字会的相关史事。该书依照年份顺序将全文内容分为 5 个板块，即 2010 年、2011 年、2012 年、2013 年、2014 年，再以月、日为序，依次叙述这 5 个年份红十字会的发展历程，条目清晰，令读者一目了然。阅览该书后，我们可以清楚地知道某一年某一月某一日发生了何事，以及此事的前因及后果如何，亦可清晰地了解同一时段发生的不同事件之间的内在联系。这种编排方法，缕述了 5 年来国内外重大历史事件，遵循

了历史发展的内在逻辑，清晰地勾勒出中国红十字会发展状况。

（二）内容全面，客观公允

《历史编年》广泛收录散落于红十字会报刊、年鉴、书籍以及相关网站上关于2010年至2014年红十字运动发展情况的资料，并将这些资料进行整理概括，对于重要的内容更是全文收录，不吝篇幅，力求囊括无余。该书辑录了中国红十字会开展备灾救灾、应急救护、人道救助、国际救援、文化传播、筹资与财务管理、组织建设、志愿者服务、青少年活动以及国际交流与合作等各项工作的内容。上至中国红十字总会，下至红十字会基层组织均有涉及；无论是国家领导人、红会会长或理事，还是企业家、明星慈善家，甚至是平民百姓的相关事件皆有记载；重要会议、各项慈善活动等亦都收录其中，内容全面。《历史编年》作为一本工具书与资料书，不同于史学著作可对历史事件做出评析与价值判断，必须客观、真实与公正，不能掺杂编者个人的情感倾向。加之，该书所记录的这段中国红十字会历史距离当今时代近、社会关注度高、借鉴意义最为直接，因此编者在编撰过程中一直秉持客观公允的原则，始终以科学严谨的学术态度，实事求是地对相关历史事件进行梳理汇编，不做纵深阐述，不添加任何感情色彩，仅陈述一般事实。

（三）重点突出，详略得当

《历史编年》以系年的形式记录中国红十字会的年轮，每一年轮的主轴都是当年的重大事件，力求做到主线清晰，重点突出。该书重视选取重大的历史事件，不仅有事关红十字会发展全局的事件，如红会每年的工作会议、理事会会议、发展规划等，还包括重要领导人发言、国内与国际交流、灾害救助、国际人道援助、“三救三献”、组织建设、文化传播、青少年活动等红十字主要会务，与红会有关的社会热点事件亦辑录其中。由于2010年至2014年红会活动的信息容量密集、内容庞杂，该书在对资料的取舍与文字的表述方面，尽可能做到准确系统、精益求精，以期做到“大事突出，要事不漏”。对于每一具体条目的表述，力求规范，凸显重点，以便于读者真切地了解各个阶段红十字会发生的重大事件。行文长短视内容轻重而定，对重点内容着墨较多，给予较大的篇幅；对一般性内容即简要概括，寥寥几笔带过，不做过多的铺陈。但也有例外，对于持续时间较长的事件，如“红十字博爱送万家”“红十字天使计划”“红十字老区行”等一系列红十字品牌项目，会进行适当的补充说明，概括事件的原委，介绍事件的相关背景以及具体内容。这种简要综合叙述的方式使读者清楚地了解事件的前因后果，避免同一事件前后割裂、首尾相稽的弊端，也使得全书轮廓清晰，风格相对统一又不失灵活。

（四）贴近现实，立足当下

《历史编年》以学术编年的方式来呈现中国红十字事业自 2010 年至 2014 年发展的历史脉动，其记载的事件距今日今时只隔了几年的光景，皆处于 21 世纪初的时代大背景之下，因此对当下具有重要的借鉴作用。

《历史编年》回顾的这 5 年是中国红十字会快速发展的时期。在这 5 年中，中国红十字会成功地开展了海地地震、智利地震、青海玉树地震、日本海啸、利比亚战乱、菲律宾台风等重大灾害和冲突的救援救助工作，出色地完成服务广州亚运会、南京青奥会等运动盛事的工作任务，“红十字博爱送万家”“中国造血干细胞捐献者资料库（中华骨髓库）”“红十字天使计划”“慈善万人行”“北京 999 紧急救援中心”“魔豆宝宝爱心工程”“红十字老区行”等一大批具有较大影响力的红十字品牌不断做大做强。中国红十字会在大型企业中成立的第一个基层红十字组织——招商银行红十字会成立，“中国红十字世博温暖基金”、中国红十字会“世博爱基金”、“中国红十字·淘宝公益基金”、“冠军基金”等公益基金正式启动。中国红十字会总会公布以往捐赠款物接收、拨付、使用和结存情况，对善款的管理力求公开透明。总的来说，这 5 年来中国红十字会备灾救灾、应急救护、国际援助工作成效卓著，筹资方式更加灵活多样，文化传播能力显著提高，青少年活动广泛开展，国际交流与合作不断深化，基层组织建设工作稳步推进，志愿服务工作越来越规范化与专业化，心理救援工作逐步走向标准化与专业化道路，理论研究也更加深入。

（五）浅显易懂，图文并茂

《历史编年》的文字浅显易懂，对专有名词也会进行补充说明，例如在陈述“两公开两透明”时，编者在其后标注它的具体内容“捐赠款物公开，财务管理透明，招标采购公开，分配使用透明”，让读者便于理解，无须再翻阅其他相关资料。此外，该书在用文字叙述历史事件时，还配备了一些图片，图文并茂，增强了该书的趣味性与可读性。比如，在陈述中国红十字会 2010 年工作会议时，配了一幅“中国红十字会2010年工作会议在深圳召开”的图片，直观地展示了会议召开时的情形；在表述2010年捐款国红会论坛的召开时，配了一幅“近卫忠辉、比开利·格雷塔参与论坛现场讨论”的图片，生动地呈现了出席代表们热烈讨论的场景。文字与图片相辅相成，生动有趣。

二

该书内容丰富，特色鲜明，具有重要的价值，以下几点值得关注：

（一）丰富了红十字运动的研究资料，拓宽了研究视角

《历史编年》收录了2010年至2014年红十字会的重大活动以及与红十字会相关的历史事件，涉及红十字会工作的方方面面，包括备灾救灾、应急救护、社会救助与服务、国际人道主义救援、人员培训、红十字青少年活动、志愿服务等众多内容。该书所收录的每一条资料都与红会有关，如上所述，该书所辑内容较为广泛与全面，极大地丰富了红十字运动的研究资料。此外，由于该书是资料性载籍，为原始资料汇编，因此它在为研究者提供素材的同时，也开辟了不少研究路径，拓宽了研究视角。研究者可从书中搜罗材料，进行专题研究，例如对红十字外交、国际救援工作、青少年活动、培训工作、基层组织建设、筹资能力、财务管理等专题进行专门、深入地研究；也可进行比较研究，例如比较中国红十字会在相邻两年内开展的国际救援行动，分析两次救援行动的得与失、好与坏，通过比较找出红会开展国际救援工作所取得的进步以及仍需改进的地方；此外，还可进行计量研究，例如通过统计每年的捐款总额、救灾物资总量、受益人员总数等数据，分析红十字会救助工作的成效。

（二）彰显人道博爱精神，突显人文关怀

《历史编年》所辑内容时间跨度为5年，记载了众多有关红会的活动与事件，这些活动与事件彰显了人道博爱精神，凸显了人文关怀。例如，中国红十字会积极开展阿尔巴尼亚水灾、海地地震、智利地震、青海玉树地震等重大灾害的紧急援助与灾后重建工作；“中国红十字世博温暖基金”援助困难群体，为其提供尽可能的帮助，改善其物质生活条件；“红十字博爱送万家”活动在全国各地开展，主要救助受灾严重的困难群众和部分贫困地区的特困群众，为他们送去救助慰问

金和生活用品；中国红十字基金会“以爱育爱·幸福天使行动”关爱婴幼儿健康问题，为孤、贫、残、病婴幼儿提供资助；中国红十字会心灵阳光工程举办“社会心理支持工具包培训班暨灾害心理援助项目（PSP）启动仪式”，旨在加快我国红会心理救援队伍的建设，更好地为灾区群众进行心理疏导；“兜兜传爱基金”关注西部女性健康，救助患病的人群；“魔豆宝宝爱心工程”资助身处困境但自强不息的贫困母亲……纵观全书，我们可以直观地感受到中国红十字会成为最具影响力、号召力、感染力的人道救援组织的发展历程，也能够深切地体会到红十字会在国家应急体系、改善民生、构建和谐社会中的重要作用。

（三）以史为鉴，服务现实，展望未来

《历史编年》辑录了一些有关红十字会的社会热点问题，比如“郭美美事件”“红会购买别墅事件”“成都募捐箱事件”等，这些都对红十字会产生了较大影响。尤其是“郭美美事件”严重降低了红会的公信力，给红会带来了致命的打击。虽然大部分事件已被澄清，但仍有少数事件被证实，这反映了红会自身存在问题，亟待改进与完善。我们要以史为鉴，不能重蹈覆辙，必须加快推进红十字会的改革，重塑红会的社会公信力，采取措施确保中国红十字事业健康发展。此外，该书还收录了红会开展各项工作的相关资料，培训工作、志愿者服务工作、筹资与财务管理等方面皆取得了较大的进步，这些都是当下红会开展工作时需要学习的经验。总之，我们要以史为鉴，致力于为现实服务，以谋求未来更好的发展。

三

上述可知，《历史编年》有其特点与价值，但并不代表该书无可挑剔：

其一，该书具有编年体著作的通病，难以面面俱到，遗漏之处在所难免。和任何编年体书籍一样，它不可能穷尽所有的资料，万事皆录。另外，囿于篇幅和资料所限，该书不可避免地存在一些缺漏。

其二，未对资料来源进行标注。翻遍全书没有发现参考文献目录以及脚注，使得读者难以了解资料的具体来源。检索手段和途径的缺乏会对读者查找与使用造成不小的困难。

当然，瑕不掩瑜。该书收录了5年来红十字会重大活动和与红会相关的历史事件，清晰地呈现了我国红十字运动演进的历史轨迹。它既丰富了红十字运动的研究资料，拓宽了研究视角，也彰显了人道博爱精神，凸显了人文关怀，同时有助于服务现实，更好地展望未来。

（原载《〈红十字运动研究〉2017年卷》）

在历史与现实的“交响曲”中发现人道的力量

——《红十字运动：历史审视与现实思考》述评

李欣栩

红十字会作为三大国际组织之一，对世界发展具有深远影响。150多年来，红十字国际委员会、红十字会与红新月会国际联合会以及各国红十字会按照“人道、公正、独立、中立、志愿服务、统一、普遍”的七项基本原则开展工作，其历史与影响引起了各界红会人的关注。红十字运动研究中心自2005年成立以来，已成为全国红十字运动的重要研究基地，在历史研究、理论研究等方面取得了丰硕成果。而作为中心的负责人以及资深的红会人，池子华教授更是为红十字运动历史研究与当代发展做出了突出贡献。2016年3月，池子华所著的《红十字运动：历史审视与现实思考》已由合肥工业大学出版社出版。该书从历史和现实两个角度窥探中国红十字运动的发展脉络，是作者继《中国红十字运动史散论》《红十字运动：历史与发展研究》《红十字运动：历史回顾与现实关怀》之后推出的又一部有关红十字运动研究的专题文集。

一

全书34万余字，收录了作者近年来关于红十字运动研究的部分成果，按照内容析分为《理论探索》《文化研究》《观察思考》《历史纵横》《学术评论》《附录》六个栏目，既是作者研究成果的集中展示，又是其笔耕不辍、勤勉治学的体现。

首先，突出红十字运动的理论探究。理论与实践是驱动红十字事业发展的“双轮”。在《理论探索》一栏中，作者记述了自己阅读中国红十字会第十次全国会员代表大会报告的心得体会，以及对“依法治会”的思考。作为中国红十字会理事会理事，作者对“十大”报告的解读颇为深刻，在认识到当前红十字事业迎来良好发展机遇期的基础上，作者提出要直面挑战，并对提升红十字会公信力、创建研究基地、文化建设、改革与创新等问题提出了自己独到的见解。

其次，重视红十字会文化建设。文化建设是红十字会未来5年建设的“核心业务”，更是一项长期性系统工程。与之相应，红十字文化建设必将成为认识红十字运动不可或缺的窗口。在该书中，作者亦另辟《文化研究》一栏，评述孙中山译著《红十字会救伤第一法》，回顾与展望红十字运动研究中心的过去与未来，提出“加强文化软实力建设应当完善文化传播平台”“依托苏州大学打造理论研究新高地”“以中国红十字理论研究会为纽带并以开放的心态整合人力资源”等观点。

再次，作者着力于对现实的观察与思考，组织学生开展讨论与调研活动，对中国红十字会的改革与发展、中国红十字会公信力建设的瓶颈及突破路径、2011年红十字会救援日本震灾及2014年的国际红十字运动进行多角度审视。例如，关于红十字会改革与发展问题，作者不仅陈述自己的观点，还引导学生围绕去行政化、建立第三方监督机构、改进募捐方式等问题各抒己见，对该问题进行深入分析并将其整理成文。

除了对当今红十字事业的观察与思考，作者还徜徉于历史长河中，注重对历史的追溯与探究。在《历史纵横》一栏中，作者概述了上海万国红十字会救济日俄战灾、江苏辛亥革命中的红十字会救援实践、抗日战争时期红十字会救护行动、上海国际红十字会在“孤岛时期”的博爱之举、复员时期的红十字周及中国红十字少年运动等实践活动，探索长沙会战中中国红十字救护总队第九大队的活动，剖析1911年红十字会的“舆论风波”，等等。

另外，在第五专题《学术评论》中，作者从综合角度对红十字事业发展中的学术研究予以评论，包括“两论一动”理论研究、改革开放以来孙中山博爱思想研究、抗战时期中国红十字运动研究，以及对《吕海寰》一书涉“红”问题的评介和指正等。在整体考察学界同仁研究成果基础上，肯定了理论研究对加快红十字事业创新发展的积极促进作用，阐释了孙中山的博爱情怀，从中可见作者对推动今后红十字运动学术研究发展的决心和信心。

最后《附录》部分仅收录一篇《中国红十字报》记者的文章——《“故纸堆”中的“淘金者”——中国首家红十字运动研究机构诞生记》，在红十字运动研究中心成立十周年之际，对红十字运动研究中心成立缘由、发展过程做一简明记述。记者用“中国首家红十字运动研究机构”“‘两论一动’的重要实践者”“从困境到顺境的跋涉”三个赫然醒目的标题概括研究中心的发展，揭示了研究中心秉持人道博爱精神，攻坚克难，最终以累累硕果赢得社会关注和认可的过程。

二

本书作为池子华教授关于红十字运动研究成果的集萃，将理论与实践结合，对中国红十字事业进行了纵向的历史维度和横向的现实维度的介绍，并对国内红十字事业未来的发展提出自己的看法。本书的出版，恰逢其时地反映了红十字事业发展要求。总体而言，本书特色鲜明，以下几方面尤为值得称道：

其一，研究角度多样。该书名为《红十字运动：历史审视与现实思考》，不言而喻，书内所载内容既有对历史史实的考察，又有对现实问题的思考。而纵览全书不难发现，在“历史”与“现实”的双向交叉审视中，作者还留心地区红十字运动的发展，例如对浦东红十字会组织90多年风雨历程进行探寻。作者还放眼世界，将研究视角从国内延伸到国际，对中国红十字会参与日本震灾救助活动以及当代国际红十字运动予以经验总结和客观评析，展现了以“博爱”为宗旨的红十字运动跨越民族界限而在当代国际社会引起的人道共鸣。

其二，观点新颖独特。该书是作者关于红十字运动的专著，其中不乏个人独特的见解。例如关于“文化建设”，作者认为要实现“三结合”，加强文化软实力建设；要记录历史，编纂红十字运动通史；要培育人才，创建红十字学院；要启迪未来，创设红十字历史博物馆；要弘扬人道，摄制大型纪录片；要拓展传播渠道，开展征文活动。这些想法是作者多年从事红十字运动研究的理论思考和经验总结，对当今红十字事业中的理论建设具有借鉴作用。

其三，资料丰富。该书分六部分，从各专题名称可见，其文章内容涉及面广，有学习国家和政府重要文件的心得体会，有对历史问题的学术探究，有对现实问题的调研、反思和个人见解，有关于红十字运动学术研究活动的总体述评，还有作者和学生针对红十字事业进行互动的讨论记录。而且，作者还在文本中适当地添加部分人物或事件图片。与文字相比，图片以更为直接的方式向读者展示所要陈述的内容。例如，“中国红十字会参与汉口空袭救护”“加入中国红十字会的国际援华医疗队成员”等，图文并茂，增强了文章的可读性。

其四，叙述完整规范。作为一名学者，作者在写作过程中注重表述的完整性、规范性。例如在第一专题中，作者将学习习总书记讲话精神与红会“十大”报告体会逐次列出，共分5篇，层次清晰，多而不杂，将自身对红十字事业改革、创新与发展的所思所想完整地呈现出来，便于读者对其观点的深度解读。另外，在资料使用过程中，除了详细注明出处，更是精益求精，如对《吕海寰》一书在资料援引方面的错误予以逐条纠正，展现了作者一丝不苟的学术素养和较高的专业素质。

其五，彰显人道情怀。在追述红十字运动具体事件、人物事迹的过程中，红十字的人道精神亦在作者的妙笔下徜徉，渗透于字里行间。例如，作者不仅追忆抗日战争中红十字会英烈们为国捐躯的光荣事迹，而且高度评价抗战中的红十字运动及其影响，认为红十字旗帜“代表一种崇高无比的理想，吸引无数正直、热爱和平的人们，渐渐地走向真善美的理想境界！这正是红十字的精神，彰显了跨越国界、种族、信仰的人道的力量”。而作者对中国红十字运动历史的关注、对当今红十字事业的关怀，亦可谓其自身人道情怀的体现。

三

阅读该书，可以感受到作者在学术研究之余，正以高度的社会责任感关注现实问题，对当今的红十字研究及中国红十字事业乃至社会发展具有积极意义。

其一，对红十字运动研究具有启发性。一是对红十字问题的研究要有理论探究，也要有实践考察。作为一部红十字运动研究著作，该书不仅收录了作者对当代红十字事业的思考及对红十字运动历史的探究，还以高校学生为调研对象，在分析调研结果的基础上对红十字会公信力建设进行深层次的理论探索。作者立足于现状，通过调研了解红十字事业发展中存在的问题，对当今红十字理论建设启发颇多。二是对红十字人物的研究除了“精英”路线，还应关注普通大众。红十字运动传入中国后，在全国各地产生了广泛影响。作者在研究抗战时期的中国红十字运动时，除了庞京周、林可胜等“大人物”，还提及许多“小人物”，如刘祁瑞、“罗店四烈士”等，记录他们的事迹，肯定他们对中国红十字运动做出的贡献，让红十字精神在他们身上越发凸显。

其二，对红十字会改革创新有借鉴价值。中国红十字事业要直面挑战，也要抓住机遇。诚如红会“十大”报告所指出的，中国红十字事业的发展正面临重重挑战：公信力建设任重道远、正本清源任务艰巨、对待理论研究存在认识上的误区，等等。对此，作者条分缕析，针对不同的问题陈述个人观点，提出可行性建议。例如，作者从理论研究、红十字文化传播、人才培养和继续教育等角度切入，指出创建研究基地的必要性、可能性，并认为基地运行应依托高校及科研机构、须以课题为导向的经费支持且每年要举行经验交流研讨会。再如，作者对抗战时期国际友人参与中国红十字事业以及当今国际红十字运动动态的关注，对于引导中国红十字运动融入国际环境、走向世界舞台，具有重要意义。

其三，对促进慈善事业发展及社会和谐大有裨益。著名慈善家卢德之先生在谈及中国慈善事业与社会发展时，认为现代慈善事业的发展，对国内而言，一是有利于社会的稳定和谐，二是有利于社会道德的建设。由此可见，中国现代慈善事业发展与社会稳定息息相关，大力发展慈善事业是促进社会发展不可忽略的因素。就红十字会而言，红十字事业虽与传统意义上的慈善事业有所区别，但其大爱无疆的人道品质对于组织善行、唤醒良知有引导作用，利于社会矛盾的缓和、消解。该书所收录的文章，既有作者独著而成者，又有与学生、友人合作而成者；既有对红十字事业发展的独到见解，又有其研究团队尤其是学生的看法。且不说这些学生的看法是否合理，仅从参与写作、调研或讨论的角度说，这些学生在活动中难免受到人道精神的熏陶。这对于博爱精神、慈善观念在青少年中的传承具有重要的推动作用，是推动“慈善共享”的有效实践。

总之，该书作为池子华教授及其红十字运动研究中心集体智慧的结晶，是对中国红十字事业发展的又一理论贡献，对中国红十字事业多有裨益。

（原载《〈红十字运动研究〉2017年卷》）

追根溯源：《中国红十字运动史料选编（第三辑）》简评

阎智海

红十字运动研究开展有年，取得了丰硕的研究成果，在理论研究深入开展的同时，红十字史料的挖掘与整理工作也卓有成效。迄今为止，关于红十字运动的史料集已先后出版10余种，每部史料集均有其特色和可称道之处，从而为进一步研究奠定了基础。2016年7月，由池子华、欧贺然主编的《中国红十字运动史料选编（第三辑）》（下称《选编（第三辑）》）付梓刊行，红十字运动研究园地又有了新的收获，兹结合其内容略作评述。

一

《选编（第三辑）》全文50余万言，计分为综合、专题、纪事、杂俎4部分，主要记录了民国期间国际红十字组织波澜壮阔的人道活动，其史料来源虽主要取自中国红十字会所办会刊，但其中有较大篇幅记录了国际红十字组织与近代中国的渊源。全书厚重翔实，特色鲜明，主要表现在3个方面：

（一）编排有序，逻辑清楚

史料的编纂体现了编者对红十字运动的深刻了解和认识。是书以时间为序，分类汇纂，其编排框架本身反映了国际红十字组织诞生发展的历史过程。其中，“综合”部分主要记录了国际红十字组织的整体发展概况，如红十字国际委员会①的会议通告、组织架构、历史沿革、战时

① 红十字国际委员会，近代文献中亦译为万国红十字会、万国红十字总会、国际红十字会、国际红十字委员会、万国红十字联合会。

工作，红十字会协会[1]的组织工作、公共卫生及其作用，各国红十字会的募捐工作、护理事业、社会服务，红十字青少年运动等。“专题”部分主要记录了国际红十字组织在法律和制度建设方面的成果，如瑞士保护红十字会名目及标记之法律、荷兰所制定的关于红十字会的法律、美国红十字会救护章程、国际红十字会公约等。“纪事”部分主要记录了各国红十字会在世界各地开展的人道活动，如国际红十字大会的举行、部分国家红十字会的起源、各国红十字会的具体工作情形、各国红十字会对中国自然灾害的赈济，以及抗战时期对中国伤兵难民的救济等。“杂俎”部分主要记录了各国红十字会缔结《日内瓦公约》情况、各国红十字会员发展情况、红十字人物传略等。

（二）主题突出，收罗宏富

从史料记载的内容来看，本书既有对红十字运动兴起发展的宏观论述，也有对各国红十字会人道活动的具体记载；既有对红十字运动创始人的传记，也有对红十字普通救护人员的记述，举凡国际红十字运动的起源、红十字立法、红十字外交、红十字战时救护等资料均收罗其中。此外，对于抗战时期国际红十字组织对华人道援助的资料收录颇详，我们从中不难窥见国际红十字组织在战时救护中的独特作用。国际红十字组织的不同侧面折射出红十字运动从兴起到逐渐传播到世界各地的发展历程，既彰显出红十字运动的国际性特征，又体现了红十字人道主义活动的多样性。

（三）尊重史实，保存原貌

是书主要辑录自中国红十字会在民国期间所办会刊，本着尊重历史事实的原则，尽管编者在汇纂的时候做了新的调整安排，但是，仍然保留延续了史料的原始风貌。中国红十字会自办刊物始于1913年，为加强红十字人道传播工作，中国红十字会于是年先后创办了《人道指南》和《中国红十字会杂志》，借以推广慈善事业，阐扬红十字宗旨。中国红十字创始人认识到大众传媒的强大传播作用，这两种刊物均印行数万

① 红十字会协会，近代文献中亦译为红十字联盟会、红十字会联合会、万国红十字联合会、红十字会国际联合会，成立于1919年5月5日。协会由美国、法国、英国、意大利和日本的红十字会共同发起，连响应的国家红会组织计26国，协会总部原设于日内瓦，1922年9月迁到巴黎，1939年又迁回日内瓦。协会于1983年更名为红十字与红新月协会，1991年又更名为红十字会与红新月会国际联合会。参见张玉法主编，周秋光、张建俅等著：《“中华民国”红十字会百年会史（1904—2003）》，（台北）致琦企业有限公司2004年版，第9—10页。

册，颇能体现中国红十字会成立初期在宣传工作方面的力度。从刊物的编辑情况来看，《人道指南》尚未对所刊载的内容进行分类编排。至《中国红十字会杂志》创刊后，其开始根据所刊载稿件内容进行了分类编排，如该刊第一期分为“图画”“题赠”“祝词”“弁言”“撰述”“专件”“纪事”“函电”“译述”“小说”“杂俎”“文苑”“补白”等栏目，说明刊物的编排形式已相对成熟，这反映出时人对红十字运动认识水平的不断深化。此后，中国红十字会又陆续出版了《中国红十字会月刊》《救护通讯》《会务通讯》《红十字月刊》等，无论是办刊宗旨、编排形式，还是刊物的内容上，续出的刊物与《中国红十字会杂志》的整体风格一脉相承。由上述可以看出，《选编（第三辑）》所辑录史料虽然进行了重新整合汇编，但是，其编排形式则主要借鉴了《中国红十字会杂志》栏目，忠实地保留了史料的原貌。

二

《选编（第三辑）》通过对国际红十字组织的相关史料进行专题梳理，客观再现了红十字运动从欧洲兴起到遍布世界各地的过程，这对于拓展红十字运动研究的新领域大有裨益。作为国际红十字组织的专题史料汇编，其史料价值不言而喻。

（一）有助于推动对国际红十字运动的关注和研究

红十字运动起源于欧洲，1863 年瑞士成立的伤兵救护国际委员会标志着红十字的诞生。国际红十字运动主要包括三大部分：红十字国际委员会，红十字会与红新月会国际联合会，国家红十字会或红新月会。作为与联合国、奥委会并称的三大国际性组织之一，红十字会自诞生以来，其人道活动范围便已超越国界。在红十字运动兴起的 100 多年间，红十字组织亦由欧洲一隅发展到遍布世界各地，各国红十字会秉承人道主义宗旨，在兵灾救护、灾难救援、推动世界和平与发展等方面均做出应有的贡献。红十字本身是人类社会发展的产物，也是文明进步的表现，“其以人道主义为核心的诉求得到了全世界所有国家和地区的认同”[①]，截至 2015 年年底，全世界共有 190 个国家和地区建立了红十字会，各国红十字会与红十字国际委员会、红十字会与红新月会国际联合

① 张生：《中国红十字运动史研究刍议》，《史学月刊》2009 年第 9 期，第 5 页。

会共同构成了国际红十字运动。但是，长期以来，“中国学界关注最多的是中国红十字运动的历史发展，而对国际红十字运动鲜有问及”①，史料的缺乏显然成为制约国际红十字运动研究开展的主要因素。就此而言，《选编（第三辑）》的出版无疑将红十字运动研究推向更广阔的空间，尤其是抗战期间，国际红十字组织和中国有着密切的联络，为战时中国的伤兵救护和难民救济工作做出较大贡献，史料集对此有较多篇幅的记录，这为进一步探究国际红十字运动的发展历史提供了条件。

（二）有助于深化对中国红十字运动的研究

中国红十字会作为国际红十字大家庭中的一员，其人道活动是国际红十字运动的有机组成部分。近10余年以来，对于中国红十字运动的研究逐年推进，无论是理论研究，还是史料的挖掘与整理，均取得显著的成果。中国红十字运动研究的深入和史料建设基础性工作的开展密切相关，从已出版的红十字史料汇编来看，所收录史料包括档案资料汇编、文史资料合集、民国报刊文献，等等，主要以辑录中国红十字运动的相关文献为主②。必须一提的是，学界业界合作的模式推动了研究的持续开展，并取得丰硕的研究成果。当然，现在所能达到的研究深度并

① 池子华：《关于深化红十字运动研究的几点构想》，《史学月刊》2009年第9期，第14页。

② 以辑录中国红十字运动为主的相关文献如下：贵阳市政协文史资料研究委员会编：《红会救护总队》，《贵阳文史资料选辑》第22辑，1987年内部印行；中共上海市委党史资料征集委员会主编：《皖南从军纪实——上海红十字会煤业救护队抗战史料选编》，1987年内部印行；中国红十字会总会编：《中国红十字会历史资料选编，1904—1949》，南京大学出版社1993年版；中国红十字会总会编：《中国红十字会历史资料选编，1950—2004》，民族出版社2005年版；贵阳市档案馆编：《战地红十字——中国红十字会救护总队抗战实录》，贵州人民出版社2009年版；《大清万国红十字会档案》，全国图书馆文献缩微复制中心2009年版；池子华、严晓凤、郝如一主编：《〈申报〉上的红十字（1897—1949）》四卷本，安徽人民出版社2011年版；池子华、傅亮、张丽萍、汪丽萍主编：《〈大公报〉上的红十字》，合肥工业大学出版社2012年版；池子华、丁泽丽、傅亮主编：《〈新闻报〉上的红十字》，合肥工业大学出版社2014年版；池子华、崔龙健主编：《中国红十字运动史料选编（第一辑）》，合肥工业大学出版社2014年版；池子华、丁泽丽主编：《中国红十字运动史料选编（第二辑）》，合肥工业大学出版社2015年版；［日］川俣馨一著，池子华、郭进萍校订：《日本红十字运动史（1877—1916）》，合肥工业大学出版社2015年版；马强、池子华主编：《红十字在上海资料长编（1904—1949）》三卷本，东方出版中心2015年版；池子华、欧贺然主编：《中国红十字运动史料选编（第三辑）》，合肥工业大学出版社2016年版；池子华、阎智海主编：《中国红十字运动史料选编（第四辑）》，合肥工业大学出版社2016年版；池子华、丁泽丽主编：《中国红十字运动史料选编（第五辑）》，合肥工业大学出版社2016年版；池子华、李欣栩主编：《中国红十字运动史料选编（第六辑）》，合肥工业大学出版社2016年版。

不意味着研究的止步，相反，新史料的陆续挖掘整理必然将中国红十字运动研究推向新的高度，尤其是近代中国红十字运动的发展和国际红十字组织在在相关，无论是红十字在中国的诞生，还是近代中国历次灾害救济和兵灾救护，均能看到国际红十字组织的身影。而关于近代中国红十字会的国际交往、国际红十字组织与近代中国的关系，相关的专题研究仍有待开展。从这个角度而言，国际红十字组织史料的结集出版无疑也有助于深化对中国红十字运动的研究。

三

《选编（第三辑）》的问世意味深远，长期以来，对于国际红十字组织的研究步履因资料匮乏而行进蹒跚，虽然此前校订出版的《日本红十字运动史（1877—1916）》说明学界已对国际红十字运动有所关注，但是，这也仅仅是个别国家红十字会的史料专辑，尚无法构筑国际红十字运动研究的坚实地基，亦无法从中窥见国际红十字运动的广泛性。就此而言，《选编（第三辑）》将国际及各国红十字会活动的相关内容汇为一辑尚属首次，无疑也是国际红十字运动的首部专题史料汇编，这对于开辟红十字运动研究的新领域、深入探究红十字运动的国际起源及其在世界各地的发展大有裨益。

（原载《〈红十字运动研究〉2017 年卷》）

《中国红十字运动史料选编（第四辑）》评介

欧贺然

作为“红十字文化丛书”之一种，由池子华、阎智海主编的《中国红十字运动史料选编（第四辑）》，于2016年8月由合肥工业大学出版社出版发行。该书编纂者不辞辛劳，查阅晚清民国时期沪、苏、锡、渝四地报纸数种，辑录其中有关红十字会人道活动的资料，以期进一步丰富红十字运动研究的史料宝库，推动红十字运动研究的发展。

一、资料来源

近代以来，中国报业日益繁荣，涌现出一大批有着全国影响力的报纸。上海是中国红十字运动的发祥地，也是近代报刊业最发达之地，著名的《申报》《新闻报》等报刊都创刊于上海。20世纪初，在上海报业的影响下，周边城市如苏州、无锡等地，先后创办了具有地方特色的报纸——《吴语》《锡报》《新无锡》《无锡新报》等。这些报纸在报道全国性事件的同时，其关注的重点更倾向于本地新闻，特别是对本地红十字会成立后开展的人道活动，报道更为细致详尽。现对各地方报纸进行简单介绍。

《民立报》，1910年10月11日创刊于上海，于右任为社长，宋教仁、范光启、景耀月、章士钊等先后任主编。该报是清末民初资产阶级革命派的报纸，以提倡国民独立精神、培植国民独立思想、建立独立之民族和保卫独立之国家为宗旨；以刊行新闻为主，针砭时弊，揭露君主立宪骗局，批判封建专制制度，谴责帝国主义侵略，鼓吹民族民主革命，号召推翻满清政府，积极报道各地资产阶级民主革命运动，反对南北议和，鼓吹北伐，介绍政党政治和责任内阁制，并发起社会主义的讨论，刊登了宋教仁的《社会主义商榷》等文。1913 年，“宋案”发生后，其率先公布袁世凯刺宋真相。9 月 4 日，该报被袁世凯查封，被迫停刊。

《吴语》，1916 年 10 月在苏州创刊，总经理马飞黄，总编辑胡秀龙。1920 年以来，因戚饭牛、胡觉民等编辑协助，《吴语》的办刊风格有所改变，尤其是对本地新闻的报道迅速而翔实。1928 年，《吴语》更名为《吴县日报》，原报名《吴语》作为副刊，日出一张，由胡觉民任主编。《吴县日报》是 20 世纪 30 年代苏州销量最大的民办报纸。1937 年苏州沦陷后，报社被毁，报纸停止发行。

《锡报》，1912 年在无锡创刊，是民国时期无锡出版时间最久的一份地方性报纸。其前身为《锡金日报》，由秦毓鎏、孙保圻等集资创办。1911 年辛亥革命以后，《锡金日报》由蒋哲卿、钱湘伯接办，并于次年改组为《锡报》。该报在办刊中曾两次停刊，第一次停刊于 1913 年 8 月，于 1916 年 7 月复刊，并由吴观蠡接办；第二次停刊于 1937 年 11 月，抗战胜利后由徐赤子接办，1946 年 3 月再次复刊，1948 年 10 月《锡报》最终停刊。

《新无锡》，1913 年 9 月 11 日由杨寿杓在无锡创刊，李柏森为新闻部总主编，宋痴萍、吴观蠡为编辑。该报内容、形式均与《锡报》略同，注重刊载本地新闻，抗战爆发后，该报遂停刊。

《无锡新报》，1922 年 9 月 1 日创刊于无锡，由李柏森任社长兼主笔，冯云初为报社经理。其办刊宗旨为“贯彻社会教育、祛其旧染之污，而促之日新焉”，虽办刊时间较短，但是颇具地方特色。1925 年，该报因针砭时弊，得罪豪绅，被迫停刊。

1937 年，抗日战争全面爆发，上海、苏州、无锡相继沦陷，当地报纸也先后停刊。随着国民政府西迁，全国各地的报业、报人也相继西迁，由此推动了武汉、重庆两地报业的发展。

1938 年，共产党在武汉创办了《新华日报》，后迁至重庆，该报系第二次国共合作期间中国共产党在国统区公开出版的机关刊物。该报宣传了中共坚持抗战、坚持抗日民族统一战线、坚持国共合作、坚持民主进步的主张，报道了大量抗战期间中国军民浴血奋战的伟大史实，而且刊载了很多抗战期间红十字会的人道活动。抗战胜利后，随着国共合作关系的破裂，1947 年 2 月 28 日，该报被国民党政府查封停刊。

二、内容概况

本书收录的资料内容翔实，再现了近代中国红十字会发展过程中组织建设、战争救护、难民救济、募捐筹款、卫生防疫、国际红十字组织对华援助等方面的内容。

（一）组织建设方面

首先，详录地方分会的筹建过程，使红十字运动在中国的推广过程跃然纸上。1924年8月，陈尔同、刘士敏等人，“因鉴于江浙风云日趋险恶，特将昔年已与上海红十字会磋议设立无锡分会之案旧事重提，倡议组织中国红十字会无锡分会”，《新无锡》《锡报》《无锡新报》上均详细介绍了无锡分会成立过程的内容。其次，关注红会的组织管理，关于人事任免、建章立制的消息屡见报端。《新无锡》上连续刊载的“红会办事处记事”，对无锡红会的人员调动及主要职务详细介绍；“改选后之吴县红会”“外跨塘之现状”“中国红十字会吴县分会通告”等消息对吴县分会的建制过程多有记录。对任何团体而言，完善部门结构，健全组织运行的重要性都不言而喻，红十字会亦是如此。此外，还有对红会章程、细则的介绍，如《中国赤十字会临时章程》《中国赤十字会临时章程（续）》《中国红十字会无锡分会简章》《中国红十字会分会通则》《中国红十字会修正章程》等。这些都反映出近代中国红十字会组织管理的民主化、规范化及公开化。

（二）战争救护和难民救济方面

众所周知，国际红十字运动的兴起源于战争，战地救护是红十字运动的重要任务。《民立报》《锡报》《吴语》等报纸通过对战争形势及红会活动的跟踪报道，记述了红会的救护过程，展现了红会人员的博爱精神。“武汉用兵，伤痍必惨”，张竹君组织中国赤十字会，出发战地，“尽女子看护救伤之职”。无锡分会会员蔡虎臣等人组织救护、治疗、救济、掩埋等队，“同尽救护义务，实践互助主义”。吴县还设立伤兵收容所，继续救助受伤兵士。江浙战争中，无锡分会救助嘉定、安亭、宜兴、太仓等地的难民，设立收容所，供给衣食、药品等，在战争结束后帮助他们重返家乡。抗战期间，武汉红十字会为救护伤兵、难民起见，组织救护、担架、掩埋等队伍。红十字会创立的宗旨，最初是为救护战争中的伤者病者，但其后逐渐推广到战时、平时的灾难救济，包括天灾、意外等种种不幸。红十字组织尽其最大的努力，帮助处于种种灾难中的人们，使他们摆脱困境，走向幸福。

（三）募捐筹款方面

为克服资金、物资不足的困难，红会不得不通过开展各种募捐活动，吁请绅商各界慷慨解囊。《民立报》有大量关于募捐的报道，辛亥之役，“战状至惨”，中国红十字会前往战地，进行救护，但是“经费未充”“药料、械具多未筹给”，故“望海内外大君子、大善人本恻隐之怀，发慈悲之愿，慷慨输捐”。此外，也有热心人士自发捐助，如“有迎贵茶园诸艺员热心义举，定二十一日晚间演剧，即以所售券资，除开支外，悉数捐给”。《民立报》连续刊登了43份红十字会收捐清单，将收到的捐款列以清单，刊登在报纸上；《吴语》不仅登载了捐款清单，还将民众所捐助的物资，如衣服、被褥、袜子、鞋子以及稻米、柴火等都有详细记录。这一方面显示了捐款的公开透明，表示对捐款爱心人士的感谢；另一方面，也希望以此激励社会各界慷慨解囊。

（四）卫生防疫方面

红十字会以消减人类灾难、增加人类幸福为宗旨，在卫生防疫方面的工作主要有灌输卫生知识、提倡公共卫生、准备药品等。1924年9月22日，《吴语》刊载的《大可注意之劫后卫生》一文中写道：“一、劝红十字会将战地伤亡未殓尸身，务速会同当境善堂，刻日埋葬义冢……三、劝战地下游各境居户，宜食井水，少食河水，或多备水缸接受天水，俾作食料，以卫劫后余生。其熟食店铺，用水尤宜格外注意，又鱼虾蟹蛤等，均宜戒食。”此外，吴县分会为预防疠疫，设临时时疫医院，并设立分院六处，医药分文不取，不分昼夜，随到随诊。

（五）国际红十字组织对华援助方面

近代以来，中国战争迭起，伤兵载道，难民遍野，特别是抗战爆发以来，战争救护以及灾难救济刻不容缓。而对于战争救护，一方面，政府准备不足，中国军医制度落后，医务专门人才短缺；另一方面，医药材料极度缺乏，运输困难，致使难以应对救护伤兵之工作；虽然中国红十字会在战初，即全力以赴推动神圣的救护工作，但其时仅仅为普通赈济机关，组织小，人员少，救护情形之困难不难想见，故中国红十字会需要国际红十字组织的援助。国际红十字组织秉持人道宗旨，着力于国际交流协作，相互扶持，不分畛域，在财力、物力、人力等方面给予中国大量援助，《新华日报》中有大量记录，如《社论——展开世界援华运动》《各国同情我抗战，协助中国防疫事业》《德红十字会运药来华》《美红会募款援助我国》《英法医生来华参加红十字会工作》等。《新华日报》中关于红十字会的消息，几乎都是关于国际红十字组织对华援助的，特别是记录了英美等国对华的物资、资金、人力等方面的援助。这些援助既帮助了中国军民，提升了中国红会的救护能力，同时又加强了中国红会与其他国家红会的联系。

三、特点突出

作为集体劳动的结晶，该书内容翔实、特色明显，主要表现在以下几个方面：

（一）时代特征明显

该书在资料编排上以时间为序，这种以时间为经、以史事为纬的排列方法，历数20世纪初以来的与红会有关的历史事件，遵循了历史发展的内在逻辑，勾勒出了中国红会和地方分会兴起、发展、成熟的过程。此外，该书内容较多涉及战争中的红会救助活动，凸显近代中国社会战争迭起、灾害频仍、疫病流行的特征。

（二）各报的侧重点不同

《民立报》既有对红会历史的介绍，也有募捐广告，但是其主要关注点还是社会各界对红会的捐助，该书中所辑录的《民立报》中的红十字资料大半是关于收捐清单的内容；《新无锡》《无锡新报》《锡报》的大量内容涉及无锡分会的战争救护和对难民的救助，突显了无锡分会的人道救助精神；《吴语》则是关于吴县分会的活动，介绍了吴县分会在战争救护以及时疫防治工作方面的突出贡献；《新华日报》侧重介绍各国红十字会对中国的援助情况，还有中国红十字会的会员发展以及救护培训等内容。《民立报》和《新华日报》介绍的内容更加全面，涉及中国红会的全局，而《新无锡》《无锡新报》《锡报》《吴语》则是对地方红会活动的刊载，所涉及的内容较为集中于某一方面，如战争救护、时疫防治。

（三）内容较为丰富

该书既有总会信息，又有分会信息；既介绍国内红会，也介绍国外红会；既关注战争救护、难民救济，又关注时疫救治；既有对内组织建设，也有对外交流等，从而较为全面地展示了中国红会的发展概况。《民立报》中还有关于女性的介绍，如《大陆初秋——热血磅礴之女国民》歌颂女性的爱国情怀以及善于从事红十字看护事业，对红十字会中的女医生、女护士和捐助红十字会的女艺人也给予了高度赞扬。

（四）注重学术规范

作为一本资料集，该书辑录的每条资料之后均注明原载各报的年、月、日。资料的标题按照原标题照录，尽可能不做改动，仅对原标题过长者做必要的精简。资料内容按原意分段，并按现行规范加上标点，纠正错字，标明多字或少字及无法辨别的字。辑录过程中对重大史实的考证和对相关人名、地名的考订严谨而精确，难能可贵。这一精益求精、讲究学术规范的品质，既体现了编者严谨踏实的治学态度，又提高了该书资料的准确性，增强了其学术价值。

四、学术价值

该书所收录的每一条信息都与红会相关，如上所述，该书所辑资料内容较为广泛、全面，丰富了红十字运动研究资料。读者通过比较报刊中红十字信息数量的多少、时间段的分布、内容性质的差异、消息所涉及地区等因素，可以分析红会与大众媒体关系的亲疏远近、信息公开程度、不同地区红会发展水平的差异等。

当然，该书亦有不足之处，如有些地方标点漏加，“红会新消息”（第138页）这则消息中，“所有各界热心慈善家认定”后要加逗号。该书在章节体例上，是按照报纸分类的，如果按照内容划分可能会更清楚一些。虽不是尽善尽美，但瑕不掩瑜，该书既丰富了读者对沪、苏、锡、渝等地方报纸的认识，同时又为研究红十字运动提供了史料，有助于推动红十字运动研究的深入。

（原载《〈红十字运动研究〉2017年卷》）

《中国红十字运动史料选编（第五辑）》简评

王　帅

红十字运动的研究开展有年，同时对于历史上红十字运动史料的发掘和整理也日益深入。由池子华、丁泽丽主编的《中国红十字运动史料选编（第五辑）》（以下简称《选编（五）》）就是红十字运动史料整理的新成果。该书近50万字，2016年10月由合肥工业大学出版社出版发行。本辑收录了大量民国时期报刊、函件等资料，对于丰富红十字运动史料数据库，开展红十字运动研究均有重大意义。兹结合本书内容作简略评述。

一

全书内容编排合理，依目录不难看出共分为综合、专题、函件、纪事、杂俎五大部分。

第一部分“综合”，资料主要来源于《中国红十字会月刊》《军事杂志（南京）》《中国红十字会华北救护委员会报告》《中国红十字会征求会员大会特刊》等，内容涉及红十字会的起源及其主要工作等。值得一提的是，在这一部分里占据最大篇幅的是关于1933年长城抗战中红会所组织的华北救护委员会的报告，内容翔实。

第二部分“专题”，内容可大致分为三个部分。一是各种报告，包括《中国华洋义赈救灾总会会计报告》《中国红十字会总医院国立中央大学总医院实习报告》《美国红十字会代表视察华灾》等报告；二是各类统计，如《各省区灾况调查表》《中华民国红十字会所属各分会一览表》《中华民国红十字会各级会员人数一览表》等，另附《万国红十字会公约（摘要）》与《中国红十字会总会全体名录》；三是规章制度，如《中国红十字会救护队组织条例》《中国红十字会义务救护队章程》

《中国红十字会救护总队规则》等，另附《前方办事处职员名单》。通过专题部分的阅读能使读者对于民国时期红十字会的组织和运行原则有一定的了解。

第三部分“函件”，收录了民国时期中国红十字会所属各地分会与总会的函件往来，如《摘录中国红十字会四川分会来电》；中国红十字总会与国民政府各部门的函件往来与各省政府与红会的函件往来，如《国民政府交通部指令》《军政部公函》《教育、卫生部会函》《江西省政府令》等。通过阅读这一部分资料，可以了解民国时期红会与各级政府的关系和红会在地方所开展的各项业务，当然从许多函件中亦可以看出当时的红会也享有政府所提供的一些优惠政策。

第四部分“纪事”，以时间为线索记录了自1925年至1935年这十年间中国红十字会所属分会在各地所开展的活动，如《江浙战争中之驻昆山红会医队纪》等；还有外国红十字会对中国红十字会的帮助，如《美棉五十万包移送红会》等。另附有各年各地所发生的大事记录，如《国外要讯：日军违背国际红会条约》《军事新闻：红十字之新公约》等。这部分资料使读者能更进一步了解民国时期红会在各地所开展的一系列人道活动。

第5部“杂俎”，涵盖的内容更为丰富，有时人对于红会的认识和感想，如《红会救伤时之种种见闻感想》；有时人撰写的关于卫生常识的论文，如《卫生浅说》；还有时人对于时局的感叹，如《为水灾同胞请命》等等。其中也不乏一些诗歌与人物传记等。

二

《选编（五）》特色鲜明，其主要特色可以归纳为以下几点：

第一，资料来源丰富。就史料出处而言，该书资料主要来源于上海图书馆晚清和民国期刊全文数据库、大成老旧期刊全文数据库等收藏的报刊资料；其次则为中国红十字会总会发行的《中国红十字会月刊》《中国红十字会杂志》《人道指南》等；有些资料来源于《军事杂志》等期刊。另外，该书收录了一大批表格和英文原件，这对于丰富红十字运动研究史料库有重大意义，因为大多数表格为各地分会的财务收支报告，条理清晰，记录明确，具有很大的研究价值。

第二，内容翔实并能体现时代特色，力求还原历史原貌。书中内容记载了总会和分会的各种规章制度和组织形式，记载了总会与各地分会及国民政府的函件往来，还记载了各地所发生的大事。以书中“综合”部分记载的中国红十字会华北救护委员会的工作报告来看，这份报告内容十分翔实，有救护史略、伤病统计、救护组织、会计报告、账目证明书等，仔细研读不难发现红会在当时长城抗战的形势下组织救护队的来龙去脉，这不仅对于我们研究当时的红十字运动有一定帮助，同时也使我们对当时国民政府所进行的长城抗战有一定的了解，这就在一定程度上还原了1933年中国北方长城各口所发生的战争，最大程度地还原了历史的本来面貌。另外在本书最后一部分“杂俎”中，收录了时人许多文章，内容不仅有对红会工作的褒奖和感想，更不乏许多对于普及近代医疗卫生知识贡献的文章，这在一定程度上也能体现时代特色。

第三，布局合理，编排得当。本书内容大体以时间为线索，尤其在第四部分“纪事”中，记录了从1925至1935年全国各地有关红会的新闻。以时间为线索妥善编排资料，能最大程度地使读者在波澜壮阔的中国近代历史长河中清晰地了解红十字会在这一时期里所开展的活动。并且从局部上看，本书的编排所分成的五个独立的部分，都从不同的侧面反映出红会在各地开展的业务，红会与各级政府的关系，在重大历史事件中红会所扮演的角色；而从整体上看，五个部分有机结合，形成了这一时期红会的基本框架，并且各类资料分类整理，方便读者查看，便于研究人员寻找资料，深入研究。

第四，学术规范严谨。该书作为一本资料集，收录的是一定时期里有关红十字会的各类资料，所以本书在收集资料的过程中就会非常注重学术规范。首先，对于收录的所有资料都分别标明出处；其次，有些内容是比较原始的文言资料，就会在句读的基础上按照原文的意思加以分段，便于读者阅读。再次，对于白话文的资料收录，会在保留原文的前提下对于不符合现代汉语规范的标点加以更正，并且会纠正错别字，标明无法辨认的字，在各方面力求精确。

三

虽然本书不是一本学术专著，仅仅是一本资料集，但是这并不影响本书的学术价值，因为本书对一定时期内中国红十字会及其分会的资料收集，不仅能让读者了解到这一时期内红会的运作，更能为研究红十字会的学者提供宝贵的原始资料，其学术价值值得肯定。

第一，本书有助于推动对我国红十字运动的研究。百余年来，红十字运动在波澜壮阔的实践中积累了丰富的经验，也留下了许多教训。经验和教训需要上升为理论，也只有理论才能更好地指导红十字事业持续健康发展。但是在历史学领域中，对于红十字运动的研究比较缺乏，我想其中原因之一就是资料的缺乏，所以《选编（五）》就能在一定程度上加以弥补。阅读本书，不难发现，就本书所收录的资料来看，涉及这一时期红会发展的方方面面，从红会的会务到其基本的组织活动，从红会在面对天灾人祸中所做出的种种贡献到平日里所开展的日常业务活动，都能作为红十字运动研究的重要依据。

第二，本书也为其他学科的研究提供了可资借鉴的史料。正如上面提到的，本书最为详细的一部分资料为1933年长城抗战时期中国红十字会华北救护委员会的业务报告，这份报告内容翔实，不仅是研究红十字运动的重要史料，同时也可作为研究战地救护、战地防疫等此类军事科学的材料；就其适用性来说，即使用在研究长城抗战中也未可偏废。在书中最后一部分“杂俎”中，有许多时人的诗歌，这对研究那个时代的文学作品也大有裨益；而且所收录的许多介绍近代医学、防疫学的科普类文章，也对如今医学史研究有很大帮助。从这一点来看，书中所收录的资料不仅有助于当代对于红十字运动的研究，同时也拓宽了其他学科的史料来源渠道，丰富了其他学科的史料。

第三，为当代红十字事业的发展提供了许多可资借鉴的经验。历史研究为现实服务，是其应有的社会功能。本书为当代红十字事业的发展可以提供了可资借鉴的经验。首先，本书所收录的红十字会章程、各分会的管理条例、救护队医疗队进行救护活动所遵循的操作规范等，能为现在的红十字会提供宝贵经验，因为我们可以发现民国时期的红十字会各方面的规则条例较为完善，对于当代我国红十字会的改革和发展都有重要的借鉴意义；其次，根据书中所收录的史料我们可以发现，当时总会和各地分会的定期报告制度和财务报表公开制度也对我们如今的红十字公信力建设有重要的借鉴意义。

当然，本书资料主要为报纸杂志，史料来源略显单一，在以后的资料整理过程中应多汇编一些报刊之外的资料。瑕不掩瑜，本书不失为一本有重大学术价值的史料集，为红十字运动的研究提供了宝贵的资料。

（作者单位：苏州大学社会学院）

《中国红十字运动史料选编（第六辑）》评介

丁泽丽

池子华、李欣栩主编的《中国红十字运动史料选编（第六辑）》（以下简称《选编（六）》），于2016年由合肥工业大学出版社出版。该书近50万字。简评如下。

一、内容概况

《选编（六）》辑录了民国时期中国红十字会制度建设方面的史料。编者根据资料内容，将其分为组织建设、职员管理、物资筹措、会员工作、医疗卫生、人才培养、日常规范、人道活动、资料杂俎9个专题，具体内容大致如下：

组织建设：为中国红十字会总会、地方分会及其附设组织的运行制度，如总会方面，包括其历次修正的章程、管理条例及施行细则，所设理、监事会组织规程、办事细则，救护委员会下设的供应委员会、人事委员会、训练委员会、购料委员会简则及购料委员会附属的材料股、干事股、医务股、运输股办事细则，等等。分会方面，包括历次修正的分会章程及分会附设理事会、监事会办事规则。

职员管理：为中国红十字会会内人员的任用办法、奖惩规则、考核办法、职员守则等相关制度。

物资筹措：为中国红十字会总、分会附设医院及所属机关的会计规程，会内人员出差旅费规则及资产管理办法、募捐办法等。

会员工作：为中国红十字会多次征求会员章程，会员入会的奖惩办法，红十字青少年工作的组织规程、训练办法及特殊会员如团体会员、纪念会员的征求规则等。

医疗卫生：为中国红十字总会所设的第一、二、三医院、时疫医院、防疫保赤机关、战时难民医院、伤兵医院、医疗服务队、诊疗所等组织的章程；分会医院的管理办法及其常设医院、临时时疫医院、贫民医院规则；红十字医事人员的服务办法。

人才培养：为中国红十字总、分会所设的医学校、护士学校章程及战时临时救护训练班简章及训练办法。

日常规范：为红会人员衣帽服制的规定，红十字徽章标志的使用规则，总、分会关防图记刊发办法、公文戳记刊用程式，会员章证补领办法，职员领用证章规则之类。

人道活动：为中国红十字会从事救护、救灾、救难等人道活动时颁布的规章制度，包括临时救济组织如救护医院船、临时妇孺留养院、难民收容所、灾童留养院成立简章，临时救护队、医疗队行动规则及其行动期间的运输办法等。

资料杂俎：这一专题可谓各项规章制度制定的过程辑录，包括红会修改会章召开的历次会议经过，红十字会直属行政机构颁布的修正红十字会管理条例的电文，红十字会规章制度的解读等。

总而言之，这9个专题为民国时期中国红十字会各项规章制度的内容及其制定过程的方方面面。

二、特色评析

《选编（六）》作为史料集，资料翔实丰富，编录有序，兹就其特色简述一二。

（一）专题内容　分门别类

资料汇编的前五辑在体例安排上，除第一辑全文辑录《中国红十字会二十周年纪念册》的颂词、纲目、条约、奏折、章程、分会、纪事、近录、列传、文苑、小说11个专题，第四辑按照资料来源排布外，其余三辑均根据内容，分为综合、专题、纪事、函电、杂俎5个专题。《选编（六）》作为该套资料汇编中的一种，亦根据内容专题排布，但因其内容不同以往，专题分类自然也不尽相同。第一、二、五辑内容为中国红十字会1904年至1935年的史料，每辑时间界定明显，第三、四辑内容为固定期刊、报纸刊载的红十字资料，资料来源有限。《选编（六）》以制度作为专题，年限为整个民国时期，不限来源。可见，《选编（六）》的专题性之强，这也是它区别于其他五辑史料选编最显著的特点，因而其专题设定亦有别于以往。

（二）史料丰赡　来源广泛

近代中国史料庞杂纷呈，一般分为“档案、文集、全集、类书、丛书、方志、报刊、实物、口传、小说。文集再细分为：论说、信札、日记、笔记、传记、诗词”①。《选编（六）》内容特殊——制度由政府或红十字会自身制定，故其来源基本为档案及报刊。尽管如此，亦不能否认其史料丰赡、来源广泛的特色，因为近代中国档案、报刊浩瀚纷繁。就档案而言，《选编（六）》辑录了台湾“中研院近史所”档案馆、中国第二历史档案馆、贵阳市档案馆等所藏红十字档案；报刊更为广泛，包括《申报》《新闻报》《民报》《文汇报》《中国红十字会月刊》《红十字月刊》《政府公报》《行政公报》《上海市政府公报》《中国红十字会会务通讯》《中华医学杂志》《中国红十字会杂志》《人道指南》《中国红十字会时疫医院征信录》《中国红十字会二十周年纪念册》《救济月刊》《法令月刊》《医学世界》《国立北京大学周刊》等众多报刊资料。

（三）翔实摘录　内容全面

《选编（六）》辑录史料以遵照原文为基本原则，包括标题在内，仅按史料原意进行分段，按现行规范加标点符号，在“［　］”中纠正错字，在“（　）”中注明多字少字，以“□”说明某字无法辨认，不随意妄加揣测，以保证资料的原始性。此外，《选编（六）》的9个专题基本包含了中国红十字会制度建设的所有内容，且每个专题内，详细辑录了不同历史时期的同一制度，体现了其演进的历时性。编者为保证《选编（六）》的完整性，将部分已在《中国红十字会历史资料选编，1904—1949》《〈申报〉上的红十字》《〈新闻报〉上的红十字》《中国红十字运动史料选编》（第一、二、五辑）等已出版的史料再次编入。尽管资料会有部分重复，但其史料来源多不同，二者恰好可以相互参照，以保证资料的准确性。因为同一条资料多载于不同期刊，而编者选取史料的来源方式不同及校对严谨程度各异，内容上或有些许差异。因此，

① 张革非、杨益茂、黄名长编著：《中国近代史料学稿》，中国人民大学出版社1990年版，第17页。

《选编（六）》的史料处理亦是提醒研究者注意甄别使用，以尽可能保证研究的真实性。这一点亦是《选编（六）》区别于其他5辑之处。

三、价值显著

《选编（六）》以资料集的形式展现了民国时期中国红十字会制度建设的方方面面，亦从侧面彰显了其制度建设的演进历程，具有显著的价值。

（一）体例明晰　拓宽研究思路

从横向上看，《选编（六）》内含9个专题，各专题内编者按制度颁布的时间先后顺序排布，每个专题均呈现了研究中国红十字会制度的一个视角。研究者可分别探究民国时期中国红十字会的组织建设制度、职员管理制度、物资筹措制度、会员工作制度、医疗卫生制度、人才培养制度、日常规范制度、人道活动制度等，分析每类制度的出台背景、演进轨迹及产生的影响等。从纵向上看，每个专题内部基本辑录了同一制度各历史阶段的内容，且按制定时间先后顺序编排，从中可比较其内容的发展变化，分析变化的内在原因。如“组织建设”中，《选编（六）》录入了1912年中国红十字会第一次会员大会通过的《中国红十字会章程》《中国红十字会分会章程》，1921年《中国红十字会修正章程》《中国红十字会组织分会章程》，将二者稍作比较可发现，前者总会章程中仅有总则、宗旨、会员、职务议会、分会、附则6章，后者则包括总则、名称及会所、总会及总办事处之职权、事业、财产、会员、常议会、会长副会长理事长、职员、大会、战时及灾害时之特例、分会、保护、奖励及惩罚、附则15章；前者分会章程5章且未列名称，后者则包括总则、职员、事业、惩罚、奖励、议事会、医院、救护队、附则等近10章。可见，随着红十字运动的发展，红十字会制度不仅仅是量的增多、内容的细化，更是其制度发展规范化、精细化的体现。无独有偶，《选编（六）》编录了1913年至1936年《中国红十字会管理条例暨实施细则》5次修正后的内容，从中不仅可分析其修正的历史背景及修正内容的变化，亦可窥探中国红十字会组织管理的强化。其他几个专题亦是如此。

（二）以史立论　服务学术研究

史料为史学研究之基础，梁启超曾指出，“史料者何？过去人类思想行事所留之痕迹，有证据传留至今者也。”[①] 因此，《选编（六）》是史学研究者立论之基础。尽管当前史学界指摘史学研究多重实证，轻理论，须加强理论研究。但不论实证研究，抑或理论研究都离不开史料的佐证。基于《选编（六）》，李欣栩完成了硕士学位论文《民国时期中国红十字会制度建设》[②]。文章分为5章，10余万字，分析了民国时期中国红十字会制度建设的演进有赖于人道需求的变化、政府行政力量的干预、红十字会的自身发展需要以及国人对于红十字运动认识的不断加深，探讨了红十字会的制度体系主要包括组织运行、财务经费、会员管理、人道救助及标志使用，剖析了红十字会制度立法过程曲折、内容不断完善、立足国内形势、融合国际制度等特征，阐释了红十字会制度建设中囿于立法技术不成熟、战时政治军事形势动荡、经济发展水平较低、思想基础薄弱等因素，以致红十字会制度执行力不足，成效有限。该文可谓中国红十字会制度建设的开拓性研究，因为有关这方面的系统性研究，几乎没有，为数很少的研究散见于一些宏观的论述之中。总之，李欣栩的论著呈现了《选编（六）》解读的成果，相信《选编（六）》的出版，能成就更多学术成果，造福学界。

四、美中不足

尽管《选编（六）》特色明显，价值突出，但亦有些不足之处。

一是史料不够完整。就时限而言，《选编（六）》的史料仅选取民国时期。尽管晚清时期中国红十字会制度建设成果较少，但亦有几则，如1904年7月12日上海万国红十字会通过的《上海万国红十字暂行简明章程》[③]，1910年出台的《中国红十字会试办章程》[④] 等亦应纳入其中。就内容而言，总、分会明显失衡，9个专题内，总会制度数量占据明显优势，分会制度资料明显薄弱，仅零星几条。

二是分类略有不当。如“物资筹措”，该专题内部多为红十字会财物管理制度，有关物资筹措的资料似乎仅《中华民国红十字会统一筹募办法》一条；再如“职员管理”中《内政部派遣专员长期驻沪指

① 梁启超：《中国历史研究法》，河北教育出版社2000年版，第49—50页。

② 李欣栩：《民国时期中国红十字会制度建设》，苏州大学2015年硕士学位论文。

③《上海万国红十字会暂行简明章程》，池子华、郝如一主编：《〈申报〉上的红十字》第1卷，安徽人民出版社2011年版，第66—69页。

④ 记工编著：《历史年鉴：1910》，吉林文史出版社2006年版，第67页。

导全国红十字会》为内政部职员的服务规则，与红会职员管理无关等。

尽管如此，但瑕不掩瑜，《选编（六）》的出版对于加强中国红十字会资料建设、深化红十字运动研究具有重要意义。

（原载《红十字运动研究》电子期刊2017年第3期）

《中国红十字运动史料选编（第七辑）》简评

刘思瀚

淞沪抗战爆发之后，繁荣的沪上之地，顿时沦为一片火海。为了组织有效的救援，留沪的中外慈善界人士，于1937年10月2日共同创建了中国红十字会上海国际委员会（下文简称“上海国际红十字会”）。在中国红十字会前会长颜惠庆的领导之下，该会迅速形成了有效的组织体系，并吸收了华洋义赈会、上海国际救济会、中华医学会等在上海仍保有救援力量的慈善组织，在短时间内集聚起一支有相当力量的救援队伍。尽管其存续时间不长，但却为抗日战争的救护事业做出了极为重要的贡献。尤其是该会于南市设立的难民区，更是产生了深远的影响，以至于国际红十字会将其选作交战国在战时保护平民的成功范例而写入1949年《日内瓦第四公约》（即《关于战时保护平民之日内瓦公约》），推动了国际人道法的订立。有鉴于此，红十字运动研究中心组编的《中国红十字运动史料选编（第七辑）》的（以下简称《选编（七）》），设为抗战时期中国红十字会上海国际委员会专辑，详细收录了与之相关的各类史料。该书由合肥工业大学出版社出版发行，本文拟对该书的内容、特点与价值，作简要评述。

一

《选编（七）》共35万字，收录的资料极为详尽。依据史料的内容，编者将其分为综合、报告、纪事、函件、杂俎五大部分。

“综合”部分，主要收录有关上海国际红十字会的综合性报道以及该会所刊布的规章制度与工作实录，涉及内容较广；“报告”部分，完整收录了上海国际红十字会各部门所呈交的工作报告，在综合性报告之外，主要涉及医务委员会、伤病医院以及财政收支方面；“纪事”部分则广泛收录了上海国际红十字会及相关团体所刊布的一系列启事以及相关的新闻报道。上海国际红十字会的各类往来信函，集中收录于“函件”部分。至于难以归入上述四类，又与上海国际红十字会有密切联系的材料，则统一归入“杂俎”部分。

在上述五大部分的内容之外，《选编（七）》还在附录部分设有“中国红十字会上海国际委员会大事记”与“已辑录出版资料目录”两项。前者清晰地勾画出上海国际红十字会的发展演变过程，已非简单的堆砌史料，具有相当的研究性质。后者则梳理出红十字运动研究中心此前出版的各类资料集中，涉及上海国际红十字会的史料索引目录，为研究者按图索骥地搜集资料提供了相当便利，足见编者的良苦用心。

尽管《选编（七）》所收录的史料种类繁多，但其主要涉及的内容，集中于上海国际红十字会所开展的伤兵救护与难民救助工作两方面。

伤兵救护是红十字会的“本职”工作，上海国际红十字会对此也十分重视。据《选编（七）》所收录的史料统计，该会先后设立或赞助开办伤兵医院5所、残废伤兵医院1所。各处伤兵医院收治伤兵共计44271人，残废伤兵医院收容残废伤兵403人，实施截肢等各类手术288起。不仅如此，该会为失去战斗能力的士兵提供职业训练，以确保他们此后拥有谋生手段。

为难民提供医疗及防疫服务是难民救助工作的重中之重。从《选编（七）》所收录的史料来看，上海国际红十字会开办有难民医院、难民收容所诊疗所以及流动诊疗所等医疗机构，收治难民近3000人，还为难民及贫穷病人提供免费的防疫服务。同时，该会向其他难民医院及难民诊疗所拨赠了大量现金及医疗用品与设备。

在医疗问题之外，上海国际红十字会处理难民给养问题的行动在《选编（七）》中有所体现。救护行动伊始，孤岛之中的慈善团体大多“各自为战”，自筹经费。而随着时局的不断恶化，经费危机逐渐显现。上海国际红十字会开始逐步负担各个慈善团体所收容难民的给养，“最多时须同时给养17万人”[1]。为了解决这一巨大的开支，该会先后制定了难民给养标准和难民膳食制作法，不仅在一定程度上缓解了开支压力，难民健康状况也得到明显改善。然而，“节流”必须与“开源”相

① 池子华、崔龙健主编：《中国红十字运动史料选编（第七辑）》，合肥工业大学出版社2017年版，第3页。

结合才能发挥最大功效。受限于险恶的环境，上海国际红十字会不得不组织难民进行生产，通过创办小规模工场、组织难民训练和生产、在难民中推行生产教育、设立难民出品联合销售处和难民职业介绍所等手段，帮助难民实现自给自足。

上海国际红十字会的难民教育工作也在《选编（七）》中占有不少篇幅。为了保障难民的正常生活，上海国际红十字会专聘教育专家陈鹤琴等人筹划了一套较为完备的难民教育体系，分儿童教育、成人教育、职业教育三类，其中儿童教育开设国语、常识、算术、唱歌、体育5门课程；成人以识字教育为主，辅以演讲、说书、电影、健身体操等科；职业教育则分为职业训练和生产教育两种。这套难民教育体系的实际推行也取得了相当的成效，儿童、成人开班数达到725个之多，受教难童42508人、受教成人34080人，并举行各级考试多次。难民教育体系的设立与成功推行，体现出上海国际红十字会同人对难民救助工作的长远打算与深入思考。

二

在了解了《选编（七）》的基本内容之后，兹就其编纂特点作简要评价。

其一，内容全面翔实。

《选编（七）》所收录的资料，在时间上大致始于1937年10月，止于1940年，相较于上海国际红十字会开展工作的时限而言，略有后延。后延部分主要涉及时人对该会工作的回顾与评价，具有重要的史料价值。此外，尽管所收史料涉及的时间不过短短4年，《选编（七）》的篇幅却达到了35万字，这不能不令人称赞编者为收集史料所付出的大量心血，并从一个侧面证明了《选编（七）》的内容十分翔实。

在具体内容层面，《选编（七）》的编者不仅详细收录了上海国际红十字会的相关规章、报告、启事、会议决议等核心史料，还十分重视搜集难民医疗、难民教育、后勤给养、卫生防疫、难民生产等难民救助方面的史料，其中不乏《征求儿童节难童纪念品》《沪市设立难民职业介绍所》《难民煮食蚕豆法》《难童考试举办经过》等反映战时难民日常生活的生动史料。除此之外，各国红十字会对上海国际红十字会伸出援手的相关报道与记录，编者也不遗余力地将其完整收入。不难看出，全面与细致正是该书编者在搜集史料时所秉持的重要原则。

其二，史料来源多样。

《选编（七）》不仅内容全面翔实，其收录的史料来源也十分多样。在《中国红十字会月刊》《中国红十字会上海国际委员会救济月刊》等红十字会的官方刊物之外，该书编者还从《申报》《救灾会刊》《大美周报》《国际劳工通讯》《抗敌先锋》《经济统计月志》《上海医事周刊》《血路》《新南星》《战事画刊》《中华医学杂志（上海）》《中央通信社稿》《英文自修月刊》《现世报》《上海公共租界工部局公报》《公教妇女》等刊物中搜集了大量的史料，其中有几份刊物具有重要价值。

《救灾会刊》是由中国华洋义赈救灾总会编辑出版的刊物，1923 年 10 月创刊于北平，1939 年 4 月停刊。由于当时华洋义赈会已并入上海国际红十字会，因此，《救灾会刊》刊有大量有关华洋义赈会同人参与上海国际红十字会工作的详细史料。此外，《救灾会刊》的停刊，也与两会合作有关。据《中国华洋义赈救灾总会启事》，由于华洋义赈会"总会同人均参加上海国际红十字会工作，该会又已有《救济月刊》发行"，因此，"实无两刊同时出版之必要，兹拟将本会会刊暂停印行，以图节省"①。

《国际劳工通讯》则是国际劳工局中国分局出版的刊物，先后历经《国际劳工消息》《国际劳工》《国际劳工通讯》等刊名。该刊主要关注中国劳工阶层的生活状况，同时介绍国际劳工组织的情况，并发表有关中国劳工问题的相关研究。从《选编（七）》中所收录该刊的史料来看，它集中关注了上海国际红十字会在难民的生产与就业方面所开展的工作。

创刊于 1935 年的《上海医事周刊》，对上海国际红十字会开展的医疗活动做了详细的记载，前后有近 80 篇相关文献，其中不乏历次上海国际红十字会医务委员会的工作报告与年度报告等关键史料。从这一情况而言，《上海医事周刊》可谓是我们了解上海国际红十字会医务工作的重要史料来源。

在上述刊物之外，《选编（七）》还收录了上海市档案馆所藏有关上海国际红十字会的英文档案。这批珍贵档案的录入，大大提升了该书的史料价值，同时也使其史料来源更显多样。

① 《中国华洋义赈救灾总会启事》，《中国红十字会上海国际委员会救济月刊》1938 年第 1 期。

其三，外文资料丰富。

作为一个具有国际性质的救援组织，有许多外籍人士活跃于上海国际红十字会之中。因此，相关的外文资料十分丰富。《选编（七）》便搜集了其中的重要部分。更难能可贵的是，该书的编者还择其要者，进行了细致的翻译。在这批外文资料之中，外籍人士转译中文报刊的相关报道，为我们了解各国友人所关注的热点提供了可能，而上海国际红十字会与各界外籍人士的往来函件，则有助于为研究者提供上海国际红十字会的成立与工作实景中的细节，尤显弥足珍贵。它们既是在华外籍人士从事人道救助事业的明证，又体现了中国红十字会上海国际委员会正如其名，是一个得到各国友人广泛支持的国际性组织。

三

由于具备上述特点，《选编（七）》在史料与学术层面，均具有相当重要的价值。

首先，《选编（七）》是抗战时期中国红十字会战地救护工作的微观缩影。众所周知，红十字会起源于战争、服务于战争，战地救护是红十字会的“本职”所在。尽管中国红十字运动起步较晚，但时至抗日战争之时，我国红十字会已发展为一个体系完备、实力雄厚的社会组织，有能力应对旷日持久的战争。可以说，在抗战时期的各处战场上，都有红十字人活跃的身影。中国红十字会在抗日战争时期的战地救护事业中，起到了决定性的作用。由贵阳市档案馆主编的资料集《战地红十字——中国红十字会救护总队抗战实录》与戴斌武撰写的专著《中国红十字会救护总队与抗战救护研究》两书，便是对中国红十字会抗战救护事业的宏观描述。相比之下，《选编（七）》聚焦于上海国际红十字会，则可谓是这一问题的微观缩影。通过该书所呈现的史料不难发现，在对受伤兵士进行救助，成立残废伤兵医院之余，上海国际红十字会更为重要的工作，是对上海及其周边地区的难民进行合理的救助。该会不仅对为数众多的难民施予基本的医疗与给养，更是开展了针对难民的卫生防疫、教育、生产就业等方面的工作，在残酷的绝境之中，为难民们开辟出了一处希望之地。读者若是将上述中国红十字会抗战救护事业的宏观描述与微观缩影相结合，便可对中国红十字会为抗日战争的最终胜利所做出的重要贡献有更为清晰的认识。

其次，《选编（七）》是国际友人人道工作的生动实录。正如前文所述，有诸多外籍人士参与到上海国际红十字会的工作之中，已为今人所熟知的饶家驹神父与贝克博士，都曾在上海国际红十字会担任要职。《选编（七）》便为读者了解他们在华所开展的各项人道工作提供了具体而生动的材料。事实上，诸多国际友人不仅在战地展开救助，还常常利用身份之便，前往世界各地为中国的人道事业“助威呐喊”。《选编（七）》中就有1940年间贝克博士利用假期，回到美国“随处讲述中国被灾难民状况，劝请本道义立场，继续救济”[①]，推动了当时正在美国进行的第二次“一碗饭救济华灾运动”。而在具体救济工作之外，国际友人还为中国的人道活动提供了许多颇具价值的建议。如前文述及的上海国际红十字会所推行的难民生产与就业方面的工作，就来自于贝克的建议。他认为，如若不令上海地区的难民自食其力，则会与“一九三一至三三年美国经济恐慌时所采用的施给制度”一样，“使得无业的难民，在能获得食物与住所以后，即不愿工作。”[②] 因此，他提出难民收容所应当开除拒绝工作的难民，并将青壮年劳动力集中至工业区恢复生产，达到使难民自食其力的效果。贝克博士提出的这一问题及其解决办法，不仅推动了上海国际红十字会进一步改进其难民工作，也对我国其他地区的难民工作产生了影响。贝克此文的译者便曾直言，他提出的问题“恐在内地难民收容所亦难免发生”，其办法值得内地难民工作人员参考。

最后，《选编（七）》是学术研究的取材宝库。作为一部专题资料集，《选编（七）》的最终价值是为学术研究服务。我们欣喜地发现，本书的编者之一崔龙健博士，已于同期著成了《抗战时期中国红十字会上海国际委员会研究》，对上海国际红十字会的缘起与成立、组织体系、经费使用、难民工作等问题做了细致入微的考察，并对该会开展的救护行动、跨地域援助以及设立“饶家驹区”等工作的成效做出评析。应当说，崔著的出版，标志着《选编（七）》学术价值已得到了较为全面的挖掘，我们也期待着学术界能够进一步利用这部资料，将红十字会抗战救护工作的研究推向纵深。

（作者单位：苏州大学社会学院）

① 《贝克博士在美推动赈华工作》，《中国红十字会月刊》1940年第57期。
② 《难民工作问题》，《血路》1938年第36期。

战火中的红十字

——《中国红十字运动史料选编（第八辑）》述评

丁泽丽

《中国红十字运动史料选编》是苏州大学红十字运动研究中心推出的大型资料集，是红十字运动研究的资料宝库。该书是这一系列中的第八辑（以下简称《选编（八）》），由苏州大学池子华教授、李欣栩博士主编，合肥工业大学出版社出版发行，洋洋洒洒50万字。《选编（八）》的发行使红十字运动研究的资料建设更上一层楼，从纵向上看，该书的时间段是1936年至1940年，与《中国红十字运动史料选编》第一辑、第二辑、第五辑的内容紧密衔接，是这三辑的纵向延伸；从横向上看，该书的编者在内容的辑录上注意与已出版的资料选编，如中国红十字会总会编的《中国红十字会历史资料选编，1904—1949》，红十字运动研究中心编的《〈申报〉上的红十字》《〈大公报〉上的红十字》《〈新闻报〉上的红十字》》《红十字在上海资料长编》及已出版的系列《中国红十字运动史料选编》如有重复，不再录入，是现行资料选编横向上的拓展。兹结合其内容，略作评述。

一、内容概况

《选编（八）》依据内容分为工作报告、会务讯息、会议记录、公牍选载、人物传记、文苑、杂俎7个专题，主要内容简要概述如下：

"工作报告"是《选编（八）》的主要部分，占据该书近四分之一的篇幅。该部分主要辑录总会、分会及其隶属的各医疗救护机构某时间段内的工作情况，包括救护、救灾等。如《中国红十字会遂宁分会报告》记载了1935年7月至12月该分会的工作情况，包括医务股、救济股、掩埋股、育婴恤嫠股各股的工作成绩。《中国红十字会郾城分会会务报告》记载了郾城分会1935年2月至1936年2月间救治伤兵、保赤种痘、救灾防疫、施舍茶水、筹办冬赈、施棺掩埋等工作。

“会务讯息”主要内容分为两类：一为战时工作，即应战事救护需要，各分会的组织建设（分会组织的筹备、成立、改组、选举）、总分会的救护筹备（临时救护机关的组织、救护队的组编、救护训练班的成立等）、救护人员的训练、救护物资的筹集、救护工作的开展等。二为平时工作，包括红会医疗机构的建设（如红会医院增设心肾科）、医疗卫生工作的推进、红十字管理条例的修正等。

“会议记录”的内容比较单薄，仅有赣榆分会、洛阳分会、金山汆来庙分会、遂宁分会、诸城分会等5个分会的6次会议记录。之所以如此，是因为这段时间总会的多次会议记录均已收录于《红十字在上海资料长编》之中。

“公牍选载”的内容较多，主要分为三类：一为总会、分会的往来函件，包括分会在救护救灾工作中遇到物资、人员等问题时向总会求救，总会想方设法给予资助；分会就组织建设、人员选举等问题向总会请示，总会予以批复。二为总会、分会与政府行政机构就红十字人道行动及红会自身建设的往来文牍。因为在抗战非常时期，红十字会的隶属关系发生变化，总会由隶属内政部，转为隶属卫生署，受内政部、外交部、军政部、海军部之监督，分会则以所在地地方行政官署为主管官署。故这一专题内总会方面以卫生署的指令为主，分会方面为各分会的救护行动与地方政府的往来函电。三为政府行政部门之间为红十字会救护行动提供方便的指令，如《冀察政务委员会训令：秘字第七六四一号：令河北、察哈尔省政府、北平、天津市政府：为准中国红十字会总会公函请转饬协助本会救护委员会华北临时分会等因仰遵照协助由》。

“人物传记”为红十字人的生平简介，通常是对红十字事业有突出贡献者，主要是各分会的会长、理事长、医务人员。

“文苑”为与红十字有关的短文，内容主要包括：（1）因果报应的小故事，教育民众心存善念，是红十字会宣传人道主义的一种方式。（2）红十字常识，告诉民众红十字会的起源与历史沿革、标志的形成、人道工作的内容及红十字会的重要性等等。（3）宣传卫生常识，如《卫生的重要》《卫生的幸福》（《选编（八）》第366—367页）等。（4）分会救护训练班的各种讲义，如诸城分会救护训练班初步救护讲义、担架学讲义、绷带学讲义、药物学讲义等。

“杂俎”的内容并不杂，主要为红十字会征求会员委员会的名单、分会的分布表及红十字人为《中国红十字会月刊》的题词。

总言之，这7个专题基本上覆盖了红十字会工作的方方面面，勾勒出一副战火中红十字会为救伤瘗亡忙碌奔波的历史画面。

二、特点与价值

“历史学即史料学”。《选编（八）》作为史料集，是史学研究立论之基础，有众多可圈可点之处。

（一）内容翔实、史料珍贵

首先，《选编（八）》借助数字化研究的便利，搜索上海晚清民国、大成老旧等数据库，检索与中国红十字运动相关的讯息进行辑录。一则史料来源多样，包括中国红十字会发行的《中国红十字会月刊》，政府公报，如《铁道公报》《内政公报》《湖北省政府公报》《监察院公报》《冀察政务委员会公报》《四川省政府公报》《立法院公报》《河北民政月刊》《江西省政府公报》《海军公报》《北平市市政公报》《司法公报》《福建振务会汇刊》《赈务旬刊》等及其他刊物如《中国佛教会报》《广西健社医学月刊》《同工》等，其中《中国红十字会月刊》是资料的主要来源。该刊是中国红十字会的机关刊物，共计134期，自1921年10月开始发行，1924年停刊，1931年复刊，出版7期后，再次告停，1935年7月又一次复刊，至1940年6月停刊。因此，《选编（八）》辑录的时间段，月刊基本全部囊括，保证了史料的系统性。与此同时，多方收录政府、社会发行的刊物，梳理有关中国红十字运动的史料，保证了史料的完整性，避免资料来源上的红会“一家之言”。二则史料形式多样。史料一般分为“档案、文集、全集、类书、丛书、方志、报刊、实物、口传、小说。文集再细分为：论说、信札、日记、笔记、传记、诗词。”①《选编（八）》包含大部分，如论说（文苑中红十字人的理论短文）、报刊（《中国红十字会月刊》中《摘录各报所载关于红会之新闻》）、信札（公牍选载为函电往来）、日记（工作报告中的《本会代表出席全美红十字会会议日记》《中国红十字会武昌市分会工作日记》）等等。

其次，《选编（八）》与其他已出版的资料选编相互补充，互为参

① 张革非、杨益茂、黄名长编著：《中国近代史料学稿》，中国人民大学出版社1990年版，第17页。

照，为研究者的研究提供更为完整的史料。如《红十字在上海资料长编》中1936年上海市分会第二十六次会议上讨论正会长夏应堂病故，其职务是否可推副会长暂时代理问题，请示中国红十字会总会。对于总会的批示，《长编》中是“本会复函（缺失）”，而在《选编（八）》中则给予了回复，总会批示由李鸿声代理正会长。再如《中国红十字运动史料选编（第二辑）》的“杂俎”中收录大量有关纪念《中国红十字会月刊》的祝词，《选编（八）》的“杂俎”部分亦收录不少，对比二者的异同可发现红十字事业的演进。

最后，较之《中国红十字运动史料选编》其他几辑，《选编（八）》内容上最为不同是分会资料的比重较大。此点从其目录中可一览无余，每个专题中的主角基本均为分会。分会组织的“踊跃”与战事的愈演愈烈紧密相关。尽管20世纪30年代中期是近代中国红十字分会组织规模最大时期，1936年全国分会达464处①，但因战事影响，至1937年分会仅剩245处，减少近半，然而会务工作依然频繁，故这一时期所留史料记载较多。然仔细分析，不难发现，《选编（八）》中分会的内容虽多，但更多的为组织建设，工作成绩并不显著，这也是为什么抗战胜利后蒋梦麟会长于第五届红十字周上说战前红会工作集中于总会，战时分会因战争中止，“徒有组织，而无实际工作。”② 但笔者认为，若这样定论战时分会的工作，有些言之过重，从《选编（八）》的工作报告、会务近讯及公犊选载中可见，分会还是积极从事救护、救灾工作，且取得一定成绩的。

（二）体例清晰、编录有序

首先，《选编（八）》与《中国红十字运动史料选编》第一、二、五辑在内容上紧密衔接，相较此三辑，该书的体例既有继承亦有发展。《选编（八）》仍按专题排布，但在专题的划分上与第二、五两辑并不一致（第一辑完全照录《中国红十字二十周年纪念册》），前者分为工作报告、会务讯息、会议记录、公牍选载、人物传记、文苑、杂俎7个专题，后两者分为综合、专题、函件、纪事、杂俎5个专题。相较之前的5个专题，该书的分类更为具体。第二、五两辑的杂俎包含了《选编

① 中国红十字会总会编：《中国红十字会历史资料选编，1904—1949》，南京大学出版社1993年版，第160页。

② 蒋梦麟：《第五届中国红十字周献辞——招待新闻记者席上报告辞》，《红十字月刊》第10期（1946年10月），第2页。

(八)》中的人物传记、文苑和杂俎3项，其他4个专题，工作报告对应综合，会务讯息对应纪事，会议记录对应专题，公犊选载对应函件。由此可见，虽然都是红十字运动中的方方面面，只是专题名称上略有不同，但《选编（八）》的归类更为具体化，更便于研究者查阅。

其次，《选编（八）》的编录遵循整套《中国红十字运动史料选编》的编录原则。按原意进行分段并按现行规范加上标点符号，明显的错字在“[ ]”中纠正。不知是该编史料中的别字较多，抑或编者更为细心，《选编（八）》勘误了较多的错别字，极大地便利了研究者对内容的理解。笔者随手翻开几页，便看到“会钱[长]”“常务理照[监]事”“指今[令]”“国氏[民]”“宣杨[扬]”“国路[货]展览会”“失纵[踪]”“旁[傍]晚”等等。

（三）价值突出、拓宽研究视角

《选编（八）》的出版发行，在丰富红十字运动研究资料宝库的同时，亦推动了红十字运动研究的深入，拓宽了研究视角，主要体现在以下两方面。

一则可在红十字运动口述史上有所作为。当前公众史学、公共史学或大众史学已吸引了国内外众多学者的关注。周樑楷归纳了大众史学的定义，“每个人随着认知能力的成长都有基本的历史意识。在不同文化社会中，人人可能以不同的形态和观点表达私领域或公领域的历史。大众史学一方面以同情了解的心态，肯定每个人的历史表述；另方面也鼓励人人书写历史，并且书写大众的历史供给社会大众阅听。”① 简言之，历史研究开始突破传统学院派史学研究的藩篱，民众创造了历史，历史应书写民众，将历史通俗化。《选编（八）》中收录了红十字人的日记及回忆录，如《本会代表出席全美红十字会会议日记》《中国红十字会武昌市分会工作日记》《救护队掩埋队医药队日记》《十五辆红十字车奔走六寨来》等。这些史料正是红十字人记忆中的红十字运动，以此类推，研究者可收录更多红十字人或民众有关红十字运动的口述资料，发挥红十字人或民众在红十字运动研究中的作用，将研究通俗化。

二则发挥数据在红十字运动研究中的作用。1922年，梁启超在东南大学史地学会上已经提出了“历史统计学”的概念，故计量统计作为史

① 周樑楷：《大众史学的定义与意义》，《人人都是史家：大众史学论集》，（台中）采玉出版社2004年版，第27—28页。

学研究方面并非一个新概念。如今随着大数据时代的到来，历史学界开始探讨以“大数据”为核心的一系列新理念。2016 年 11 月，史学界在南开大学召开首届新史学青年论坛，以“大数据时代的史料与史学”为主题，众多学者分析了大数据与历史研究的具体结合问题。《选编（八）》的工作报告中涉及大量的数据统计，包括红十字会的服务人员、救治的伤病民众、种痘防疫人数等等，均可运用于红十字运动研究，进行量化分析。当然，量化历史研究亦存在问题，中国人民大学姜萌指出，量化研究“处理的数据量太大，一个假设或关键数据错误，就会导致整个研究价值大打折扣。更重要的是，量化研究可能将无数个活生生的人，变换成冷冰冰的数字，而使史学失去了对‘人’的核心关注，失去了温度”①。因此，研究者在量化历史研究的同时，亦须注意定性分析。

三、不足之处

尽管《选编（八）》在内容、体例上有众多特色，对学术研究裨益良多，但亦存在些许不足之处。

第一，勘误有误及有误未勘。前者主要体现对繁体字不够熟悉及对古文字词的理解不够深入，如仝［同］日，仝通同，没有错误；曷［何］深钦佩，曷意思为“怎能不”，并没有错，文中编者均将曷纠正为何；委讬［托］，委讬也是委托的意思；商邱［丘］，商邱是当时的地名；寔［实］，寔通“实”，实在的意思；箇［个］，箇是个的繁体字形式，编者将其全部纠正为个，等等。后者主要体现在史料中的别字没有纠正过来，如“止脑怒之功效”应为“恼怒”；“枯稿”应为“枯槁”等。

第二，查重有疏漏。一方面为《选编（八）》自身内容的重复，如《有投票权之全美各国红十字会代表团》重复录入，《中华民国红十字会总会三年来总报告》中没有工作报告具体内容，题头内容一样，录入两次。另一方面与已出版资料集有一些重复，其中与《红十字在上海资料长编》重复内容最多，如《军医署发给〈军医必携〉》《总会成立经济委员会》《总会刊发征求会员专刊》《上海市分会定期训练救护》等等。

第三，细节问题，主要表现在校对、断句等问题。如“五七六百余

① 姜萌：《中国史学在数字化时代的变与不变》，《史学月刊》2017 年第 5 期。

人”实为五千六百余人，“受灾之惨以潢光”，潢光为潢川、光山两个地方，中间应有顿号；“会址偏于极北办公，殊觉不便”应为“会址偏于极北，办公殊觉不便”等等。

总体而言，因史料编辑繁琐，编者难免有所疏漏，以至《选编(八)》未能尽善尽美，但其史料价值、学术意义不容置疑。

（作者单位：郑州轻工业学院）

制度建设：诠释中国红十字运动史的新角度

——《民国时期中国红十字会制度建设》评析

崔龙健

随着中国红十字会改革事业的推进，理顺管理体制，加强制度建设成为当务之急。在此背景下，深入分析中国红十字会制度建设的历史进程成为推动当前红十字会制度改革的必要前提。近期，苏州大学李欣栩博士所著的《民国时期中国红十字会制度建设》已由合肥工业大学出版社出版，全书近30万言。

民国时期的中国红十字会制度包括中国红十字运动过程中约定俗成的行动准则，以及依据当时的约法、宪法等法律而制定的一系列规章。相应地，中国红十字会制度建设涵盖了民国时期红十字总会及其地方分会为开展人道活动和自身建设而推行的一系列规章制度的制定、颁布、执行和完善的过程。围绕这一问题，李著初步构建了民国时期中国红十字会的制度体系，进而引出关于中国红十字会制度改革问题的思考。

一

李著是在原有学位论文的基础上修改而成。首先在绪论中介绍了研究价值、学术现状、研究方法和研究框架等内容，继而用5章的篇幅，分别论述了民国时期中国红十字会制度建设的历史进程、体系构成、制度执行等问题。在此略作概述：

在第一章中，李著在阐明“基础性规章”“专门性规章”内涵范畴的基础上，分别追溯了南京临时政府及北京政府时期、南京国民政府时期中国红十字会基础性规章的沿革，分门别类地对组织部门运行、人道灾荒救助、日常会务规范、会内人员管理等方面的制度演变进行概述，使制度沿革的历史感跃然纸上。在整体掌握发展脉络后，通过对国内外环境、主客观条件等因素的考察，认为国际人道法及其他国家红十字会法的颁布、现实环境下人道需求的变化、红十字会自身长远发展、行政力量的介入、清末以来社会各界有识之士对红十字运动的认识，以及古今中外思想文化的熏陶等，都对民国时期红十字会制度建设产生了重要影响。

在呈现民国时期中国红十字会制度体系时，囿于这一体系纷繁复杂，加上可考资料有限，李著的相关论述无法面面俱到，如关于人事管理方面的援引资料多集中于国民政府时期，至于北京政府时期人员如何管理，其相关制度寥寥。不过，字里行间仍可看出，李著正尽力构建完整的制度框架，利用两章的篇幅对一些重要的制度进行详细论述，思路清晰。先从现代组织结构的共性出发，构建起民国时期中国红十字会的基本制度体系，包括明确的组织运行机制、严明的职员管理制度、财务工作和档案文书的保管等等；继而考虑到红十字会作为人道救助团体这一特性，对其人道救护、会员管理、标志使用方面的制度进行规范。这些制度的确立以遵循国家根本大法为基础，在实践中不断完善，“是中国红十字会推进制度化管理的时代缩影”①。而李著对这一问题的处理思路较为明晰，从而避免了读者在该章节谋篇布局上的困惑。

制度体系的构建源自对实践的思考，反之，实践又对制度体系的完善有推动作用。换而言之，制度执行是制度建设中一个不可忽视的环节，即将制度内容付诸实践或按照制度开展工作的过程。为展示制度建设的成效，李著依据事实，从中国红十字运动的实践出发，以“中国红十字会难民救济工作制度化的尝试”为问题着力点，考察红十字会制度执行情况。对于民国时期中国红十字会开展的诸项人道救护活动，虽然战地救护是其首要任务，但涉及难民这一群体时，李著不拘泥于战地难民，还囊括了自然灾害、突发事件等带来的流离失所的社会群体。通过界定“难民”这一概念，李著对难民救济规章进行分类，总结难民救济制度化的实践特征，重点探讨北京政府时期中国红十字会在开展人道活动中颁布的规章，揭示了动荡时期推行一系列行为规范对于中国红十字会的发展而言所具有的价值。此时虽未形成成熟的难民救济制度，但从这些“尝试”中亦可见红十字会推动难民救济工作制度化的雏形。

最后，李著从全局出发审视了民国时期中国红十字会的制度建设，从立法过程、会员权利、现实需求等角度概括其总体特征。而作为制度

① 李欣栩：《民国时期中国红十字会制度建设》，合肥工业大学出版社2017年版，第174页。

建设的价值基础，李著认为民国时期中国红十字会制度规范对于树立红十字会形象、促进红十字运动发展、展现近现代慈善优越性等具有积极意义。当然，从辩证法的角度看，这一制度建设并不完善。受民国政治、经济、文化及整个社会环境的影响，这一时期的制度建设还存在着很多局限，李著对此也多有论证。

在简短的结语中，李著不仅概述了民国时期中国红十字会制度建设情况，还进一步探讨了这一问题的价值，以及思考了当下红十字会制度建设应该注意的一些问题。

另外，附录以时间为序，并遵循制度发展脉络，对民国时期中国红十字会制度建设中一些重要事件进行了梳理，为读者了解其制度建设的过程提供了参考。

二

作为红十字运动研究的又一成果，李著内容翔实，体系完整，特征鲜明。

其一，研究视角新颖。关于中国红十字运动研究，学术界已有诸多成果，但对于中国红十字会制度建设问题的探讨相对薄弱。不仅对于"红十字会制度建设"这一名词无统一的界定，而且对红十字会制度体系缺乏系统、全面的考察。在此之前，尚无一本以民国时期中国红十字会制度建设为研究对象的专著出现。在探讨其他问题时或有提及红十字会制度建设中的某部章程、某项制度，但也只是少数，主要是对民国初期颁布的红十字会章程条例、设立常议会的评议。而李著所述制度范畴广泛，既有成文的规章条令，也有约定俗成的传统惯例，从时间上说更是贯穿民国始终。由此说，从制度建设的角度回顾民国时期的中国红十字运动，注重各项制度的变迁过程，构建起相对完整的中国红十字会制度体系，评判其利弊得失，对红十字运动研究而言有着补遗的作用。

其二，文章脉络清晰。如前所述，李著的基本框架为绪论、正文、结语和附录。其中，正文部分的结构层次清晰，包括红十字会制度建设的历史进程、红十字会制度构成、红十字会制度执行、红十字会制度评析等内容。

其三，援引史料丰富。李著通过梳理与民国时期中国红十字会制度建设相关的章程条例、政府公文、总统训令、报刊公告等资料，再现了民国时期中国红十字会制度建设的历史过程。这些资料既有关于总会的，也有关于地方分会的；既有文字叙述的材料，也有很多表格和图片；既参考了国内资料，也援引了国外资料，其中有很多资料是尚未使用过的，为完整呈现民国时期中国红十字会制度建设的全貌奠定了基础。对于这些散布在不同资料中的史料，除了在援引时严格按照学术规范标明出处外，李著还重在比较分析，钩沉索隐，从不同角度解读史料、诠释史实。

其四，重视人的地位。制度史研究除了研读规章条文，还需要重视与制度紧密相关的各种人物，这在李著的论述过程中亦有所体现。李著在追溯制度变革过程、评析制度建设特征及功能、局限时，尤为注意人的地位和作用。如在概述制度变迁过程时，李著不时提及红会人对于新章程、新条例的看法或修改意见；在论述会员管理时，李著指出红十字会章程中会员权利相对较少，义务较多；在言及制度建设总体特征时，亦指出红十字会制度强调尊重生命、尊重人权，等等。通读全文不难发现，红会专职人员、会员、普通民众在红十字事业发展中充当的角色、发挥的作用均在制度建设过程中有所体现。

三

李著系统剖析了民国时期中国红十字会的制度建设，对当今中国红十字事业发展及学术研究颇具启发意义。

首先，该课题对认识历史和解决当代问题具有积极意义。制度史是历史学的一个分支，它是我们洞悉历史、辨明是非的又一方法。制度建设是民国时期中国红十字会适应社会环境、推动自身发展的重要措施。在今人看来，民国时期中国红十字会的制度建设折射了跌宕起伏的民国政治、军事局势，反映了红十字会与政府之间的博弈和较量，对于认识近代自然环境和人文环境的变迁，对于认清民国时期政府与民间社会团体关系的变革，对于了解近代以来红十字运动在中国的扎根和发展大有裨益。当然，学术研究要有问题意识，不仅要理清过去的问题，还应挖掘其实践价值，为解决现实问题提供借鉴。众所周知，重建红十字会的公信力是当今红会的重要任务之一。围绕这一任务，专家、学者对红十字会现行规章制度、组织机构运行、人道活动等方面多有反思，尤其颁布新《红会法》便是志在恢复公信力的重大举措。李著虽在论述民国时期的中国红十字会制度建设，但在总结前文基础上不忘考察中国红十字会事业发展现状，从完善制度学理论、处理红会与政府关系、中国红十字会参与国际活动的制度规范、红十字文化建设这几个层面为红十字会制度建设建言献策。

其次，史学研究应灵活借鉴和运用其他学科的理论。此处所谓的“灵活”即在运用其他学科理论时，要在理解理论的基础上巧妙地运用，而不是生搬硬套。不可否认，正确、可靠的史料是论证某一问题的有力依据，大量引用历史文献资料是李著的一大特色，具有较强的学科特征。但也应看到，李著在论述某些问题的时候，时有借鉴国际关系学、文化学、会计学、档案学等学科知识。如在探讨红十字会制度建设功能时，李著通过国际政治学人对“国际制度和平论”的理解及对国际组织作用的界定，提出“明确国际运动统一规范，增进红十字国家间互动”[①]，肯定了中国红十字会制度建设对于促进中国红十字会的国际交流、推进世界和平发展的作用。采用其他学科的理论进行论述，亦可为自身观点增强说服力。而且，制度学本身就是一个庞大的课题，与政治学、经济学、法学等学科多有交叉。因此，在考察中国红十字会制度建设历史时，要综合考虑诸多外界因素的干涉，从不同的学科视角去分析运动史上的一些现象，这是值得肯定的。

最后值得一提的是，人文科学研究方法应适应当今时代的发展并实现网络价值最大化。随着信息技术的普及，信息传播速度加快，人与人之间的交流日渐便利。在此背景下，历史学研究亦应融于日新月异的网络环境，减少不必要的重复劳作，利用网络和现代先进技术加强对资料的处理和分析能力，从而实现资料搜集、运用乃至共享的过程更为便捷。李著指出，在写作过程中除了借助于《中国红十字会历史资料选编，1904—1949》《战地红十字——中国红十字会救护总队抗战实录》及苏州大学红十字运动研究中心出版的有关红十字运动资料的纸质文书外，还通过查阅“全国报刊索引数据库/上图晚清和民国期刊全文数据库”“申报数据库”等电子资源，在线获取相关资料。如今，国家图书馆、高等学校中英文图书数字化图书馆、“国学数典网”等诸多机构借助网络对外开放资源，应充分利用这些资源，及时检索和下载与课题相关的文献资料。另外，李著使用的资料中有很多表格和图片。运用“excel”统计表能客观呈现历史数据，而通过计算机技术对这些数据进行科学处理，可帮助我们总结出数据中“隐藏”的信息，从而做到让“数据”说话。在这方面，李著或有欠缺，即只展现了数据而无具体分

① 李欣栩：《民国时期中国红十字会制度建设》，合肥工业大学出版社 2017 年版，第 223 页。

析，对此，笔者认为有些问题还可结合数据再做思考。对于历史研究中图片的运用，不仅再现了历史样貌，还增强了可读性。网络时代产生的信息量大面广，趣味历史风行于世。在此环境下，学术研究的方法需要严谨科学，但成果的展现不妨多采用图片、表格等通俗易懂的方式，让更多的人了解研究成果。

制度建设是民国时期中国红十字运动的组成部分之一。一方面，其实践活动是对红十字会制度建设理论的检验；另一方面，制度内容的修正完善又是对实践经验的总结和升华，为新时期红十字会制度的确立奠定了基础，也为其建设和发展积累了历史经验，这也是李著的学术价值所在。不过，李著在论述过程中也有很多不足之处，如在探究会员制度时，李著认为发展青少年会员与国民政府培养新国民有所关联，可惜未对此问题进行具体分析，留下意犹未尽之感。但总的来看，李著始终以民国时期的中国红十字会制度建设为中心，视角独特，主题鲜明，为进一步解读历史上的红十字会制度奠定了基础，也为深入了解中国红十字运动的发展提供了又一重要成果。

（原载《红十字运动研究》电子期刊 2017 年第 3 期）

关于抗战时期红十字救护研究的几个问题

——《抗战时期中国红十字会上海国际委员会研究》评介

李欣栩

崔龙健博士所著《抗战时期中国红十字会上海国际委员会研究》，近日由合肥工业大学出版社出版发行，这是苏州大学红十字运动研究中心推出的又一项重要成果。作者在使用大量报刊和英文档案资料的基础上，运用社会组织理论，对中国红十字会上海国际委员会（简称上海国际红十字会）这一红十字组织的产生、发展至结束的全过程进行了较为详尽的考察和论述，包括成立缘起、组织发展与完善、经费募集与支配、救护工作及其成效等方面的内容。在全书近 40 万言中，作者通过爬梳翔实的史料和扎实细密的分析，提出了许多新的论点和观点。譬如在分析组织问题时，作者认为上海国际红十字会根据实际工作需要不断改进组织结构，完善救济功能，并且建立了对内、对外联络与协调的长效机制，在很大程度上弥补了科层制引起的非人格倾向的负面影响；又比如在论述救护工作时，作者提出上海国际红十字会纯属战时临时筹备，没有人员和设施条件，但它通过合作和整合的方式，将与救护相关的资源集中起来，达到了迅速组织和开展救护工作的目的，等等。这些新观点的提出，不仅给人耳目一新之感，也有助于加深读者对抗战救护工作的了解。本文拟就此稍加归纳和总结，谈谈关于抗战救护研究的几点粗浅认识，并借此对崔著作一简单评介。

一、红十字与抗战救护准备

崔著在第一章第二节“上海各界的人道主义救护行动”中展示了一个不易为人所注意的问题，那就是八一三淞沪抗战救护工作是如何准备的。鉴于中国红十字会在抗战初期的救护中，因临阵仓促准备而未能获得令人满意的成效，故而在面对极有可能爆发的第二次淞沪战事时，上海各界提前进行了准备。

首先，中国红十字会总会积极延揽医药团体及公团代表，组织成立了救护委员会，下设训练、供应、人事3个分委员会，分别负责救护人员培训及药品储备等事宜。至抗战全面爆发，已经培训及代为培训救护人员近千人。其次，上海各界闻人虞洽卿、黄炎培等，发起成立了上海市救护事业协进会，设立了训练进行委员会，专门培训救护人材。另外，上海市政府也召集各个慈善团体负责人，组织成立了上海慈善团体联合救灾会，准备战地救护及训练工作。

为推进和扩大准备工作，七七事变发生以后，中国红十字会会同上海市商会、上海市地方协会等团体，将上海市救护事业协进会改组为上海市救护委员会，并于沪战之前将其办事处迁至中国红十字会总会内，以期在红十字旗帜下，统一组织准备工作。

在淞沪会战前夕，中国红十字会总会还与华洋义赈会、上海慈善团体联合救灾会、世界红卍字会、中国济生会、中华公教会、中国佛教会、上海青年会等联合成立了上海国际救济会，与中外人士一道共谋救护工作，以收群策群力之效。

由此可见，在1937年淞沪抗战救护准备的过程中，尽管上海各界积极主动参与，但在其中扮演重要角色的是中国红十字会，毫无疑问，中国红十字会是此次救护准备工作的组织者和领导者。不过，崔著并未明确指出这一点，只是分辨出中国红十字会与其他慈善组织的分工协作，认为中国红十字会主导了战地救护，而其他慈善团体则担负了后方难民的收容和救助工作。

除此之外，崔著在论述上海救护准备这一问题时，是从慈善组织变迁的层面入手的，不仅没有很好地揭示中国红十字会与救护准备的关系，也未能就救护准备工作的开展问题进行较为全面地展示，尚未深入挖掘出救护培训、经费募集、药品储备等问题的详细面貌，不能不说是一种学术遗憾。

二、战争环境下的经费筹措与支配

作为慈善组织，红十字会的经费问题历来是被关注的焦点，周秋光、张建俅等学者曾就此问题进行过相关讨论，他们分别重点关注了民国北京政府、南京政府时期中国红十字会的经费筹措与支配情况，但对于战争环境下如何筹措和支配经费未给予深入剖析。崔著对此稍有弥补。

首先，关于经费募集，崔著是从国内和国外两个方面展开论述的。由于上海国际红十字会是在战争爆发后仓促成立于交战地，因此面临着经费短缺和经费筹措困难的问题。对此，该会以民国外交元老施肇基为宣传与征募委员会主席，主持宣传和筹募工作，并提出募集法币1000万元的目标。为达成这一目标，该会策划了一系列募捐行动，于国内主要是要求政府拨款、社会募捐和收取会费。在此需要指出的是，当时上海各救护团体和慈善组织均未开展有计划有规模的社会劝募活动，上海国际红十字会也只举办过这么一次，该会之所以“破例”，主要还是想达到宣传的目的。作者认为，此次公开的劝募活动取得了一定的宣传效果，得到了旅沪各界人士的积极响应，但同时也留下了负面影响，即时常有不法分子假冒其名义诈捐。于国外募捐，除了动员华侨慷慨解囊，主要是通过国际红十字组织完成的，其中美国红十字会赞助尤力，特别是邀请该会难民委员会主席法籍神甫饶家驹赴北美募捐，推动了“一碗饭”运动的开展，产生了较大的影响。

其次，经费支配方面，崔著认为上海国际红十字会没有发生负债情形，收支状况总体上处于理想的状态，但实际上，抛除国民政府的财政拨款，该会是入不敷出的，最突出的是难民救济费用占比高达63%，其中又以难民给养费用占了主要比重。另外两项较大的支出是拨赠其他善团经费和医药费用，而伤兵治疗和办公费用合占比重不足10%。说明在战争环境下，难民救济费用是最为令人忧虑的。

崔著对八一三淞沪抗战时期上海国际红十字会经费问题的探讨，虽不能以偏概全，但也基本呈现了中国红十字组织在战时募集和支配经费的具体状况，因而具有一定的学术价值和现实意义。不过，崔著在具体的论述中有所偏颇，即对募集经费的过程叙述过多，对支配经费的论述相对较少，使读者无法全面了解上海国际红十字会的经费问题。

三、战地救护与伤兵医院的设立

一直以来，战地救护是国际红十字运动的重中之重，也是国际红十字运动得以肇始的主要原因。中国红十字运动同样如此，从最初的日俄战争救护到辛亥革命及军阀混战救护，再到后来的抗日战争救护，都留下了中国红十字人的光辉足迹。目前学界就这部分内容有过丰富的讨论，取得了一系列学术成果。

就现有研究成果来看，红十字战地救护应由两个方面组成，即前线现场救护和后方伤兵救治，具体内容则包括救护队和伤兵医院两个部分。崔著在开篇就中国红十字会对八一三抗战的战地救护做了简单介绍，即将受过红十字救护训练的人员进行编队，分为救护队和急救队，并选择干练者委任为队长。同时，开办救护医院，并与当地特约医院合作，由中国红十字会统一安排收治伤兵事宜。鉴于伤兵医院的收治能力有限，又在前线与后方之间设立了伤兵分发站，视伤兵伤势轻重分别处理，重者送入伤兵医院救治，轻者转送内地。

上述是中国红十字会开展战地救护的一般情形，但崔著通过对上海国际红十字会的研究又展示了红十字的另一种救护情形，即在无法开展前线现场救护的情况下如何组织伤兵救护工作。上海国际红十字会鉴于当时救护形势，放弃了组织救护队开往前线救护的一贯做法，转而通过合作模式开办伤兵医院，这些医院原本是私人或团体组织的，由该会给予红十字番号、经费资助及人员指导；同时还发挥自身优势，积极与上海租界当局沟通，协调与伤兵救护相关的事宜。在此，崔著特别提到，在某外籍医师的建议下，上海国际红十字会开设了一所残废伤兵医院，专门收治残废兵士，并授以职业训练。这在当时是一种新的创造，在战地救护史上也不多见。

四、难民救助是一项系统而复杂的工作

难民救助一项，在以往关于红十字运动研究中尚不多见，这主要因为红十字会在战争救护中的工作重点是战地救护，而战地救护的对象主要是伤兵，所以伤兵救护是目前学界探讨最多的问题。崔著在论证中也提出，当时上海的救护活动主要有两项重要内容：一是以中国红十字会为主导的战地救护；二是以社会团体和慈善组织为主的难民救济。不过，上海国际红十字会作为以中国红十字会名义派生的红十字组织，其救护活动还是偏向于难民救济，这是由其组织属性和当时战争形势、救护环境决定的。

难民救助工作可谓纷繁复杂，崔著主要从难民医卫、难民教育、难民收容所及难民给养等几个方面进行了阐述。

首先，上海国际红十字会构建了一个难民医疗救助体系。由于当时

上海两租界内难民拥集，有引发疫疠之虞，而租界的防疫工作及药品储备均为缺乏。为此，上海国际红十字会补助并增设了两所难民医院、开设难民收容所诊疗所及流动诊疗所、发起伤寒霍乱预防注射运动等，由此构建起一个以难民医院为主、难民收容所诊疗所和专科医院为辅的难民医疗救助体系，基本覆盖了当时所有的上海难民。

其次，上海国际红十字会统一了上海难民教育。该会鉴于难民教育的重要性和教育现状的混乱，决定委托当时著名的教育家陈鹤琴等人全力擘划，组织了上海国际红十字会难民教育委员会，主持难民教育事宜，上海的难民教育状况也由混乱进入了统一。该会的难民教育工作主要涉及师资培训与聘任、儿童教育、成人教育和职业教育等方面，其中组织了儿童教育考试、中等程度失学难童免费学额考试，还在新文字教育方面做了不少努力。

再次，上海国际红十字会协助解决了难民收容所相关问题。全面抗战时期上海难民收容所主要存在两个问题：一是收容所因主管善团不同而存在设施、环境等水平不一的情况；二是发生了难民收容所迁让事件，使难民救助工作陷入被动。对此，该会先是调整组织结构，成立了专门负责难民收容所事宜的部门，并开展了一系列的收容所标准化举措，督促和协助主管善团改善了收容所的设施和环境。另外，联络主管善团，与公共租界工部局沟通，寻找场地建立新的难民收容所，解决了收容所业主强迫难民迁让的问题，避免了因工部局不想承担事件的主要责任而久拖不决，使难民流落街头等不利局面的出现。

最后，上海国际红十字会在一定程度上解决了难民给养危机。自八一三抗战爆发以来，上海各慈善组织关于难民救济费用均为自行筹措，但由于此项耗费巨大，终至无力维持的境地。上海国际红十字会见此状况，便以一己之力承担了全上海的难民给养工作，达 10 个月之久，使上海难民救济事业度过了最为艰难的时期。该会为维持此项给养工作，采取了降低难民给养标准、组织难民生产等举措，完成了将上海难民救济工作由暂时的消极救济向长期的积极救助的转变。

从崔著对上海国际红十字会的难民工作状况的论述中可见，难民救助是一项系统而复杂的工作，涉及难民的衣食住等方方面面，其中又以难民给养为重中之重，是不容忽视的问题。

五、红十字国际援助与国际因素的区别

红十字国际援助的形式多样，内容丰富，包括经费、物资援助以及

派遣援华医疗队等方面。前已述及崔著对红十字国际援助经费问题的分析，可以看出，红十字国际援助是维持中国抗战救护的重要力量。同时，崔著也提出了另一种概念，那就是中国红十字组织内部的国际因素，并且认为这一国际因素在上海国际红十字会的产生、发展及衰亡过程中起关键作用。

从积极方面来看，国际因素的作用体现在：一是推动了上海国际红十字会的建立，颜惠庆在建会报告中明确提出，上海国际红十字会的成立是诸多外籍人士呼吁的结果；二是维持了上海国际红十字会的高效运转，根据现存史料记载，上海国际红十字会办事委员中，外籍委员达150余名，占总人数的三分之一，并且总干事、财务委员会及难民委员会主席等重要职务均由外籍委员担任；三是提高了上海国际红十字会的话语权，由于该会外籍委员有多人曾在或正在租界任职，这为与租界当局的沟通和联络起到了桥梁的作用。

消极方面，国际因素也会带来很多不利影响。由于中外办事委员在救济理念上存在东西方思维差异，所以当上海国际红十字会遇到难民给养危机时，他们便产生了不同的难民救济主张。外籍委员提出降低难民给养标准，以维持长期救济能力，而中方委员则只考虑短期救济，他们主张施赈务必完备。中外办事委员因此产生巨大分歧，且这一分歧因总干事贝克的公开言论有不当之处而遭到激化，成为不可协调的矛盾。最终，在中外办事委员无法继续合作的情况下，上海国际红十字会提前终止了救护活动，结束了会务。

由此看，国际因素是一把双刃剑，在上海国际红十字会发展过程中，它既可以起到积极的推动作用，也可以起到消极的阻碍作用。崔著中的这一观点，是在以往研究中未曾提到过的，给人以深思。

上述几个关于抗战救护研究的问题，是崔著中探讨的主要问题，每一个都可以另起炉灶进行深入研究，这是崔著提出的学术思考。但同时也说明崔著存在过于追求面的研究，而忽略了点的研究，导致研究主题不够明确，学理性不够充分。当然，崔著从纷繁复杂的历史档案中，梳理出上海国际红十字会发展沿革的前因后果，充分展示了上海国际红十字会的辉煌业绩，已属不易；而对崔著留下的问题和线索，则待更多学人继续深究下去。

（原载《红十字运动研究》电子期刊2017年第4期）

《微言浅语：红十字会工作笔谈》简评

钮雅雯

张孚传所写的《微言浅语：红十字会工作笔谈》（以下简称《微言浅语》）一书，将作者对红十字工作的深入观察和思考的39篇文稿辑录成册。该书11万余言，列入池子华总主编的"红十字文化丛书"，于2016年11月由合肥工业大学出版社出版发行。

一

本书是作者在工作之余发表的关于红十字工作的理论、体会文章的辑录。全书分为13个专题，分别为学习贯彻党的"十八大"精神、贯彻落实党的群团工作精神、学习贯彻国务院《关于促进红十字事业发展的意见》、学习贯彻"浙江省红十字会第六次会员代表大会"精神、依法兴会、制度建设、组织建设、公信力建设、参与社会治理、宣传传播、热点管窥、红十字文化之旅、报道文稿。本书特点主要表现在以下几个方面：

（一）内容丰富，既有宏观分析，又有个案透视

《微言浅语》一书，内容丰富，从本书各专题标题可见，文章内容涉及面广，既有学习国家和政府重要文件的心得体会，也有对现实问题的反思和个人见解；这些体会和见解中既有作者对红十字会工作宏观层面的思考，也有微观方面的关于红十字会工作的个案透视分析。例如，本书的前4个专题，都是从宏观方面分析介绍了党的"十八大"精神、党的群团工作精神以及国务院《关于促进红十字事业发展的意见》等红十字会务方面的学习体会。可以看出，中国红十字会作为党和政府在人道领域联系群众的桥梁和纽带，党和政府都高度重视红十字会的工作，

因此在今后的工作中作者提出要认真学习和领会这些会议精神，从而更好地指导现实的工作。在微观方面，本书的依法兴会、制度建设、组织建设、公信力建设等专题是作者对红十字工作中出现的问题进行深入观察和思考并积极总结所得出的理论积累。例如，在公信力建设这一专题中，针对近年来红十字会面临的公信力危机，作者论述了加强公信力建设的重要意义，提出“公开透明”是红十字会公信力的立足之本，要提高红十字会的公信力必须在财务透明和引入第三方组织评估机制上下功夫，从社会理念和制度建设方面有所突破、有所创新。

（二）文字简洁流畅，浅显易懂

作者文风简洁流畅，具有高度的概括力。对于一些专业的概念，作者能运用比喻，生动形象地进行解释，便于读者理解，提高了文章的可读性。如在依法治会这一专题中，作者用造房子来打比方，将依法建会比作打桩、做地基；依法治会比作布钢筋、搭框架；依法兴会比作把房子造得美观、装修得精致。这一比喻，生动形象地向读者揭示了依法建会、依法治会、依法兴会之间的递进关系，便于读者对专有名词的理解。此外，全书还有多处这样的比喻，让深奥的专业概念变得浅显易懂，从而便于读者理解。

（三）理论探索与实践经验总结相结合

《微言浅语》一书集结了作者对红十字工作的理论探索和实践审视。本书的前 4 个专题是作者对学习贯彻党的“十八大”精神、党的群团工作精神、国务院《关于促进红十字事业发展的意见》、“浙江省红十字会第六次会员代表大会”精神的学习体会及总结。党的十八大以来，习近平总书记多次对中国红十字会的工作做出重要批示，而《关于促进红十字事业发展的意见》是新中国成立以来国务院为红十字会工作专门下发的第一个文件，这些都充分体现了党和政府对红十字事业的高度重视与关怀，作者将这些会议、文件的精神与红十字工作相结合，既充实了红十字工作的理论研究，也对更好地传播红十字文化、弘扬红十字精神具有重要作用。

除了理论方面的探索，作者基于平时的工作经验也做出了一些总结。如在《对当前我省红十字救护培训工作的思考》一文中，作者基于浙江省救护培训工作的实践经验，对于做好救护培训工作提出了 6 个需要注意的方面。第一，要厘清职能处室和业务培训机构的关系，注重协调两方；第二，要兼顾好省级层面指导性和充分调动市、县级层面积极性的关系；第三，坚持一手抓重点人群取证培训，一手抓普通公众普及培训；第四，既要办好政府委托购买服务，更要大力开辟社会有偿服务市场需求，坚持两条腿走路；第五，在推进救护培训工作时，既要着力开拓培训市场，更要着力研究制定与之配套的管理制度体系；第六，可以以创办“民办非企业单位”的形式来具体承担救护培训工作，把公益组织的理念和社会企业经营者的思维有机融合起来。这 6 个注意方面的提出对今后浙江省红十字会救护培训工作的开展具有重要的现实意义。

（四）立足当下，关注现实

作者着力于对当今红十字事业的观察和思考，基于当前红十字会遇到的社会热点问题，提出了许多独特的见解。例如，“郭美美事件”发生后，一些负面报道严重降低了红十字会的公信力，使红十字组织遭遇到前所未有的公众形象危机，而如何处置红十字组织的公众形象危机，成为当前红十字会面临的一个全新而紧迫的课题。针对这一课题，作者提出首先要正确认识公众形象危机，其次要认真分析公众形象危机产生的原因，最后作者还从新闻宣传角度探讨了处置红十字组织公众形象危机的途径。作者给出的对于如何挽救红十字组织公众形象危机的建议，对于红十字会今后面对类似的问题提供了很好的启发和借鉴作用。除此之外，在依法治国大背景下，红十字会面临依法治会的热点问题以及在运作过程中，红十字会出现的制度建设问题、组织建设问题等，作者都给出了自己的想法。

纵览全书，可以看到作者在平时工作中能够立足当下，关注红十字会的现实情况，积极观察和思考，及时把实践中的经验思考记录成文。

二

该书内容丰富，具有重要的价值，主要有以下几点：

（一）彰显了人道主义精神，凸显人文关怀

本书中多处提到了浙江省各地红十字会的工作情况，彰显了红十字会的人道主义精神。如舟山市红十字会审时度势，主动服务“大岛建，小岛迁”的新渔农村建设战略，组建舟山群岛红十字渔民流动医院，为“悬水小岛”“留守岛民”提供医疗服务。再如，嘉兴市红十字会联合《南湖晚报》举办“红十字爱心屋”“爱心书架”活动，把点点爱心送到每一所新居民子弟学校。在本书报道文稿部分还着重记录了浙江省红十字会调研组到基层联系点——江山市新塘边镇勤俭村进行走亲连心蹲点调研活动，以及浙江省红十字会2007年“红十字博爱送万家”活动综述。通过这两篇报道文稿，我们能更清楚地看到浙江省各级红十字会始终关心群众，通过各基层红十字会组织，把红十字工作扎根到群众中去，弘扬了“人道、博爱、奉献”的红十字精神，凸显了人文关怀。

（二）拓展了研究视角，有助于启发对现实问题的思考

该书内容翔实，不仅丰富了红十字运动研究的内容，也给红十字运动研究提供了新的角度。该书作者作为一名在地方分会工作的红十字工作者，能利用工作之余对红十字工作进行深入的观察和思考，对红十字会面临的各种热点问题进行深刻的探讨，并把这些思考和探讨记录成文，令人敬佩。诚如本书序文中所言，红十字理论并非高不可攀、高深莫测的事物，理论研究也不是专家学者的专利，任何一个红十字工作者，无论他在哪个层级，哪个岗位，只要善于思考，勤于动笔，对自己的工作经验不断地进行总结，也算是理论研究。因此，本书对于广大的红十字会工作者而言，既有一定的启发也有一定的鼓励，每一个红十字工作者在平时的工作中，只要善于思考，勤于动笔，也能为红十字运动理论研究贡献自己的力量。

（三）有助于推进浙江省及各地红十字事业的发展

本书中，作者针对红十字会面临的热点问题，提出了自己的见解。这些见解有的是针对浙江省红十字会提出的，有的是针对全国各级红十字会所面临的共同问题提出的。例如，在热点管窥这一专题中，作者结合浙江省红会的实际情况，以党的十八届三中全会精神为指导，提出了浙江省红会需要重点解决的10个问题，这些问题的解决对于浙江省各级红会做好今后的红十字会工作，推动红十字事业健康深入发展具有重要意义。此外，在依法兴会、制度建设、组织建设、公信力建设等专题中，作者针对红十字会普遍存在的如何坚持依法兴会，坚持深化改革，以及在现实工作中出现的制度建设、组织建设等方面的问题，均给出了深刻的见解。

三

综上所述，《微言浅语》一书，有其特点与价值，但并不代表该书无可挑剔。比如，该书编排的专题较多，稍显杂乱，若能进一步将一些专题合并将会显得更精简。再如，本书涉及的专题虽然较多，但在有些专题问题的探讨中，在理论性上还有进一步挖掘和提升的空间。

总体而言，本书瑕不掩瑜。该书收集的39篇文稿，充分体现了一名来自地方红十字会工作者的研究成果，难能可贵。这些文章既丰富了红十字运动的研究资料，拓宽了研究视角，有助于服务现实，同时也为广大红十字工作者提供了学习的榜样。

（原载《红十字运动研究》电子期刊2017年第4期）

《陆树藩：中国红十字运动的先驱》简评

沈　璐

红十字会是国际性组织，目前已有190个成员国，中国是这个大家庭中的一员。红十字会如何“登陆”中国并“落地生根”？对此问题，学术界的研究已取得了一定的成果。但对中国红十字运动早期历史发展的过程中，陆树藩为救助八国联军侵华战争中北方难民而创建的中国救济善会被相关研究忽略了。有鉴于此，湖州市红十字会与红十字运动研究中心开展了“陆树藩：中国红十字运动的先驱”课题研究，以期弥补相关研究之不足。《陆树藩：中国红十字运动的先驱》（下文简称《陆树藩》）一书，就是该项目的最终成果。本书由吴康丽、池子华主编，合肥工业大学2017年出版。本文简评一二。

一

《陆树藩》一书，共40万言，全书分为上中下三篇，上篇“陆树藩：中国红十字运动的先驱者”主要论述了陆树藩创办救济善会的“前因后果”，具体内容分为4章。

第一章集中论述了救济善会成立的背景及其过程。作者认为，救济善会的出现并非偶然，在某种意义上说是中国慈善事业发展中的必然一环。在此之前，红十字文化已在中国有所传播，这为救济善会仿照红十字会进行战地救援提供了可能。同时，清代江浙地区慈善事业的蓬勃发展与陆树藩父亲陆心源的言传身教，又构成了陆树藩创立救济善会的客观与主观条件。而在梳理救济善会成立的过程时，作者指出陆树藩最终得以成功创办救济善会，很重要的原因是取得了李鸿章的首肯。不仅如此，李鸿章还在陆树藩等人受到济急善局同人质问时出面担保，调和两者的矛盾。应当说，最终形成救济善会与济急善局合作办理庚子救援的局面，李鸿章功不可没。

第二章对救济善会的组织结构展开分析，包括章程、机构、人员三个方面。在对救济善会所制定的各项章程做出深入分析之后，作者认为，救济善会各项章程的制定并非一蹴而就，而是有一个演变的过程。陆树藩等人在制定救济善会的核心章程时，由于“事系创设，头绪繁多”，兼之缺乏实际经验，难以对之后的救援工作做出具体而符合实际的规定。随着救援行动的不断深入，救济善会同人在切身体会到救援行动所面临的险恶形势之后，为了使救援行动更为合理，采用制定各项专项章程与分局章程的方式，对此前章程中的不合理之处做出修正，增补未曾涉及的工作内容。为了进一步揭示救济善会的实际工作情况，作者随后对救济善会在救援过程中创办的分支机构进行了论述，指出救济善会的分支机构可以分为救援机构与筹款机构两类。

救援机构分设于天津、沧州、保定、济宁等地，负责当地的救援事宜。值得一提的是，救济善会在严格意义上并没有在北京地区设立救援机构，其具体的救援工作大多依托于晚清著名文人刘鹗主办的慈善会开展。筹款机构又可以分为两类：派出筹款机构与合作筹款机构。作者在分析两者的数量构成之后认为，“救济善会的筹款机构仅占所有筹款机构中的很小一部分，大多数属于钱庄、票号、银号、协赈所”等合作筹款机构[①]。结合对两者募捐款物数量的深入分析，不难发现，救济善会的经费筹集工作主要依靠合作筹款机构，自设的派出筹款机构作用有限。

在本章的最后，作者细致梳理了救济善会的人员构成，发现有众多的社会各界精英参与了救济善会的筹备与救援工作，这为救济善会的成功奠定了良好的基础。

在第三章中，作者聚焦于陆树藩北上开展救援行动的全过程，向读者展示了救济善会同人是如何在动荡不安的京津地区克服种种困难，开展平粜、掩埋、济渡等工作，最终得以顺利救回难民五千余人，救活当地难民无数。此外，作者还论述了救济善会的各项善后工作，使读者能够对救济善会的救援行动有全面的认识。

第四章在前文论述的基础上，作者试图从三个角度论证救济善会与红十字会的关系，彰显其在中国红十字运动史上的地位。首先，作者分

① 吴康丽、池子华主编：《陆树藩：中国红十字运动的先驱》，合肥工业大学出版社 2017 年版，第 40 页。

析了救济善会工作中所体现出的一系列红十字元素。从主观角度来看，以陆树藩为首的救济善会同人，有意识地在救援工作中践行红十字会的人道主义原则，而在客观事实上，其红十字性质也得到了当时国内外人士的一致认可。可见，救济善会并非仅仅借用了红十字的概念，而是在救援过程中付诸实践。随后，作者论述了救济善会创始人陆树藩有关成立中国红十字会的一系列设想与实践，弥补了相关研究的缺憾。最后，作者论述了救济善会部分同人的红十字会经历，其中着重介绍了曾长期主持中国红十字会医务工作，并担任过红十字会理事长一职的王培元。由此作者认为，“仅仅以救济善会的参与者与其后的红十字组织没有交集为由，便不将救济善会视为中国红十字会的源流之一，显然难以令人信服”①，这就明确了救济善会在中国红十字运动史上的重要地位。

中篇“陆树藩研究资料”，将涉及救济善会的诸多原始资料进行了整理，将其中的《救济文牍》《救济日记》《京津救济善会图说》以及《申报》《中外日报》等多种核心史料收录，一方面方便有兴趣的读者得以深度了解救济善会的相关情况，另一方面也使得上篇的内容有据可查，有助于研究的进一步深入。

下篇“陆树藩年谱简编”，则对陆树藩的生平事迹做了简要叙述。或许是限于材料，内容略显单薄，令人颇感遗憾。

二

总体而言，《陆树藩》一书内容翔实，颇有新意，以下几点尤为突出：

其一，条理清晰，形式多样。如上文所述，该书上篇共有4章，章与章之间的衔接自然，逻辑严密。不过，该书并不仅仅是陆树藩个人生平的介绍，而是研究陆树藩其人与中国红会之间的联系，因此将重点放在了陆树藩创建救济善会并且北上救援滞留难民的过程上，继而以此为基础，探讨了救济善会在中国红十字运动史上的地位，以凸显陆树藩作为中国红十字会“先驱”的身份。而在行文之中，作者除了使用文字论述外，还适当地引用或绘制图表加以佐证，将一些烦琐的数据转化成清晰直观的表格，增强了文章的严谨性与可靠性。

① 吴康丽、池子华主编：《陆树藩：中国红十字运动的先驱》，合肥工业大学出版社2017年版，第96页。

其二，考证充分，用词严谨。纵观全书可以发现，该书十分重视对相关史实的考证工作。例如，作者为了说明陆树藩投身善举的主观原因，详细考察了陆树藩之父陆心源的生平。而在对救济善会的组织结构进行分析时，作者发现救济善会虽然曾在德州开办分会，但之后不久便因与济急善局达成“分头办理”的共识，将此前筹备的德州分局转交济急善局办理，可谓“有名而无实”，救济善会在北京所设机构的创建与发展过程同样如此。作者在对相关史料进行爬梳之后，认为救济善会在北京所设之慈善会很大程度上是一个独立的机构，实际上由刘鹗掌控，与救济善会其余的救援机构有相当的区别。以上两点，均对学界以往的研究有所补充，若没有作者的潜心钩沉，想必很难取得这样的成果。此外，作者的用词严谨也值得称道。如该书在探讨救济善会与红十字会的关系之时，并未简单地将救济善会与红十字会相等同，而是指明救济善会尽管在主观上努力实践了红十字人道主义精神，在客观上也得到了当时中外人士的承认，但它仍与现代语境中的红十字会有着很大的区别。由此，既说明了救济善会与红十字会的密切联系，又努力避免读者产生误解，作者的良苦用心可见一斑。

其三，史料丰富，运用灵活。《陆树藩》一书引用了大量的原始资料，其中对报纸的引用尤多。近代中国报刊业发展非常迅速，时至庚子年间，报刊的种类与报道的内容，均已达到相当可观的程度。不过，虽然报纸杂志具有十分宝贵的史料价值，但是想要从中提取相关资料却无异于大海捞针，而要有效地利用这些材料更是难上加难。该书作者在运用史料方面颇有精妙之处，不仅使用传统的文献分析方法，对报刊史料进行梳理，使得全书的论据充分；还利用常常被人遗忘的征信资料，对救济善会所属合作筹款机构的募捐情况做出统计，并将其换算为统一的价值单位，使得读者可以直观地比较各个合作筹款机构之间募得款物的多寡。作者对史料的灵活运用，为该书增色不少。

其四，观点新颖，力求突破。《陆树藩》一书在论述救济善会与陆树藩的相关史实的基础上，还对以往研究中存在的争议问题做出了自己的回应。例如，在以往追溯中国红十字会的起源时，研究者常常从人员延续性的角度，将济急善局纳入中国红十字会的发展脉络之中，而将救济善会排除在外。作者对此则持不同看法，在仔细梳理救济善会各位董事的生平事迹之后，不难发现不少董事都曾或多或少地参与过红十字会的相关事宜，其中更有长期参与红十字会工作并立下汗马功劳的王培元。由此观之，此前学术界的观点，仍有探讨的余地。此外，在探讨救济善会的红十字性质时，曾有学者认为陆树藩本人所制定的《救济善会章程》“带有强烈的东南意识”，并以此提出质疑，认为救济善会并未践行红十字人道主义精神。《陆树藩》一书重新考察了这一问题。作者认为，尽管救济善会的组织者大多为南方士绅，在其所制定的《救济善会章程》之中，也并未明确提及将北方难民救回南方的内容。但仅凭这两点，并不能充分证明《救济善会章程》是其制定者“东南意识”的体现。事实上，《救济善会章程》中有明确表示救济善会将对“北省居民”展开救援。而陆树藩在抵达京津地区后所开展的一系列惠及当地居民的救援行动，更是救济善会“一视同仁”的明证。作者认为，之所以陆树藩等人在《救济善会章程》中并未明确表示将北方灾民济渡回南方，主要是出于救援行动便于操作的考虑，“相比之下，就地展开赈济，逐步让北方难民的生活重归正轨，无疑是效率更高、更合理、更人道的选择”①。因此，所谓的“东南意识”，并不存在于救济善会的救援之中，以此为出发点的质疑，则明显属于“无根之木，无源之水”。

三

如上所述，《陆树藩》一书展现了红会先驱者陆树藩一生为红十字事业发展所做的种种贡献，对救济善会与中国红十字会源流的关系问题进行了充分的探讨，弥补了以往研究的不足，具有相当大的学术价值。而书中所引用的以及中篇、下篇中所整理的史料，使得此书又具有较高的史料价值。在此，笔者对于该书可能产生的影响，有几点浅见愿与大家分享。

其一，有助于红十字运动研究范围的扩展。陆树藩等救济善会精英分子的事迹在书中有了详细的描写，在天津设立火神庙、派轮船往返于津沪济渡难民回南方等方面受到了当时社会各界的广泛好评，救济善会的章程中所体现的红十字会精神也得到彰显。目前在学术界，红十字运动中的人物研究还不够深入，《陆树藩》一书或许能成为这一方向的突破性成果之一，为红十字运动研究提供更加广阔的视野。同时，《陆树藩》一书又涉及中国红十字会的起源问题，尽管学术界对此已多有讨论，该书仍提出了一些新的见解，这表明红十字会源流问题依然值得深

① 吴康丽、池子华主编：《陆树藩：中国红十字运动的先驱》，合肥工业大学出版社 2017 年版，第 26 页。

入探讨。

其二，增加了红十字运动史研究的资料。该书有将近一半的篇幅为原始资料，将《申报》《中外日报》中有关救济善会的史实按照时间顺序进行整理。时间跨度从1888年至1901年，这几年的时间看似不长，所整理的资料足足有百页之多。此外，《救济文牍》《救济日记》《京津救济善会图说》等研究救济善会的重要资料，该书也将其整理载录，丰富了红十字运动研究的史料，为研究者提供了相当的便利，同时也可以促使读者对该书的内容进行独立思考，或许能启发后来者继续探索相关问题。

其三，有助于彰显红十字会的人道主义精神，充分展现人道主义精神在中国的影响。红十字运动兴起于欧洲，之后迅速向世界各地扩展，红十字运动在中国兴起的时间虽然相对较晚，但却产生了巨大的影响。而陆树藩等人在庚子年成立救济善会的实践过程中，认识到中国人自主创办红十字会的必要性并且付诸行动，为国人自办红十字会做出了宝贵的探索。近代中国社会动荡不安，天灾兵燹，连绵不绝，普通民众的基本生活常常得不到保障。正所谓有需求才有"市场"，红十字人道主义精神在中国的"登陆"绝非偶然。《陆树藩》一书对救济善会践行红十字人道主义精神的揭示，有助于大众进一步了解红十字会，从而扩大红十字会的影响，赢得社会认可。

当然，该书还有几点遗憾之处。首先，该书对陆树藩的生平事迹并未作充分的考察，上篇内容集中于考察陆树藩创办救济善会的前因后果，而下篇"陆树藩年谱简编"的内容略显单薄，让人意犹未尽；其次，尽管作者对救济善会募捐款项的情况已做出较为细致的分析，但未能进一步说明救济善会的经费使用情况，不无遗憾；最后，作者在考察救济善会红十字性质之时，并未将其与红十字运动史上的其他早期红十字会组织加以比较，缺少从历史变迁角度进行纵向研究的视野。不过，瑕不掩瑜，《陆树藩》一书的出版，弥补了中国红十字运动早期历史研究的不足，对推进红十字史研究的深入大有裨益。

（作者单位：苏州大学社会学院）

江南家族慈善文化的历史重现

——《无锡华氏义庄：中国传统慈善事业的个案研究》述评

郭进萍

国学大师、无锡人钱穆先生曾说："家族是中国文化的一个最主要的柱石，我们几乎可以说，中国文化，全部都从家族观念上筑起，先有家族观念乃有人道观念，先有人道观念乃有其他的一切。"① 在这个意义上，家族无疑是透视中国传统文化的一扇窗口。在对家族众多面向的研究中，家族慈善是块引人注目的领地。袁灿兴博士所著《无锡华氏义庄：中国传统慈善事业的个案研究》（以下简称《华氏义庄》），日前由合肥工业大学出版社出版发行。该书首次对历史上的无锡华氏义庄做了较为全面系统的考察，填补了该领域研究的空白，其学术价值不言而喻。

一

《华氏义庄》全书 27 万余字，分绪论、正文、结语和附录 4 部分。正文凡 7 章，依次为：义庄的历史演变，华氏家族述略，华氏义庄的变迁、功能、运作，华氏义庄与传统社会，义庄与传统及近代慈善机构。全书对华氏义庄做了多层次、多角度的立体考察，书后的附录主要为一些华氏族人的传记、墓志铭、家规、华氏义庄的创办缘起、经过、管理规条等内容，均为第一手原始资料，分量厚重，可与正文相互参照。

首先，该书扼要梳理义庄的发展历史及无锡华氏家族的源流、家风、文化成就及仕宦，指出义庄是随着宗族宗法的发展而形成的，在中华人民共和国成立后的土改运动中走向瓦解和消亡（第一、二章）。

其次，集中考察华氏义庄的变迁、功能和运作。在爬梳明清两代无

① 钱穆：《中国文化史导论》，上海三联书店 1988 年版，第 42 页。

锡华氏族人先后多次创办义庄历史的基础上，作者指出华氏义庄的功能主要体现在祠堂祭祀、义田助困、义塾助学、义冢助葬、维护社会秩序等方面，并从管理、经营、分配、维持等角度透析了华氏义庄的运作实况（第三、四、五章）。

再次，深度探讨华氏义庄与传统家庭、宗族、地方、官方及役田的关系，并就义庄与传统及以红十字会为代表的近代慈善机构的关系加以审视（第六、七章）。

结语部分聚焦义庄在传统社会治理中的独特贡献，以古鉴今。

通览全书，发觉可圈可点之处颇多，以下几个方面尤值得称道。

其一，宏观研究与个案考察有机结合。

作者的研究旨趣在于以无锡华氏义庄为个案，进而管窥中国传统家族慈善事业。因而在研究过程中，作者拉长考察的视野，将整体研究与个案考察有机结合，跳出庐山看庐山，避免了“只见树木不见森林”的狭隘。比如，对义庄历史演变和义庄与传统及近代慈善机构关系的考察就属于整体研究。在对华氏义庄的功能和运作开展考察时，作者并未囿于华氏义庄一隅，而将视野放宽至整个义庄的历史发展长河中，探寻义庄的通用功能和常规运作方式，再以华氏义庄作为佐证，强化论证的可信度。

其二，史料多样，平实叙事。

傅斯年有言，“历史学就是史料学”，史料在历史研究中的重要性可见一斑。在史料上，作者多采撷原始第一手资料加以考述，包括古籍、档案资料、地方文史资料汇编、近代报纸杂志、社会调查统计资料和相关研究论著在内的大量文献，为分析论证打下了坚实的基础。在对华氏家族的考察中，作者不厌其详地对华氏家族进行溯源，将其宗谱沿袭呈现在读者面前，并对华氏家族家风、文化成就和仕宦情况进行梳理，使读者在平实的叙事中感受到华氏家族的绵延繁盛。而一个大家族能世代不衰，一个很重要的因素即内在的精神支持，也就是家风。作者对华氏家族“尚德乐善、忠孝友悌、惠济乡里”家风的考察，为读者了解华氏家族多方面的成就尤其是义庄的创办打开了一个解密的视角。在对华氏义庄功能的研究中，作者通过铺陈大量的史实，为读者勾勒了一幅祠堂祭祀、义田助困、义塾助学、义冢助葬的多向度图景，丰富了读者对义庄的想象和认知。

其三，寓论于史，多有创见。

本书立足丰富翔实的资料，钩沉索隐，多有建树。在对华氏义庄与佃农关系的考察时，作者观察到义庄在面对佃农拖欠田租时，常处于两难状态。“义庄义字当头，自然不能做出过度逼迫佃农之事。可佃农所缴纳的田租，又关系到义庄的经营维持，关系到族人的赡养，却是不能拖延的。”（第 122 页）面对这种两难处境，义庄一方面设置“恤佃田”，对于提前或按时交租者予以打赏或折减，对于延期交租者以加重租额的惩戒；另一方面，对于佃户的抗租，义庄虽不主动出门逼缴田租，但会选择“送官严追”，求助官府保护。据此，作者敏锐地指出，义庄的存在造成了一个吊诡的现象：义庄奉行“义”，以赡养穷困族人为定位，可义庄的运作维持，却依赖于佃农的辛苦劳作；又由于“义”，义庄不能过度收取地租，甚至设有补贴佃农的“恤佃田”，其所收取的租米也低于其他土地占有者的田租（第 125 页）。这种考察细致入微，丝丝入扣。在对政府与义庄关系的考察时，作者指出义庄与官方之间存在着默契。在官方，就是制定法律保护义庄财产；在义庄，则是于义庄规条中保证完纳国税。在司法权力上，官方做出一定的让渡，由宗族享有部分司法权。义庄在官方与社会之间起着沟通作用，恤孤贫、施教化，填补官方统治的空缺，维持社会秩序。作者还进一步强调了秩序和安全在义庄创办中的重要意义，指出义庄的存在，在主观上建立了以宗族为范围的族权统治；在客观上对官方而言，起到了集中政治权力的效果（第 158 页）。这种见地基于史实，颇有可信度，也为义庄涂抹了厚重的社会控制底色。有学者指出，义庄制度有很复杂的政治文化因素，特别反映了配合中央政权的意识形态进一步渗入地方，因此不能以单纯的救济机构视之[①]。余新忠也认为，乡绅的救济行为并不仅仅是一种慈善行为，还是一种比暴力“更具道德内聚力和持久性的社会控制手段”[②]。

其四，立足历史，关照现实。

周谷城先生有言：“史学成立的经过，当在求真；其存在的理由，则为致用。”[③] 经世致用历来是中国史学的优良传统之一。《华氏义庄》的研究也灌注着这一旨趣。该书依据历史积淀，旁征博引，以期尽可能重现华氏义庄的风貌，彰显其现实借鉴价值。诚如作者所说，该书将历

① 梁其姿：《施善与教化：明清的慈善组织》，河北教育出版社 2001 年版，第 27 页。

② 余新忠：《清中后期乡绅的社会救济——苏州丰豫义庄研究》，《南开学报》1997 年第 3 期。

③ 鲍霁主编：《中国当代社会科学名家自选学术精华丛书》第 1 辑，北京师范学院出版社 1988 年版，第 300 页。

史与现实相结合，既涉及华氏在历史上的诸多善举，又探讨在当今社会如何提高社会治理及慈善的效果（第9页）。强烈的现实关怀意识是作者倾注在该书中的一大亮点。结语部分，作者专门探讨了义庄对传统社会的贡献，“最根本的在于使国家政权认识到了社会的基础性作用，而且透过民众自治实践建立起了一系列的组织、制度，实现了乡村自治”。据此，作者指出，再现华氏义庄的历史，目的是探讨、挖掘传统文化中的精华，用历史上诸多先贤的嘉言懿行垂范乡里，涵养文明乡风，让优秀的价值观在乡村深深扎根（第189页）。这种认识无疑是恰逢其时的，彰显了深沉的时代价值。

二

义庄是中华优秀传统慈善文化的重要组成部分，是文化自信的有效载体。新时代，如何对义庄这一历史遗产加以扬弃？如何使义庄绽放出新的时代风采？这都是摆在我们面前的命题。

翻阅本书，不难窥见义庄在传统社会治理中扮演着积极的角色，它融“养”“教”功能于一体，“教养兼施”。创办义庄，使慈善成为经常性的行为，“反映了清中后期江南社会对救济由散赈向制度化发展的一种努力”①。

在社会调节、缓和矛盾方面，义庄恤孤济贫，予族人以米钱粮，在物质上进行救助，维持他们最低限度的生存权，设置义冢使穷人得以体面下葬，在一定程度上维持了社会秩序。基于宗族和睦的考量，义庄规定本族人不得佃租义田，以免追索拖欠钱粮时“损伤族谊”。对待佃农，义庄设置恤佃田予以奖劝，并采取一定的减租措施，以缓和彼此矛盾。此外，义庄还在力所能及的范围内参与各类社会公共工程以服务地方等。

在社会教化和文化传承方面，义庄内附设义塾，开展助学活动，不仅对族人进行精神塑造，而且惠及地方人士。值得一提的是，华氏义庄还顺应时代潮流，创办华氏私立果育学堂和鹅湖女子学校等新式学堂，开风气之先，培养了包括钱穆、钱伟长等在内的一大批人才，在无锡文化教育史上书写了闪光的一笔。

① 余新忠：《清中后期乡绅的社会救济——苏州丰豫义庄研究》，《南开学报》1997年第3期。

由于义庄对社会事务的积极参与，弥补了官方在社会治理上的不足，历代政府大都对义庄采取了保护和支持的政策，实则也是一种控制手段，彰显了国家权力无孔不入的渗透和扩张。

以义庄为代表的传统家族慈善，脱胎于农耕社会和宗法文化，受宗族救济观念的制约，施救往往以家族的利益为考量标准，具有内敛性和封闭性。时移世易，传统社会在剧烈的变动中走向近代，继而急速步入现代。以当今的观点审视，义庄必然有诸多不合时宜的地方，与现代慈善形成鲜明的张力和冲突，我们姑且称之为消极因子，主要体现在以下几个方面：

其一，功利的行善观。

从行善动机而言，对义庄的举办和捐助均带有强烈的功利色彩。这与中国入世、功利的传统慈善文化密不可分，儒道的“积善修德”和佛家的“因果报应”，都是传统慈善文化的重要思想来源。因之，“中国之为慈善者，皆先以祸福之酬报为心，而慈善之事业实为此祸福之刍狗者也。”[①] 据学者考察，作为社会救济制度，义庄有两个主要的限制：其一为它们主要的目的并非纯粹的济贫，而是维持家族的生命与声望。例如义学是为了训练科举的人材，以便增加家族成员当官的概率，借此增强家族的社会政治地位及声望；为救济寡妇而设的义田是为了避免她们改嫁而辱及族门，也是为了争取更多朝廷旌表的机会以光宗耀祖，炫显闾里，进一步取得在地方上的领导地位。换言之，多种物质上的救济方式，都是基于受益者以后对家族有直接回报这个原则之上。限制之二，家族的义庄制度涉及的人群有限：受益的人主要是有相当社会资源的大家族的部分成员，就算在宗族制特别发达的地区，义庄也只救济了少部分的人，即族中主要房的成员，而并非所有族人。事实上，谁是族人也难有具体的定义，家族的自我认定通常都以它的持续性及声望作为主要的原则[②]，该书中展现的范仲淹请求认祖归宗、改回范姓的曲折历程即为一明证。

书中字里行间均流露着华氏义庄在行善动机上的功利性。如华氏义庄在对族人救助方面，有两条倾斜的政策，一是对节烈妇的照顾，二是对读书人的扶持。节烈妇关系着家族的声望，是名门望族的“标配”，而孤子的抚养、读书人的培养则关系到家族的传承、长远的发展（第

① 《论慈善事业中外之不同》，《东方杂志》1904 年第 1 卷第 11 期，第 266 页。

② 梁其姿：《施善与教化：明清的慈善组织》，河北教育出版社 2001 年版，第 28 页。

127、142 页)。又如从族人捐田的缘由来看，主要没有子嗣、得到义庄帮助、对宗族的感情、希望获得声望等等，而更重要的原因则是捐置义田，既能带来现实的回报，更能被视为积累功德之举（第 131 页)。此外，捐置华氏义庄的主体，既有官员，又有大量绅商。对于官员而言，捐置义庄，是为子孙积德，期望后世科举能有所得。绅商捐置义庄，则可以提高在地方上的地位，获得声望，即以财富换取声望（见第 112 页)。再如从义庄创办者的动机而言，尽管书中未作明确的析解，但行文中却有多处表露，如华氏家族“尚德乐善”家风的浸染，对秩序和安全的需求，义庄与祠堂常被视为宗族势力兴盛的标记等等。又如创办义庄，对于华氏族人而言，具有很多回报，如官方的旌表、科举上的突破、物质上的回报，等等。在地方上，华氏有着更大的话语权，常主宰地方事务，控制族人，处理各种纠纷（第 112 页)。显然，通过慈善活动，可以为自身和家族赢得多方面的利益，进而扩大“社交圈”，联系多种社会力量，“把自己的影响辐射到更多的社会层面”[①]，而且也是提高政治地位的一条捷径。事实也正如此，通过创办义庄，华氏不少族人获得朝廷嘉奖和授予功名。如在 1705 年山东灾荒中，华进思捐米 80 石救济灾民，得到官方嘉奖，被授予监生资格，可以参加选官（第 63 页)；后又于 1746 年，被钦选为安徽徽州府休宁县县丞。这无疑是从事慈善活动的一个“衍生品”，进一步激发了义庄创办者的热情。此外，清代各个望族热衷于创办义庄，除了因为义庄可带来诸多好处之外，还因为义庄所拥有的义田另有其特殊的优惠政策，如当族人犯罪、被查抄家产时，义庄义田不受影响（第 134 页)。透过义庄这个载体，传统国人朴素的恩报观念被一一映射了出来，或基于祸福观念，或基于家族利益。概言之，义庄的创办“既是时代的要求，也与乡绅个人及其家族的道德观念和社会、政治地位密切相关”[②]。

其二，褊狭的施善观。

就施善原则而言，义庄的慈善救助活动根植于深厚的血缘背景，呈现出一种有差等、分亲疏、推己及人的特点。有学者将之称为“差序慈善文化”，即以血缘、地缘和姻缘关系为基础，以家庭自助和家族互助为重点，辅之以邻里互助与亲友相扶，呈现出由近及远、由亲到疏的差

① 章开沅：《开拓者的足迹——张謇传稿》，中华书局 1986 年版，第 47 页。

② 余新忠：《清中后期乡绅的社会救济——苏州丰豫义庄研究》，《南开学报》1997 年第 3 期。

序慈善格局，向受助者提供生产辅助、物质支持、精神慰藉、情感疏导的功能①。这种文化充溢着浓厚的亲族色彩和乡里情结，流淌于义庄施善和运作的整个过程。义庄在实施救济活动时，有着鲜明的原则和特征：以直系血亲为救济对象，以济贫为救济目标，以本地族众为救济范围，以孝悌、节义为先。在义庄的管理上，以该族贤能者主持义庄事务。在义庄收入的分配上，依照血缘关系的远近，对族人提供帮助。

义庄是中国传统慈善事业的一个缩影，从中我们可以窥见浓厚的宗法血缘基因。这种基因构筑了中国熟人社会，也形塑了差序慈善的格局。因此，我们在称道宗族救济温情一面的同时，也应看到它的褊狭性。诚如学者指出的，家族意识会削弱人的公共精神，阻碍公共精神的发展，造成民众的“闭锁心理和自我抒困解难意识”②。受这种心理的影响，“人们的施恩路径是狭隘的、封闭的、内敛的，往往表现为亲帮亲、邻帮邻、熟人帮熟人的互济互助模式，很难得惠及陌生人”③。因此，梁其姿一针见血地指出，“义庄的主要意义仍应在宗族制度发展方面，而不是在广义的社会福利方面。家族救济制度的限制，使得大部分的小百姓基本上并不能依赖这类制度来帮助他们渡过生命中的难关”④。

其三，封闭的财富观。

就财富观而言，受中国传统文化“入世”和“功利”的濡染，嫡亲和血缘组合一直是社会结构中最重要的生命单元，无论权力、荣誉、财富的获取、积累与转让，还是其他资源的继承、交换和重组，都被严格限定在这个狭窄的单元内进行。中国的世俗社会极为重视家产的继承和守护，主张“肥水不流外人田”，任何一点财富的流失都会被视为“不孝”“不才”和“愧对祖宗”⑤。这种财富观决定了国人对待资产的态度趋于保守、自闭和内敛。在传统社会，土地被视为传家之本，义庄“只许买进不许卖出”的准则，即是国人财富观的鲜明写照。即使行“散财”之义举，也多出于功利的心理，或为满足一种家族式的虚荣，图个好名声，或为子孙积功德，祛祸免灾。书中写道，华察七十大寿时，文坛领袖王世贞劝他“减产树德”，于是他卖田3000亩赈济孤贫。作者称华察此举，主要是忧虑儿子成名过早，容易被人嫉妒中伤，散财为儿子

① 刘威：《反思与前瞻——中国社会慈善救助发展六十年》，《学术论坛》2009年第12期。

② 蔡勤禹：《慈善意识论》，《天府新论》2006年第2期。

③ 彭红：《传统施恩与现代慈善的文化比较》，《船山学刊》2010年第4期。

④ 梁其姿：《施善与教化：明清的慈善组织》，河北教育出版社2001年版，第28页。

⑤ 王开岭：《西方的“瘦身”与东方的“胖虚”——慈善文化漫谈》，《书屋》2003年第8期。

积功德（第164页）。

长期以来，以义庄为代表的传统家族慈善一直充当着官办慈善的“补充”角色，焕发着不息的生命力。但随着中国从传统向现代社会的转型，这种家族慈善所裹挟的功利行善观、褊狭施善观和封闭财富观与现代公益慈善的矛盾日益凸显，且多生阻力。有学者指出，差序慈善的熟人特征和“圈子性”，限制了慈善救助对象的范围，违背了现代慈善事业的普适价值。此外，避风港式的差序慈善减少了个体向社会寻求支持的可能，压缩了民间慈善机构的生存空间；关系圈式的邻里、熟人互助成为社会支持的重要来源，强化了中国求助关系的封闭性和内敛性，均背离了现代慈善的公平、平等和开放诸原则①。

显然，转型期我国现代慈善建设，须扬弃传统慈善文化资源。该书为我们呈现了一幅华氏家族养教族人、惠济桑梓的和谐图景。以华进思、华鸿模为例，除捐出义田、创办义庄外，还从事一系列地方公益活动，如散发棉衣、修浚桥梁、建义仓，等等。这是否可以给我们一个启示，传统家族慈善和现代公益慈善也是可以消弭冲突，实现融合的，当然如何推动传统慈善文化的创造性转化，为现代公益助力，尚有待进一步探索。总之，该书从本土意识出发，将义庄的功能与特点娓娓道来，为我们反观传统慈善文化提供了一面镜子，多有启发价值。

三

《华氏家族》一书当然也有一些不能尽如人意之处，如对一些资料的考辨可更细密审慎一些，对一些问题的分析可更深入精当一些。兹列举于下：

资料上，多撷取原始第一手史料加以考述，较为客观真实。但传记和墓志铭资料因自身的特点，多带有“溢美”的性质，在引用时恐要加以甄选。

论述上，或囿于资料，对一些问题未能充分展开。该书在华氏义庄功能和运作的阐述上，从义庄的一般范式说起，未能凸显华氏义庄的特色和典型性，稍有遗憾。华氏义庄创办后，规定赡养族人“先于孝子节妇之穷困者”，那么在孝子、节妇的救助政策上有何倾斜？具体标准是

① 刘威：《冲突与和解——中国慈善事业转型的历史文化逻辑》，《学术论坛》2014年第2期。

什么？义庄与传统及近代慈善机构的关系如何？等等问题，未能加以细化呈现。据学者考察，家族义庄的成立到了明清交际（17 世纪）之时有大幅度的增加，清后期（光绪年间）的江南地区又有另一次的增加[①]。背后因素则语焉不详。如能对华氏义庄几次大规模创办的时代背景加以考究，或能对全国范围的义庄创办高潮现象有所解答。另据学者研究，义庄宗族保障的运行机制主要有三个方面：（一）严密的救助申办流程；（二）严明的钱粮领取纪律；（三）完善的灾荒应急机制[②]。华氏义庄在这些方面有无体现？在近代社会转型的大背景下，义庄的近代化体现在何处？义庄消亡的原因有哪些？诸如此类问题，如能加以深度探析，定会推进华氏义庄的研究。

此外，若能通过华氏族人的“内心独白”或“现身说法”等方式，来展示其创办或扩展义庄的动机，或许更为真实、可信。若能对救济对象进行个案考察，则更能一窥义庄在慈善救助方面的局限性。如能对“华氏义庄经久不衰”和“近代走向衰落”的原因加以缕析，或能更好地彰显对当今社会治理和慈善文化建设的借鉴价值。

再者，某些论述或有武断之嫌。比如作者在考察义庄管理体制时，称传统社会中，各类宗族组织采用的带有血缘、宗法色彩的管理机制，是义庄能维系百余年、取信于族人的根本原因（第 119 页）。这未免有些武断，毕竟华氏义庄的消亡除了时代变迁、政权更迭因素之外，一个很重要的原因即这种人治的管理模式。据 1950 年土改调查资料显示，华氏义庄管理混乱，把持义庄的都是有钱有势的人物，账目也不公开，常贪污中饱，分配赡养费时亦极不公平，有面子就有办法，懦弱者则可欺，像一只被蛀虫掏空的米窝（第 137 页），无可奈何地走向了消亡。又如，作者指出传统义庄看似保守的模式，却能使义庄延续数百年。而在近代，盛宣怀创办愚斋义庄，采用了新式的信托基金模式加以管理，只是这一套管理模式却水土不服，不十余年愚斋义庄即告解散（见第 119 页）。这里将愚斋义庄解散的原因归咎于新式管理模式“水土不服”，恐失之偏颇。

四

该书第一次较为系统地梳理了无锡华氏义庄的演变历史，为读者呈

① 梁其姿：《施善与教化：明清的慈善组织》，河北教育出版社 2001 年版，第 27 页。
② 李学如、王卫平：《近代苏南义庄的宗族保障制度》，《中国农史》2015 年第 4 期。

现了一部家族的慈善史诗，为中国慈善史研究再添新彩。家族慈善是构筑现代慈善绕不开也必须依仗的一块基石，该书从本土的问题意识出发考察中国的家族慈善组织，以期为现代社会治理和慈善文化建构提供借鉴和养分，这种学术自觉和追求尤为可贵。

义庄制度虽在中国大地消亡，但义庄的遗址却定格了下来。尤其在江南，坐落于大街小巷的义庄已成为一道标识中国传统慈善文化的独特风景，它向来来往往的参观者无声地诉说着中国传统慈善文化的厚重与沧桑，承载着文化传承的使命和价值。义庄在中国大地消亡后，不经意间时光的车轮已悠悠碾过了半个多世纪，现在再回望义庄的发展历史，或许可以更清晰地洞察其间的变化。站在历史与现实的交汇点上，以期透析历史、理解现实，这也是《华氏义庄》作者写作的初衷及其意义。作者谦称，该书的写作只是其在中国传统慈善研究上的一个起点。我们期待着作者对传统慈善、华氏家族文化的进一步研究，期待着新的著作问世。

（作者系苏州幼儿师范高等专科学校讲师，苏州大学社会学院博士研究生）

后 记

这部《红十字运动研究评论集》，是一部红十字运动研究中心出版的图书评论、序跋的结集。

红十字运动研究中心自2005年成立以来，转眼12年过去了。12年中，研究中心各位同仁，同心同德，开拓进取，取得了不少成绩，研究成果加上中心成立之前出版的《百年红十字》《红十字与近代中国》，累计出版相关著作70余种，填补了许多空白，受到学界、业界同仁的好评。这些图书，除《红十字运动研究》（年刊）外，大多有书评发表，其中绝大多数的评论文章，出自研究中心团队成员的手笔。不过，作为研究中心负责人，本人对书评的安排有一个基本要求，即：除对图书的价值进行肯定外，对存在的问题同样予以指出，不必隐讳，力求做到客观公正。这样做的目的，就在于总结经验教训，不断提升自我，不断取得新的进步。令人欣慰的是，多数评论文章做到了这一点。

《红十字运动研究评论集》的出版，也是对研究中心科研工作的阶段性总结，在前期研究成果的基础上，我们会继续努力，多出精品，为繁荣红十字文化事业尽绵薄之力。

要强调的是，在团队成员攻坚克难的过程中，中国红十字会总会、中国红十字基金会、江苏省红十字会、苏州市红十字会、苏州大学、苏州大学社会学院领导集体以及学界业界同仁所给予的关心、支持、鼓励，令人感动，令人难忘。合肥工业大学出版社、安徽人民出版社、东方出版中心给予鼎力支持，谨此一并鸣谢！

池子华

2017年12月8日